Traduction : Delphine Billaut
Relecture : Audrey Peuportier
Mise en pages : Sébastienne Ocampo

29 boulevard Raspail
75007 Paris – France
E-mail : info@editionsleduc.com
ISBN : 979-10-285-1333-7

Dr Elaine Aron
Préface de **Saverio Tomasella**

Mon enfant est hautement sensible

Traduction de Delphine Billaut

LEDUC.S
PRATIQUE

À tous les enfants sensibles
ainsi qu'à ceux qui avec bienveillance
les aident à grandir et à se sentir en sécurité
dans ce monde difficile.

Elaine N. Aron est l'auteure de plusieurs ouvrages à succès consacrés à la haute sensibilité, dont *Hypersensibles : mieux se comprendre pour s'accepter.* Hautement sensible elle-même, elle est titulaire d'une maîtrise en psychologie clinique (université d'York, Toronto) et d'un doctorat (Pacifica Graduate Institute). Elle a complété sa formation au Jung Institute de San Francisco. Psychologue-chercheuse, elle a publié de nombreux articles dans le domaine des relations familiales. Elle reçoit également de nombreux patients dans son cabinet et anime dans différents États des États-Unis des ateliers destinés aux personnes hautement sensibles. Elle partage son temps entre San Francisco et New York.
www.hsperson.com

SOMMAIRE

Préface		9
Note de l'auteure, 2015		13
Introduction		33
PREMIÈRE PARTIE		
PORTRAIT DE L'ENFANT HAUTEMENT SENSIBLE		41
Chapitre 1	La sensibilité	43
Chapitre 2	Attachez vos ceintures	93
Chapitre 3	Si vous, parent, n'êtes pas hautement sensible	131
Chapitre 4	Si vous et votre enfant êtes tous deux hautement sensibles	159
Chapitre 5	Quatre clés pour élever un enfant sensible heureux	189
DEUXIÈME PARTIE		
DU NOURRISSON AU JEUNE ADULTE		239
Chapitre 6	Prendre un bon départ	241
Chapitre 7	L'enfant de moins de cinq ans à la maison	275
Chapitre 8	L'enfant de moins de cinq ans à l'extérieur	313
Chapitre 9	L'enfant de plus de cinq ans à la maison	343
Chapitre 10	L'enfant de plus de cinq ans à l'extérieur	373
Chapitre 11	Adolescents et jeunes adultes sensibles	411
Vingt conseils aux enseignants		453
Remerciements		461
Notes		462
Table des matières		475

PRÉFACE

En 1996, la psychothérapeute et chercheuse américaine Elaine Aron a mis en évidence un tempérament « hautement sensible » qui concerne environ un quart de la population, c'est-à-dire une personne sur quatre, ce qui est énorme. Le terme anglais « *highly sensitive* » a été majoritairement traduit en français par « hypersensible », mais on parle aussi de « sensibilité élevée » ou de « haute sensibilité ».

Dans ce livre, la psychologue californienne consacre son expérience de clinicienne à la compréhension des enfants hautement sensibles pour aider leurs parents, ou leurs éducateurs, à mieux les accepter et à mieux les soutenir dans leur croissance humaine.

Ces enfants très observateurs perçoivent de nombreuses subtilités. Ils préfèrent prendre le temps de réfléchir avant d'agir, ce qui ne les empêche pas de réagir rapidement aux stimuli. Très réceptifs, ils atteignent facilement un stade de *saturation*, c'est-à-dire qu'ils se sentent débordés par des stimulations trop importantes, par des changements brusques ou par les détresses de leurs proches.

Si ces caractéristiques peuvent donner l'impression d'un décalage de l'enfant hautement sensible avec ses camarades du même âge, sa grande sensibilité n'en demeure pas moins un atout inestimable et recèle une potentialité de créativité insoupçonnée.

Il est vrai que pendant longtemps notre culture gestionnaire, valorisant la performance, a conduit à mal comprendre et à mal accueillir ces enfants atypiques, en leur reprochant de façon injustifiée une prétendue « timidité », une inquiétude réelle ou supposée prise pour de l'anxiété, de l'hyperactivité, des inhibitions, etc. À l'inverse, Elaine Aron montre à quel point ces enfants sont créatifs, intuitifs, sages et, le plus souvent, empreints d'empathie pour les autres.

Il est donc fondamental que les adultes considèrent ce tempérament comme une aubaine, une merveilleuse potentialité à déployer, car il ne s'agit ni d'une anomalie ni d'une maladie, mais d'*une façon particulière d'être au monde*. Les enfants dont la sensibilité est élevée prennent en considération de nombreuses informations, avec un grand sens du détail, ce qui rend précieuse leur capacité d'observation et de recul, les prédisposant à la contemplation, à la réflexion et en conséquence à une forme de maturité de pensée.

Ainsi, comme le rappelle justement Elaine Aron, ces enfants ne sont ni « trop sensibles » ni « trop timides » ni « trop intenses ». Il n'est pas question de leur demander de changer, de se brider, de devenir autres qu'eux-mêmes. Au contraire, ils sont bourrés de *talents extraordinaires qu'ils sont en droit de développer pour eux-mêmes*, talents qui bénéficieront à leurs proches et à l'ensemble de la société.

Pour déployer pleinement leurs fabuleux potentiels, ces enfants ont besoin d'être accueillis, appréciés, reconnus, valorisés, encouragés, et que leurs besoins spécifiques, notamment de calme et de repos, soient reconnus et respectés.

Ce n'est pas plus compliqué que cela et cette attitude favorable est à la portée de tout adulte bienveillant. Ainsi, ces très nombreux enfants pourront grandir en paix, et devenir des adolescents épanouis, des adultes équilibrés, sereins et confiants.

L'enjeu est de taille car l'avenir de notre société en dépend, rien de moins, mais aussi la santé psychique et le bonheur de millions d'enfants, à commencer par ceux que nous côtoyons chaque jour.

Je vous souhaite une lecture profitable de ce livre essentiel.

Saverio Tomasella,
docteur en psychologie.

NOTE DE L'AUTEURE, 2015

Bienvenue. Vous ouvrez *Mon enfant est hautement sensible* au bon moment. Je ne pense pas que cet ouvrage nécessite de révision par rapport à sa première publication en anglais, mais il requiert une note de son auteure afin de vous informer des importantes recherches scientifiques[1] consacrées à la haute sensibilité réalisées durant ces dernières années. Ces données vous seront d'une grande aide en tant que parent d'un enfant hautement sensible (EHS). Elles n'ont pas d'incidence sur les conseils prodigués dans cet ouvrage relatifs à la manière d'élever un enfant sensible. Elles confirment toutefois le fait que l'identification de ce trait, cette merveilleuse différence que possède votre enfant, s'appuie sur de sérieuses recherches.

Tout aussi importantes, les pages suivantes vous aideront à démontrer la réalité de cette forme de sensibilité à vos proches sceptiques ou non avertis, à d'autres parents concernés, aux personnels de la petite enfance et de la santé, aux enseignants (si importants), voire à votre conjoint. Ceux qui s'impliquent le plus auprès de votre enfant sont souvent ceux qui ont peur que vous soyez mal informé ou que vous vous montriez surprotecteur lorsque vous évoquez l'idée que votre enfant est hautement sensible et qu'il s'agit de quelque chose de normal que vous voulez respecter. Cette note vous aidera peut-être à les tranquilliser. Vous pouvez même leur faire lire cette note, voire le livre entier. Je vais m'efforcer d'être brève.

LES PREMIÈRES RECHERCHES

Dans le chapitre 1, je décris les recherches menées jusqu'en 2002 : comment j'ai commencé à étudier la haute sensibilité, mes premiers entretiens avec des adultes, la mise au point d'un système d'évaluation pour les adultes, les tests effectués auprès de centaines de personnes et la distinction par rapport à d'autres traits liés comme l'introversion. Nous avons en effet découvert que près de 70 % des personnes hautement sensibles (PHS) adultes étaient introverties et 30 % extraverties ; j'en explique les raisons au chapitre 1. Je montre également que je n'ai pas mis au jour un nouveau trait, mais que je lui ai donné un nom plus exact. Les premières études consacrées au tempérament inné, et particulièrement à ce trait, se focalisaient sur un seul comportement observable – souvent uniquement le fait de marquer une pause avant de se confronter à une nouvelle situation – et le nommaient timidité, introversion, inhibition, lenteur à s'ouvrir ou véritable crainte. Bien qu'un enfant sensible puisse devenir timide, introverti, craintif et ainsi de suite, aucune de ces tendances ne révèle le trait sous-jacent, que le seul comportement ne permet généralement pas de voir. Un meilleur terme reste encore à trouver – les gènes responsables ne portent pas d'étiquette –, mais « haute sensibilité » est celui que j'ai retenu. (Dans la littérature scientifique, elle est nommée « sensibilité de traitement sensoriel », à ne pas confondre avec le trouble du traitement sensoriel ou le trouble de l'intégration sensorielle, comme je l'explique au chapitre 1.)

Le premier chapitre décrit également comment j'ai mis au point le questionnaire que vous trouverez dans ce livre à destination des parents, « Votre enfant est-il hautement sensible ? ». Celui-ci reprend les méthodes du questionnaire pour adultes, mais a été élaboré à partir d'entretiens avec des parents à partir desquels j'ai établi une liste de questions soumises à plus d'une centaine d'autres parents. J'ai ensuite affiné pour ne garder que celles qui, ensemble, permettent de détecter une haute sensibilité – c'est-à-dire que si des parents considèrent qu'une affirmation concerne leur enfant, les autres ont des chances de se vérifier également.

Comme pour le questionnaire destiné aux adultes, les thèmes sont étonnamment divers, allant du fait de sursauter facilement et de ne pas apprécier les vêtements qui grattent, à l'emploi de mots recherchés ou à la perception du chagrin d'autrui. Cela est dû au fait que les questions doivent concerner des comportements que les parents ont remarqués et être basées sur une compréhension de ce trait profond qui s'ancre, au-delà d'un large spectre de comportements, dans une cause sous-jacente à tous.

LE « DOES » S'APPLIQUE-T-IL À VOTRE ENFANT ?

J'explique maintenant la haute sensibilité comme ayant quatre aspects[2], tous les quatre étant présents chez une personne hautement sensible. Si les quatre ne sont pas constatés, il ne s'agit probablement pas du trait qui nous intéresse. L'acronyme anglais « DOES » les résume : profondeur de traitement (*Depth of processing*), fait d'être facilement surstimulé (*Over aroused*), fait d'être à la fois réactif émotionnellement en général et de montrer une grande empathie en particulier (*Emotional reactivity and high empathy*), ainsi que d'être sensible aux stimuli subtils (*Sensitivity to subtle stimuli*). Je vais reprendre ici ces quatre aspects pour résumer les études récentes qui démontrent l'existence de chacun d'eux.

La profondeur de traitement

Si le fait d'être facilement surstimulé et sensible à de petites choses subtiles est ce que la plupart des parents remarquent en premier chez leur EHS, c'est la profondeur de traitement qui constitue le véritable trait sous-jacent. S'il peut aussi survenir inconsciemment, ce traitement approfondi ou cette tendance à réfléchir se manifeste dans les questions profondes de votre enfant, dans le fait qu'il utilise des mots recherchés pour son âge qu'il n'a entendus qu'une ou deux fois, dans son sens de l'humour affûté, dans sa difficulté à prendre des décisions parce qu'il pense à un grand nombre de possibilités, ou dans le fait qu'il soit lent à s'ouvrir face à de nouvelles personnes ou de nouvelles situations parce qu'il doit observer et réfléchir avant d'avancer. Comme je le souligne dans ce livre, tous les EHS ne montreront pas l'ensemble de ces aspects, mais tous montreront des signes de cette réflexion approfondie. Il est vrai qu'un enfant sensible, comme tout enfant, peut être lent à s'ouvrir en raison d'une réelle peur (et non d'une prudence raisonnable), mais des indices dans la situation donnée indiquent certainement que l'enfant l'associe à une expérience passée négative. Je doute vraiment que des enfants puissent naître immuablement craintifs ou timides – une telle caractéristique ne perdurerait pas longtemps dans les gènes humains.

Il existe d'importantes nouvelles preuves de l'aspect « profondeur de traitement » de la haute sensibilité. Une étude de Jadzia Jagiellowicz[3] et de son équipe consacrée à l'activité cérébrale des adultes (utilisant l'imagerie par résonance magnétique fonctionnelle, ou IRMf) a montré que lorsque des PHS tentent de trouver les différences entre deux images variant légèrement, elles montrent davantage d'activité cérébrale que les personnes non sensibles dans les zones qui se consacrent à cette tâche – qui perçoivent les complexités et les détails et non les aspects superficiels. Elles mobilisent davantage les parties de leur cerveau servant au traitement « approfondi » ou plus complexe.

Dans une autre étude menée par une équipe que nous avons dirigée[4], auprès de personnes sensibles et non sensibles nées et ayant grandi en Asie ou, au contraire, aux États-Unis, nous avons comparé la façon dont elles gèrent des tâches de perception (c'est-à-dire le niveau d'activation cérébrale ou d'effort requis) dont la difficulté est connue pour varier selon que leur culture est de type collectif, comme en Asie, ou individualiste, comme aux États-Unis. Le cerveau des personnes non sensibles présentait l'effort supplémentaire habituel consenti en réalisant une tâche plus difficile pour les personnes de leur culture, tandis que le cerveau des PHS, qu'elles aient grandi en Asie ou aux États-Unis, ne montrait pas de différence quant à l'effort consenti. Comme si elles voyaient au-delà des attentes de leur culture, à un niveau de réalité plus profond.

Pour ses recherches, Bianca Acevedo[5] a étudié des personnes sensibles et non sensibles sur une tâche consistant à regarder des photos de personnes inconnues et familières. Elle a trouvé les mêmes résultats que Jagiellowicz, à savoir un traitement de la perception plus élaboré chez les PHS, mais aussi une activité cérébrale plus importante dans une zone appelée « insula » (cette zone est parfois considérée comme le siège de la conscience[6] car elle intègre la connaissance instantanée des états et des émotions intérieurs, de la position du corps et des événements extérieurs, produisant ainsi ce dont nous avons conscience à un moment donné). Si la PHS a davantage conscience de ce qui se passe à l'intérieur et à l'extérieur d'elle-même, c'est exactement la zone du cerveau que l'on s'attendrait à voir particulièrement active à ces moments-là.

LE FAIT D'ÊTRE FACILEMENT STIMULÉ

Une personne qui est davantage consciente de ce qui se passe à l'intérieur et à l'extérieur d'elle-même et qui traite ces informations de façon plus approfondie peut avoir tendance à s'épuiser mentalement et donc physiquement (le cerveau fait partie du corps) avant les autres. Les enfants, qui à chaque instant sont confrontés à de nombreuses nouveautés, et auxquels nous proposons délibérément de nouvelles choses lorsqu'ils grandissent, sont souvent surstimulés, fatigués et dépassés. Toutefois, ceci est plus vrai encore pour les EHS, ainsi constitués qu'ils remarquent les nouveautés et y pensent bien plus que les autres enfants. Le fait d'être facilement surstimulé est ainsi un effet secondaire à la fois naturel et désagréable de cette profondeur de traitement.

Il n'est sans doute pas utile de vous décrire un enfant surstimulé, vous en voyez des manifestations tous les jours : ces surprenantes et pénibles crises lors de sorties trop stimulantes, même lors d'activités plaisantes ou en vacances ; les difficultés d'endormissement ou les réveils nocturnes après une journée excitante ; les réactions au changement ou à la douleur qui paraissent si extrêmes. Un niveau sonore élevé semble presque le faire souffrir physiquement. Il se plaint du chaud et du froid, d'un caillou dans sa chaussure, d'un vêtement mouillé ou qui gratte. Vous apprenez qu'il a besoin de davantage de pauses ou de temps calmes. Il peut ne pas apprécier les fêtes surprises, et pour ne pas être trop stimulé, évite parfois d'emblée fêtes, sports d'équipe ou prises de parole en classe, même si vous faites sûrement tout ce que vous pouvez pour l'encourager et apaiser ses craintes. Vous souffrez lorsqu'il excelle dans un domaine mais qu'il est loin de le montrer dès que quelqu'un le regarde ou l'évalue, par exemple à l'école, lors d'une audition de musique ou d'un match important. Et j'espère que vous avez remarqué qu'il apprend mieux si vous le corrigez gentiment qu'avec une forte punition surstimulante. Pour résumer, personne ne se sent bien, ne réussit ni n'apprend bien lorsqu'il est surstimulé, mais cela se manifeste plus tôt chez les EHS.

Pour montrer par l'expérience que les PHS[7] sont plus facilement surstimulées, Friederike Gerstenberg, en Allemagne, a comparé des personnes sensibles et non sensibles réalisant une tâche délicate de perception. Celle-ci consistait à dire si un « T » tourné de diverses manières se trouvait ou non caché parmi un grand nombre de « L » orientés de différentes façons sur un écran d'ordinateur. Les PHS ont été plus rapides et ont obtenu des résultats plus justes, mais se sont aussi révélées plus stressées que les autres après l'expérience. S'agissait-il de l'effort de perception ou de l'effet émotionnel de participer à l'exercice ? Quelle que soit la raison, elles se sont senties stressées, comme une pièce métallique qui ploie sous un poids excessif.

Des recherches que je mène actuellement auprès de parents hautement sensibles, il ressort qu'ils se disent surstimulés à la fois en tant que parents et par toutes les activités sociales liées à la parentalité, à commencer par les inconnus qui leur parlent pour la seule raison que la femme est enceinte. Theodore Wachs[8] a découvert que pour un niveau équivalent d'activité domestique et de désorganisation, les mères ayant un score élevé sur l'échelle de la haute sensibilité percevaient leur maison comme étant plus désordonnée que les mères non sensibles.

Une sensibilité élevée, cependant, ne se traduit pas *principalement* par le fait d'être perturbé par un niveau sonore élevé, une pièce désordonnée ou des changements constants. L'inconfort sensoriel en lui-même, sans les autres aspects de ce trait, peut être le signe d'un trouble dû à des problèmes de traitement sensoriel plutôt que d'un traitement sensoriel particulièrement élaboré ou profond. Ainsi, certaines personnes souffrant de troubles du spectre autistique se plaignent de surcharge sensorielle, mais ne réagissent que peu en d'autres occasions. C'est comme si elles éprouvaient des difficultés à savoir où diriger leur attention et quoi filtrer, comme en témoigne le fait que lorsqu'elles parlent à quelqu'un, elles considèrent parfois le visage comme n'étant pas plus important que les chaussures. Au contraire, les EHS prêtent particulièrement attention aux visages et autres indices sociaux. Si un enfant ne parvient pas du tout à discerner ce qui est important, il se sent naturellement submergé par les stimulations. Ceux atteints de troubles du spectre autistique sont parfois plus conscients des subtilités d'une chose sur laquelle ils se sont fixés, alors que dans les situations sociales en particulier, ils ont davantage tendance à remarquer des éléments sans importance.

LA RÉACTIVITÉ ÉMOTIONNELLE ET L'EMPATHIE

La réactivité émotionnelle est également intimement liée à la profondeur de traitement, dans la mesure où nos émotions nous disent ce à quoi prêter attention, quoi apprendre et mémoriser si besoin. Sans la motivation que sont les émotions[9], rien ne serait suffisamment traité pour qu'on s'en souvienne. Cela explique en partie pourquoi il est plus facile d'apprendre une nouvelle langue là où elle est parlée. Non seulement nous l'entendons en permanence, mais nous avons également envie de pouvoir communiquer avec ceux qui nous entourent. Un enfant veut se souvenir de la manière de rester au chaud, de voir Maman sourire, de convaincre Papa de lui donner un gâteau ou d'avoir une bonne note, et de la façon d'éviter de se brûler les doigts, de fâcher ses parents ou d'avoir de mauvais résultats. Les enfants sensibles, parce que tout les préoccupe davantage, observent et apprennent ces choses de la vie encore mieux. Ils les mettent en œuvre de façon assez naturelle dans les situations sociales en faisant notamment preuve d'empathie – c'est-à-dire le fait de savoir ce que la personne sait, de ressentir ce qu'elle ressent. Associée à des émotions plus fortes, l'empathie mène à la compassion.

En tant que parent d'un EHS, vous savez à quoi ressemble cette capacité de réaction émotionnelle et d'empathie : votre enfant prend tout très à cœur, pleure facilement, « lit dans vos pensées », se montre perfectionniste ou réagit intensément s'il fait la moindre petite erreur, remarque la détresse d'autrui y compris de ses camarades de classe, des membres de sa famille, d'inconnus et parfois particulièrement des animaux (quand il apprend par exemple que les agneaux sont transformés en côtelettes ou que les petits ours polaires se noient à cause du réchauffement climatique).

Nous savons déjà de nos études par questionnaires et de nos expériences que les PHS réagissent davantage aux événements positifs et négatifs qu'une personne lambda. Un certain nombre de nouvelles expérimentations et d'études consacrées à l'activation cérébrale[10] réalisées par Jadzia Jagiellowicz ont montré que les PHS réagissaient plus que les autres devant des photos agréables (chiots, chatons, gâteaux d'anniversaire…) ou désagréables (serpents, araignées…), mais surtout aux images agréables, et particulièrement si ces personnes ont eu une enfance heureuse – nous reviendrons sur ce sujet dans un instant. Cette réaction aux images positives a non seulement lieu dans les zones du cerveau associées à l'expérience initiale d'émotions fortes, mais aussi dans des zones plus « élevées » de réflexion et de perception, certaines des mêmes zones découvertes dans les études cérébrales consacrées au traitement en profondeur.

« E » comme « empathie ». Dans l'étude précitée sur le cerveau de Bianca Acevedo, où des personnes sensibles et non sensibles regardent des photos d'inconnus et de partenaires exprimant la joie, la tristesse ou un sentiment neutre, vous vous souvenez que les PHS présentaient davantage d'activité cérébrale au niveau de l'insula, la zone associée à la conscience. Cela s'est vérifié dans tous les cas, mais plus encore lorsque les personnes regardaient des photos représentant le visage de leur partenaire, qu'il soit joyeux ou triste. Cela semble indiquer qu'elles se trouvaient dans un état de conscience particulièrement élevé à ces moments, comme nous nous y attendrions si elles ressentaient le plus d'émotions en voyant ces images.

Les PHS présentaient également plus d'activité que les autres dans leur système de neurones miroirs[11], notamment lorsqu'elles regardaient les visages joyeux ou tristes de personnes chères et les visages joyeux d'inconnus – un autre signe fort que les PHS sont particulièrement à l'écoute des individus envers lesquels elles ressentent des émotions, ainsi que des images positives en général. Les neurones miroirs du cerveau n'ont été découverts qu'il y a une vingtaine d'années. Ces neurones se mettent en action quand nous voyons une personne faire ou ressentir quelque chose, et se comportent comme si nous faisions fait d'être gaucher ou droitier – tout ou rien, avec une majorité d'un côté et une minorité de l'autre. Ceci était vrai pour un caractère qui semblait similaire à la haute sensibilité, à savoir l'inhibition chez les enfants, mais nous disposons maintenant de preuves également pour la haute sensibilité, issues de la thèse de Franziska Borries[23] de l'université de Bielefeld en Allemagne. Elle a mené une étude auprès de plus de neuf cents personnes dont elle a évalué la sensibilité à l'aide de notre questionnaire entre autres techniques. Puis, elle a employé une méthode particulière de statistique faisant la distinction entre catégorie et valeur mesurable et a découvert que le fait d'être hautement sensible relève bien d'une catégorie. On l'est ou on ne l'est pas ; votre enfant est un EHS ou il ne l'est pas. Vous pourrez l'expliquer ainsi lorsqu'on vous dira : « Elle n'est pas si différente, tout le monde est un peu sensible. »

Bien sûr, aucun résultat fondé sur des réponses données par soi-même ou un parent n'est parfait. De nombreuses personnes auront un résultat moyen pour des raisons qui n'ont rien à voir avec le trait lui-même. Par exemple, les gens ont tendance à cocher toutes les réponses vers le milieu de n'importe quel questionnaire. De même, il arrive qu'un autre trait indépendant, comme une grande curiosité ou une tendance à la colère, puisse dissimuler un peu la haute sensibilité. Chaque EHS, et chaque personne, est unique, après tout.

ÉLEVER UN EHS EST UN CADEAU IMMENSE AU MONDE

J'ai relu le livre avant de rédiger cette note, en me disant que je n'allais faire que me répéter en disant ce qui va suivre, mais je n'y ai pas trouvé ou ressentions la même chose. Par exemple, ces neurones s'activent que nous shootions dans un ballon, que nous voyions quelqu'un le faire ou que nous entendions quelqu'un le faire, ou même que nous entendions ou prononcions le mot « shooter ». D'autres neurones nous empêchent d'imiter l'autre personne si nous ne sommes pas censés le faire, mais ils ne sont pas parfaits. Si vous avez déjà senti vos muscles tressaillir en voyant un athlète ou un danseur effectuer un mouvement énergique, vous avez fait l'expérience de vos neurones miroirs.

Ces étonnants neurones nous aident à apprendre par imitation et, associés à d'autres zones du cerveau qui se sont révélées particulièrement actives chez les PHS de cette étude, ils nous aident aussi à savoir intimement ce que l'autre personne projette ou ressent. En fait, ces zones du cerveau permettent l'empathie. Grâce à l'empathie, nous ne comprenons pas seulement grâce aux mots et d'autres indices comment quelqu'un se sent, mais nous ressentons également la même chose dans une certaine mesure. Une fois encore, les PHS ont présenté davantage d'activation cérébrale dans ces zones menant à l'empathie que les individus non sensibles. Vous comprenez que votre EHS soit facilement bouleversé par des situations de cruauté ou d'injustice.

LA SENSIBILITÉ AUX STIMULI SUBTILS

La conscience de sons, d'odeurs et d'autres détails subtils fait bien sûr partie de la haute sensibilité. Certaines personnes ont un sens plus développé, mais pour l'essentiel, ce n'est pas qu'elles ont des organes sensoriels plus réactifs, mais un niveau plus élevé de réflexion et de sensation responsable des discriminations subtiles, si bien qu'il est plus difficile de les distinguer de la profondeur de traitement. Les parents remarquent toutefois la sensibilité de leur EHS aux stimuli subtils, par exemple lorsqu'il perçoit même de légers changements dans l'apparence d'une personne ou d'un lieu : un meuble déplacé ou retiré, une odeur « bizarre » qui fait qu'il refuse d'entrer dans une pièce, un chant d'oiseau ou un moteur d'avion au loin, ou, quand il est plus grand, une œuvre d'art, comme s'il voyait plus que ce que les autres voient. Il remarque le ton d'une voix, un regard, un signe condescendant ou d'encouragement. Cette sensibilité aux détails subtils l'aide dans les sports, les arts et à l'école, notamment pour sentir ce que les professeurs attendent. Cette conscience affûtée peut bien sûr disparaître en cas de surstimulation, notamment en cas de pression ou de fatigue due à un excès de stimulation. C'est dans la nature de tout système nerveux de souffrir parfois d'une surcharge.

Quant aux recherches dans ce domaine, nous pouvons citer les études consacrées à l'activation du cerveau, notamment la première, où des sujets recherchaient des différences subtiles ou manifestes entre des photos, et où le cerveau des PHS se révélait bien plus actif que celui des non-sensibles. Un autre exemple : l'étude culturelle où la perception d'une différence subtile n'était pas affectée par la culture de la PHS alors qu'elle l'était pour les non-sensibles. J'ai aussi décrit une étude allemande dans laquelle des personnes hautement sensibles ou non devaient repérer des « T » tournés dans différents sens parmi des « L » également orientés de diverses manières. Les PHS se montraient plus rapides et plus exactes.

POUR LE MEILLEUR ET POUR LE PIRE

Si vous lisez ce livre, vous vous préoccupez sans doute beaucoup de votre EHS et faites probablement déjà très bien votre travail de parent, c'est pourquoi je ne veux pas que vous vous inquiétiez outre mesure de ce que je m'apprête à vous expliquer. Au contraire, le fait que vous ayez un effet si positif sur votre enfant doit vous rassurer. Tôt dans nos recherches, nous avons découvert qu'une PHS était davantage encline à être malheureuse et sujette à l'inquiétude. Je suspectais que cela pouvait être lié à l'histoire de l'individu, les personnes sensibles étant particulièrement affectées par le stress dans leur jeunesse, et c'est ce que nous avons pu confirmer[12]. Les PHS qui, à des degrés divers, disaient avoir eu une enfance malheureuse, avaient plus tendance à être déprimées, anxieuses et timides que des personnes non sensibles ayant aussi eu une enfance malheureuse. Toutefois, celles qui disaient avoir eu une enfance plutôt heureuse étaient aussi heureuses que d'autres, voire plus. Comme vous le verrez bientôt, les EHS sont susceptibles de tirer davantage profit d'une bonne influence des parents et des enseignants que les autres enfants.

Le fait que l'enfance ait davantage d'impact sur la vie adulte des PHS est la principale raison pour laquelle j'ai écrit ce livre. Il est infiniment plus facile de prévenir les problèmes dès l'enfance que de tenter de les régler une fois adulte. Nous pensions que les PHS étaient particulièrement vulnérables. Pourtant, des éléments d'études ne cessaient d'indiquer qu'il y avait plus que cela, et j'ai même cité quelques-unes de ces recherches sans saisir pleinement leur signification. Ainsi, j'ai parlé de W. Thomas Boyce et de son équipe, qui en 1995 ont découvert que les enfants « hautement réactifs » placés dans un environnement stressant souffraient davantage de maladies et de blessures, mais que dans des foyers et des classes relativement peu stressants, ils déclaraient moins de maladies et de blessures que les autres enfants. Boyce compare maintenant ces enfants à des orchidées, et les enfants non réactifs à des pissenlits[13]. Mais il reconnaît que nous travaillons au fond sur le même trait.

Depuis que j'ai rédigé cet ouvrage, la « susceptibilité différentielle » est devenue un sujet de recherche central en matière de développement de l'enfant, Jay Belsky et Michael Pluess[14] ayant ouvert la voie en soulignant l'erreur de ne considérer que la vulnérabilité liée à la sensibilité. Des EHS, souvent décrits par les autres comme étant très réactifs ou facilement stressés physiquement, timides, ayant un comportement inhibé ou portant des gènes associés à la dépression ou à l'anxiété, s'en sont tous mieux sortis que d'autres enfants s'ils étaient placés dans un environnement propice, tel qu'un cadre où l'on veillait bien sur eux. Par « s'en sortir mieux », je parle de ce qui va des résultats scolaires au comportement moral en passant par les compétences sociales, l'autorégulation et l'assurance d'être aimé. Si les mères étaient particulièrement positives et présentes, si les parents recevaient des conseils en parentalité, si l'on enseignait aux jeunes filles des manières de gérer la dépression ou si les enfants issus d'orphelinats étaient placés dans des foyers adaptés, ces enfants « sensibles » ou « émotifs » étaient toujours ceux qui en tiraient davantage profit, comme s'ils n'absorbaient pas seulement davantage les mauvais environnements, mais aussi les bons[15].

Michael Pluess s'est particulièrement intéressé à ces résultats positifs chez les enfants sensibles, qu'il appelle « sensibilité avantageuse[16] » (signifiant que la sensibilité constitue un avantage). L'une des explications de cet « avantage » peut résider dans la réponse particulièrement forte des PHS à des photos d'images positives ou à des visages montrant des expressions positives, comme je l'ai mentionné plus haut. Les êtres humains en général ayant tendance à réagir davantage aux menaces qu'aux expériences positives, cette inclination positive peut contribuer à ce que les EHS remarquent mieux ce qui est positif autour d'eux, et en tirent davantage profit : l'amour, l'attention, les bons conseils, les œuvres d'art, les informations intéressantes, etc.

Pluess distingue même la sensibilité avantageuse de l'idée de résilience, les personnes résilientes étant moins affectées par les événements négatifs, mais peut-être aussi par ceux qui sont positifs, si bien qu'ils pourraient être considérés comme ayant une « résistance à l'avantage ». Si l'on vous a déjà suggéré que votre EHS manquait de résilience, gardez ceci en tête.

L'idée sous-jacente de cette somme immense d'études n'est pas que votre EHS s'en sortira mieux qu'un autre, comme si la vie n'était qu'une course et que vous pouviez lui donner plus de chances de gagner (bien que cela puisse s'avérer une bonne surprise pour ceux d'entre vous qui êtes particulièrement inquiets pour vos enfants). La sensibilité avantageuse signifie plutôt que vous êtes capables de faire ressortir le meilleur de votre enfant, quel qu'il soit, plus facilement que d'autres parents dont les enfants relèvent d'autres types. Votre EHS est enclin – plus que d'autres – à répondre à toute l'aide et à toute la sagesse que vous avez à offrir.

ENFIN, LA PREUVE GÉNÉTIQUE

Au chapitre 2, j'ai cité l'une des premières études consacrées à la susceptibilité différentielle, présentée par Stephen Suomi[17], qui avait déjà observé qu'une minorité de singes rhésus naissaient porteurs d'une variation génétique qui les rendait « nerveux » en ce que le stress les affectait davantage. Mais s'ils étaient confiés à la naissance à des mères très douées, cette bonne éducation leur permettait d'acquérir des compétences hors du commun et ils devenaient souvent les chefs de leur groupe. Je n'ai pas mentionné à l'époque la variation génétique à l'origine de ces comportements, car je n'avais pas la preuve que les PHS la possédaient, mais je l'ai maintenant.

En effet, le singe rhésus et l'homme partagent une variation génétique normale affectant la quantité de sérotonine disponible dans leur cerveau. Les singes « nerveux » présentent la même variation que les humains « nerveux », c'est-à-dire ceux qui sont facilement anxieux et déprimés. Toutefois, la plupart des gens portant cette variation ne deviennent pas anxieux ni déprimés. Cette variation génétique de la sérotonine est même aujourd'hui connue pour être une cause majeure de susceptibilité différentielle. Ainsi, qu'il s'agisse des singes ou des humains, le fait de porter cette variation offre de nombreux avantages[18] : une meilleure mémoire des choses apprises, une meilleure prise de décision et un meilleur fonctionnement mental en général.

Depuis que j'ai écrit ce livre et ai parlé de ces singes, les recherches dirigées par Cecilie Licht au Danemark[19] suggèrent, sans surprise, que les PHS présentent la même variation génétique. Comme elle ne semble exister que chez ces deux espèces de primates, l'homme et le singe rhésus, et que toutes deux s'avèrent hautement sociales et capables de s'adapter à une grande diversité d'environnements, l'on peut se demander si cette adaptabilité est due à la haute sensibilité des membres d'un groupe davantage capable de remarquer les subtilités, par exemple quels nouveaux aliments consommer et quels dangers éviter, ce qui augmente leurs chances de survie dans un nouveau lieu.

Les personnes et les enfants hautement sensibles ne présentent pas tous cette variation génétique impactant la sérotonine disponible. Nous pensons que de nombreuses voies génétiques mènent à la haute sensibilité. En Chine, Chen et ses collègues[20] ont découvert qu'une autre variation, touchant sept gènes de la dopamine, est associée à des degrés variables de haute sensibilité. Il existe peut-être d'autres raisons expliquant qu'une personne puisse devenir hautement sensible (notamment dans un nouveau champ de recherche appelé épigénétique, qui étudie la manière dont l'environnement peut modifier les gènes), mais je pense que la sensibilité est *pour la plus grande partie* déterminée par la génétique, en raison d'une autre avancée de la recherche scientifique : la découverte de facteurs évolutionnistes.

LA PREUVE ÉVOLUTIONNISTE

J'ai abordé deux points au chapitre 1 qui à l'époque s'appuyaient sur quelques données et beaucoup d'observation et pour lesquels les preuves sont maintenant bien plus nombreuses. Le premier était que ce trait ne peut pas être un trouble, un problème ni un désavantage dans la mesure où il a évolué autant chez d'autres espèces que chez l'homme. J'ai cité trois espèces, mais la liste actuelle dépasse à présent la centaine[21]. Chez toutes ces espèces, la majorité des membres n'est pas sensible à de subtils aspects de l'environnement alors qu'une minorité l'est. En Allemagne, Max Wolf et ses collègues[22] ont réalisé une simulation par ordinateur de la manière dont cette sensibilité ou « réactivité biologique » pourrait évoluer. Dans les grandes lignes, il apparaît qu'il est parfois avantageux de remarquer les détails subtils et de traiter de manière approfondie les informations relatives à la manière dont marche le monde, en comparant la situation actuelle à tout ce que l'on sait de situations antérieures similaires. Il arrive que tout cela ne soit qu'une perte de temps, surtout si cela représente un travail important pour le système nerveux. C'est pourquoi tout le monde n'est pas sensible, seulement une minorité. Si tout le monde possédait ce trait, il ne serait avantageux pour personne – si tout le monde prend la même route pour contourner un embouteillage, celle-ci se retrouve vite aussi encombrée.

Imaginez que votre enfant sensible ait découvert le coin le plus ombragé du terrain de jeux un jour de canicule. La plupart des enfants ont chaud et en souffrent, mais ne le remarquent pas. Nous ne savons pas si votre enfant survivra mieux sur le long terme que ses camarades plus indifférents, mais peut-être que, parce qu'il répond mieux à ce qu'il apprend, il prendra mieux soin de sa santé, remarquera quand ses pneus seront crevés et protégera ses enfants des dangers.

Les biologistes s'intéressent maintenant beaucoup à ces variations de la « personnalité » au sein des espèces. Il est évident qu'aucune de ces variations ne perdurerait si elle ne constituait pas une stratégie permettant d'aider certains individus à survivre. Ainsi, si le tempérament de votre enfant, aussi inhabituel soit-il, est demeuré dans le patrimoine génétique, c'est pour une bonne raison.

TOUT OU RIEN

Une autre idée que j'ai soulevée tôt dans cet ouvrage, et qui est maintenant mieux étayée, est que la sensibilité n'est probablement pas mesurable, comme la taille ou le poids, avec une majorité d'individus situés dans la moyenne. Il semble qu'elle s'approcherait davantage du

grand-chose sur ce qui est devenu le message le plus important que je puisse vous transmettre : le monde a besoin de personnes hautement sensibles bien accompagnées. Il en a cruellement besoin. Qu'est-ce qui est plus nécessaire actuellement que d'avoir des gens capables de mener une réflexion approfondie, qui ressentent profondément les choses, remarquent les détails subtils et réussissent à prendre du recul ? Il nous manque un point cependant – que ces personnes aient le courage de s'imposer lorsque les individus non sensibles ne voient pas, ne pensent pas et ne ressentent pas les choses de façon suffisamment profonde.

Faire en sorte qu'un enfant grandisse bien n'est pas aisé, mais cela peut aider de savoir s'y prendre et d'avoir conscience que votre rôle est crucial. J'espère que ce livre vous aidera non seulement à élever votre EHS, mais aussi à comprendre à quel point votre intervention est importante. Si les parents et les enseignants aidaient les EHS à se valoriser, à développer leur propre point de vue et à trouver des manières de communiquer efficacement avec les personnes non sensibles qui les entourent, cela suffirait à améliorer notablement la vie sur Terre. Quoi que vous fassiez d'autre, vous qui avez mis au monde un EHS, vous nous apportez énormément à nous tous en lui donnant simplement un bon départ. Merci.

INTRODUCTION

Si vous lisez ces lignes, c'est que quelque chose chez votre enfant vous donne à penser qu'il est très sensible. Pour mieux comprendre ce que cela signifie, reportez-vous au questionnaire pages 39-40. Si un grand nombre d'affirmations s'appliquent à votre enfant, poursuivez votre lecture… et soyez le bienvenu.

Tout le monde ou presque sait que dès la naissance les nourrissons possèdent déjà une personnalité propre. « Elle savait ce qu'elle voulait, déjà bébé, et elle n'en démordait pas. » « Il a toujours été facile à vivre. Qu'on lui donne à manger ou non, qu'on le change ou non, cela lui importait peu. » Comme tout autre enfant, le vôtre a hérité de sa propre combinaison unique de traits de caractère. Pourtant, chaque trait pris en lui-même n'est probablement pas unique, mais partagé par de nombreux enfants, si bien qu'il est facile de le décrire. « Volontaire », « facile à vivre », etc.

Parmi ces traits courants dont on hérite figure la haute sensibilité, que l'on rencontre chez 15 à 20 % des enfants (le pourcentage est identique chez les garçons et les filles). Certains nourrissons semblent accorder peu d'importance à ce qu'on leur donne à manger ou à la température de la pièce ; cela ne leur pose pas de problème si la musique est forte ou si la lumière est vive. En revanche, les bébés hautement sensibles semblent remarquer chaque subtile nouveauté en matière de goût ou de chaleur ; ils sursautent s'ils entendent un grand bruit et pleurent si une lumière les éblouit. Plus grands, ils sont souvent aussi sensibles émotionnellement. Ils pleurent facilement s'ils sont vexés, ils s'inquiètent plus ou peuvent être si contents qu'ils « ont du mal à le supporter ». Ils réfléchissent avant d'agir, si bien qu'ils sont souvent considérés comme timides ou craintifs alors qu'ils ne font qu'observer. Avec l'âge, ils ont tendance à se distinguer par leur gentillesse et leur application ; l'injustice, la cruauté ou l'irresponsabilité les bouleversent.

Même s'il y a beaucoup à dire des enfants hautement sensibles (EHS), aucune description ne s'applique parfaitement à tous, car chacun est unique, grâce à une combinaison singulière de traits innés auxquels s'ajoutent la manière dont il a été élevé et des expériences scolaires différentes. Votre EHS ira vers les autres ou préférera jouer seul, sera persévérant ou facilement distrait, meneur et exigeant ou si adaptable qu'il en sera presque « trop gentil ». Mais il n'en demeure pas moins une sensibilité commune à tous, que l'on peut reconnaître.

POURQUOI CE LIVRE

Il est maintenant temps de vous parler davantage de mes recherches sur la haute sensibilité chez les adultes et des raisons pour lesquelles j'ai élargi mon travail aux enfants ainsi qu'à la parentalité. Je suis psychologue chercheuse et psychologue clinicienne ; je suis également hautement sensible et mère d'un enfant hautement sensible. Comme je le décris au chapitre 1, j'ai débuté mes travaux sur la haute sensibilité il y a environ douze ans et à ce jour j'ai reçu en entretien ou en consultation des centaines, voire des milliers, d'adultes, de parents et d'enfants hautement sensibles. J'ai rassemblé les données de milliers de questionnaires d'autres personnes. Cette recherche a fait l'objet de publications dans les principales revues de mon domaine de spécialité. Les informations que vous trouverez dans ce livre sont solidement étayées. Cela fait en réalité cinquante ans que ce trait est étudié chez les nourrissons et les enfants, mais sous d'autres appellations, telles que seuil sensoriel bas, réserve innée, introversion, crainte, inhibition, négativité ou timidité. Dans une certaine mesure, ce livre est né du fait que ce trait avait besoin d'être rebaptisé, notamment lorsque les anciens termes étaient appliqués aux enfants. Le renommer permettait non seulement d'obtenir une description plus exacte, mais aussi de porter un nouveau regard sur nos enfants sensibles.

Ainsi, lorsqu'un enfant observe, nous avons tendance à dire qu'il est timide ou craintif, sans envisager que cela puisse être l'expression d'une préférence innée de l'individu sensible consistant à marquer un temps d'observation avant d'agir. Nous entendons parfois qu'un enfant « réagit de manière exagérée » ou « ne parvient pas à filtrer les informations non pertinentes » quand il remarque chaque humeur ou chaque détail. Mais quel mal y a-t-il à disposer d'un système nerveux qui perçoit de façon extrêmement performante les nuances subtiles d'une situation donnée ? (De plus, qui peut juger de ce qui n'est pas pertinent ? La plupart des gens considèrent que remarquer la sortie de secours revient à se préoccuper trop des détails – jusqu'à ce qu'un incendie survienne.)

L'idée de renommer ce trait m'est peut-être venue en partie du fait qu'étant moi-même hautement sensible, je sais un peu mieux ce qui se passe chez les personnes sensibles. Il est vrai que nous avons un peu plus tendance à devenir timides ou anxieux après avoir été confrontés à certaines circonstances négatives. Mais je suis maintenant convaincue que c'est la sensibilité, et non la timidité ou l'anxiété, qui constitue le trait fondamental. De plus, mes recherches comme celles de confrères indiquent que ce sont essentiellement les parents qui, par leur action, déterminent si l'expression de cette sensibilité sera un avantage ou une source d'anxiété. La population compte tout simplement trop de personnes hautement sensibles – environ 20 % – pour que ce trait soit systématiquement un inconvénient. L'évolution ne l'aurait pas permis. Le fait d'appeler ce trait « sensibilité » permet de rendre compte de ses multiples atouts, de remarquer les nombreuses personnes sensibles qui sont épanouies, d'en parler avec justesse et, surtout, de mieux accompagner les enfants sensibles.

Le fait de nommer ce trait « haute sensibilité » a trouvé sa meilleure justification dans l'accueil qu'ont réservé à ce concept les centaines de milliers de personnes qui ont lu *Hypersensibles : mieux se comprendre pour s'accepter** ou *The Highly Sensitive Person in Love [La Personne hautement sensible et l'amour]***, dont un grand nombre m'ont dit : « C'est moi – cela me décrit parfaitement, et je n'avais pas idée que d'autres personnes ressentaient la même chose... ce besoin d'avoir suffisamment de temps calme, cette conscience quasi permanente des autres et ce souci de bien faire les choses. » (Cet accueil a été des plus favorables. Mon premier livre, *Hypersensibles : mieux se comprendre pour s'accepter*, est devenu un best-seller et a à ce jour été traduit en néerlandais, japonais, chinois, grec et polonais***.) Un grand nombre des lecteurs qui m'ont contactée m'ont également dit qu'ils auraient aimé que leurs parents eussent

* *The Highly Sensitive Person*, traduit sous le titre *Ces gens qui ont peur d'avoir peur*, 2013, Les Éditions de l'Homme, puis *Hypersensibles : mieux se comprendre pour s'accepter*, Marabout, trad. Marie-Lucie Constant, 2017. [NdT]

** À paraître aux éditions Leduc.s en mai 2019.

*** ainsi qu'en français ; voir note précédente. [NdT]

connaissance de ce trait de caractère quand ils les ont élevés, ou souhaitaient avoir des conseils pour aider leurs propres enfants sensibles.

Il m'a donc paru important d'écrire *Mon enfant est hautement sensible*, notamment parce que les conseils donnés dans les nombreux livres de parentalité, souvent bons mais généralistes, n'abordent pas certaines questions importantes pour les EHS, comme le besoin de maintenir un niveau de stimulation optimal et la manière d'y parvenir. Le simple fait de ne pas traiter le sujet de l'excitation peut générer de réels problèmes : certains livres suggèrent des méthodes de discipline qui augmenteraient tellement le niveau d'excitation d'un EHS qu'il serait trop bouleversé pour comprendre la leçon morale qui sous-tend la punition. Il n'existe tout simplement pas d'autre livre de parentalité rédigé sous l'angle de la haute sensibilité.

Surtout, j'ai écrit ce livre parce que je sais que certains d'entre vous rencontrent beaucoup de difficultés avec leurs EHS. Cela ne devrait pas être le cas. Peut-être même en avez-vous conclu que quelque chose n'allait pas chez votre enfant ou chez vous en tant que parent. Ce livre vous rassurera sur ce point. Vous serez plus détendu vis-à-vis de votre enfant, et votre enfant s'apaisera lui aussi.

COMMENT UTILISER CE LIVRE

Je vous invite fortement à lire le livre dans son intégralité. La première moitié concerne la sensibilité, la manière dont votre propre tempérament affecte vos choix d'éducation et les plus gros problèmes auxquels les EHS nous confrontent, quel que soit leur âge. La seconde partie aborde les différents groupes d'âge, du nourrisson jusqu'au jeune adulte qui quitte la maison. Lisez l'ensemble, car (1) vous trouverez dans chaque chapitre des idées qui s'appliquent aussi aux enfants d'autres âges ; (2) sous l'effet du stress, un EHS peut revenir à des comportements ou des problèmes d'un âge antérieur ou, quand il se sent bien, peut se comporter comme un enfant d'un âge plus avancé, si bien que les conseils donnés pour un autre âge peuvent malgré tout s'appliquer à votre enfant ; et (3) comprendre ce qui se passait les années qui ont précédé la lecture de ce livre et ce qui se passera dans les années à venir pourra vous aider de manière notable dans le temps présent.

Les parties « Mettez en application ce que vous venez d'apprendre » à la fin de certains chapitres sont bien sûr facultatives, mais pourront s'avérer utiles et appréciables. Tous les cas présentés proviennent de vrais parents et enfants, dont les noms et les détails permettant de les identifier ont bien sûr été modifiés.

J'espère surtout que vous utiliserez ce livre avec plaisir. Avoir un EHS est une bénédiction. Il y a bien sûr des complications dues à sa « différence », mais voici mon leitmotiv (il date d'avant que je comprenne que mon fils est un EHS) : *pour avoir un enfant exceptionnel, vous devez être disposé à avoir un enfant exceptionnel.* C'est ce que vous avez. Cet ouvrage va vous apprendre à l'accompagner afin qu'il devienne une personne non seulement exceptionnelle, mais aussi en bonne santé, aimante, adaptée et heureuse.

Votre enfant est-il hautement sensible ? Questionnaire à destination des parents

Répondez à chacune des questions du mieux que vous pouvez. Répondez « vrai » s'il est vrai ou relativement vrai que l'affirmation s'applique votre enfant. Répondez « faux » si elle ne se vérifie pas vraiment ou jamais chez votre enfant.

Mon enfant…

1. V F sursaute facilement.
2. V F se plaint de vêtements qui grattent, est gêné par les coutures de ses chaussettes ou les étiquettes.
3. V F n'apprécie généralement pas les grosses surprises.
4. V F apprend mieux avec une petite remise en place qu'avec une punition sévère.
5. V F semble lire dans mes pensées.
6. V F utilise des mots recherchés pour son âge.
7. V F remarque la moindre petite odeur inhabituelle.
8. V F possède un sens de l'humour affûté.
9. V F semble très intuitif.
10. V F a du mal à s'endormir après une journée excitante.
11. V F ne gère pas bien les grands changements.
12. V F demande à se changer si ses vêtements sont mouillés ou pleins de sable.
13. V F pose beaucoup de questions.
14. V F est perfectionniste.
15. V F remarque la souffrance d'autrui.
16. V F préfère les jeux calmes.
17. V F pose des questions profondes, qui donnent à réfléchir.

18. V F est très sensible à la douleur.
19. V F est gêné par les lieux bruyants.
20. V F remarque des détails subtils (quelque chose qui a été déplacé, un changement dans l'apparence de quelqu'un, etc.).
21. V F vérifie avant de grimper si cela n'est pas dangereux.
22. V F réussit mieux quand il n'y a pas d'inconnus présents.
23. V F prend les choses à cœur.

Résultats

Si vous avez répondu « vrai » à treize affirmations ou plus, votre enfant est probablement hautement sensible. Toutefois, aucun test psychologique n'est suffisamment fiable pour justifier à lui seul des choix d'éducation. Si seulement une ou deux affirmations s'appliquent à votre enfant mais qu'elles s'avèrent extrêmement vraies, il est possible qu'elles indiquent aussi une haute sensibilité.

Première partie

PORTRAIT DE L'ENFANT HAUTEMENT SENSIBLE

Chapitre 1

La sensibilité

Mieux comprendre les enfants « timides » et « difficiles »

Ce chapitre a pour but de vous aider à savoir si votre enfant est hautement sensible. Il aborde en profondeur la question de la sensibilité et vous permettra de mieux comprendre tous les traits de tempérament dont il a hérité. Notre objectif est de vous libérer de toutes les idées fausses que vous pourrez avoir entendues à propos des enfants sensibles. Enfin, nous distinguerons la haute sensibilité de véritables troubles (car elle n'en est pas un).

« Si j'étais sa mère, cet enfant mangerait ce qu'on lui donnerait. »

« Votre fille est trop calme – avez-vous déjà pensé à consulter à ce propos ? »

« Il est très mûr, très sage pour son âge. Mais on dirait qu'il pense trop. Cela ne t'inquiète pas qu'il ne soit pas plus heureux et insouciant ? »

« Jodie se vexe très facilement. Elle pleure même quand d'autres enfants se font embêter ou se font mal, et aussi aux moments tristes dans les histoires. Nous ne savons pas quoi faire pour elle. »

« Dans ma classe de maternelle, tout le monde participe lors des activités en groupe, mais votre fils refuse. Est-ce qu'il est aussi têtu à la maison ? »

Ce genre de remarques vous est familier ? Il l'est pour les parents avec lesquels je me suis entretenue pour réaliser ce livre. Ils ont reçu toutes sortes de commentaires bien intentionnés de ce type de la part de leurs belles familles, d'enseignants, d'autres parents et même de professionnels de santé mentale. Si vous en avez entendu, c'est presque certainement le signe que vous avez un enfant hautement sensible (EHS). Ils sont bien sûr déstabilisants, parce que l'on vous dit que quelque chose est bizarre ou ne va pas chez votre enfant, alors que vous le trouvez merveilleusement éveillé, attentionné et sensible. De plus, vous savez que si vous suivez ces conseils, comme forcer votre enfant à manger des aliments qu'il n'aime pas, le pousser à aller vers les autres quand il n'en a pas envie ou l'emmener voir un psychiatre, votre enfant en souffrira. En revanche, si vous suivez la direction qu'il vous indique, il s'épanouit. Et pourtant les remarques ne cessent de fuser, si bien que vous vous demandez si vous êtes un mauvais parent et si le comportement de votre enfant est de votre faute. J'ai entendu cette même histoire des centaines de fois.

LE MODE D'EMPLOI DE VOTRE ENFANT

Vous avez peur de mal faire et cela n'est pas étonnant : vous n'avez personne pour vous aider. Vous avez sans doute constaté que la plupart des ouvrages de parentalité s'intéressent aux « problèmes de comportement » : agitation, difficultés de concentration, comportement débordant, agressivité. Votre enfant ne pose probablement aucun souci dans ces domaines. Vous êtes confronté à des problèmes dont les livres ne parlent pas beaucoup : difficultés pour manger, timidité, cauchemars, inquiétudes et émotions intenses, qui ne sont pas tant dirigées vers les autres, mais éclatent simplement. Le conseil habituel consistant à éliminer les comportements indésirables au moyen de « conséquences » (des punitions) ne fonctionne souvent pas – les punitions, et même les critiques, semblent briser votre enfant.

Ce livre vous fournira des conseils, destinés uniquement aux enfants hautement sensibles et provenant de parents d'enfants sensibles, dont moi-même, ainsi que de spécialistes de ce trait. Le premier est de ne pas croire les gens lorsqu'ils sous-entendent que quelque chose ne va pas chez votre enfant, et de ne pas laisser votre enfant le croire. Ses différences ne sont pas non plus votre faute. Bien sûr, les méthodes d'éducation peuvent toujours être améliorées et cet ouvrage vous permettra de vous « perfectionner » plus que d'autres parce que, encore une fois, il est rédigé en tenant compte de la « différence » de votre enfant. Mais oubliez l'idée selon laquelle le problème serait un défaut venant de vous ou de lui.

« DÉCOUVRIR » LA HAUTE SENSIBILITÉ

Selon mes propres recherches scientifiques et mon expérience professionnelle ainsi que celles de nombreux spécialistes qui ont étudié ce trait sous différentes étiquettes moins exactes, votre enfant présente une variation normale du tempérament inné. Il fait partie des 15 à 20 % d'enfants nés hautement sensibles – un chiffre bien trop élevé pour qu'ils puissent tous être « anormaux ». De plus, la même proportion d'individus sensibles a été découverte au sein de chacune des espèces étudiées, à ma connaissance. Du point de vue de l'évolution, ce trait doit avoir une bonne raison d'être. Nous y reviendrons dans un moment, mais d'abord parlons un peu de cette « découverte ».

J'ai commencé à étudier la haute sensibilité en 1991, après qu'un autre psychologue m'a fait remarquer que j'étais hypersensible. Il s'agissait d'une curiosité personnelle, je n'envisageais pas d'écrire un livre ni même de faire part à qui que ce soit de mes découvertes. Dans mon entourage ainsi qu'à l'université où j'enseignais, j'ai simplement demandé à discuter avec des gens « hautement sensibles aux stimuli physiques ou émotionnels » ou « très introvertis ». Au départ, je pensais réellement que la sensibilité était équivalente à l'introversion, à savoir la tendance à préférer n'avoir qu'un ou deux amis proches avec qui entretenir des conversations profondes plutôt que de se trouver dans de grands groupes ou de rencontrer des inconnus. Les extravertis, en revanche, apprécient les grands rassemblements, ont de nombreux amis, mais parlent généralement avec eux de manière moins intime, et apprécient de faire la connaissance de nouvelles personnes. Il est apparu que l'introversion n'était pas la même chose que la haute sensibilité : environ 70 % des personnes hautement sensibles (PHS) sont introverties, une tendance qui fait sans doute partie de leur stratégie visant à réduire les stimulations, et 30 % sont extraverties. J'avais mis le doigt sur quelque chose de nouveau.

Pourquoi une personne hautement sensible serait-elle extravertie ? D'après mes entretiens, ces individus ont souvent grandi dans des groupes sociaux restreints et aimants, et même dans un cas au sein d'une communauté. Les groupes leur semblent ainsi familiers et rassurants. D'autres semblent avoir été encouragés par leurs familles à devenir extravertis – c'était un impératif et, en bons enfants hautement sensibles, ils se sont efforcés de faire ce que l'on attendait d'eux. Une femme se souvenait du jour et de l'heure où elle a choisi de devenir extravertie. Venant de perdre son unique et meilleure amie, elle a décidé à ce moment précis de ne plus dépendre d'une seule personne.

Après avoir découvert que la sensibilité n'est pas équivalente à l'introversion, j'ai trouvé une autre preuve que les personnes sensibles ne sont pas non plus par nature timides ou « névrosées », c'est-à-dire anxieuses et déprimées. Tous ces aspects sont des traits secondaires non innés que l'on rencontre chez certains sujets sensibles, ainsi que chez un grand nombre d'individus non sensibles.

Quand j'ai lancé un appel pour rencontrer des personnes sensibles, j'ai été submergée de volontaires ; je me suis finalement entretenue avec quarante hommes et femmes de tous âges et de tous horizons, pendant trois heures chacun. Tous ont souhaité parler de ce terme et de la raison pour laquelle il leur a tant parlé lorsqu'ils l'ont lu. (De nombreux adultes achètent *Hypersensibles : mieux se comprendre pour s'accepter* simplement parce qu'ils se reconnaissent dans le titre, de la même façon que vous avez peut-être acquis cet ouvrage parce que vous y avez reconnu votre enfant.)

Après avoir distingué les nombreux aspects de la sensibilité à partir de ces entretiens, j'ai pu élaborer un long questionnaire, puis un autre plus court (voir pages 84 à 91), que j'ai depuis distribué à des milliers de personnes. Les 20 % environ de personnes hautement sensibles comprennent généralement aussitôt que le concept les décrit. Les 80 % restants de personnes non sensibles ne le saisissent vraiment pas et certaines répondent « faux » à toutes les affirmations. J'ai obtenu les mêmes résultats lors d'une enquête téléphonique aléatoire. Les personnes sensibles sont véritablement différentes.

Depuis, j'ai abondamment écrit et enseigné sur ce sujet, et j'ai rapidement perçu le besoin d'un livre à destination des parents d'enfants hautement sensibles. J'avais entendu trop d'histoires malheureuses d'enfances difficiles, de parents bien intentionnés ayant causé d'immenses peines parce qu'ils ne savaient pas comment gérer un enfant sensible. J'ai donc interrogé des parents et des enfants, puis j'ai mis au point un questionnaire qui a été distribué à plus d'une centaine de parents d'enfants de tous types. Ce sondage, dont je n'ai conservé que les questions permettant le mieux de distinguer les enfants hautement sensibles des non-sensibles, est devenu le questionnaire à destination des parents qui se trouve à la fin de l'introduction.

QU'EST-CE QUE LA HAUTE SENSIBILITÉ ?

Une personne hautement sensible a de naissance tendance à remarquer davantage de choses dans son environnement et à réfléchir à tout de manière approfondie avant d'agir, comparée aux individus qui remarquent moins d'éléments et agissent rapidement et de façon impulsive. Ainsi, les personnes sensibles, enfants et adultes, ont tendance à être dans l'empathie, intelligentes, intuitives, créatives, attentives et consciencieuses (conscientes des effets d'une mauvaise action, elles sont moins susceptibles d'en commettre). Elles sont aussi plus facilement submergées par un fort niveau sonore ou de grandes quantités d'informations arrivant en même temps. Elles s'efforcent d'éviter ces situations et paraissent ainsi timides, réservées ou « rabat-joie ». Quand elles ne parviennent pas à éviter la surstimulation, elles passent pour être « susceptibles » et « trop sensibles ».

Si les EHS remarquent davantage de détails, ce n'est pas forcément que leur vue, leur audition, leur odorat ou leurs papilles sont meilleurs – bien que certains rapportent posséder au moins un sens très affûté. C'est leur cerveau qui traite l'information de manière plus approfondie. Cependant, ce traitement n'a pas lieu uniquement dans le cerveau car les personnes hautement sensibles, enfants et adultes, présentent aussi des réflexes plus rapides (une réaction émanant généralement de la moelle épinière), sont davantage affectées par la douleur, les médicaments et les stimulants, présentent un système immunitaire plus réactif et souffrent plus souvent d'allergies. En un sens, c'est l'ensemble du corps qui est conçu pour détecter et comprendre plus précisément tout ce qui lui parvient.

Comment les EHS trient les oranges

Quand j'étais petite, mon père aimait emmener toute la famille visiter des usines, où il demandait aux responsables de nous montrer les lieux. Dans les aciéries et autres verreries, je me sentais submergée, à cause de ma grande sensibilité. Trop de bruit, trop de chaleur, cette fournaise me faisait pleurer, si bien que j'appréhendais ces sorties. En revanche, les autres membres de la famille, non sensibles, trouvaient pénible mon comportement qui les obligeait à abréger la visite. Néanmoins il y en a une que j'ai aimée : celle de l'usine de conditionnement d'oranges. J'ai apprécié l'invention ingénieuse qui faisait descendre les oranges en les secouant sur un tapis roulant jusqu'à ce qu'elles tombent dans des fentes de trois tailles : petite, moyenne ou grande.

Je m'appuie maintenant sur cette expérience pour décrire le cerveau des EHS. Au lieu de posséder trois fentes pour traiter ce que le tapis roulant leur amène, ils en ont quinze, servant à faire des distinctions très fines. Tout se passe bien jusqu'à ce qu'un nombre trop élevé d'oranges arrive en même temps. C'est alors la bouillie assurée.

Il est vrai que souvent les EHS n'aiment pas quand un orchestre entre en tonitruant dans le restaurant où ils dînent, les fêtes d'anniversaire bruyantes, les sports d'équipe rapides ou le fait que tout le monde les regarde quand ils répondent en classe. Mais si vous avez besoin d'accorder une guitare, d'une bonne idée de petits cadeaux à offrir à vos invités, d'un bon jeu de mots ou de remporter une partie d'échecs qui requiert d'anticiper les conséquences ou de remarquer de subtils détails, votre EHS sera précieux.

Est-ce tout ou rien ?

Votre enfant peut-il être un peu sensible seulement ? Certains chercheurs pensent que l'on possède ce trait ou qu'on ne le possède pas[24] ; pour d'autres, c'est une question de degré[25]. Mes propres recherches montrent les deux, c'est-à-dire que certains EHS semblent plus sensibles que d'autres, sans doute parce qu'il existe dans l'environnement de l'enfant une multitude de facteurs pouvant augmenter ou réduire le degré de sensibilité exprimé. Mais s'il s'agissait d'une véritable échelle à degrés, comme pour la taille ou le poids, la plupart des gens se situeraient au milieu. En réalité, la répartition des personnes hautement sensibles se compare davantage à une ligne plane, avec peut-être même un peu plus de monde à chaque extrémité.

À l'intérieur de l'enfant hautement sensible

Plongeons un peu plus loin dans l'esprit de votre EHS. Il remarque davantage de choses, certes, mais il a peut-être une « spécialité ». Certains sont à l'écoute des signes sociaux, remarquant principalement les humeurs, les expressions ou les interactions. Certains EHS perçoivent surtout le monde naturel, par exemple les changements météo ou les qualités des plantes, ou bien montrent une étrange capacité à communiquer avec les animaux. Certains maîtrisent les concepts subtils, ou bien pratiquent l'humour et l'ironie. Certains se révèlent vigilants dans un nouvel environnement alors que d'autres se trouvent surtout ennuyés par ce changement dans ce qui leur est familier. Mais quoi qu'il en soit, dans tous les cas, ils remarquent davantage de choses.

Votre EHS réfléchit aussi plus que d'autres enfants à ce qu'il a remarqué. Encore une fois, des variations existent toujours. Il vous posera peut-être des questions liées à des dilemmes sociaux – pourquoi vous avez fait cela, pourquoi un enfant en a embêté un autre – ou à des problèmes de société plus vastes. Un autre EHS tentera de résoudre des énigmes mathématiques ou logiques, s'inquiétera de savoir « ce qui ce passerait si », inventera des histoires ou encore essaiera d'imaginer les pensées de son chat. Tous les enfants font ce genre de choses, mais les EHS le font davantage.

Les réflexions des EHS sur leurs perceptions, notamment ce qu'ils ont vu ou entendu, peuvent être tout à fait consciences et manifestes, par exemple lorsqu'ils demandent un peu plus de temps pour prendre une décision. (Vous avez sûrement constaté que demander à un EHS de se décider vite est aussi compliqué que de faire avancer un chien sans qu'il s'arrête devant chaque borne à incendie.) Mais souvent cette réflexion demeure entièrement inconsciente, comme quand il sent intuitivement ce qui vous arrive. L'intuition peut en effet se définir comme le fait de savoir quelque chose sans savoir comment on le sait, et les personnes sensibles sont généralement très intuitives.

La réflexion peut être rapide : il comprend instantanément qu'il « se passe quelque chose » ou s'aperçoit que vous avez changé ses draps alors que d'autres enfants ne le remarqueraient pas. Ou elle peut être lente : il réfléchit à quelque chose pendant des heures avant de formuler quelque idée brillante.

Au bout du compte, percevant davantage et réfléchissant de façon plus approfondie sur ces perceptions, si la situation crée une réponse émotionnelle (et c'est le cas de toutes les situations dans une certaine mesure), votre EHS ressentira des émotions plus fortes. Ce peut être de l'amour, une crainte ou une joie intense. Mais puisque tous les enfants expérimentent chaque jour de nouvelles situations stressantes, les EHS ressentiront aussi de la peur, de la colère et de la tristesse, et cela plus intensément que les autres enfants.

Ces ressentis forts et ces pensées profondes rendent les EHS particulièrement empathiques. Ils souffrent plus quand les autres souffrent et s'intéressent tôt à la justice sociale. Ils se font aussi les brillants interprètes des choses ou des individus incapables de s'exprimer : plantes, animaux, organes du corps, bébés, locuteurs d'une autre langue, personnes très âgées souffrant de démence. Leur vie intérieure est généralement riche. Et une fois encore, les EHS sont doués d'une grande conscience pour leur âge – ils sont capables de s'imaginer eux-mêmes ou de comprendre quand on leur dit : « Que se passerait-il si tout le monde faisait ainsi ? » Ils cherchent aussi très tôt le sens de leur vie.

Attention, les EHS ne sont pas des saints. Après quelques mauvaises expériences, ils sont plus susceptibles que d'autres de devenir timides, craintifs ou déprimés. Mais guidés avec bienveillance, ils se montrent exceptionnellement créatifs, coopératifs et gentils – sauf quand ils sont submergés. Quoi qu'ils fassent – ou ne fassent pas – ils ressortent du lot, même s'ils ne posent pas « problème » dans le sens habituel.

Bien avant que je sache mon fils sensible, je savais qu'il était « différent ». Il était attentif, incroyablement créatif, consciencieux, prudent dans les nouvelles situations, facilement vexé par ses pairs, peu amateur de jeux et de sports brusques et intenses émotionnellement. Il était difficile à gérer à certains égards, facile à d'autres et se distinguait toujours, même si ce n'était que parce qu'il ne se joignait pas au groupe. J'ai donc élaboré cette devise dont je vous ai fait part en introduction : *pour avoir un enfant exceptionnel, vous devez être disposé à avoir un enfant exceptionnel.*

Le problème que pose le fait d'être facilement surstimulé

Même si je pourrais chanter encore longtemps les louanges des EHS, vous avez ouvert ce livre parce que vous avez besoin d'aide. Malheureusement, la plupart des gens – les parents y compris – ont tendance à surtout remarquer le revers de la médaille de la sensibilité. En effet, ces enfants sont facilement dérangés par des choses que d'autres ne remarquent pas et une situation bruyante, complexe et constamment changeante peut les submerger totalement, comme une classe ou une réunion de famille, surtout s'ils s'y trouvent trop longtemps. Comment cela ne pourrait-il pas les affecter, eux qui ressentent tant de choses ?

Mais comme les EHS se trouvent en minorité, leurs réactions et leurs solutions paraissent souvent étranges aux autres. D'où toutes ces allusions émanant de l'entourage, voire cette suspicion que votre enfant puisse être anormal.

De quelles manières les EHS tentent-ils de gérer la surstimulation ? Aucun enfant n'adopte l'ensemble de ces solutions, mais certaines vous sont sûrement familières. Les EHS se plaignent souvent beaucoup – il fait trop chaud, trop froid, le tissu gratte, le plat est trop épicé, la pièce sent bizarre – de détails que d'autres enfants ne remarqueraient même pas. Ils choisissent parfois de jouer seuls, d'observer tranquillement sur le côté, de ne manger que des aliments familiers, de ne rester que dans une seule pièce, à l'intérieur ou dans un endroit précis à l'extérieur. Ils peuvent refuser pendant quelques minutes, heures, jours, voire mois, de parler à des adultes, à des inconnus ou même en classe. Ils évitent les activités qui plaisent habituellement comme les colonies de vacances, le foot, les fêtes ou les rendez-vous avec des petits amis.

Certains EHS piquent des crises de colère pour éviter ce qui les irrite ou les submerge, ou quand ils y sont confrontés. D'autres essaient de ne pas poser de problème, de se montrer parfaitement obéissants, en espérant que personne ne les remarquera ni n'attendra rien d'eux. Certains restent collés à leur ordinateur ou passent leurs journées à lire, maîtrisant un monde restreint. D'autres se mettent à surcompenser ce qui leur semble un défaut, en essayant de devenir des vedettes ou d'être parfaits.

Certains EHS ne tiennent pas en place et semblent atteints d'un trouble du déficit de l'attention, ou TDA (alors que leur attention est correcte quand ils ne sont pas surstimulés et qu'ils gèrent leurs priorités – nous y reviendrons). Ou bien ils s'effondrent littéralement par terre et se mettent à crier. D'autres au contraire restent muets et immobiles. Certains développent des maux de ventre ou de tête – une réaction de leur corps, mais aussi une solution si elle permet d'aller se reposer.

Enfin, comme nous le verrons, certains EHS qui pensent avoir tout essayé renoncent. Ils deviennent peureux, s'effacent et perdent espoir.

Un enfant peut présenter chacun de ces comportements pour d'autres raisons et tout enfant peut être surstimulé sans être un EHS. Mais la sensibilité est souvent la dernière explication à laquelle un adulte penserait quand un enfant se met en colère, paraît déprimé, agité, a mal au ventre ou veut trop en faire. J'espère qu'après la publication de ce livre cette possibilité n'échappera plus aux gens. À la fin du chapitre, j'aborde la distinction entre un EHS surexcité et un enfant non sensible ou un enfant souffrant de problèmes plus graves.

Si les EHS sont si nombreux, pourquoi n'en avais-je jamais entendu parler avant ?

Nous savons aujourd'hui que la personnalité résulte pour moitié environ de différences innées de tempérament, telles que la haute sensibilité. La moitié restante provient des expériences et de l'« environnement ». Mais il n'y a pas si longtemps, les psychologues pensaient que la personnalité d'un individu était entièrement déterminée par ses expériences, notamment familiales.

Quand les psychologues ont commencé à étudier le tempérament, il s'est avéré facile de décrire les actions ou les sentiments des enfants actifs observés au laboratoire ou à l'école, mais plus difficile pour ceux qui restaient au fond de la classe ou demeuraient silencieux. Vous rétorquerez que cette différence consistant à en faire moins était la plus facile à observer (toutes les cultures montrent cette différence), mais la plus difficile à décrire. Ainsi, les observateurs ont eu tendance à supposer que les enfants silencieux étaient timides, apeurés, asociaux ou inhibés. En identifiant le trait de la haute sensibilité, nous avons simplement créé une étiquette plus exacte.

À ma connaissance, rien ne prouve que des enfants puissent naître peureux, réservés, timides (craignant les jugements sociaux), négatifs ou préférant éviter les contacts humains. Une telle peur innée serait un terrible défaut au sein d'une espèce sociale comme la nôtre. Elle n'aurait pas passé l'épreuve de l'évolution ni perduré au fil des générations, comme c'est manifestement le cas. Toutes ces réactions ou caractéristiques, si elles se manifestent, sont plus à comprendre comme une vulnérabilité due à une chose plus élémentaire, la sensibilité. (Ou, chez certaines personnes non sensibles timides, peureuses et inhibées, ces réactions résultent uniquement de mauvaises expériences, mais ne relèvent pas de la génétique.)

Le nom que l'on donne à ce trait a véritablement une importance. Cette étiquette nous indique ce dont nous parlons et affecte la manière dont les enfants sont vus et se voient eux-mêmes. La majorité des gens, les non-sensibles, ont évidemment développé des présupposés concernant ce qui se passe chez les enfants sensibles. Ils se projettent parfois un peu, voyant en l'autre ce qu'ils n'aiment pas et ce dont ils tentent de se débarrasser chez eux-mêmes (par exemple, une peur ou ce qu'ils considèrent comme une faiblesse). Toutefois, les enfants sensibles et leurs parents savent bien de quoi il retourne – ces enfants sont sensibles.

VOTRE ENFANT EST-IL HAUTEMENT SENSIBLE ?

Si vous ne l'avez pas encore fait, répondez au questionnaire proposé à la fin de l'introduction. Chaque affirmation est un signe de haute sensibilité. Ces questions sont le fruit de recherches menées auprès de milliers d'enfants. Cependant, toutes les affirmations ne se vérifient pas chez tous les EHS. Les enfants, comme les adultes, varient énormément, autant dans leurs autres traits innés que par l'environnement au sein duquel ils grandissent. Une autre solution pour déterminer si votre enfant est un EHS consiste donc à faire ce que vous faites : lire ce chapitre et voir s'il paraît s'appliquer à votre enfant.

Les parents savent généralement d'emblée que leur enfant est particulièrement sensible. Tout nouveau-né peut être difficile ou grognon, mais les bébés sensibles pleurent surtout lorsque trop de choses (pour eux) se passent autour d'eux pendant trop longtemps. Chez un nourrisson sensible, le « trop » arrive plus rapidement. Il est aussi davantage affecté par l'humeur de ses parents, par exemple l'anxiété. Imaginez le cercle vicieux que cela peut engendrer – je développe cet aspect au chapitre 6.

D'un autre côté, certains bébés sensibles ne pleurent presque pas. Leurs parents ont compris leur sensibilité, peut-être parce qu'ils sont sensibles eux-mêmes, et ont mis en place autour d'eux un cadre calme et pas trop stimulant. Les nourrissons sensibles sont néanmoins décelables – ils semblent tout suivre du regard, répondre au moindre bruit ou changement de ton, réagir aux tissus sur leur peau ou à la température de leur bain. En grandissant, ils remarquent encore plus de détails – que vous portez une nouvelle chemise, qu'il y a de la sauce tomate sur son brocoli, qu'il n'y a pas d'arbres par ici, que Mamie a déplacé le canapé.

Encore une fois, ils se trouvent encore plus facilement submergés en grandissant parce qu'ils ressentent beaucoup plus, alors que ce qu'ils voient ne leur est pas encore familier, ou qu'ils n'ont pas encore appris à limiter la capacité d'absorption de leurs sens.

Pourquoi mon enfant est-il sensible et d'autres non ?

Un trait de tempérament est un aspect inné et donc très basique du comportement d'un individu. Déterminé génétiquement, il est généralement présent dès la naissance. Ces traits fondamentaux se rencontrent chez les humains, mais aussi chez tous les animaux supérieurs. Pensez aux caractères typiques des différentes races de chiens – le gentil labrador, l'agressif pitbull, le chien de berger protecteur, le fier caniche. Leur éducation importe également, mais vous ne ferez pas agir un bulldog comme un chihuahua. Ces personnalités ont évolué, ou ont été développées par les éleveurs, parce qu'elles sont très adaptables dans certaines situations. Il ne s'agit donc pas de troubles ni de déficiences. Tous sont des chiens normaux.

Les biologistes s'accordaient autrefois à dire que l'évolution conduit chaque espèce vers un prototype parfaitement adapté à la vie dans une niche écologique particulière. Il existe un modèle d'éléphant fonctionnant parfaitement – doté d'une longueur de trompe, d'un poids et d'une épaisseur de peau idéaux. Les éléphants nés avec ces caractéristiques survivront alors que les autres mourront.

Et pourtant il apparaît que chez la plupart des espèces animales, peut-être toutes, deux « personnalités » coexistent. Une assez large minorité ressemble à votre enfant – plus sensible, consciente de subtilités, qui vérifie tout avant d'agir –, tandis que la majorité avance avec assurance sans trop prêter attention à la situation ni à l'environnement.

Pourquoi cette différence ? Imaginez deux cerfs à la lisière d'une clairière dont l'herbe semble particulièrement nourrissante. L'un des cerfs va s'arrêter pendant un temps assez long afin de s'assurer qu'aucun prédateur ne rôde. L'autre va marquer une courte pause, puis s'élancer pour brouter l'herbe. Si le premier cerf a raison, le second est mort. Si le second cerf a raison, le premier rate la meilleure herbe et, si cela se reproduit souvent, souffrira de malnutrition, tombera malade et mourra. Le fait d'avoir deux stratégies, deux « types » de cerf dans une harde, augmente les chances de survie du groupe quoi qu'il se passe dans la clairière ce jour-là.

Une étude consacrée à la mouche drosophile[26] a montré ce même phénomène et a permis d'identifier le gène responsable. Certaines de ces mouches possèdent dans leur gène lié à l'approvisionnement une particularité qui les rend sédentaires, c'est-à-dire qu'elles ne s'aventurent pas loin quand de la nourriture est présente. D'autres, les « vagabondes », s'éloignent davantage. Détail notable : le gène des mouches sédentaires leur confère également un système nerveux plus sensible et hautement développé !

Dans une autre expérience consacrée aux types de personnalité du crapet-soleil, on a réparti des pièges dans un bassin. D'après les chercheurs, la majorité des poissons se sont révélés « audacieux » et se sont comportés « normalement » en tombant dans les pièges, alors que la minorité, les poissons « timides » y a échappé. (J'aimerais bien savoir pourquoi ils n'ont pas nommé ces deux groupes « les poissons stupides » et « les poissons intelligents » ! Ou au moins les non-sensibles et les sensibles !)

L'ATOUT QUE VOTRE EHS REPRÉSENTE POUR L'ESPÈCE HUMAINE

Le fait de disposer d'une importante minorité de personnes qui réfléchissent avant d'agir s'avère un immense avantage pour un groupe humain. Ces individus remarquent plus tôt les dangers potentiels ; les autres peuvent alors partir s'en occuper (et même apprécier l'excitation que cela représente). Les sensibles réfléchissent de manière approfondie aux conséquences et insistent pour que les autres marquent une pause, voient ce qui se pourrait se passer et mettent au point la meilleure stratégie. Il est manifeste que les deux groupes fonctionnent mieux en association.

Historiquement, les personnes sensibles ont formé les rangs des scientifiques, psychologues, théologiens, historiens, avocats, docteurs, infirmières, enseignants et artistes (à une époque, une personne sensible devenait naturellement l'instituteur de la ville, son prêtre ou son médecin). Mais elles sont de plus en plus écartées de tous ces domaines selon ce qui apparaît comme un cycle : les individus non sensibles s'imposent de façon agressive dans les rôles décisionnaires où, assez naturellement de par leur tempérament, ils dévaluent la prudence en matière de prise de décisions, donnent la priorité aux profits à court terme ou aux résultats visibles qu'ils prônent avec assurance, au détriment d'une qualité constante et de conséquences à long terme revendiquées plus discrètement. Ils n'ont pas besoin d'un environnement de travail calme ni de plannings raisonnables et donc les éliminent. Les personnes sensibles sont dévalorisées, perdent de l'influence, souffrent ou démissionnent. Si bien que les non-sensibles contrôlent davantage encore la profession.

Je ne décris pas ce cycle pour me plaindre, je ne dresse qu'un constat d'une raison probable expliquant pourquoi ces professions s'orientent de plus en plus vers le profit et offrent des résultats moins satisfaisants. Dans le monde d'aujourd'hui, si ceux qui prennent les décisions ne réfléchissent pas assez à leurs complexités et à leurs conséquences, un déséquilibre entre l'influence des personnes sensibles et non sensibles peut être source de danger et de gêne. Il est donc essentiel pour tout le monde que votre EHS quitte votre foyer sûr de lui et assuré de sa valeur, afin qu'il soit à même de partager ses dons et d'exercer une véritable influence sur les autres.

Votre enfant demeure absolument unique, comme ceux de Rhoda

Maintenant que j'ai montré en quoi le mot « sensible » décrivait le mieux ce trait, je dois reconnaître l'un des inconvénients de ces étiquettes. Dès lors que nous attachons une étiquette à quelque chose, nous avons l'impression d'en savoir beaucoup sur le sujet, que ce soit un camélia, un berger allemand ou un EHS. En réalité, nous ne savons encore que très peu de choses de chaque camélia, berger allemand ou EHS pris individuellement.

Lorsque je me suis entretenue avec des parents et des enfants pour écrire ce livre, j'ai été stupéfaite de constater le caractère unique de chaque EHS, plus encore que chez les adultes. Une nouvelle fois, j'ai partagé l'avis de Margaret Mead : les enfants naissent avec une grande diversité de traits, telles les nombreuses teintes d'une palette, mais la culture n'en encourage que quelques-uns[27]. Les autres sont ignorés ou carrément découragés, si bien qu'à l'âge adulte la diversité a décru.

Durant l'enfance, la palette est encore large, même parmi les EHS. Prenons le cas de Rhoda, une personne hautement sensible mère de trois grands EHS, de vingt-deux, vingt et seize ans. Enfants, tous trois avaient davantage conscience des stimuli que les autres enfants. Ils avaient besoin de plus de repos et de temps calmes que leurs semblables. On leur a tous dit à différents moments qu'ils avaient des « réactions exagérées » et qu'ils étaient « trop sensibles ». Chacun d'eux a trouvé un domaine artistique pour exprimer son état de conscience aigu.

Mais que ces enfants étaient différents les uns des autres ! Ann, l'aînée, est photographe. Elle aime les nouvelles expériences, pratique la moto et saute en parachute. Andrew, le benjamin, est conservateur, difficile et délicat. Il est artiste visuel. Ses œuvres sont tout en détails minutieux. Depuis la naissance, il a toujours été le plus sensible aux bruits et aux odeurs.

Tous les trois sont intensément émotifs, mais Ann et Andrew ne le laissent pas paraître. Tina, la cadette, a toujours été plus expressive et théâtrale. Enfant, elle piquait des colères. Adolescente, elle a souffert de fortes dépressions. Sa forme d'art est la poésie, qu'elle aime lire à haute voix. Ses rhumes se transforment plus souvent en bronchites, voire en pneumonies, et la conduisent chez le médecin.

POURQUOI LES EHS PRÉSENTENT-ILS DES PROFILS SI VARIABLES ?

L'une des raisons de cette variation parmi les EHS réside dans le fait que ces traits de tempérament semblent être causés par plusieurs gènes ayant chacun de petits effets qui se cumulent[28]. Chaque facette de la sensibilité (aux subtilités, à ce qui submerge, aux nouveautés, la sensibilité émotionnelle, sociale, ou physique et non sociale) peut provenir d'un gène différent. Pourtant, il reste un point commun entre toutes ces sensibilités différentes, et elles auraient tendance à se transmettre ensemble. (Si le trait sous-jacent ne consistait pas en un seul trait, mon questionnaire aurait mis au jour plusieurs facteurs distincts et non un seul.)

Voici d'autres exemples de la diversité des EHS. Il est vrai que Tina, la fille de Rhoda, piquait des colères, comme le font de nombreux petits EHS quand ils sont surstimulés. Mais dans ce livre vous allez aussi faire la connaissance d'Alice, trois ans, qui n'a jamais fait de colères. Elle est déterminée et a des idées très arrêtées, mais quand elle veut quelque chose, elle l'exprime avec une maturité presque troublante.

Vous rencontrerez Walt, sept ans, qui déteste le sport (mais adore les échecs) ; Randall, neuf ans, qui ne joue qu'au base-ball et seulement si sa mère entraîne l'équipe ; et Chuck, neuf ans également, qui pratique tous les sports avec talent. Il aime grimper et adore skier, mais il connaît ses points forts et ses limites. (Lors d'un récent séjour à la neige, Chuck a été surpris par une tempête, au sommet. Il a pleuré sous le coup du stress, mais a malgré tout insisté pour faire la descente.)

Chuck est un élève moyen ; Walt et Randall ont de très bons résultats. Catherine a conservé une avance à presque tous les niveaux, depuis un saut de classe en maternelle. Maria, meilleure élève de son lycée, a obtenu une licence de chimie avec félicitations à Harvard.

Vous savez déjà que Tina est extravertie. Chuck l'est aussi, il est populaire et les filles s'intéressent déjà à lui. En revanche, Randall a peu d'amis, surtout parce qu'il n'aime pas se rendre chez d'autres personnes – il n'apprécie pas les autres membres de la famille, la nourriture et les habitudes qu'il ne connaît pas.

La qualité que les parents remarquent le plus chez leurs enfants est parfois leur sensibilité émotionnelle. Je vous parlerai de River, un adolescent tellement à l'écoute des émotions d'autrui qu'il a un jour supplié sa mère d'accueillir un SDF qu'il avait rencontré dans un parc. (Sa mère a accepté jusqu'à ce que son fils prenne conscience des problèmes que causait cette situation et qu'il trouve une autre solution, ce qu'il a fait au bout de trois mois.)

Mélanie, huit ans, est elle aussi douée d'une grande sensibilité émotionnelle. Elle pleure quand elle ressent de l'embarras ou que quelqu'un se fait embêter. Sa sensibilité concerne aussi la douleur physique. Ayant peur de tomber, elle n'a appris à faire du vélo sans les petites roues que lorsque sa sœur, trois ans, s'y est mise. C'est sa fierté qui l'a finalement poussée à se lancer.

Walt est surtout sensible aux nouvelles situations et aux nouvelles personnes. Voyez sa première expérience avec l'herbe : il a rampé jusqu'au bord de la couverture, a continué dans l'herbe, puis s'est mis à pleurer sous le choc. Sa mère se souvient que deux ans plus tard, sa sœur est allée jusqu'au bord de la couverture, a senti la pelouse et a simplement poursuivi son chemin.

Larry, treize ans maintenant, est surtout sensible au bruit, aux vêtements et à la nourriture. Jusqu'à la maternelle, il ne portait que des sweats et des joggings, il ne supportait pas les jeans raides. Comme Walt, il n'apprécie pas non plus les situations nouvelles – il refuse de partir en colonie ou longtemps en vacances.

Mitchell, cinq ans, semble présenter toutes les caractéristiques d'un EHS. Il est sensible aux nouveautés sociales, si bien que ses débuts à l'école lui sont difficiles. Il n'aime pas les anniversaires et ne veut pas se déguiser pour Halloween, car il ne veut pas que tout le monde le regarde. Il est lent du point de vue verbal car il réfléchit beaucoup avant de s'exprimer – il s'est mis à bégayer après que des cousins plus âgés sont venus et qu'il a éprouvé des difficultés à parler aussi vite qu'eux. Il présente également une sensibilité physique : il n'aime pas les aliments mélangés ni les chaussettes qui grattent. Sa mère coupe les étiquettes de ses vêtements car elles le gênent dans le cou et à la taille.

LE CAS D'EMILIO

Emilio, sept ans, ne ressemble pas du tout à aucun des enfants précédents, et pourtant il laisse la même impression sous-jacente. Très sociable, il n'éprouve pas de difficultés à rencontrer de nouvelles personnes. Il mange de tout avec gourmandise et n'est pas difficile côté vêtements. Pourtant, malgré ce caractère extraverti, il n'apprécie pas le bruit ni les fêtes et a besoin de beaucoup de temps calmes ainsi que d'un emploi du temps cadré. Sa sensibilité a clairement transparu quand il était bébé lorsqu'il s'est imposé une solution contre la surstimulation, qui en fait relevait du pur génie.

Durant les deux premiers mois de sa vie, Emilio pleurait toutes les nuits à la même heure et était manifestement malheureux. Puis ses parents ont acheté un parc. Dès lors, il y a été heureux, là et nulle part ailleurs. Il y mangeait, y dormait, y jouait. Quand sa mère l'en sortait, il hurlait et dès qu'il a été en âge, il rampait pour y retourner. Explorer les placards ne l'intéressait pas. Il voulait son parc !

Ses voisins et sa famille le plaignaient et suggéraient à sa mère de se débarrasser de cette prison pour bébé qui l'empêchait d'explorer – un exemple parfait de ces conseils bien intentionnés qui sous-entendent que quelque chose ne va pas chez l'enfant ou chez les parents.

Mais la mère d'Emilio ne pouvait se faire à l'idée de séparer son bébé de son parc, qui le rendait si heureux. Installé dans le salon, il participait à la vie de la famille, et pour « prince Emilio », il était plus un château qu'un donjon. Sa maman a donc cessé d'y voir un problème – tant que le plancher en dessous supportait les sauts de son garçon potelé ! Elle savait bien qu'il n'y resterait pas jusqu'à ses vingt ans. Quand il a eu deux ans et demi, lorsque son frère cadet en a eu besoin, il le lui a effectivement cédé, ne voulant pas passer pour un bébé.

Une autre source de variation – deux systèmes rivaux

L'un des modèles scientifiques de la cause de la sensibilité, selon laquelle les personnes sensibles possèdent un « système d'inhibition comportementale » très actif, pourrait être une autre explication des variations de comportement chez les EHS. Tous les cerveaux présentent ce système, mais il serait particulièrement fort ou actif chez les personnes hautement sensibles. Il est par exemple associé à un hémisphère droit actif dans la partie pensante du cerveau (le cortex frontal). Les bébés ayant une activité électrique et une circulation sanguine plus importantes du côté droit du cerveau ont davantage tendance à être hautement sensibles.

Je préfère appeler ce système cérébral le « système pause-vérification », parce que c'est ce qu'il fait véritablement. Il est conçu pour observer la situation et voir si elle rappelle d'autres situations passées stockées dans la mémoire. Il ne cause donc une « inhibition » que pendant un temps – sauf bien sûr si la situation similaire antérieure était dangereuse. Sinon, après une brève pause-vérification, l'individu peut très bien décider de foncer.

Chez les personnes hautement sensibles, ce besoin de marquer une pause-vérification est probablement fort parce que chaque situation leur fournit de nombreuses données à traiter. Reprenons l'exemple des deux cerfs qui s'arrêtent à l'orée de la clairière. Le cerf hautement sensible remarque de subtiles odeurs, des ombres, des nuances de couleurs, d'infimes mouvements causés par le vent – ou peut-être par un prédateur. Le cerf moins sensible ne remarque rien de tout cela, a moins de données à traiter et a donc moins de raisons de s'arrêter.

Le cerf moins sensible est doté d'un « système d'activation comportementale » plus fort – il aperçoit de la bonne herbe dans la clairière et, après une pause très brève, s'y dirige. Ce système, que je nommerai le « système action », nous donne envie d'explorer, de réussir et d'aspirer aux bonnes choses de la vie. Il nous incite à vivre de nouvelles expériences, à essayer de nouvelles choses, tout cela pour savoir, acquérir, nous épanouir.

Une fois encore, tout le monde possède ces deux systèmes, chacun étant contrôlé par des gènes différents. Un individu peut ainsi présenter un système d'inhibition fort, un système d'activation fort, les deux ou aucun. Chez Ann et Chuck, les deux sont forts – ils aiment explorer, essayer de nouvelles choses, grimper toujours plus haut. Mais, étant sensibles, ils le font avec prudence, généralement sans prendre de gros risques. Ils connaissent leurs limites.

La diversité des EHS s'explique donc également par la force relative de ces deux systèmes. J'en parlerai davantage au chapitre 3.

Là où tout se complique – une multitude d'autres traits

Outre le fait que différents gènes marquent différents types de sensibilité et l'équilibre relatif entre les deux systèmes susmentionnés, les autres traits dont votre enfant a hérité constituent eux aussi une source de diversité. Les chercheurs qui se sont intéressés au tempérament ont dressé plusieurs listes (que je considère comme différentes façons de couper le même gâteau). La plus célèbre, comportant neuf traits, est le fruit du travail d'Alexander Thomas et de Stella Chess. Pour mieux comprendre votre EHS, il est important que vous ayez une idée de ces autres traits de tempérament. Intéressons-nous donc à chacun, à la lumière de la haute sensibilité (les définitions sont issues de *The Temperament Perspective* de Jan Kristal[29]).

1. ***Seuil sensoriel bas.*** Sur cette liste de Thomas et Chess, un seuil sensoriel bas équivaut à une haute sensibilité, bien que leurs termes semblent impliquer que les cinq sens puissent être les principaux responsables de ce trait et ne soulignent pas le traitement plus profond des expériences, dont les expériences imaginées ou remémorées, avec toutes leurs implications émotionnelles.

2. ***Niveau d'activité ou d'énergie.*** Les enfants actifs ont une grande soif de vivre. Indépendants, ils abordent tout avec le corps et l'esprit en éveil. Ils possèdent généralement une bonne coordination, marchent et parlent tôt, ont envie d'apprendre, mais s'avèrent usants pour leurs parents. Les enfants moins actifs sont calmes, rarement remuants, meilleurs pour ce qui est des capacités motrices fines que non fines, et ne se précipitent pas. Les EHS présentent sur ce sujet autant de variations que les autres enfants (le « système action » joue sans doute davantage). Une forte activité peut aider un EHS à aller vers le monde. Mais en ce qui concerne le niveau d'activité, j'aime considérer autant

l'activité intérieure qu'extérieure. Certains enfants, les EHS en particulier, peuvent être silencieux alors que leur esprit bouillonne.

3. ***Intensité de la réponse émotionnelle.*** Les enfants intenses mettent une énergie considérable dans l'expression de leurs émotions. Ils sont expansifs et bruyants ; ce qu'ils ressentent n'est pas un mystère. Les enfants peu intenses sont discrets, montrent leur déplaisir sans faire d'histoires et ne piquent jamais de colères. La plupart des EHS ont des réactions intenses, mais chez un grand nombre, ce trait serait considéré comme peu marqué parce qu'ils n'expriment pas leurs réactions de façon si théâtrale, mais plutôt intérieure, sous forme de maux de ventre ou d'anxiété. Si l'on y prête attention, il n'est généralement pas difficile de percevoir ces réactions intenses. Et les EHS qui s'expriment de façon intense – il y en a – grandissent au moins avec l'avantage de faire savoir à leur entourage qu'ils sont submergés.

4. ***Rythmicité.*** Les enfants présentant ce trait sont très prévisibles. Vous savez à quelle heure ils vont avoir faim, envie de dormir ou d'aller aux toilettes. En grandissant, ils développent une routine, rangent leur chambre, mangent à heure fixe et rendent leur travail à temps. Si la plupart des EHS sont assez prévisibles, c'est sans doute parce qu'ils ont besoin d'ordre pour s'épanouir, ce qui peut être un grand avantage pour vous et votre enfant. Toutefois, votre EHS peut aussi ne pas l'être.

5. ***Adaptabilité.*** Les enfants très adaptables suivent le mouvement ; ils gèrent les changements, les transitions, les interruptions ; ils font de bons voyageurs. Les enfants qui s'adaptent lentement ont besoin de savoir à quoi s'attendre et quand, et n'aiment pas les changements soudains. Dans l'incertitude, ils ressentent le besoin de contrôler. Une simple phrase comme « c'est l'heure de manger » peut occasionner des atermoiements ou une véritable colère. La plupart des EHS semblent

peiner à s'adapter, mais en réalité on leur demande de s'adapter à trop de choses. Ils se trouvent submergés, ou ont peur de l'être, par toutes les nouvelles stimulations à traiter avant de pouvoir se détendre. En revanche, les EHS savent voir les conséquences que cela occasionnera s'ils ne s'adaptent pas, pour eux-mêmes et leur entourage, aussi feront-ils de leur mieux pour être souples. Il est frustrant pour les parents de voir que ces enfants font souvent face quand ils sont loin de la famille, mais qu'ils « perdent pied » quand ils rentrent et qu'on leur demande ne serait-ce qu'une transition légère. Pour s'adapter socialement, ils ont abusé de leur capacité de gestion du changement. De retour à la maison, ils se sentent libres de se relâcher.

6. ***Réaction initiale*** ou approche/retrait. Certains enfants se précipitent, d'autres mettent du temps à s'ouvrir. La plupart des EHS marquent une pause-vérification, mais si l'enfant possède aussi un fort « système action », il peut s'il se sent en sécurité se confronter rapidement aux nouvelles personnes et aux nouvelles choses.

7. ***Persévérance.*** Certains enfants restent sur leur tâche quoi qu'il arrive. Ils aiment finir ce qu'ils ont commencé, ils s'entraînent jusqu'à maîtriser leur sujet. On dit d'eux qu'ils ont une capacité d'attention longue, jusqu'à ce que cela devienne un problème, et alors on nomme cela de l'entêtement. D'autres enfants se consacrent brièvement à une activité, puis passent à autre chose. Cela peut venir d'une tendance à la frustration, qui fait qu'ils abandonnent plus vite. Il s'agit d'un trait distinct de la sensibilité, mais la sensibilité l'affecte. Ainsi, comme les EHS traitent les choses de manière approfondie, ils ont tendance à être persévérants. Mais leur idée de la perfection fait que s'ils ne l'atteignent pas, la frustration les gagne, leur niveau d'excitation atteint des sommets, ils développent un sentiment d'échec, puis ont envie

d'abandonner et ne se montrent alors pas persévérants. D'autres abandonneront tout si quelqu'un a besoin ou souhaite qu'ils fassent autre chose.

8. ***Distractivité.*** Il s'agit de la facilité avec laquelle un enfant peut être distrait d'une tâche ou passer de lui-même d'une activité à une autre. En quoi cela se distingue-t-il du fait d'être peu persévérant ? Un enfant distractible relève les yeux de son livre si quelqu'un passe à côté de lui ; s'il est persévérant, il reprend sa lecture. Un enfant moins persévérant continuera de regarder. Un enfant moins distractible ne remarquera même pas que quelqu'un est passé. S'il n'est pas persévérant, il ne lira pas non plus longtemps, mais pas forcément parce qu'il a été distrait. Les EHS se déconcentrent facilement, parce qu'ils remarquent beaucoup de choses, mais leur traitement profond des informations surpasse généralement leur distractivité – si bien que dans un endroit calme, sans préoccupations, ils sont capables de se concentrer profondément.

9. ***Humeur prédominante.*** On dit de certains enfants qu'ils sont naturellement gais, d'autres irritables, d'autres encore pessimistes. De nombreux thérapeutes n'utilisent plus ces étiquettes et reconnaissent que l'environnement et les expériences affectent profondément l'humeur de l'enfant. Je ne perçois pas d'humeur prédominante chez les EHS, bien que leur humeur passagère soit plus affectée par les expériences de vie que les enfants non sensibles.

S'AFFRANCHIR DES IDÉES FAUSSES

Comme nous parvenons au terme de notre introduction, il s'avère également utile de préciser ce que votre enfant n'est pas. Les gens ont probablement posé différentes étiquettes sur votre EHS, qui sonnent peut-être si vrai que vous peinez à les ignorer. Intéressons-nous donc à quelques-unes et voyons si elles ont lieu d'être.

Tout d'abord, votre enfant est-il « difficile » ? Il est vrai que les EHS sont véritablement dérangés par de « petits » inconforts, changements ou autres détails. Mais ce « petit » ne l'est qu'aux yeux de l'observateur. Ce qui semble net, propre, confortable ou inodore à quelqu'un peut paraître sale, déplorable ou nauséabond à quelqu'un d'autre. Si pour vous des macaronis droits ou coudés reviennent au même, ce n'est pas le cas pour votre enfant en larmes. Respecter la réalité de l'expérience de votre EHS constitue la base pour cheminer avec lui. Vous avez le droit de ne pas apprécier ses réactions – chacun a des choses qu'il aime ou qui lui déplaisent –, mais chacun doit se montrer respectueux. Acceptez que votre enfant n'aime pas la forme des macaronis et il ne devrait pas faire d'histoires. Vous trouverez au chapitre 7 des conseils sur la manière de gérer ce qui incommode votre enfant. Quoi qu'il en soit, nous ne dirons pas de cet enfant qu'il est « difficile ».

Deuxièmement, votre enfant n'est pas par nature timide ou craintif. Une fois encore, je doute qu'aucun individu – animal ou humain – naisse avec une peur extrême de tout. Mises à part quelques peurs spécifiques telles que la peur de tomber, nous apprenons quelles choses craindre au moyen de l'expérience. Il est en réalité assez aisé de distinguer la peur due à de mauvaises expériences passées et la sensibilité – les gens qui aiment caresser les chiens ou les chats voient ce que je veux dire. Autant les animaux « timides » que les sensibles restent en retrait et vous regardent plutôt que de se précipiter vers vous. Les sensibles restent en alerte, curieux, et finissent par venir, ils se font un avis sur vous, puis s'y tiennent lors de la prochaine rencontre. Ceux qui sont effrayés peuvent à peine vous regarder, sont tendus, déconcentrés et malheureux et peuvent ne jamais venir ou, s'ils le font, repassent par le même processus à la rencontre suivante.

Il est également vrai qu'une fois qu'un EHS a eu de mauvaises expériences ou ne se sent pas soutenu, lorsqu'il prend son temps de vérification, il ne peut pas comparer le moment à d'anciennes situations et partir sur l'idée que tout va bien, si bien qu'il se révèle véritablement effrayé. Mais considérer ces enfants comme uniquement craintifs, c'est ignorer leur essence et surtout leurs atouts. Quand nous voyons une belle personne blonde à la peau claire et aux yeux bleus, nous ne disons pas : « Oh, regardez ce sujet à risque de cancer de la peau. » Alors pourquoi donc nous focaliser sur cette tendance plus marquée à la peur chez les EHS ? Il est important de considérer chaque trait de tempérament comme ayant un sens et de nous concentrer sur les situations dans lesquelles il est adaptable comme sur les moments où il ne l'est pas.

Dans la même veine, les EHS ne naissent pas « timides ». Je doute que quiconque naisse avec la crainte des opinions négatives d'autrui et d'être dévalorisé. Le mot « timide » est largement employé, notamment pour qualifier les personnes qui restent en retrait, pour quelque raison que ce soit. On l'utilise même pour les animaux – on dit que dans chaque portée naît un petit « timide ». Mais lorsqu'on l'emploie abusivement pour décrire tout type d'hésitation, l'on pose sans doute une étiquette inexacte sur un enfant qui est en réalité un EHS.

J'étais présente lors de la première journée à l'école maternelle de mon fils et, quinze ans plus tard, de mon neveu. Les deux garçons, tous deux EHS, se tenaient au fond de la pièce, simplement ébahis devant tous ces enfants, ces jouets, ces activités. Je voyais bien qu'ils n'étaient pas effrayés. Ils observaient seulement, fascinés. Dans les deux cas, l'enseignant s'est approché et leur a demandé s'ils étaient « timides » ou « s'ils avaient peur ». On commençait déjà à les cataloguer.

Troisièmement, les EHS introvertis ne « détestent pas les gens ». Les introvertis préfèrent simplement être avec un ou deux amis proches plutôt que dans un grand groupe ou que de rencontrer des inconnus. On peut dire que l'introverti préfère se mettre en retrait et réfléchir à ce à quoi il est confronté, tandis que l'extraverti n'hésite pas à s'avancer. Le premier valorise l'expérience intérieure, subjective, de ce qu'il découvre ; le second valorise l'expérience objective « réelle », extérieure.

Comme je l'ai dit plus tôt, lorsque j'ai commencé mes recherches, je pensais que la sensibilité équivalait à l'introversion et, par sa dernière définition, c'est le cas. Cependant, pour la plupart des gens, introversion et extraversion décrivent un degré de sociabilité. Selon cette définition, comme mentionné plus haut, environ 70 % des EHS sont introvertis, et non tous ; certains sont extravertis. Et tous les introvertis sociaux ne sont pas hautement sensibles. L'introversion et l'extraversion constituent-elles des différences innées ? Nous n'en sommes pas sûrs. L'important est que vous sachiez quelle est la tendance de votre enfant, ce qui lui est le plus confortable.

Quatrièmement, votre enfant n'est pas « trop sensible ». Certains professionnels de santé ont tendance à considérer la sensibilité comme un trouble, un problème consistant en une « sensibilité exagérée », l'incapacité à filtrer ou à coordonner les informations perçues. Ainsi, certains thérapeutes occupationnels recourant à la thérapie d'intégration sensorielle pour traiter de réels problèmes comprennent « l'hypersensibilité » dans la liste de ces problèmes, comme si elle était guérissable.

Je ne critique pas l'intégration sensorielle. Certains enfants sensibles, comme tous les enfants, peuvent avoir un problème d'intégration sensorielle. Il se manifeste sous la forme de problèmes d'équilibre, d'une maladresse ou de mouvements raides, d'un manque de coordination, etc. De nombreux parents m'ont dit que l'intégration sensorielle s'était révélée très utile chez leur EHS, bien qu'elle prenne du temps. Mais je ne pense pas que le fait d'être sensible comme je l'ai décrit soit un problème nécessitant d'être traité, et encore moins guéri. (Chaque fois que quelqu'un dit d'un EHS qu'il est « trop » sensible ou qu'il perçoit des détails « sans importance », je pense à Sherlock Holmes, pour qui tout détail était pertinent.)

Enfin, les EHS ne souffrent pas de maladie mentale et n'en souffriront pas[30] à moins de faire l'objet d'un stress inhabituel. Comme le dit Jerome Kagan[31] de Harvard à propos des « enfants hautement réactifs », 90 % ne deviennent pas inhibés ni anxieux en permanence à l'âge adulte. Les études consacrées à l'anxiété chez les adolescents montrent qu'elle n'est pas liée à une timidité dans la petite enfance[32], sauf dans de rares cas où la famille compte déjà des membres souffrant de troubles anxieux[33]. Enfin, mes propres recherches indiquent que les EHS ayant une enfance relativement normale ne sont pas plus sujets à l'anxiété, à la dépression ou à la timidité que les non-sensibles.

De plus, deux études[34] ont montré que les enfants « réactifs » (les EHS) ayant une enfance heureuse sont en réalité moins enclins à souffrir de maladies ou de blessures physiques que les non-sensibles (ce qui suggère qu'ils ont également une meilleure santé émotionnelle).

VOUS NE SAVEZ TOUJOURS PAS SI VOTRE ENFANT EST UN EHS ?

Au début du chapitre 1, j'ai dit qu'une bonne manière de savoir si votre enfant est ou non un EHS consistait simplement à lire ce chapitre et à voir s'il s'applique à lui. Pour vous aider à tirer votre conclusion, je ferai quelques remarques supplémentaires.

Tout d'abord, votre enfant n'est probablement pas un EHS s'il n'est sensible qu'à une seule chose, ou seulement à une chose à laquelle on s'attendrait à ce qu'il soit sensible à son âge. Par exemple, la plupart des enfants développent une peur des inconnus durant la seconde moitié de leur première année et deviennent difficiles quant à la manière dont les choses sont faites quand ils ont deux ans. La majorité des jeunes enfants n'aiment pas les bruits forts ni être séparés de leurs parents. Ils font presque tous des cauchemars.

Votre enfant n'est sûrement pas non plus hautement sensible s'il n'était pas sensible ou n'était pas effrayé avant un grand stress ou un important changement dans sa vie – l'arrivée d'un petit frère, un déménagement, un divorce, un changement de nourrice, par exemple. Si vous constatez une modification soudaine, persistante et gênante dans la personnalité de votre enfant – comme se renfermer, refuser de s'alimenter, développer des peurs obsessionnelles, chercher constamment la bagarre ou développer soudainement une image de lui très négative ou un désespoir – il convient de se rapprocher d'une équipe de professionnels, qui comprendra généralement au moins un pédopsychologue, un pédopsychiatre et un pédiatre. Les réactions d'un EHS restent plutôt constantes à partir de la naissance, n'apparaissent pas soudainement et ne sont pas uniquement négatives.

Les réactions des EHS sont plus prononcées que celles d'un non-sensible, mais elles demeurent dans la fourchette normale pour un EHS, et dans la fourchette normale pour la plupart des autres comportements. Ils parlent et marchent à peu près au même âge, bien qu'un léger retard soit répandu dans l'apprentissage de la propreté ou l'abandon de la tétine. Ils sont réactifs face aux gens ainsi qu'à leur environnement, et ont envie de communiquer avec les personnes qu'ils connaissent bien. Et si les jeunes EHS refusent parfois de parler à leur entrée à l'école, ils parlent à la maison et avec leurs amis proches – c'est-à-dire qu'ils sont normalement détendus dans leur milieu familier.

EHS et TDA

On me pose souvent la question du lien entre la sensibilité et le trouble du déficit de l'attention (TDA). De prime abord, il existe des similitudes, si bien que certains professionnels pensent que beaucoup d'EHS souffrent en fait d'un TDA non diagnostiqué. Et je suppose qu'il est possible de cumuler sensibilité et TDA. Mais il ne s'agit pas du tout de la même chose ; à certains égards, ils sont même contradictoires. Par exemple, la circulation sanguine est plus importante dans la partie droite du cerveau de la plupart des EHS, et dans la partie gauche de ceux souffrant de TDA.

Les enfants ayant un TDA possèdent probablement un « système action » très actif et un « système pause-vérification » relativement inactif.

Pourquoi cette confusion ? Comme les enfants avec TDA, les EHS sont facilement distraits parce qu'ils remarquent beaucoup de choses (bien que parfois, plongés si profondément dans leurs pensées, ils n'y font que très peu attention). Toutefois, le TDA relève du trouble en ce qu'il indique un manque général de « fonctions exécutives » adéquates, telles que la prise de décisions, la concentration et le fait de réfléchir aux conséquences. Les EHS sont généralement forts dans ces domaines, au moins lorsqu'ils se trouvent dans un environnement calme et familier. Pour une raison inconnue, les enfants avec TDA éprouvent beaucoup de difficultés à établir des priorités, à ramener leur attention sur ce qu'ils faisaient une fois qu'ils ont regardé ailleurs ou s'ils savent que l'enseignant ne leur parle pas à eux personnellement.

Une fois encore, les EHS sont habituellement capables de ne pas tenir compte des distractions quand ils le souhaitent ou le doivent, au moins pendant un temps. Mais cela requiert un effort mental. Une autre des raisons qui conduisent à diagnostiquer comme TDA une sensibilité réside dans le fait que, si les distractions sont nombreuses ou prolongées, ou si l'enfant est bouleversé et donc déjà surstimulé intérieurement, il peut facilement se trouver submergé par les distractions extérieures et se comporter de manière agitée ou déconnectée. Il arrive qu'il se fatigue avant la fin d'une longue journée d'école bruyante parce qu'il doit consentir un effort plus important que les autres pour filtrer les distractions. De même, s'il pense moins bien réussir dans une situation donnée à cause de la surexcitation et de distractions – par exemple, lors d'un examen important –, il devient effectivement victime de surexcitation et ainsi remarque des distractions qu'il aurait d'ordinaire filtrées.

Certains enseignants sont amenés à suggérer qu'un EHS souffre de TDA parce que des fonds existent généralement pour ce cas, si bien que l'élève ainsi diagnostiqué pourra bénéficier d'une aide – comme évoqué, la haute sensibilité est une raison bien moins connue d'éventuels comportements inhabituels. (La question de savoir si le TDA ne pourrait pas être simplement une variation normale du tempérament qui serait, comme la sensibilité, mal comprise, est un sujet très controversé. Vous trouverez une intéressante discussion culturelle à propos du TDA, dont une grande partie parlera aussi aux personnes sensibles, dans *Ritalin Nation* de Richard DeGrandpre.)

L'autisme et le syndrome d'Asperger

Lorsqu'un enfant souffre d'un problème grave, comme l'autisme ou le syndrome d'Asperger, les parents ou le pédiatre le remarquent généralement tôt. Un enfant autiste ne sourit pas, imite les expressions faciales, suit des yeux le doigt qui montre ou sépare les syllabes. À deux ou trois ans, il s'intéresse peu aux autres et réagit peu face aux besoins et aux sentiments d'autrui. Il ne semble pas vouloir communiquer et, pour ce que nous en savons, ne s'adonne pas à des jeux imaginaires. Tout ceci diffère beaucoup du comportement d'un EHS, qui a très envie de communiquer sauf quand il est surstimulé. La haute sensibilité se rencontre chez environ 20 % de la population ; l'autisme affecte deux à quatre enfants sur dix mille, et les trois quarts sont des garçons. La première est une variation normale, le second un véritable trouble.

Le syndrome d'Asperger touche environ un enfant sur cinq cents et s'avère cinq fois plus fréquent chez les garçons. Ces enfants ont souvent des problèmes moteurs, comme des postures étranges, des gestes inadaptés à leur vitesse, une maladresse, des problèmes de rythme et une écriture illisible. Avec le stress de l'examen, l'EHS peut présenter une mauvaise coordination, mais ne manifeste pas les autres symptômes. Les enfants Asperger semblent souhaiter communiquer, mais éprouvent beaucoup de difficultés parce qu'ils ne comprennent pas intuitivement comment écouter et quand parler. Ils sont incapables de comprendre les allusions, de comprendre l'ironie, de garder un secret ou de déchiffrer les expressions faciales. Ils parlent souvent de façon monotone sur des sujets qui n'intéressent personne. Rien de tout cela ne se vérifie chez un EHS normal.

La confusion ici provient du fait que les enfants souffrant d'autisme ou du syndrome d'Asperger sont généralement très sensibles aux informations sensorielles. Mais encore une fois, ils ne le sont pas aux informations sociales, ou du moins pas d'une manière adaptable, ce qui les distingue notablement des EHS. Je ne pense pas que les EHS se trouvent à l'extrémité normale d'un « spectre autistique », bien que la question ait été posée. Pour décrire les enfants qui se trouvent à l'extrémité plus normale du spectre autistique, on parlerait plus d'enfants socialement « décalés » : excentriques, pédants ou distants d'un point de vue émotionnel.

Les enfants normaux, dont les EHS, naissent capables et impatients de communiquer, ils sont programmés pour cela. Comme nous le verrons au chapitre 6, ils réagissent peut-être même déjà d'un point de vue émotionnel dans l'utérus de leur mère ; les enfants souffrant de ces troubles ne le font pas.

Que faire si vous n'êtes pas sûr

En cas de doute, faites évaluer votre enfant par une équipe de professionnels. Demandez d'abord le nom d'une personne réputée œuvrant en équipe, puis ceux des autres professionnels avec qui elle travaille. La démarche peut être onéreuse, mais pris tôt, le problème peut être résolu pour un coût bien moindre. Préférez une équipe car un pédiatre seul risque de se focaliser sur les symptômes et les solutions physiques. Un psychiatre recherchera des troubles mentaux solubles par une médication, tandis qu'un psychologue souhaitera enseigner de nouveaux comportements alors qu'un problème physique lui échappera peut-être. Un thérapeute occupationnel soulignera les problèmes et les solutions sensorimotrices, un thérapeute du langage s'occupera des compétences verbales, un assistant social abordera la famille, l'école et le milieu de vie. Ensemble, ils font un travail formidable. Il peut exister dans chaque domaine un problème qui nécessite une attention. (À mon avis, une médication seule ne constitue jamais un traitement suffisant en cas de problème de comportement chez un enfant, qui doit apprendre à gérer ce souci quel qu'il soit.)

Une évaluation approfondie prend des semaines, et non pas quelques heures. L'équipe demandera des informations à vous-même, aux enseignants de l'enfant ou aux personnes qui le gardent ainsi qu'à tous les professionnels que vous avez déjà consultés pour lui. Elle doit vous demander vos dossiers ainsi que vos antécédents médicaux et quelqu'un doit observer votre enfant, voire vous et votre enfant ensemble. Surtout, ils doivent considérer le tempérament comme faisant partie d'un ensemble et sembler s'y connaître sur le sujet. Malheureusement, ce n'est pas le cas de nombreux professionnels qui se trompent parfois beaucoup au sujet des EHS. (Voir les ressources en fin d'ouvrage pour trouver des noms de psychologues spécialistes du tempérament.)

Enfin, pendant et après ce bilan, ces professionnels doivent vous apporter soutien et encouragements. Vous devez pouvoir avoir confiance en eux, car ils vont avoir un énorme impact sur la vie de votre enfant. Si vous doutez d'un avis, prenez-en un autre. Ceux qui fournissent le premier avis doivent vous y inciter. Ne vous précipitez pas vers un traitement à moins qu'il existe une bonne raison de procéder avec rapidité.

N'oubliez pas qu'un EHS est un enfant normal qui est la plupart du temps détendu et avenant avec ceux qui le connaissent bien. Il écoute et s'exprime facilement. Sous l'effet du stress, il se trouve temporairement désarmé, voire bouleversé. Mais vous l'avez déjà vu se sentir bien, être amical, curieux et fier de lui.

Devez-vous chercher un « remède » à la sensibilité de votre enfant ? Non. Il est possible de travailler un aspect de son tempérament de manière que l'enfant apprenne à le gérer et s'adapte dans une culture donnée, et ses parents peuvent apprendre à l'y aider. Tenter de guérir, d'enlever ou de dissimuler un trait, en revanche, risque d'accentuer le problème. Dans notre société, les grands garçons et les hommes ont souvent l'impression de devoir cacher leur sensibilité, et le prix personnel en est généralement élevé. La diversité des tempéraments est le « sel de la vie » – et sans doute le meilleur espoir de survie d'une espèce.

UN DERNIER MOT : LES EHS SONT DESTINÉS AU SUCCÈS ET AU BONHEUR

Avez-vous encore peur que votre enfant puisse éprouver des difficultés à être vraiment heureux ou à réussir ? Si c'est le cas, cessez de vous inquiéter. De nombreuses personnes hautement sensibles m'ont confié avoir l'impression de ressentir beaucoup plus de joie et de contentement et cela bien plus profondément que les autres. Et nombre d'entre elles sont d'éminents professeurs, juges, chercheurs scientifiques, auteurs à succès, artistes célèbres et musiciens renommés.

Votre enfant aura certes davantage conscience des problèmes et des souffrances qui existent dans le monde. Mais la meilleure définition du bonheur nous vient peut-être d'Aristote : nous sommes le plus heureux lorsque nous faisons ce que par nature nous sommes nés pour faire le mieux. Le danseur né est plus heureux quand il danse, et moins lorsqu'il confectionne des gâteaux. Le jardinier né est plus heureux lorsqu'il jardine que quand il essaie d'écrire de la poésie. Mais tous les êtres humains sont nés pour une chose : simplement être conscients, pleinement conscients. Aussi les EHS sont-ils des humains merveilleusement accomplis. Se réaliser dans ce qu'ils font le mieux par nature leur confère cette forme supérieure de bonheur quand bien même, dans leur cas, cela leur apporte également une conscience accrue de la souffrance et de la perte, voire de la mort. Vous les accompagnerez pendant leur cheminement à travers les conséquences de cette conscience, si bien que votre vie à vous s'en trouvera elle aussi approfondie.

Comme nous l'aborderons au prochain chapitre, être parent d'un EHS est l'un des défis les plus grands et les plus heureux. Avec un tel enfant, votre rôle s'avère plus important encore, et la récompense est plus belle, tout comme les questions à affronter. Si être parent vous rend heureux, alors en reprenant l'argument d'Aristote, un enfant qui vous en demande davantage en tant que parent sera une source de joie plus grande encore.

METTRE EN APPLICATION CE QUE VOUS VENEZ D'APPRENDRE
Évaluez vous-même votre enfant

Maintenant que vous vous êtes familiarisé avec le trait de la sensibilité dans toutes ses déclinaisons ainsi qu'avec les autres traits de tempérament et que vous vous êtes affranchi de certaines fausses idées liées aux EHS, vous êtes à même de porter un regard neuf sur votre enfant. Remplissez le questionnaire suivant. Vous pouvez le faire seul, avec l'autre parent de votre enfant, ou bien avec son enseignant ou la personne qui le garde (ou bien faites-le chacun de votre côté et comparez).

I. Les types de sensibilité (cochez tous les types qui s'appliquent à votre enfant) :

❑ physique, seuil bas, par exemple :

Sensibilité aux tissus, chaussettes qui grattent, étiquettes de vêtements.

Remarque des bruits faibles, des odeurs subtiles.

❑ physique, intensité, par exemple :

Réagit davantage à la douleur que les autres enfants.

Les bruits forts le dérangent.

❑ physique, complexité, par exemple :

N'aime pas la foule ni les lieux bondés.

N'apprécie pas les aliments mélangés ni les assaisonnements élaborés.

❑ émotionnelle, seuil bas, par exemple :

Ressent l'humeur des gens.

Bienveillance envers les animaux, les bébés, les corps, les plantes (les êtres incapables de parler).

- ❑ complexité émotionnelle, par exemple :
  A une perception intéressante de ce qui se passe chez les gens.
  Fait des rêves complexes et pénétrants.
- ❑ émotionnelle, intensité, par exemple :
  Pleure facilement.
  Est profondément bouleversé par les souffrances d'autrui.
- ❑ nouveauté, seuil bas, par exemple :
  Remarque de petits changements dans une pièce ou une tenue.
  Préfère les changements restreints ou progressifs.
- ❑ nouveauté, complexité, par exemple :
  N'a pas besoin ou n'apprécie pas la survenue d'un grand nombre de nouveautés.
  Appréhende les changements importants comme un déménagement.
- ❑ nouveauté, intensité, par exemple :
  N'aime pas les surprises, qu'on le fasse sursauter, les changements soudains.
  Se montre hésitant dans tout nouvel environnement.
- ❑ nouveauté sociale, seuil bas, par exemple :
  Met du temps à se rouvrir face à quelqu'un qu'il n'a pas vu depuis longtemps.
  Remarque de petits changements chez les gens qu'il n'a pas vus depuis longtemps.
- ❑ nouveauté sociale, complexité, par exemple :
  Plus la personne est inhabituelle ou inconnue, plus il hésite.
  N'aime pas se trouver dans un grand groupe dont certaines personnes sont inconnues.
- ❑ nouveauté sociale, intensité, par exemple :
  N'aime pas se trouver au centre de l'attention parmi des inconnus.
  N'aime pas rencontrer un grand nombre de nouvelles personnes en même temps.
  N'aime pas qu'un inconnu lui pose des questions.

Puis, notez votre enfant sur les sept traits de Thomas et Chess (en laissant de côté le « seuil sensoriel » car il est similaire à la sensibilité, que vous avez déjà évaluée de façon plus approfondie, ainsi que l'« humeur prédominante » pour les raisons exposées plus tôt dans le chapitre). Revenez aux pages 68 à 71 si vous avez oublié à quoi ces traits font référence.

1. Niveau d'activité ou d'énergie : Faible Moyenne Élevée
2. Intensité de la réponse émotionnelle : Faible Moyenne Élevée
3. Rythmicité : Faible Moyenne Élevée
4. Adaptabilité : Faible Moyenne Élevée
5. Réaction initiale : Faible Moyenne Élevée
6. Persévérance (durée d'attention) : Faible Moyenne Élevée
7. Distractivité (transfère facilement son attention vers un nouveau stimulus) : Faible Moyenne Élevée

À présent, cochez ce que vous considérez comme les autres points forts de votre enfant :

- ❑ Talent artistique
- ❑ Compétences scientifiques
- ❑ Aptitude pour les jeux de réflexion
- ❑ Capacités athlétiques
- ❑ Patience
- ❑ Empathie
- ❑ Application
- ❑ Grand sens de l'humour
- ❑ Intérêts spirituels
- ❑ Intelligence
- ❑ Gentillesse
- ❑ Souci de justice sociale
- ❑ Autres

Les domaines problématiques pour votre enfant (d'après vous). Quelques exemples :

- ❑ Problèmes de coordination ou pour faire du sport
- ❑ Timidité, a souvent peur d'être rejeté
- ❑ Humeur ou comportement négatifs
- ❑ Entêtement
- ❑ Impolitesse, égoïsme, manque de considération
- ❑ Est « trop gentil »
- ❑ N'a pas la conversation facile
- ❑ Passe trop de temps sur son ordinateur ou autre
- ❑ Colère
- ❑ Trop bruyant, turbulent
- ❑ Est rejeté par les autres à cause de son agressivité
- ❑ Est rejeté par les autres parce qu'il est trop passif
- ❑ N'apprend pas vite
- ❑ Difficultés d'apprentissage
- ❑ Trouble du déficit de l'attention
- ❑ Autres

....

....

Les problèmes ci-dessus seraient-ils problématiques pour tous les parents ou est-ce qu'il s'agit de sujets qui vous dérangent vous en particulier ? (Est-ce que ce problème pourrait ne pas en être un dans une autre famille ?)

....

....

....

....

....

Les grands événements peuvent avoir une incidence sur la vie de votre enfant. À côté de chacun de ceux qui concernent votre enfant, écrivez les effets qu'ils ont produits, selon vous :

❑ Déménagement

....

....

❑ Divorce

....

....

❑ Maladie

....

....

❑ Décès dans la famille

....

....

❑ Décès d'un ami proche, y compris d'un animal de compagnie

....

....

❑ Maladie dans la famille, mentale ou physique

....

....

❑ Agressions passées, physiques ou sexuelles

....

....

❑ Pauvreté durable

....

....

❑ Préjugés

....

....

❑ Succès, récompenses, réussites non ordinaires

....

....

❑ Célébrité

....

....

❑ Nouvel ami proche

....

....

❑ Personne de conseil (y compris un grand-parent proche, un enseignant, etc.)

....

....

❑ Voyages ou autres expériences ayant laissé une impression durable

....

....

❑ Cours (musique, sport, etc.)

....

....

❑ Activités dans la durée (football, scoutisme, etc.)

....

....

❑ Environnement de vie inhabituel (grande ville, centre-ville, campagne, ferme, etc.)

....

....

❑ Éducation religieuse

....

....

❑ Ressources culturelles (nombreuses pièces de théâtre, concerts, visites régulières de scientifiques ou d'écrivains dans la famille)

....

....

❑ Autres

....

....

Rédigez maintenant une ou deux pages à propos de votre enfant en vous appuyant sur les éléments ci-dessus – une sorte de présentation, comme si vous décriviez votre enfant à quelqu'un.

- Commencez par sa sensibilité, puis poursuivez par ses autres traits de tempérament.
- Citez tous les points forts de votre enfant.
- Puis mentionnez les problèmes qu'il a, d'après vous.
- Comment ces problèmes sont-ils affectés par la vision que vous en avez (est-ce qu'une autre personne considérerait qu'il ne s'agit pas de problèmes) ?
- Expliquez de quelle manière l'histoire de votre enfant a renforcé ou atténué ces points forts et ces problèmes.
- Enfin, considérez la façon dont la sensibilité de votre enfant a contribué à ses points forts.
- Comment a-t-elle contribué à ses problèmes ?
- Comment a-t-elle aidé votre enfant à surmonter certains problèmes ?
- Comment la sensibilité de votre enfant a-t-elle été liée avec les plus grandes expériences de sa vie ? A-t-elle parfois augmenté leur impact ? L'a-t-elle parfois réduit ?
- Revenez sur ce que vous avez écrit et soulignez ce que vous avez appris que vous ne saviez pas avant. Comment pensez-vous que cela modifiera la façon dont vous traitez votre enfant ?

Conservez ces pages – il s'avérera peut-être utile dans le futur de les transmettre à un enseignant, à une nourrice, un médecin ou un membre de la famille intéressé.

Chapitre 2

Attachez vos ceintures

Les défis que pose le fait d'élever un enfant exceptionnel

Dans ce chapitre, vous allez voir pourquoi le fait d'être accompagné par des parents avertis aide les EHS plus encore que d'autres enfants, et pourquoi les méthodes d'éducation sont différentes pour eux. Nous abordons les six qualités des EHS qui posent les plus grands défis, et vous commencerez à apprendre à y répondre efficacement quand ils se présenteront. Nous prendrons également note de toutes les joies que procure le fait d'élever un EHS.

Au chapitre précédent, j'ai parlé de Maria, une EHS « typique ». Elle est sortie diplômée de Harvard avec les félicitations, mais il s'avère qu'elle a été accompagnée par des parents avertis.

Les parents de Maria ne présentaient pas tous les avantages que l'on peut imaginer associés à la famille d'une diplômée d'une université prestigieuse. Estelle, sa mère, a eu une vie difficile, depuis son enfance. Elle était une petite fille sensible dans une famille à problèmes qui a fait d'elle son bouc émissaire parce qu'elle était différente. Comme elle le confie, « au moins, je savais ce qui pouvait blesser un enfant sensible. »

Quand Maria est née, Estelle et son jeune époux vivaient sous le seuil de pauvreté, sans l'aide d'aucune de leurs familles. Estelle sentait même qu'elle devait protéger son bébé de ceux qui s'occupaient de ce qui ne les regardaient pas, ainsi que de personnes perturbées au sein des deux familles. Son intuition était apparemment bonne – l'un des grands-pères de Maria fut plus tard condamné pour maltraitance à enfant. Tout cela ne constituait pas un milieu facile pour élever un enfant, et encore moins un EHS.

Dès qu'Estelle s'est rendu compte que Maria était aussi sensible qu'elle (« Je l'ai su à deux semaines – elle ne me quittait pas des yeux lorsque je me déplaçais dans la pièce. »), elle a décidé de rester à la maison et de consacrer toute son attention à sa fille durant ses premières années. Elle a lu tout ce qu'elle a trouvé en matière de parentalité, en adaptant les conseils à la différence qu'elle percevait chez son enfant – la même que chez elle. Elle coupait automatiquement les étiquettes des vêtements. Ayant elle-même toujours préféré les aliments simples, les repas n'ont jamais été un problème entre elles. En élevant Maria, Estelle a appliqué à la fois la compréhension de la parentalité et de la sensibilité qu'elle aurait aimé voir chez ses parents.

Ainsi, Estelle a rarement poussé Maria à faire de nouvelles expériences de la manière que préconisent fortement certains ouvrages. Elle s'est accordé d'importantes exceptions, quand elle savait que tout se passerait bien pour sa fille et qu'elle était trop jeune pour savoir par elle-même ce qu'elle pouvait raisonnablement faire et aimer. Par exemple, alors que Maria était adolescente, elle a été invitée par des amis de la famille à aller en Suède. Maria ne voulait pas y aller, mais sa mère a insisté. Dix jours après le départ, Maria l'a appelée de Stockholm pour la remercier de l'avoir poussée à s'y rendre.

En revanche, la plupart du temps Estelle a défendu le droit de sa fille à dire non en raison de sa sensibilité. À l'école primaire, sa classe a visionné un film présentant des scènes d'abattage d'animaux. Profondément bouleversée, Maria est sortie. À l'enseignant consterné, Estelle a expliqué que Maria avait eu raison, qu'elle n'avait pas à regarder quelque chose qui la perturbait autant. Cet incident ainsi que d'autres ont finalement amené Estelle à inscrire Maria dans une école privée. Elle s'y est épanouie, est devenue la meilleure de sa promotion, puis a été incitée à s'inscrire à Harvard.

Estelle a toujours mis l'accent sur le fait de favoriser l'estime de soi de Maria. Au lycée, sa fille n'a cessé de grandir, jusqu'à dépasser 1,80 m – une autre caractéristique qui la faisait se sentir différente. Bien qu'elle fût « timide », la combinaison d'une bonne estime de soi et de sa sensibilité ont fait d'elle une meneuse. Déjà en maternelle, les enfants l'écoutaient et copiaient ses idées. Elle faisait preuve d'une certaine prudence avec les nouvelles personnes, mais avait envie de jouer avec les autres et le faisait sans problèmes apparents. Selon sa mère, elle interagissait simplement avec moins de camarades que ne le font la plupart des enfants. Estelle a également toujours eu l'impression qu'il existait un « décalage de sensibilité » entre sa fille et les autres enfants, qui n'étaient pas aussi attentionnés et prévenants que Maria.

Aujourd'hui, jeune adulte, Maria n'a pas une vie totalement facile. Elle regrette toujours d'être si sensible et si grande. À vingt-sept ans, elle n'a pas encore de « relation stable ». Selon sa mère, « elle trouve toujours quelque chose à redire chez un homme ». Cela rappelle le « décalage de sensibilité » qu'elle ressentait durant son enfance, associé à la capacité qu'ont les personnes hautement sensibles de déceler les failles chez leurs proches, notamment s'ils ne sont pas aussi sensibles. Maria a déménagé plusieurs fois depuis qu'elle a quitté l'université dans l'espoir de trouver un lieu de vie suffisamment calme. Elle réussit malgré tout dans son métier et se rend à l'étranger sans hésitation – ce voyage en Suède qu'elle avait refusé ne fut que le premier d'une longue liste. Elle est en bonne santé et confiante en l'avenir. Cette EHS a merveilleusement bien grandi grâce à l'accompagnement d'un parent sensible et à l'écoute.

AVEC UN EHS, VOTRE RÔLE S'AVÈRE PLUS DÉTERMINANT ENCORE

Régulièrement, il apparaît dans les médias un spécialiste prétendant que la génétique détermine tout et que le rôle des parents n'a pas d'incidence. Il est vrai qu'à une époque, l'on a certainement accordé trop d'importance à l'influence des parents, notamment de la mère, dans la constitution de la personnalité de l'enfant. Personne ne mentionnait alors le rôle du tempérament inné. Un juste milieu était sans doute nécessaire.

Cependant, de manière ironique, les recherches montrent à présent que le rôle des parents a effectivement son importance[35], entre beaucoup d'autres choses, dans l'éducation des enfants tels que les EHS, dont le tempérament se situe à l'extrémité de la normalité. Lors d'études réalisées chez des singes[36], des sujets « réactifs » (sensibles) confiés aléatoirement à la naissance à des mères particulièrement calmes (une étude que l'on ne peut pas réaliser chez les humains) sont devenus des adultes bien plus résilients, parfois même chefs de leur groupe, comparés à ceux qui avaient été élevés par des mères nerveuses. En revanche, les singes réactifs qui ont aléatoirement été choisis pour être séparés de leur mère ont été beaucoup plus affectés à l'âge adulte par ce traumatisme que les individus moins réactifs.

La plupart des EHS n'ont pas à vivre cette expérience de séparation totale d'avec la personne qui s'occupe d'eux, mais les recherches montrent qu'ils ont davantage tendance à pâtir d'une nourrice psychologiquement absente – à cause d'un stress ou d'une dépression, par exemple – ou qui préférerait être ailleurs ou encore qui aurait exagérément peur elle-même de perdre un proche. Ainsi, Megan Gunnar[37] et ses collègues de l'université du Minnesota ont découvert que des nourrissons hautement sensibles de neuf mois confiés pendant une demi-heure à une baby-sitter attentive et « joueuse » étaient bien moins bouleversés physiologiquement durant la séparation d'avec leur mère qu'ils ne l'étaient lorsqu'ils étaient confiés à une personne inattentive. Une nourrice attentive équivalait presque à la présence de la mère, alors qu'une personne inattentive rendait la séparation plus stressante pour un EHS que pour un enfant non sensible.

Grâce à une autre étude[38] consacrée au sentiment général de sécurité ou d'insécurité dans le lien avec la mère, ces mêmes chercheurs ont découvert que des enfants hautement sensibles de dix-huit mois ayant un attachement insécurisant avec leur mère (je parlerai davantage de ce sujet au chapitre 6) présentaient des réactions de détresse corporelle lors de situations nouvelles, alors que les EHS ayant un lien sécurisant n'étaient pas affectés. Les non-sensibles n'étaient bien sûr pas bouleversés en situations nouvelles, que l'attachement avec leur mère soit sécurisant ou non. Ainsi, seuls les EHS en insécurité se révélaient bouleversés lors de situations nouvelles. Plusieurs autres études[39] ont produit le même résultat général.

La conclusion ? « Un cadre attentif et sensible… fournissait au nourrisson jouissant d'un lien sécurisant les ressources lui permettant de réduire l'activation du système [de détresse corporelle], même lorsque le tempérament de l'enfant le rendait enclin à ressentir les nouveaux événements comme "potentiellement" menaçants.[40] » En d'autres termes, lorsque les petits sensibles se trouvent dans une situation stressante de séparation d'avec leur mère, tout se passe bien s'ils sont confiés à une personne attentive, et mal si elle est inattentive. Dans une situation non familière particulièrement stressante pour eux, un attachement maternel insécurisant les affecte davantage. Ils sont très influencés par le sentiment de pouvoir recevoir de l'aide s'ils en ont besoin. Non seulement les EHS ont besoin de ressentir ce soutien dans de telles situations à cause de leur conscience accrue du danger, mais ils sont probablement aussi plus conscients du degré de soutien et d'attention de leur mère et des autres personnes qui les gardent.

LA COMPATIBILITÉ – CHAQUE ENFANT A UNE FAMILLE DIFFÉRENTE, JOUIT D'UNE COMPATIBILITÉ DIFFÉRENTE

Les chercheurs ont découvert que quoi qu'une famille fasse pour influer sur la personnalité de ses enfants, cela affecte chaque enfant différemment[41], comme si chacun grandissait dans une famille complètement différente. Cela s'explique en partie par le fait que les parents se trouvent dans une situation différente à la naissance de chacun de leurs enfants, et aussi parce que chaque enfant étant différent, les parents répondent différemment, ou à l'inverse, les mêmes méthodes d'éducation peuvent affecter de manière très différente deux enfants, en fonction de leurs tempéraments respectifs. La plupart des parents n'agissent probablement pas « mal » ni « bien » ; mais sont plutôt « spécialisés » en ce qu'ils s'accordent naturellement mieux avec certains tempéraments qu'avec d'autres.

Cela implique que si vous avez plusieurs enfants, il est possible que l'un s'épanouisse avec vous et l'autre moins. Toutefois les recherches montrent aussi qu'un peu de compréhension et d'entraînement peuvent jouer grandement sur cela – la « compatibilité » importe plus que le fait que le parent et l'enfant aient le même tempérament. Une bonne adéquation consiste en une famille et un milieu scolaire qui soutiennent et encouragent le comportement naturel de l'enfant. Dans une famille donnée, un artiste discret qui n'aime pas le sport sera considéré comme idéal. Dans une autre, il sera une immense déception. *Mais la compatibilité est toujours bonne lorsque les parents acceptent leur enfant tel qu'il est* et adaptent leurs méthodes en fonction. Les études[42] dans lesquelles les parents apprennent à comprendre le tempérament de leur enfant révèlent chaque fois que l'enfant rencontre bien moins de problèmes.

L'une des manières de décrire ce livre serait de dire qu'il traite essentiellement de ce que vous pouvez faire pour créer une bonne compatibilité entre vous et votre enfant. Chacun de vous étant un individu unique, cet ouvrage passera parfois à côté d'un élément important concernant l'un de vous ou vous deux. C'est pourquoi je vous annonce sans ambages qu'il est avisé d'avoir un psychologue ou un thérapeute spécialisé en tempérament vers qui vous tourner. Ainsi, vous n'aurez pas à rechercher une personne compétente le jour où la crise survient. Vous pouvez faire appel à un professionnel pour vous aider dans vos démarches fiscales ou acheter une maison. Pourquoi pas pour vous aider à élever vos enfants ?

Cet ouvrage peut toutefois vous être précieux car les EHS partagent d'innombrables points communs que la plupart des « spécialistes de l'enfance » ne connaissent pas. Nous allons commencer par un point important : pour créer une « bonne compatibilité », vous devez vous rendre compte à quel point votre enfant est immensément sensible à *vous*, la personne responsable. Heureusement, même sans en avoir conscience, j'ai été contrainte de prendre la mesure de cette réalité bien avant d'avoir moi-même un EHS.

Le beagle et le border collie

Comme je l'ai dit au chapitre 1, le fait qu'il existe différentes races de chiens est une bonne manière de comprendre qu'il puisse aussi exister différents « types » d'enfants. On sait que certaines races canines conviennent bien à certains propriétaires et non à d'autres – c'est pour cela qu'il y en a tant. Cependant, le propriétaire peut aussi apprendre à s'adapter au tempérament de son chien. S'il y parvient à temps.

Quand j'étais petite, mes parents m'ont acheté un beagle que j'ai baptisé Star. Si vous connaissez les beagles, vous savez que ce sont généralement de petits chiens robustes dont la truffe les conduit à fureter partout, et alors rien ne les intéresse plus que ce qu'ils ont flairé. J'imagine qu'ils sont sensibles en matière d'odorat, mais cela s'arrête là. Quand Star avait environ un an, ma mère et moi l'avons emmenée suivre un stage d'obéissance, puis ma mère, et ensuite moi, avons essayé de la présenter à des concours. Sur le parcours, elle était un ange tant qu'elle restait en laisse, mais détachée, elle n'était *plus là*, partie à fond de train à la poursuite de l'Odeur. Plus tard, nous avons acheté des caniches, qui se sont avérés parfaits pour les concours d'obéissance, mais affreusement nerveux et en demande d'attention.

Quand je suis partie de la maison et me suis mariée, j'ai voulu un autre chien d'une autre race. Sans savoir pourquoi (je ne savais pas encore que j'étais hautement sensible ni que les chiens pouvaient présenter ce trait à des degrés variables), j'avais toujours admiré les border collies, ces chiens noir et blanc qui gardent les moutons. J'étais certaine qu'ils se révéleraient parfaits en concours d'obéissance. J'en ai donc acheté un et ai bientôt eu un compagnon aussi fidèle qu'intelligent.

Cette chienne, Sam, semblait capable de lire dans mes pensées. L'apprentissage de la propreté a été facile – je l'ai juste sortie au moment où elle « faisait sa première bêtise » et elle n'a jamais recommencé. Elle n'a déchiqueté qu'un objet lorsqu'elle faisait ses dents – je suis rentrée plus tard que d'habitude un soir et ai trouvé éparpillés les lambeaux d'un vieux livre de poche destiné à un cours de psychophysiologie, justement intitulé *Émotions animales*. Avait-elle appris à lire ?

Quand Sam a eu neuf mois, je lui ai mis un collier étrangleur et l'ai conduite à son premier cours d'obéissance, où elle devait apprendre à s'asseoir. Je lui ai donné une petite tape sur le postérieur (on m'avait dit que le fait de pousser incitait le chien à résister en poussant vers le haut), ai tiré sur le collier pour remonter sa tête et avoir son attention, en disant « assis ». Elle s'est effondrée, toute tremblante. Comme ce n'était pas la réponse attendue, je l'ai remise sur ses pattes et ai répété les consignes standard : donner une tape, tirer, ordonner. Elle s'est tapie encore plus bas en tremblant plus fort, les yeux implorant : « Pourquoi ? Qu'est-ce que j'ai fait ? »

J'ai eu le réflexe d'arrêter et de réfléchir. Le lendemain, j'ai tout de même réessayé la même méthode. Dès qu'elle obéirait, je pourrais la féliciter et elle comprendrait mieux. Néanmoins, elle devait d'abord s'asseoir correctement.

Mais le temps que je comprenne qu'une pression délicate et un mot gentil suffisaient, je l'avais presque brisée. En réalité, elle se mettait à trembler et se tapissait dès que je sortais ce collier. Elle a appris à s'asseoir, à rester en place, à venir au pied et beaucoup d'autres choses une fois que j'ai eu saisi qu'elle devait simplement comprendre ma demande : attends ici, va te coucher dans le coin, retrouve-moi ici, va chercher, porte, conduis les vaches, rassemble les petits. Souvent, elle comprenait ce qu'il y avait à faire avant moi – comme nous faire nous retrouver mon mari et moi un soir où nous nous étions perdus dans les bois, ou faire fuir un cambrioleur. (Quand j'étais petite, nous plaisantions du fait que Star, notre beagle, serait partie avec n'importe quel cambrioleur s'il avait eu un hot-dog dans sa poche.)

Si Sam sentait naturellement quel était le besoin et se préoccupait suffisamment de nous pour y répondre, c'était parce qu'elle était très sensible. Pour ce qui est des concours, nous n'avons jamais participé à aucun – quelque chose chez elle faisait que je n'avais pas envie de profiter de sa bonne volonté pour la donner en spectacle.

Je doute qu'aucune méthode n'aurait pu faire obéir Star, notre beagle, quand elle n'était plus en laisse, mais les méthodes habituelles ont malgré tout réussi à lui enseigner ce que je voulais. Sam a nécessité beaucoup plus de savoir-faire et de réflexion de ma part. C'est ce qui se passe quand un animal ou un enfant est presque capable de lire dans vos pensées et est bouleversé dès qu'il entend un mot dur venant de vous, l'autorité bien-aimée. Je ne connaissais pas encore « officiellement » ce trait quand mon fils est né. Je n'en ai pas eu l'idée avant qu'il soit grand et ait quitté la maison. Mais Sam m'avait fourni une bonne introduction intuitive.

Ne pas savoir comment faire laisse les parents démunis

Je me pensais douée pour l'éducation des chiens quand j'ai commencé avec Sam, et j'avais une vitrine emplie de trophées qui le prouvait. Mais Sam m'a donné une leçon d'humilité. Elle m'a aussi fait culpabiliser de lui avoir occasionné tant de stress, m'a laissée perplexe lorsque les méthodes habituelles n'ont pas fonctionné, déprimée d'avoir échoué, fâchée qu'elle soit si trouillarde, et seule (si les méthodes classiques ne marchaient pas, vers qui pouvais-je me tourner ?). Son comportement étrange m'obsédait, et quand je redoublais d'efforts, cela ne faisait qu'empirer. À ce stade, éduquer Sam n'était pas une partie de plaisir.

Un manque de savoir-faire lorsque l'on éduque un EHS peut provoquer les mêmes émotions. Vous pensez être un bon parent, surtout si vous avez déjà de l'expérience avec les enfants. Puis arrive cet enfant qui vous met au défi. J'ai entendu des parents me raconter tout cela : la culpabilité de voir son enfant souffrir sous son autorité, l'embarras que causent en public sa timidité, ses refus, ses larmes « pour rien », ses peurs, etc. Les parents sont perplexes, certains déprimés, notamment quand le manque de sommeil s'accumule. Vient la colère, l'impression de ne pas être en phase, l'isolement vis-à-vis des autres parents d'enfants « normaux ». Certains se sentent victimes, piégés, surimpliqués. Cela peut avoir des répercussions sur le couple, sur les autres enfants et sur la santé des parents. C'est une situation vraiment pénible.

EHS DIFFICILES ET EHS FACILES

Élever certains EHS s'avère plus difficile qu'avec d'autres. Certains sont de vrais comédiens et de véritables « petits princes » exigeants. Cela dépend en partie d'autres aspects de leur tempérament, notamment de leur persévérance, de leur souplesse et de leur intensité émotionnelle, ainsi que des modèles de l'enfant et de son environnement général. (Si votre frustration ou autre chose dans votre vie vous accable, vous rend exigeant ou vous fait perdre votre calme, vous pouvez difficilement vous attendre à ce que votre enfant soit différent.)

J'ai aussi découvert que les parents qui acceptent mieux ce trait et qui se montrent en règle générale plus disponibles et attentifs vis-à-vis de leur enfant sont ceux, ironiquement, dont les EHS posent le plus de problèmes quand ils sont petits. L'enfant se sent libre d'exprimer ses sentiments – de se fâcher, d'être très excité, frustré, vexé, effrayé et submergé. Une fois ses sentiments exprimés, les parents avertis savent lui apprendre à les gérer.

Les parents moins disponibles et attentifs – peut-être sont-ils dépassés eux-mêmes et gênés par les émotions intenses – peuvent conduire l'EHS à dissimuler ses sentiments pour être accepté et ne pas poser de problèmes. Mais l'enfant n'apprend alors jamais à gérer ces émotions contenues, qui refont généralement surface à l'âge adulte, lorsque le problème est bien plus délicat à résoudre. Je m'inquiète donc toujours un peu quand des parents me disent que leur EHS « ne leur a jamais posé aucun problème ».

Le cercle vicieux

Chez ceux d'entre vous qui malgré tous leurs efforts constatent que leur enfant n'est toujours pas heureux, avenant, « normal », je perçois souvent un cercle vicieux : vous vous inquiétez, vous vous efforcez davantage encore de façonner votre enfant en fonction de vos attentes, votre enfant ne se comporte pas comme vous le souhaitez (car il ne le peut pas), si bien que vous vous inquiétez encore plus, essayez davantage, etc. Vous et lui éprouvez tous les deux un sentiment d'échec. Revenons donc au premier conseil de ce livre : prenez conscience du fait que le comportement inhabituel de votre enfant n'est pas votre faute, ni celle de votre enfant. Les EHS ne font pas exprès d'être difficiles !

Ce cycle est plus courant chez les parents non sensibles – une situation que nous aborderons en détail au chapitre suivant. Mais même des parents hautement sensibles peuvent ne pas savoir comment gérer leur enfant et regretter qu'il soit différent.

La mère de Mitchell change finalement son fusil d'épaule

La mère de Mitchell n'avait pas conscience qu'elle et son fils étaient tous deux hautement sensibles. Sharon a grandi dans une famille plutôt dure, peu sensible. Elle ne se souvient pas s'être adaptée à ses proches, mais elle l'a fait.

Elle s'est toutefois révélée très sensible vis-à-vis de son bébé, Mitchell. Elle adorait chanter, mais ne pouvait pas ne pas voir que son enfant n'aimait pas ça. Plus grand, il n'aimait pas chanter non plus – tout du moins pas dans la chorale au sein de laquelle elle avait rêvé de le voir briller. Sharon était tout aussi frustrée quand son fils refusait de se déguiser pour Halloween et de voir qu'il avait encore besoin d'une tétine à quatre ans. Elle était aussi triste qu'il ne prenne jamais d'initiatives – « Je le voyais toujours suivre, imiter, jamais mener ».

Quand une intervenante est venue dans son école parler des enfants sensibles, soudain, pour Sharon, « tout s'est expliqué ». Elle m'a confié combien elle aurait aimé avoir compris cela plus tôt : « J'aurais changé de voie et cessé de mettre en cause mon rôle de mère. Au fond de moi, je savais quoi faire. Mais je ne le faisais pas et me faisais des reproches à moi-même, surtout quand le reste de la famille pensait que je ne faisais pas les choses correctement. Maintenant tout cela est terminé. Je m'adapte à son comportement. Je le laisse me dire ce dont il a besoin. »

« Il a tant d'autres qualités merveilleuses, sa douceur et sa gentillesse. Alors s'il n'a pas envie de courir ni de jouer un sketch lors de notre réunion de famille, ce n'est pas très grave à mes yeux. C'est presque un plaisir de dire : “ Non, il n'a pas envie.” C'est appréciable de si bien le comprendre quand personne n'y parvient. »

LES SIX PROBLÈMES LES PLUS COURANTS

Intéressons-nous donc à six facettes de la haute sensibilité de votre enfant et à la façon dont chacune, bien que neutre en elle-même, peut vous poser des problèmes à vous en tant que parent tant que vous n'avez pas les savoir-faire requis. Vous allez commencer à en apprendre certains au cours de ce chapitre.

1. La conscience des subtilités

Quelle merveilleuse qualité dans certaines situations : votre fille remarque le moindre de vos regards affectueux et vous les renvoie, est capable de vous dire quand son petit frère a faim avant que vous n'y ayez même pensé et fait office d'alarme à incendie en prévenant tout le monde de la moindre petite fumée, même venant de la cheminée du voisin. Dans d'autres situations, que c'est pénible ! Un EHS remarque par exemple la moindre petite chose qui ne lui convient pas. « Il reste de la peau sur la pomme – tu sais que je déteste la peau. » « Ça sent mauvais dans cette pièce » (vous ne sentez rien de particulier). « Tu as déplacé mon ordinateur, n'est-ce pas ? » « Oui, c'est le parfum que j'aime, mais pas la bonne marque – cette sorte-là a mauvais goût. »

Tous les EHS ne remarquent pas les détails subtils. Certains n'y semblent plutôt pas conscients, davantage préoccupés par leur monde intérieur. Ou bien c'est plutôt l'intensité qui les dérange : un bruit fort, une lumière vive, un plat épicé. Ou encore ils ne remarquent les détails subtils que dans un domaine précis, comme l'alimentation, les vêtements ou les situations sociales. Mais avec un EHS, il est quasiment sûr que cette sensibilité s'exprimera quelque part.

Au chapitre 7 nous nous focaliserons sur la gestion des problèmes liés à cette caractéristique des EHS. En attendant, voici quelques conseils d'ordre général :

- *Croyez votre enfant.* Quand il vous dit qu'il a mal, que ça gratte ou que ça pique, c'est que c'est vrai, même si cette chose ne vous dérange pas vous-même.
- *Avec les petits EHS, assurez-vous qu'ils n'aient pas faim et qu'ils soient bien reposés* – ils seront moins irritables et plus enclins à attendre que vous palliiez leur gêne.
- *Quand votre EHS est assez grand pour vous comprendre, reconnaissez d'abord sa gêne, puis dites-lui quand et comment elle se terminera* ou bien que vous ne pouvez absolument rien y faire si c'est vraiment le cas. Si vous avez d'abord montré un respect sincère face à la réaction de votre enfant et de la compassion vis-à-vis de l'urgence de son besoin, puis exprimé votre propre raison de retarder sa résolution ou bien de ne rien faire – vous devez terminer les courses et aller à la voiture où se trouvent les vêtements de rechange, terminer la boîte de cette marque parce que vous n'avez pas les moyens de la gaspiller – il acquerra la capacité de le comprendre et d'attendre.

- *Mettez des limites à ce qu'il peut vous demander.* Votre enfant est gêné par ses lacets, mais même si vous les renouez vingt fois ils continueront de le gêner, sans doute parce que votre fils reste focalisé sur sa sensation et sa frustration. Parlez-en à un autre moment : dites-lui que vous essaierez cinq fois, en essayant de suivre ses instructions. Il devra se contenter de la cinquième, car vous serez frustré vous aussi ou bien vous n'aurez pas le temps d'essayer plus.
- *Gardez vos exigences* en matière de politesse et de bonne tenue en public, mais souvenez-vous que les émotions sont parfois irrationnelles et irrépressibles, même chez l'adulte. Si votre enfant perd tout contrôle au sujet de ce qui ne semble qu'une « petite chose », résolvez le problème du mieux que vous pouvez pour le moment et, si vous ne le pouvez pas, laissez votre EHS crier ou pleurer pendant que vous le tenez simplement (s'il est petit) ou restez à ses côtés et compatissez. Quand le calme est revenu, le lendemain par exemple, vous pouvez parler de ce qu'il est possible de faire pour qu'il se comporte mieux la prochaine fois.
- *Quand c'est possible, confiez à votre enfant la tâche de trouver une solution.* À un enfant difficile au sujet des chaussettes, dites-lui de choisir celles qui ne le dérangent pas. S'il n'y en a aucune, ce n'est la faute ni de Maman ni de Papa.

2. Le fait d'être facilement surstimulé ou surexcité

Comme mentionné au chapitre 1, un enfant qui remarque des détails subtils est aussi enclin à être dépassé quand trop de choses arrivent à la fois. (Ce « trop » peut venir de l'extérieur, mais aussi de l'intérieur, comme quand un enfant imagine quelque chose d'effrayant ou d'excitant.)

Plus il y a de stimulation, plus le corps se met en état d'alerte pour la gérer. Tout animal ou être humain recherche le juste niveau d'excitation – un phénomène aussi automatique que la respiration. Trop peu et nous nous ennuyons, ne tenons pas en place. Nous allumons la radio ou appelons un ami. Trop et cela nous est inconfortable, nous perdons notre sang-froid. Nous essayons de nous calmer mais n'y parvenons pas et obtenons de mauvais résultats à tout ce que nous entreprenons : taper dans une balle, résoudre un problème mathématique, trouver des choses à dire dans une conversation. Les EHS atteignent plus facilement un niveau de stimulation excessif. Ainsi, votre fille peut tout à fait réussir à attraper une balle quand vous jouez à la maison, alors qu'au cours d'un match elle la fait tomber à chaque fois. Elle se met à détester le jeu, pleure pendant les matchs, alors qu'elle souhaite jouer et que vous avez envie qu'elle joue. Vous vous demandez pourquoi tout ce cinéma à propos d'un simple jeu ? La poussez-vous à jouer ou la laissez-vous arrêter ?

Comprenez d'abord que les EHS présentent des domaines dans lesquels une excitation excessive leur pose de grandes difficultés. Il s'agit généralement d'activités au cours desquelles, assez tôt, ils ont échoué ou imaginé qu'ils échoueraient. Quand ils réessaient, ils sont plus excités et anxieux et réussissent encore moins bien. Cependant l'angoisse de la performance n'est pas toujours la responsable – l'enfant peut avoir très envie de jouer et être confiant, mais être malgré tout trop stimulé à cause des lumières et du public.

Pourrait-on considérer cette tendance à la surstimulation comme une bonne chose ? La surstimulation en elle-même ne s'avère jamais utile, mais dans la mesure où il ne faut pas grand-chose pour la ramener à un niveau confortable, elle peut avoir son utilité. Souvent, les EHS s'ennuient moins facilement, par exemple. Et ils s'investissent et font davantage attention dans les situations où les autres ne font pas d'efforts.

Et qu'en est-il de ces EHS qui ne présentent pas cette tendance à la surexcitation ? La plupart ont un domaine dans lequel ils sont si à l'aise que tout se passe facilement, même si la pression est forte ou dans des conditions de forte stimulation. Mais dans les autres domaines, la surexcitation apparaît généralement. Le chapitre 7 vous expliquera comment gérer l'hyperexcitation en général et le chapitre 8 vous conseillera dans les cas où elle se révèle source de timidité dans les situations sociales. En attendant, voici quelques conseils d'ordre général :

- *Faites en sorte que votre enfant ait un domaine de compétence* – un sport, une forme d'art ou d'expression personnelle, une matière scolaire, les tours de magie, des pièces de théâtre régulières, des conversations avec des adultes intéressés ou le fait de mener d'autres enfants dans un jeu imaginaire. Choisissez quelque chose qui l'intéresse et commencez doucement en veillant à ce qu'au début chaque tentative soit couronnée de succès.

  Avec mon fils, cela a fonctionné avec le théâtre et l'écriture. Quand je l'ai inscrit à un club de théâtre à l'âge de huit ans, j'ai littéralement demandé à sa professeure de le féliciter – il avait connu tant d'échecs en sport. Il est sorti radieux de sa première séance : « Elle a dit que j'étais né pour être acteur ! » Après ça, il n'a jamais manqué une séance.

  Avec l'écriture, j'ai veillé à ce qu'il ne rende jamais une rédaction qui ne soit pas bien travaillée et dactylographiée. Ses bonnes notes et les félicitations ont fait qu'il adore cette activité.

- *Veillez à ce que votre enfant soit si préparé et si armé que rien ne pourra le décontenancer.* Entraînez-vous dans des circonstances et un cadre similaires à ceux dans lesquels il devra se produire. Allez vous entraîner sur le terrain de base-ball. Une fois que votre enfant est prêt pour son évaluation d'arithmétique, donnez-lui des problèmes à résoudre dans un temps donné et que vous noterez ensuite. Ne laissez jamais votre EHS subir une évaluation ou réaliser une prestation sans qu'il n'y soit préparé.

- *Parlez des problèmes susceptibles de survenir et de la manière de les surmonter.* Parlez des erreurs et de la façon de les considérer. La fin du match approche, le score est serré et votre enfant marque contre son camp. Expliquez-lui à l'avance que cela arrive au moins une fois au cours d'une carrière. Qu'est-ce que votre enfant peut se dire à lui-même et aux autres pour rendre cette situation supportable ? (Est-ce que cela revient à insinuer qu'il doit s'attendre à perdre ? Généralement, l'enfant s'est déjà imaginé échouer ; vous, vous lui fournissez au contraire des armes pour gérer l'échec.)
- *Décrivez l'effet d'une hyperexcitation sur les performances et le bien-être.* Expliquez qu'il a les capacités, mais que la nervosité (ou le bruit, un nouveau cadre, le public ou la surstimulation) peut interférer. Racontez-lui cette histoire : « Je connaissais une femme qui était capable de battre des records du monde lors de petites compétitions, mais qui n'y est jamais parvenue lors des sélections aux Jeux olympiques. » Elle et moi en avons conclu que les sélections ne retenaient pas les meilleurs athlètes, mais les meilleurs athlètes *en conditions de très forte stimulation.*
- *Faites en sorte que les compétences de votre enfant ne soient pas d'ordre à être trop affectées par la pression.* Par exemple, la pratique artistique, s'occuper d'un animal ou de plantes et les activités physiques comme le jogging ou la randonnée pour lesquels chacun vise un objectif personnel.
- *Aidez votre enfant à s'adonner à diverses activités dans un cadre hors compétition* – chanter avec vous dans la voiture ou monter une pièce pour un public familial acquis. Il n'a pas besoin de s'inscrire dans une chorale ni dans un club de théâtre pour pratiquer ces activités.

Si vous découvrez un talent, vous pourrez toujours l'y encourager, mais s'amuser est plus important qu'atteindre un haut niveau.

3. Des réactions intérieures profondes

Bien que les réactions s'atténuent lorsque l'EHS se familiarise avec une situation donnée, lors du premier traitement les réactions peuvent s'intensifier. Comme je l'ai dit au chapitre 1, parce que l'EHS traite toutes les informations de manière plus complète, il présente également des réactions émotionnelles plus fortes. Plus il fait l'expérience d'une nouvelle situation émotionnelle et imagine toutes ses implications et ses conséquences, plus elle a d'impact. Cela signifie plus de joie, de bonheur, de satisfaction, de contentement et de ravissement. Mais également plus de sentiments négatifs.

Ces réactions intenses ne nécessitent pas un esprit totalement développé et conscient. Elles débutent dans la toute petite enfance et sont présentes chez les petits même s'ils sont encore incapables d'en parler. Les enfants plus grands, aptes à exprimer leurs sentiments, peuvent ne pas encore en être conscients – nous refoulons tous nos sentiments s'ils semblent inacceptables. Ces sentiments refoulés se manifestent sous la forme de symptômes physiques ou d'émotions décalées et inexplicables. L'exemple classique, que les thérapeutes pour enfants rencontrent souvent, est celui de l'enfant qui affirme être ravi de l'arrivée d'un nouveau petit frère ou petite sœur, réaction que les parents relatent fièrement à tout le monde. Cependant, l'enfant se révèle soudainement terrifié par l'idée que des chiens le dévorent, d'aller aux toilettes ou de voir une image représentant un singe. Ces peurs étranges disparaissent lorsqu'un parent avisé ou un thérapeute fait jouer l'enfant à des jeux mettant en scène par exemple un gros chien qui mange un petit, suivis d'une discussion sincère sur les différents sentiments normaux que les gens éprouvent, dont la colère et certains des sentiments qu'un nouveau petit frère ou petite sœur peut engendrer. L'on se contente de parler de certains sentiments – on ne fait pas ce qu'ils nous donnent envie de faire –, mais il est normal de les éprouver.

Même lorsque les émotions ne sont pas préoccupantes, comme détester sa petite sœur, il arrive que les EHS ne s'ouvrent pas aux autres de leur tumultueuse vie intérieure. Les introvertis (70 % des EHS) gardent généralement tout en eux. Les EHS intenses et extravertis s'expriment davantage.

Les EHS sont souvent plus bouleversés que les autres enfants par l'injustice, les conflits ou la souffrance ; la déforestation, les inégalités raciales ou la maltraitance des animaux, par exemple, sont susceptibles de les attrister profondément. Ils ont tendance à imaginer des conséquences funestes. Voir d'autres enfants se faire embêter les perturbe souvent aussi beaucoup. Ils perdent l'appétit si leurs parents se disputent. Tout ceci est courant chez les enfants, mais plus fort dans notre cas.

Y a-t-il des exceptions ? Toujours. Certains EHS sont capables de développer une autorégulation de leurs propres émotions, forte, voire trop forte. Quel degré de sentiment ressentir est une question à laquelle tout le monde est confronté (bien que certains aient moins le choix) et dont la réponse est souvent dictée par la culture et le type de famille, notamment par ce que les parents enseignent à leur enfant en matière d'expression des émotions. Généralement, il n'y a pas besoin de dire à un EHS comment contrôler ses émotions. Il sent ce qui est attendu. Ainsi, des parents que la force de leurs émotions ou de celles de leur enfant gêne ou effraie transmettront par leur éviction des sentiments l'idée qu'il vaut mieux ne pas les exprimer. En revanche, si l'EHS vit avec des parents qui perdent souvent le contrôle de leurs émotions et qu'il possède en lui de fortes capacités d'autorégulation, il peut préférer un contrôle total au chaos créé par ses parents.

Nous parlerons davantage de la gestion des émotions fortes au chapitre 7, mais voici déjà quelques suggestions d'ordre général.

- *Pensez à la manière dont vous gérez vos émotions et à la façon dont vous aimeriez que votre enfant les gère.* Pensez à chaque émotion : tristesse, peur, amour, joie, colère et excitation de curiosité. Lesquelles n'étaient pas autorisées lorsque vous étiez petit ? Enseignez-vous les mêmes choses à votre enfant ?
- *Renseignez-vous sur l'« intelligence émotionnelle ».* Le livre *Kids, Parents, and Power Struggles* [*Parents, enfants et luttes pour le pouvoir*] de Mary Sheedy Kurcinka s'avère précieux en ce qu'il montre aux parents comment aider leur enfant à gérer sainement ses émotions. L'ouvrage prodigue une multitude de conseils concernant tous les profils d'enfants : par exemple, écouter d'abord les émotions au lieu de reprocher les comportements, montrer à son enfant ce qui l'apaise et le calme et apprendre à reconnaître les signes émotionnels de son enfant pour l'aider à identifier ses sentiments.
- *Discutez des émotions avec votre EHS.* Ces enfants en particulier ont besoin de pouvoir identifier ce qu'ils ressentent et les causes possibles pour mieux contrôler leur chaos intérieur. Expliquez-lui comment vous avez géré des sentiments similaires.
- *Tentez de « contenir » les émotions négatives de votre enfant* jusqu'à ce qu'il puisse le faire lui-même. Dans l'idéal, allez dans un endroit calme et laissez l'enfant exprimer toutes ses émotions. Restez calme et non sur la défensive. Dites-lui : « Dis-moi-en plus, raconte-moi tout ça, et qu'est-ce qu'il y a d'autre, et aussi… » Qu'il s'exprime ainsi sans retenue vous permettra à tous les deux de discerner la cause réelle,

et entre-temps votre enfant ressentira tout cela en lui sans avoir à le supporter seul. Vous le supporterez avec lui jusqu'à ce qu'avec les années et l'expérience il puisse le gérer lui-même. Nous nous intéresserons à ce sujet au chapitre 7.

- *Soyez aussi à l'écoute des émotions positives.* Vous accueillez les émotions négatives avec attention et respect, mais faites de même avec les émotions positives. N'anéantissez pas l'enthousiasme ou la bonne humeur de votre EHS avec des remarques de type : « Si tu es si content, c'est une bonne occasion pour faire le ménage dans ta chambre. »
- *Soyez conscient que le fait d'être surstimulé et surexcité peut intensifier toutes les réactions émotionnelles*, notamment négatives. Une mauvaise humeur disparaît souvent après une bonne nuit de sommeil, alors que le fait de rester éveillé et de parler pour régler le problème peut ne faire qu'augmenter la surstimulation. Essayez un : « Voyons ça demain ? »
- *Si une émotion puissante dure plusieurs jours, n'hésitez pas à demander de l'aide.* Cela comprend la dépression, l'anxiété, la colère, mais aussi les états joyeux extrêmes qui empêchent de dormir. Vous n'êtes pas obligé d'emmener votre enfant voir un psychologue, ce qui peut s'avérer difficile en soi. Vous pouvez commencer par essayer de résoudre le problème avec le professionnel en dehors de la présence de l'enfant. Vous tenterez de comprendre ce qui a causé ces sentiments durables, et non simplement de trouver une médication pour les faire disparaître. La médication doit rester un dernier recours (bien que précieux).

4. La conscience des sentiments d'autrui

L'homme étant un animal social, si l'on associe une perception des subtilités et une vie émotionnelle intense, l'on obtient une personne hautement consciente des sentiments d'autrui. Cette caractéristique merveilleuse fait de votre EHS un meneur empathique et intuitif (ou un commercial), sachant comment nourrir ce qui nécessite de l'être et sentant bien quand un proche a besoin d'attention.

Cette conscience naît elle aussi dans la petite enfance. Tous les nourrissons ont une conscience aiguë des sentiments de la personne qui s'occupe d'eux – leur survie en dépend. Quand les psychologues soulignent l'importance du maternage dès les premiers moments de la vie et d'un lien mère-enfant sécurisant, ce n'est pas pour culpabiliser les mères, il s'agit simplement d'une réalité due au fait que nous sommes des primates. Pour le meilleur ou pour le pire, les EHS sont particulièrement à l'écoute de ceux qui s'occupent d'eux. Comme 40 % des parents n'ont pas connu eux-mêmes un attachement sécurisant durant leur enfance, il est important que ceux d'entre vous qui sont dans ce cas apprennent à envoyer des messages de sécurité à leur propre enfant. Nous approfondirons ce sujet au chapitre 6.

L'un des plus gros problèmes que rencontrent les plus grands EHS est qu'ils sont parfois conscients des sentiments d'une personne alors que celle-ci ne l'est pas. Les gens nient souvent leur peur ou leur colère par politesse ou pour s'éviter un embarras, parfois jusqu'au point de n'en avoir sincèrement pas conscience. « Bien sûr que ça ne me dérange pas » ou « Je n'ai absolument pas peur ». Cependant l'EHS décèlera quelques signes subtils, voire l'odeur que provoque cette émotion dans le corps de l'autre. L'enfant doit alors gérer le fait de connaître le sentiment de l'autre sans que cela paraisse, tout en recevant un message oral différent. Je connais une femme sensible qui, quand elle était petite, a dit plusieurs fois à sa meilleure amie qu'elle sentait de l'envie et de la compétition entre elles. Son amie l'a toujours nié – jusqu'à l'âge adulte. La femme, pendant toute son enfance, s'est demandé si elle n'était pas folle et ne se faisait pas des idées.

Cela aidera énormément votre enfant si vous réussissez à identifier vos propres sentiments et à être sincère à ce sujet.

De même, les gens disent souvent aux EHS « timides » : « Ne t'inquiète pas de ce que pensent les autres, ils ne te remarquent même pas ! » C'est difficile à croire pour l'EHS quand lui-même remarque tant de choses à propos des gens, y compris la façon dont ils se comparent subtilement les uns les autres. Mais si vous faites en sorte que votre EHS ait confiance en lui – ce qui fera l'objet du chapitre 5 –, il verra que les autres le regardent, mais partira du principe que ce qu'ils voient leur plaît ou acceptera que cela n'a pas d'importance.

Concernant l'empathie, le fait de se sentir dépassé peut empêcher temporairement l'EHS d'avoir conscience des besoins des autres. En revanche, si votre enfant est chroniquement insensible à autrui ou distant, c'est que quelque chose ne va pas, qui n'est pas seulement une hyperexcitation.

Cette conscience peut amener l'EHS à placer les besoins des autres avant les siens pour leur épargner (et s'épargner lui-même) une souffrance émotionnelle. Cela n'est généralement pas conscient, et cette complaisance peut n'exister qu'avec certaines personnes. Avec d'autres, vous par exemple, votre EHS peut s'avérer rude, cinglant et exigeant. Mais lorsqu'il semble s'effacer devant les autres, c'est sans doute parce qu'il trouve plus facile de supporter leur douleur ou leurs besoins impérieux que de risquer leur colère ou leur jugement. Que pouvez-vous faire pour que cette conscience des sentiments d'autrui soit un atout pour votre enfant ? Nous y reviendrons davantage ultérieurement, mais voici déjà quelques conseils simples.

- *Prenez conscience de la manière dont vous gérez votre propre conscience des sentiments d'autrui.* Si vous ne ressentez rien ou ne montrez pas de réaction face à une souffrance, votre enfant se trouvera seul avec sa réaction tout en ayant moins de respect pour vous. Si vous niez le fait de vous inquiéter de ce que les autres pensent de vous, votre enfant percevra sa préoccupation comme un défaut. Réfléchissez donc à ces sujets et discutez avec votre EHS de la manière dont vous les résolvez. Ainsi, si vous entendez parler d'une catastrophe qui a fait de nombreuses victimes, un enfant ayant eu une éducation religieuse voudra savoir pourquoi Dieu a permis que toutes ces personnes souffrent et quel est le devoir d'un enfant envers elles. L'une des joies (et l'un des défis) d'avoir des enfants, notamment un EHS, est qu'ils vous obligent à vous confronter aux grandes questions de la vie.
- *Expliquez à votre enfant ce qu'il est possible de faire*, par exemple en prenant un moment ensemble en fin d'année pour choisir une association caritative ou une cause à laquelle votre famille pourrait participer. Parlez également de ce qui n'aide pas, par exemple le fait d'être en permanence accablé par les souffrances d'autrui. Vous faites tout ce que vous pouvez, puis vous avancez. Concernant la conscience du jugement des autres, j'aime la règle du « cinquante-cinquante » – vous pouvez estimer que quoi que vous fassiez 50 % des gens aimeront ce que vous faites et 50 % n'aimeront pas. Autant donc faire ce que vous pensez être le mieux, car vous ne pourrez pas satisfaire tout le monde.
- *Évaluez la manière dont vous équilibrez les besoins de ceux qui vous entourent et les vôtres.* Réfléchissez à votre propre capacité à dire

non aux autres ou à ne pas tenir compte de leur opinion si elle vous paraît mauvaise. Votre enfant vous imitera.

- *Apprenez à votre enfant qu'il a le droit de dire non ou d'ignorer les opinions d'autrui.* Quelqu'un qui s'épuise à aider les autres ou à essayer de les satisfaire n'est une aide pour personne. Nous faisons chacun notre part, mais ne pouvons pas tout assumer au risque d'y perdre le sommeil. Comme l'a écrit un auteur chrétien, Jésus savait qu'il pouvait guérir toute la Judée, mais pour autant qu'on sache il ne l'a pas fait et n'en dormait néanmoins pas mal.
- *Veillez à ne pas partager trop de vos soucis ou de vos jugements liés aux autres avec votre enfant.* Les EHS peuvent devenir de merveilleux amis, confidents et conseillers, notamment pour des parents n'ayant pas d'autres proches qui les comprennent. Mais cela représente une charge trop lourde à porter même pour l'enfant doué de la plus grande sagesse. Il est encore en train d'apprendre à gérer un monde qui le submerge et a besoin que vous lui donniez de la force avant de pouvoir endosser la tâche de soutenir un adulte préoccupé. Et quand il vous entend juger les autres, il se convainc d'autant plus qu'il s'agit d'un comportement courant.
- *Pour que votre enfant apprenne à identifier ses propres besoins et souhaits, insistez pour qu'il fasse des choix dès que c'est possible.* Je soulignerai régulièrement cet aspect. Même si votre enfant est lent à se décider et que vous savez ce qu'il va choisir, demandez-lui : « Est-ce que tu préfères des biscottes ou du pain ? » « Est-ce que tu préfères inviter ton copain à la maison ou voir si tu peux aller chez lui ? » Si ses besoins entrent en conflit avec ceux de quelqu'un d'autre, déplaisent ou si quelqu'un juge ses choix stupides ou de mauvais goût, dites à votre enfant qu'il a raison d'écouter brièvement et poliment les conseils qui paraissent sensés et relèvent d'une bonne intention, mais qu'il a le droit de faire valoir ses propres besoins et opinions et d'apprendre de ses propres expériences.

- *Veillez à ce que les souhaits de tous les membres de la famille soient entendus et respectés à parts égales lorsque c'est possible* – dans les faits, pratiquez une empathie égale et réciproque, au lieu que l'EHS soit celui qui doive se conformer davantage aux autres. Un parent de deux EHS pourra alterner les droits un jour sur deux. Quand Janie a les droits, elle peut monter devant en voiture, répondre au téléphone (ou pas), avoir la première part de dessert, tenir la laisse du chien ou tout autre privilège qu'elle apprécie. Le lendemain, c'est Gareth qui choisit. Quand c'est leur tour, chacun fait ce qu'il veut sans avoir à penser à l'autre. Pour un EHS, cette expérience importante peut s'avérer un immense soulagement.

Dans notre famille, nous nous préoccupons parfois des autres jusqu'à l'excès. Je disais souvent que j'aimerais qu'une journée passe sans que j'entende l'un de nous trois dire être désolé. J'ai déjà eu l'impression que nous nous excusions de respirer l'air de l'autre. C'est peut-être de là que venait notre tradition qui consistait, les jours d'anniversaire, à aller tous ensemble faire des courses afin que celui dont c'était l'anniversaire choisisse ce qu'il souhaitait pour le dîner en famille. Je pense que faire cela en présence des autres nous a soulagés de ce sentiment de culpabilité de faire les choses à notre façon.

5. La prudence avant d'affronter une nouvelle situation potentiellement dangereuse

Les enfants sensibles, qui perçoivent tant de choses dans chaque situation, remarquent de nouveaux détails même dans une situation familière. Imaginez deux enfants arrivant dans la cuisine un matin. Pour le non-sensible, c'est juste un matin comme un autre. L'EHS, en revanche, remarque que la veste de Papa n'est plus là, ce qui signifie qu'il est parti tôt ; que Maman est d'humeur étrange ; qu'il y a un sac près de la porte comme si quelqu'un avait essayé de le cacher en vitesse ; une odeur de pain brûlé, une assiette cassée dans la poubelle. Est-ce qu'ils se sont disputés ? Ou bien sont-ils distraits parce qu'ils préparent mon anniversaire qui a lieu demain ?

Avec cette sensibilité qui se manifeste même dans des situations familières, l'EHS doit traiter de manière approfondie toute situation entièrement nouvelle avant de s'y confronter. C'est comme ça. Cela peut s'avérer frustrant en particulier pour des parents non sensibles, pour qui une fête surprise n'est qu'une fête, et la mer seulement la mer – quelque chose que les enfants sont censés aimer et où ils devraient se précipiter. Mais l'EHS veut vérifier et, s'il est contraint à avancer, est susceptible de protester, de ne pas aimer, voire de refuser carrément ce « plaisir ».

Il s'agit pourtant d'une qualité des EHS que les parents peuvent facilement apprécier. Il risque moins de tomber d'un arbre, de se perdre, d'être renversé par une voiture, de goûter à la cigarette, de se faire enlever ou agresser. Vous l'avez averti des dangers et il vérifie chaque situation non familière pour détecter l'éventuelle présence de ces menaces. C'est encore mieux avec les adolescents. Ils s'avèrent meilleurs conducteurs (ou bien refusent de conduire – mon fils n'a accepté d'endosser cette immense responsabilité qu'à vingt-sept ans). Ils sont prudents vis-à-vis des drogues, de la sexualité, des lois et de leurs fréquentations.

Il serait toutefois dommage que votre enfant rate certaines expériences intéressantes, à l'instar de Maria, EHS décrite au début de ce chapitre qui, adolescente, avait été invitée en Suède. Devant son refus, sa mère avait insisté pour qu'elle parte ; plus tard, sa fille l'avait appelée, ravie, de Stockholm, montrant que sa mère avait eu raison.

Il y a malgré tout des moments où les EHS ne se montrent pas si prudents. Au chapitre 1, vous avez découvert l'existence des systèmes « pause-vérification » et « action » dans le cerveau de tout un chacun. Le premier est marqué chez les EHS, mais les deux restent indépendants, si bien que chez certains individus les deux systèmes sont forts. Ces enfants se révèlent prudents, mais aussi aventuriers. Au cours du chapitre je vous ai parlé d'Ann, qui pratique la moto et le parachutisme, mais ses parents sont les seuls à savoir à quel point elle a étudié les consignes de sécurité et de combien de temps calme elle a besoin ensuite pour récupérer. Vous avez aussi fait la connaissance de Chuck, qui grimpe aux arbres comme un singe et adore le ski. Mais seule sa mère sait qu'il ne s'est jamais cassé quoi que ce soit parce qu'il a auparavant vérifié la moindre branche et la moindre piste. Comme la société admire et encourage l'esprit aventurier, souvent les parents sont les seuls à connaître cette facette prudente de leur enfant.

Nous parlerons plus avant des problèmes liés au fait de marquer une pause avant d'agir et de la manière de les résoudre aux chapitres 8 et 9. Pour le moment, voici quelques recommandations d'ordre général.

- *Gardez en tête les avantages de cette prudence, ce qui réduira votre déception lorsqu'elle paraîtra moins plaisante.*
- *Considérez-la du point de vue de votre enfant.* Vous vous êtes déjà trouvé de nombreuses fois dans cette situation, mais pas votre enfant. Vous ne remarquez plus le ravin au bord de la route ni les ombres sur le chemin. De plus, le risque est peut-être moins grand pour vous. Ces enfants ne sont pas vos futurs camarades ; comme vous êtes plus grand, les chiens, les vagues et les voitures vous paraissent moins

imposants ; vous savez depuis longtemps que ces gros avions lourds ne s'écrasent pas.

- *Soulignez les éléments familiers ou qui rappellent d'autres situations que votre enfant a maîtrisées.* « Cette réunion de famille ressemblera beaucoup à l'anniversaire de Mamie. » « La mer est comme une grande baignoire et les vagues comme celles que tu fais dans ton bain. » « Untel est là, tu l'as rencontré à l'anniversaire la semaine dernière. »
- *Avancez un pas après l'autre.* Ces étapes sont abordées au chapitre 7. Faites en sorte que chacune soit petite et facile de sorte que l'enfant puisse difficilement protester et qu'il les réussisse à coup sûr. « Tu n'es pas obligé de parler à qui que ce soit si tu n'en as pas envie. Tu peux juste venir voir et t'occuper avec ta console. » Après un temps d'observation, vous pouvez essayer de lui dire : « Je parie que si tu emmènes ton chien jusqu'aux balançoires, quelqu'un te demandera de quelle race il est. »
- *Mettez un refuge à sa disposition* (si vous pouvez le faire sans attirer l'attention de manière embarrassante sur votre enfant). « Tu pourras aller dans ta chambre dès que tu auras envie de quitter la fête. Pars juste discrètement et je te couvrirai si quelqu'un pose une question. » « J'ai dit à la maîtresse que tu auras peut-être besoin d'aller te reposer – tu n'auras qu'à la prévenir. »
- *Le succès est crucial pour que votre enfant explore à l'avenir de nouvelles situations.* N'oubliez pas que tous les EHS possèdent un « système action ». Ils ont *envie* d'explorer, tant que les risques ne semblent pas trop élevés. Aussi, soulignez tout ce qu'ils auront à gagner à explorer (sans exagérer), tout en minimisant les risques. « J'ai été impressionnée de te voir nager comme un poisson là où tu n'avais pas pied, alors que l'été dernier tu ne savais pas encore nager. La semaine prochaine, tu entres au collège et tu auras plusieurs cours différents dans la journée. Dis-toi que si tu n'aimes pas un professeur ou certains camarades, ce n'est que pour un court moment. Et puis il

y a ces deux options que tu as choisies. Tu en sais déjà suffisamment sur les ordinateurs et sur les Indiens pour enseigner toi-même. Je suis sûre qu'au collège également tu seras bien vite comme un poisson dans l'eau. »

6. La différence attire l'attention

Le sixième défi que pose le fait d'élever un EHS n'est pas tant dû à la sensibilité elle-même qu'à la manière dont les autres la considèrent. À moins que votre enfant réussisse très bien à la dissimuler, il sera vu comme quelqu'un qui ressent et remarque davantage les choses, qui marque une pause avant d'agir et repense à tout après coup. C'est un phénomène humain : lorsque nous rencontrons une personne différente appartenant notamment à un groupe minoritaire (et les personnes sensibles font partie d'une minorité), nous décidons aussitôt si elle est inférieure ou supérieure, si elle nous regarde de haut ou si c'est nous qui devons le faire. C'est ce à quoi tout enfant paraissant « différent » doit faire face.

Comme pour les cinq autres points, il existe aussi des avantages au fait d'avoir un enfant différent. Rappelez-vous notre devise : pour avoir un enfant exceptionnel, vous devez être disposé à avoir un enfant exceptionnel. Certains professeurs, pairs ou proches trouveront merveilleuses les particularités de votre enfant. Auprès d'eux, il se forgera l'estime de soi dont il aura besoin lorsqu'il se confrontera à d'autres personnes que la sensibilité impressionne moins et qui représentent la majorité dans notre société.

Dans certaines cultures, être sensible constitue pourtant un avantage, un honneur. Les peuples proches de la nature tiennent en haute estime leurs herboristes, leurs pisteurs et leurs chamans, hautement sensibles. Une étude comparant l'école élémentaire en Chine et au Canada[43] a montré que le fait d'être un enfant « sensible et discret » constituait un critère de popularité en Chine, mais d'impopularité au Canada. Peut-être les cultures anciennes possédant des traditions artistiques, philosophiques et spirituelles riches comme la Chine et l'Europe peuvent-elles se permettre de récompenser davantage la sensibilité que les « nouvelles » cultures d'immigration telles que les États-Unis, le Canada, l'Amérique latine et l'Australie, qui ont vu le succès d'hommes « virils » et de femmes « fortes » qui ne s'attardaient pas sur les risques d'une nouvelle contrée.

Si l'on y réfléchit, l'on s'aperçoit que les cultures dures, agressives, impulsives et promptes à l'exploration sont celles qui s'étendent et prennent de l'emprise sur celles qui prônent des valeurs plus pacifiques, réfléchies et sensibles – à l'aide d'une armée, d'un comportement économique agressif ou par la dissémination de sa culture. Mais c'est peut-être l'histoire du lièvre et de la tortue – les cultures et les individus qui valorisent la sensibilité seront peut-être ceux qui survivront. Ou bien, plus probablement, les civilisations qui réussiront seront celles qui combineront les deux qualités, qui équilibreront l'impulsivité avec une conscience profonde des conséquences à long terme du pillage des ressources naturelles, de l'exploitation des groupes « inférieurs » jusqu'à ce qu'ils deviennent un poids ou qu'ils prennent leur revanche, du fait de ne pas se soucier d'éduquer ses jeunes, etc. Une société dont les individus sensibles bénéficient d'autant de respect et de pouvoir que les autres ne ferait pas ces erreurs. Comme je l'ai dit plus haut, le monde a besoin de votre EHS.

Nous nous intéresserons au chapitre 5 à ce que vous pouvez faire pour permettre à votre EHS de s'assumer et le protéger des préjugés liés à la sensibilité. Mais voici déjà quelques pistes.

- *Interrogez-vous sur votre propre attitude vis-à-vis de ce trait.* Des études ont montré que presque toutes les personnes ayant grandi aux États-Unis avaient des préjugés inconscients, subliminaux, envers les personnes de couleur. Ceux qui décident de ne pas se comporter selon ces préjugés sont ceux qui dépassent de manière active cette réaction ancrée[44]. De même, si vous avez grandi dans une culture qui considère les enfants sensibles et discrets comme moins admirables, vous devez dépasser cette réaction pour le bien de votre enfant. Et cela peut se manifester de manière concrète. Des recherches ont établi que les fils « timides[45] » sont souvent les enfants que leurs mères aiment le moins (alors que les filles « timides » sont plutôt incitées à rester à la maison et à devenir proches de leur mère).
- *Parlez de ce trait avec votre enfant.* Reconnaissez les problèmes qu'il peut engendrer, mais soulignez aussi ses avantages. Certains parents ont peur de dire que leur enfant est différent. J'avais une amie américaine d'origine européenne qui avait adopté une enfant noire et quand j'ai envoyé à la petite un livre sur les afro-américains célèbres, mon amie me l'a retourné, en me disant qu'ils n'allaient pas dire à leur fille qu'elle était différente ! Comme si elle ne l'avait pas remarqué ! Ignorer la différence de votre enfant ne fonctionnera pas. Votre silence sera plus parlant encore que vos paroles.
- *Réfléchissez à ce que vous souhaiterez répondre aux remarques, notamment lorsque votre enfant pourra vous entendre.* Le fait d'avoir préparé des réponses intelligentes et étayées vous rendra presque incollable sur ce sujet, puisque la plupart des gens sont encore mal informés. Vous apprendrez à le faire au chapitre 5. Votre enfant reprendra ces réponses quand il sera seul avec d'autres personnes, mais aussi

pour contrer les autocritiques qu'il aura absorbées au contact de tiers en votre absence.

- *Quand votre enfant aura l'âge de mieux comprendre les différences culturelles et la psychologie humaine, expliquez-lui les origines et l'histoire des réactions humaines vis-à-vis de la sensibilité* – comment certaines cultures l'admirent et que dans d'autres où ce n'est pas le cas certains hommes ont si peur de révéler cet aspect d'eux-mêmes qu'ils développent une réaction bizarre face à la sensibilité. J'ai participé à plusieurs émissions où des invités de type macho ont frisé la dépression nerveuse rien que d'en parler avec moi : rires nerveux, questions inappropriées, problèmes de concentration. Peut-être avaient-ils l'impression de revivre le jour où ils sont tombés et que quelqu'un leur a crié : « Arrête de pleurer et comporte-toi comme un homme et non comme un bébé ! » Vous et votre enfant apprendrez peut-être à aimer autant que moi ces réactions exagérées qui fusent dès que l'on amène le sujet.
- *Évitez à votre enfant attention, éloges ou pitié superflus*. Il arrive que des gens trouvent extraordinaire la sensibilité même de votre enfant. Mais il n'a rien fait pour naître sensible et ne doit pas être *exagérément* félicité pour cela ni incité à se sentir supérieur. Traitez la pitié de la même manière, en sachant qu'elle est encore moins la bienvenue. Il n'y a pas à prendre en pitié un enfant pour sa sensibilité. Et même si c'était le cas, ce qui compte est ce que chacun fait des cartes qu'il reçoit.

LES JOIES QUE SEULS LES PARENTS D'EHS CONNAISSENT

Un livre comme celui-ci se consacre bien sûr pour la plus grande partie à l'identification ainsi qu'à la résolution des problèmes. Cependant ce n'est pas rendre justice à l'enfant sensible et cela ne vous prépare pas en tant que parent à reconnaître et à savourer toutes les joies qu'il vous réserve. Prenons donc un moment pour énumérer vos chances.

- *Même les problèmes ont un côté positif.* Votre EHS vous saura profondément gré de lui apporter la compréhension et l'aide dont il a besoin. Il vous fera peut-être même passer pour un saint auprès d'autres parents. Et à mesure que vous réussirez à gérer des problèmes ardus, au sein de la famille et à l'extérieur, vous et votre enfant connaîtrez des moments de profonde appréciation mutuelle. Vous partagerez des succès grisants quand votre EHS aura surmonté une peur et en sera ressorti encore plus confiant qu'un autre enfant. Un lien de camaraderie naîtra quand vous chercherez ensemble comment répondre aux taquineries ou aux préjugés.
- *Votre enfant exacerbera votre conscience* en vous ouvrant à la beauté, aux nuances, aux subtilités sociales et à des questionnements sur la vie sur lesquels vous ne vous seriez pas penché. Même si vous êtes vous-même hautement sensible, votre EHS vous offre un regard neuf et intensément réceptif sur le monde. Vous rechercherez les réponses à toutes sortes de questions, à l'extérieur de vous et en vous.
- *Tous deux aurez une relation plus profonde.* Une connexion requiert bien sûr deux personnes – à vous d'apprendre à être réceptif à ces moments où votre enfant a particulièrement envie d'être proche, aussi bien qu'à ceux où il a besoin de séparation.
- *Votre enfant est attentif à vous, autant à ce qui vous est conscient qu'inconscient, ce qui vous obligera à être plus à l'écoute de vous-même.* « Maman, pourquoi as-tu dit à cette dame que tu l'apprécies alors que tu m'as

dit que tu ne l'aimais pas ? » « Papa, tu m'as dit que tu étais épuisé, mais tu passes le balai. »

- *En grandissant, un EHS deviendra capable d'une étonnante profondeur de sentiments* et de plaisir devant tous les styles de beauté décelables dans les mondes extérieur et intérieur. Il saura peut-être même les exprimer d'une façon qui permette aux autres de voir les trésors qu'il aura su y puiser.
- *Grâce à votre rôle de parent, la contribution de votre EHS au monde sera exceptionnelle*, que ce soit depuis les coulisses ou directement sur la scène. Les personnes sensibles étant capables d'une observation et d'une réflexion fines, elles forment traditionnellement les rangs des inventeurs, des législateurs, des soignants, des historiens, des scientifiques, des artistes, des enseignants, des psychologues et des guides spirituels. Elles conseillent les dirigeants et les militaires, sont les visionnaires et les prophètes. Au sein de leur communauté, elles mènent souvent l'opinion, les gens les consultent pour savoir comment voter ou résoudre un problème familial. Elles font des parents et des partenaires extraordinaires. Elles sont compatissantes et ont un profond intérêt pour la justice sociale et l'environnement.

Je suis certaine que vous pourrez continuer cette liste avec les joies que votre EHS vous apporte personnellement. Elle est plutôt longue, n'est-ce pas ? Gardez donc notre devise en tête : pour avoir un enfant exceptionnel, vous devez être disposé à avoir un enfant exceptionnel. Préparons-nous donc.

Chapitre 3

Si vous, parent, n'êtes pas hautement sensible

Des avantages insoupçonnés

Ce chapitre est destiné aux parents sensibles autant qu'aux parents non sensibles. Commencez par vous tester vous-même afin de déceler une éventuelle haute sensibilité (vous aborderez aussi un autre trait de tempérament important que vous et votre enfant présentez peut-être, à savoir une forte tendance à rechercher la nouveauté). Puis, nous nous concentrerons sur les avantages et sur les problèmes que vous serez susceptible de rencontrer avec votre EHS si vous-même (ou votre conjoint ou les autres adultes qui s'occupent de votre enfant) n'êtes pas aussi sensible – avec une multitude de suggestions pour surmonter les difficultés. (Le chapitre 4 aborde les bons côtés et les soucis auxquels vous attendre si vous êtes hautement sensible.)

LA HAUTE SENSIBILITÉ ET VOUS, MAMAN ET PAPA

Bien que la haute sensibilité soit un trait héréditaire, il est tout à fait possible que l'un des parents d'un EHS, ou les deux, ne soit pas lui-même hautement sensible. (Un parent proche l'est probablement ; celui-ci et votre enfant partagent peut-être même certaines caractéristiques physiques.) Pour savoir si vous l'êtes, *réalisez maintenant le test qui se trouve à la fin de ce chapitre.*

Il est important que tous les parents lisent ce chapitre, car même des parents hautement sensibles ne sont pas toujours sensibles de la même manière ni au même degré que leur enfant. Ce chapitre vous aidera également à conseiller les personnes non sensibles présentes dans l'entourage de votre enfant. Et vous aurez évidemment intérêt à le lire si vous venez seulement de découvrir que vous êtes vous-même hautement sensible, dans la mesure où jusqu'à maintenant vous avez pu adopter le point de vue d'un parent non sensible, à l'instar de Sharon au chapitre précédent.

(Remarque : par souci de brièveté, je dirai souvent « non sensible » au lieu de « qui n'est pas hautement sensible », ce qui en aucun cas ne signifie « insensible ». J'entends ce terme de façon tout à fait technique comme voulant dire « qui ne présente pas ce trait inné particulier ».)

REMARQUE À L'ATTENTION DES PÈRES

Il est particulièrement important que les pères lisent ce chapitre, qu'ils soient hautement sensibles ou non, car dans notre culture, ils sont davantage susceptibles d'avoir adopté la perspective d'un parent non sensible. En effet, notre société a tendance à associer masculinité et insensibilité, le fait de ne pas remarquer les subtilités et de se « comporter en homme » quel que soit le niveau de stimulation, de stress, de douleur, alors même qu'autant d'hommes que de femmes naissent hautement sensibles. (D'ailleurs, si vous obtenez un résultat moyen au test, il est possible que vous soyez malgré tout hautement sensible.) D'après mes recherches, le rôle du père s'avère étonnamment important dans l'adaptation des EHS, dans la mesure où ce sont traditionnellement eux qui apprennent à leurs enfants à se débrouiller dans le monde.

HAUTE SENSIBILITÉ ET RECHERCHE DE LA NOUVEAUTÉ

Le goût prononcé pour la nouveauté est l'expression d'un « système action » très fort (voir le chapitre 1). Les personnes concernées apprécient généralement les sensations fortes, s'ennuient facilement de voir « toujours les mêmes têtes » et adorent explorer. (Selon les termes de Thomas et Chess, ils « ont l'abord très facile ».) Ainsi, ils préfèrent se rendre dans un nouvel endroit plutôt que de revenir dans un lieu connu et, s'ils voyagent, plus le pays est dépaysant, mieux c'est. Ils ont souvent goûté aux drogues à un moment de leur vie et n'apprécient pas la routine.

Comme je l'ai dit plus tôt, il est possible d'être hautement sensible et de présenter également ce trait de façon marquée. Mais même si vous associez les deux, le trait de recherche de nouveauté aura sur vous des effets qui vous assimileront à un parent non sensible. Le fait est qu'un chercheur de nouveauté et une personne non sensible se confrontent tous deux plus volontiers à de nouvelles situations en comparaison à leur EHS, bien que pour des raisons différentes. Le premier parce qu'il a envie de nouvelles expériences, le second simplement parce qu'il ne se préoccupe pas de marquer une pause-vérification.

Malgré les similitudes, une situation exige d'aborder la recherche de nouveauté séparément : lorsque vous et votre enfant êtes tous deux à la fois hautement sensibles et grands chercheurs de nouveauté. (Je n'ai pas étudié suffisamment la recherche de nouveauté pour proposer un test adapté aux enfants, mais je pense que vous êtes à même de l'évaluer de façon relativement juste.)

Le problème des personnes comme vous est qu'elles s'ennuient rapidement, aspirant sans cesse à de nouvelles expériences, tout en étant facilement dépassées. La fourchette du niveau d'excitation optimal est très étroite. Vous frisez l'autodestruction en vous organisant une journée, voire un style de vie complet qui vous submerge avant de finir épuisé, bouleversé et même malade. Lorsque vous échouez en permanence à contenir votre soif de nouveauté, votre sensibilité tout aussi intense ouvre la porte à des maladies chroniques. Et, bien sûr, notre société ne fait que vous inciter à satisfaire cette recherche de nouveauté. Ainsi, les grandes entreprises demandent souvent à leurs managers de parcourir le monde à des fins professionnelles, ou les y invitent. Les chercheurs de nouveauté apprécient ces voyages et la possibilité de découvrir de nouveaux lieux. Néanmoins, s'ils sont hautement sensibles, c'est une cause d'épuisement.

Si je vous explique tout cela, c'est parce qu'il vous incombe de trouver comment gérer ces deux traits que vous présentez, puis d'apprendre à votre enfant à le faire. (Puisque cet ouvrage n'est pas consacré à ce sujet, je vous renvoie au volume 4, numéros 2 et 3 de *The Comfort Zone*, une lettre d'information destinée aux personnes hautement sensibles – voir les Ressources.)

QUAND VOUS ET VOTRE ENFANT PRÉSENTEZ DES TEMPÉRAMENTS TOUT À FAIT DIFFÉRENTS

Si vous tendez complètement dans un sens (vous êtes un chercheur de nouveauté non sensible peut-être également extraverti) et votre enfant dans l'autre (EHS, non chercheur de nouveauté et éventuellement aussi introverti), il existe une différence notable entre vous. Tout ce qui suit vous sera d'une importance cruciale.

Tout d'abord, rassurez-vous, des parents non sensibles peuvent s'entendre à merveille avec un enfant sensible. Au chapitre 2, j'ai parlé de la « compatibilité » et ai souligné le fait que cela n'implique pas du tout qu'ils doivent avoir le même tempérament ; nous verrons même des cas où des tempéraments différents constituent un avantage. Une bonne compatibilité signifie que certains environnements – cultures, familles et parents – acceptent particulièrement bien un tempérament donné. Si des parents se rendent compte que la compatibilité a fait défaut jusque-là, ils peuvent s'adapter.

Mais pour s'adapter, il faut d'abord prendre conscience de la nécessité de le faire. En tant que non-sensible, vous avez l'habitude des enfants qui sont comme vous et comme la majorité des enfants – 80 % des gens en réalité. La première grande étape consiste donc à accepter la réalité de cette différence entre vous et votre enfant, le fait qu'elle ne soit pas un prétexte ni une manipulation de sa part, ni une défaillance dans votre rôle de parent à vous ou à votre conjoint.

L'un des points essentiels pour accepter votre enfant consiste à mettre le doigt sur tout ce que vous appréciez dans le fait de présenter une haute sensibilité. Toutefois, plus important encore, il faut aussi admettre toutes les choses que vous trouvez étranges, frustrantes et décevantes ; toutes les expériences que vous ne vivrez pas en tant que parent ou ne verrez pas chez votre enfant à cause de cette sensibilité. Il faut en faire votre deuil. Vous n'enverrez sans doute jamais cet enfant en colonie de vacances, ne le verrez jamais capitaine d'équipe, ni n'entendrez le téléphone sonner sans arrêt pour des invitations à des fêtes, ni ne le verrez immédiatement joyeux et spontané dans un nouveau cadre. Ces choses arriveront pour certains EHS, mais pas chez d'autres. Jamais. Mais il y aura d'autres joies. Cela fait partie du « paquet » ; il convient d'accepter que certaines choses ne soient pas incluses. Aucune personne, aucune personnalité, aucune vie ne peut tout avoir.

Ce n'est que lorsque vous aurez accepté et fait le deuil de ces limites que vous pourrez vous consacrer entièrement à la résolution des problèmes et commencer à élaborer vos propres solutions. Avant cela, toute suggestion se verra opposer un « oui, mais » : « Oui, mais il refuse toujours » ou « Oui, mais c'est compliqué pour moi ». Une partie de vous continuera de résister, à ne pas véritablement accepter les différences de votre enfant. (Si tout cela vous est difficile, je vous recommande de lire également le chapitre sur les relations entre les personnes hautement sensibles et non sensibles dans mon troisième ouvrage *The Highly Sensitive Person in Love* – la relation parent-enfant est, après tout, une relation d'amour.)

Il est toujours précieux de savoir que l'on n'est pas seul, aussi revenons au cas de Randall, ce brillant enfant de neuf ans dont vous avez fait la connaissance au chapitre 1, qui a peu d'amis parce qu'il n'aime pas aller chez les gens. J'ai aussi mentionné le fait qu'il aimait le base-ball. Toutefois, il ne supporte pas d'avoir un entraîneur qu'il ne connaît pas, si bien que sa mère est devenue entraîneuse. Quelle mère !

Celle-ci, Marilyn, est une femme non sensible qui a appris ce qu'est la compatibilité : ce fut difficile, mais elle a maintenant compris ce dont il s'agit.

« On ne dorlote pas les garçons »

Marilyn est une femme qui va « droit au but », son mari non. Son fils Randall s'est révélé sensible dès la naissance et tient cela de son père. Bébé, il n'acceptait de manger que quelques aliments. Petit, il restait en retrait et observait avant de s'approcher. Marilyn ayant un travail prenant, Randall a été confié à une nourrice qu'il adorait, si bien que durant ses premières années tout s'est passé de manière fluide et sans heurts. « Bébé, il ne pleurait jamais », explique sa mère.

Puis Marilyn s'est dit qu'il était assez grand pour participer à des ateliers de jeux. Elle rentrait à quatorze heures et il était heureux jusqu'à ce qu'ils partent pour ces séances. Il se mettait alors à paniquer et à crier, en insistant pour qu'elle reste avec lui. Il refusait aussi d'aller jouer chez quelqu'un à moins qu'elle ne vienne aussi. Il détestait les fêtes d'anniversaire sauf s'il était le premier arrivé, mais même dans ce cas Marilyn devait revenir le chercher tôt.

Ce qui fut particulièrement difficile pour Marilyn était le fait que Randall n'aimait pas qu'on l'embrasse ou qu'on le prenne dans les bras. C'était un enfant aimant, mais il ne supportait simplement pas cette proximité. Imaginez la déception pour sa mère, ainsi que pour ses grands-parents dont Randall était le premier petit-fils. Était-il « normal » ? Elle s'en est tant inquiétée qu'avec le recul elle s'aperçoit qu'elle a tout fait pour nier toute différence de personnalité entre son fils et elle.

C'est l'entrée de son garçon à l'école maternelle qui a fait éclater ce déni et lui a apporté la réponse. Ayant pressenti que cela serait difficile, elle y était allée régulièrement avec son fils pendant un an avant sa rentrée. Le premier jour, il était malgré tout terrifié, de même que les jours suivants. À cette époque, Marilyn a décidé de passer à mi-temps pour pouvoir l'emmener elle-même à l'école, contre l'avis de ses proches pensant qu'elle en faisait trop. Il a fallu encore six mois avant que Randall ne prononce un mot en classe. Que se passait-il ?

Heureusement, l'enseignante, Mme Peterson, savait. Elle comprenait les enfants sensibles, en ayant été un elle-même et en ayant vu des dizaines dans sa classe au fil des années. Elle laissa Randall prendre son temps et expliqua à Marilyn le comportement de son fils – qu'il était tout à fait normal, mais qu'il avait besoin de plus de temps et qu'il se trouvait facilement submergé par les bruits, les inconnus et les choses inattendues. Surtout, voyant la façon d'être de Marilyn, qu'il fallait qu'elle tienne compte de l'anxiété de son fils, qu'elle l'accepte et ne le pousse pas autant.

Ce n'est qu'à la fin de l'année que Randall s'est détendu en classe. Il est maintenant en CM1 et aime l'école (grâce notamment à Mme Peterson). Il sait à quoi s'attendre et, comme il fait si bien ce qu'on attend de lui, les enseignants l'adorent. (Les professeurs ont un rôle déterminant pour les EHS ; vous en saurez plus sur la manière de trouver les bons au chapitre 8.)

Comment cela se passe-t-il maintenant ? Marilyn dit de lui qu'il est un « merveilleux enfant ». D'après elle, il éprouve un grand soulagement à se comprendre lui-même. Il peut lui dire ce dont il a besoin et elle l'écoute et le soutient. Il a appris de sa mère (et de son année auprès de Mme Peterson) qu'il n'y a rien de mal à préférer rester à la maison et lire. Il est amical et sociable à l'école, mais ne souhaite pas d'autres activités extrascolaires.

De plus, Marilyn a beaucoup à dire au sujet de sa propre transformation en tant que parent. Elle pensait qu'il était de son devoir de pousser son fils, de le faire surmonter ses peurs. Particulièrement avec un garçon, elle croyait que le dorloter ne ferait qu'encourager son « défaut ». Elle a maintenant conscience qu'elle était sur la mauvaise voie. Son rôle est de comprendre, de protéger et d'encourager, tout en restant attachée à ses propres exigences en termes de politesse.

Ainsi, elle explique à la famille que Randall préfère serrer la main plutôt que de s'embrasser et de se serrer dans les bras, mais elle insiste sur la poignée de main accompagnée d'une formule de politesse pour répondre aux témoignages d'affection. Ils sont parvenus ensemble à cette solution.

Avec le recul, Marilyn s'inquiète toujours du fait que l'avoir poussé quand il était petit a pu accroître son sentiment de panique quand il est entré à l'école. « Comme je n'étais pas moi-même hautement sensible, nous étions souvent en désaccord, stressés », se souvient-elle. Mais ils sont tous les deux sur la bonne voie maintenant, et c'est là le plus important. « Je lui rappelle qu'il peut encore m'arriver de le mettre dans des situations qui l'inconfortent, mais que j'essaie de faire les meilleurs choix et que je suis disposée à tenir compte de son point de vue. Je l'écoute plus que jamais, et honnêtement, il a rarement tort. »

Une autre remarque pour les pères hautement sensibles : selon Marilyn, le père de Randall a le même tempérament que lui. Je n'ai pas parlé avec lui, mais je me demande où il était quand sa femme insistait pour endurcir leur garçon. Il semble néanmoins présent maintenant – il lui enseigne le golf, par exemple. (Le golf est un sport qui convient bien aux EHS : il s'agit de peser un grand nombre de facteurs subtils, puis de taper une fois, correctement.) Marilyn admet qu'elle aurait voulu le voir briller dans un sport d'équipe, mais c'est l'un des domaines dans lesquels elle a appris à écouter les préférences de son fils.

Si vous n'êtes pas hautement sensible – les nombreux avantages pour votre EHS

N'oublions pas les bénéfices que Randall a pu retirer du fait que sa mère n'était pas hautement sensible elle-même, ni ceux dont votre EHS profite en raison de votre non-sensibilité.

1. ***Vous proposez davantage d'aventure à votre enfant !*** Marilyn a fait participer Randall à des activités qu'il n'aurait pas essayées. Il s'est avéré qu'il apprécie un sport d'équipe, le base-ball. (Ce sport d'équipe convient bien aux EHS, moins rapide que le foot ou le basket, moins brutal, il comporte plus de subtilités. Dans notre société, jouer à un sport d'équipe est devenu une quasi-nécessité pour être accepté, notamment par les autres garçons.)

Qu'il s'agisse du sport ou d'autres choses, les parents non sensibles conduisent leurs EHS dans de nouveaux univers, les poussent à tenter de nouvelles choses, à vivre des aventures. Si l'enfant le supporte et réussit ne serait-ce qu'un peu, il essaiera plus volontiers, voire aura envie de tenter d'autres activités. Tout parent devrait encourager, gentiment et parfois plus vigoureusement, son EHS à s'aventurer sur de nouveaux terrains. Quand il faut pousser davantage, un parent non sensible osera plus souvent le faire.

2. ***Vous fournissez un ancrage et un équilibre.*** Quand votre enfant « pique une crise », submergé par la peur, la colère, la tristesse ou toute autre émotion, vous les ressentirez moins et serez à même de le calmer et de « contenir » ses réactions (comme décrit au chapitre 2) – à condition que vous compreniez sa sensibilité et ne soyez pas furieux de sa « sur-réaction ». Votre calme sera communicatif; votre enfant apprendra la réponse émotionnelle à apporter à ce genre de situation et l'adoptera en partie ou entièrement lorsque cette situation se représentera.

3. ***Vous défendrez et protégerez votre enfant plus aisément qu'une personne plus sensible.*** Marilyn a pris la défense de Randall quand ses grands-parents ont voulu l'embrasser. Au chapitre 8, je vous expliquerai comment elle a réagi face à un cas de rudoiement (pas en s'interposant de manière brutale, mais d'une manière beaucoup plus créative). Un parent hautement sensible se serait peut-être effacé, souhaitant éviter l'intense stimulation d'une confrontation. Un parent sensible n'ayant pas reçu de soutien durant son enfance et ayant connu de nombreuses expériences similaires (des grands-mères insistant pour embrasser ou des harceleurs prompts à distribuer des coups) pourra avoir tendance à insinuer qu'il faudra que l'enfant accepte cette situation.

4. ***Vous n'hésitez sans doute pas à exprimer ce que vous avez à l'esprit.*** Ce type de « commentaires constants » donne à l'EHS un aperçu de la manière dont un adulte réfléchit et gère les problèmes. Cela signifie

aussi que l'enfant ne s'inquiétera pas de voir son parent silencieux, taire le fait qu'il puisse être fâché ou contrarié.

Quand le parent non sensible doit se montrer très prudent :

1. ***Vous peinez à croire que votre enfant puisse avoir une expérience différente du monde.*** Il est toujours difficile d'accepter la perception d'autrui quand la sienne est si différente. Vous pensez que « personne ne peut sentir cela » et recherchez peut-être des explications qui seraient plausibles pour votre cas – par exemple, quand votre EHS se plaint, vous pensez qu'il fait semblant ou qu'il souhaite seulement attirer l'attention.

2. ***Vous perdez souvent patience.*** Pour vous, qui parlez ou agissez sans marquer de pause préalable, la patience sera un véritable défi, mais une bonne habitude à développer.

3. ***Vos paroles sont trop fortes.*** Par cela, je ne parle pas seulement du niveau sonore de votre voix, mais aussi de la force des mots que vous choisissez. Chacun a tendance à formuler ses pensées avec la même intensité que celle avec laquelle il saisit les pensées d'autrui. Un EHS a tendance à communiquer avec des allusions, des gestes, des regards, des nuances et le ton de sa voix. Vous aurez tendance à vous exprimer de manière plus brutale, voire de façon dure, selon les critères de votre enfant. Si vous parlez de cette façon avec votre enfant – et vous le ferez souvent, vous ne pouvez pas vous en empêcher –, il entendra une expression tout à fait différente de ce que vous souhaitiez dire ou de ce dont il a besoin. Notamment vos critiques ou vos mécontentements, mais aussi vos suggestions – il prendra tout cela trop à cœur. Votre enfant sera si alarmé par votre expression qu'il n'entendra même pas le contenu. Ou bien vous aurez *trop* d'influence et votre enfant sera incapable d'entendre ou d'exprimer ses propres pensées.

Quand les EHS expriment leurs sentiments profonds, ils ont à ce moment particulièrement besoin que vous leur parliez gentiment, comme si tous deux manipuliez de petites créatures pêchées au fond de l'océan qui ne seraient pas habituées à la lumière vive.

4. ***Vous trouvez peut-être parfois votre enfant ennuyeux.*** Certes, les EHS ont des idées étranges, profondes et souvent pleines d'humour, mais ils aiment aussi la tranquillité. Ils peuvent mettre une éternité à dire ce qu'ils ont en tête. Vous faites un long voyage ? Ne comptez pas sur une conversation non-stop. Il aura peut-être envie de regarder par la fenêtre ou de lire. Ou bien il vous divertira ou essaiera de nouvelles choses, sachant que vous vous ennuyez vite, mais il a *besoin* de temps calme. Et cela peut s'avérer assez long d'attendre qu'un EHS se relance dans quelque chose de nouveau.

5. ***Vous pouvez vous sentir rejeté parce que votre enfant ne veut pas être davantage avec vous ou ne souhaite pas de contact physique.*** On prend facilement ces réactions pour des signes indiquant que l'enfant ne nous aime pas. De plus, notamment quand ils sont plus grands, ils se montrent parfois beaucoup plus amicaux avec d'autres qu'avec nous. Mais c'est généralement parce que l'enfant se sent obligé de se comporter ainsi avec autrui, alors qu'il vous aime et vous fait assez confiance pour être lui-même en votre présence.

6. ***Vous profitez peut-être involontairement de la sensibilité de votre enfant.*** Il est facile de demander à un enfant sensible d'attendre, d'être gentil, d'écouter vos problèmes et de faire ce dont vous avez besoin. Il essaie généralement de vous satisfaire. Mais c'est injuste ou préjudiciable si vous demandez moins à d'autres membres de la famille ou si vous leur confiez moins vos problèmes parce que votre EHS est « gentil, serviable, sage et mûr ».

Ce que vous pouvez faire pour améliorer votre compatibilité

1. *Si vous avez du mal à croire que votre enfant puisse avoir une autre expérience du monde :*

- *Faites tout votre possible pour comprendre son ressenti.* Demandez-lui comment il perçoit les situations. Pensez à des analogies susceptibles de vous aider : par exemple, une étiquette de vêtement qui gêne dans le cou est aussi désagréable qu'une réaction allergique. Rapprochez-vous d'adultes hautement sensibles et demandez-leur de vous raconter leurs expériences actuelles et en tant qu'enfants. Parlez avec d'autres parents d'EHS, eux-mêmes sensibles ou non, et voyez comment ils perçoivent et gèrent différentes situations.
- *Envisagez de consulter un psychologue spécialisé en tempérament* (voir Ressources), une aide précieuse.
- *Si l'enseignant de votre enfant a de l'expérience et se montre compréhensif, demandez-lui comment votre enfant se comporte* avec les autres et comment lui-même perçoit et gère les enfants comme lui. Les enseignants rencontrent un très grand nombre d'enfants et peuvent souvent fournir beaucoup d'informations précieuses.
- *N'expliquez pas un comportement par une plus grande familiarité, une maturité, une raison plus complexe ou machiavélique* simplement parce que c'est quelque chose que vous ne ressentez pas vous-même. Il est toujours *possible* qu'il soit à ce moment-là peureux, paresseux, distant, associable, exagérément sensible, provocateur, pleurnichard ou qu'il ait juste envie de vous faire sortir de vos gonds, mais assurez-vous que c'est vraiment le cas avant de réagir.
- *N'espérez pas que votre enfant aime ce que vous aimiez étant petit.* Et ne soyez pas déçu parce que vous imaginez « qu'il rate quelque chose ».
- *Ne le poussez pas trop.* C'est un point difficile. Il arrive qu'il faille le pousser, mais seulement si vous pensez vraiment que votre enfant le regretterait si vous ne le faisiez pas, comme Estelle (au chapitre 2)

a insisté pour que sa fille Maria aille en Suède. Voyez au chapitre 8 comment pousser doucement votre enfant vers le monde, par étapes.

- *Ne vantez pas votre propre enfance au point que votre EHS se sente envieux ou inférieur.* Pour donner envie à votre EHS de partir en colonie de vacances ou de jouer au foot, vous risquez d'en dépeindre une image si merveilleuse qu'il se sentira mal. Votre enfance a été fantastique, débordante, audacieuse et *normale*. La société va contribuer elle aussi à lui donner l'impression que l'enfance doit être comme elle est représentée dans les publicités, les films et les livres pour enfants. Gardez à l'esprit que votre enfant connaîtra d'autres joies, peut-être plus intenses, mais d'une autre nature.

2. *Quand vous perdez patience :*

- *Travaillez ce point !* La patience est nécessaire lorsque l'on élève un EHS. Mettez en place des stratégies comme compter jusqu'à dix ou vous isoler vous-même un instant dans une autre pièce pour évacuer votre frustration.
- *Si vous posez une question, n'attendez pas la réponse avec impatience.* Si vous ne savez pas si votre enfant va répondre, demandez-lui s'il y réfléchit toujours. Manifester votre impatience, bien que cela puisse paraître naturel, ne fera qu'allonger le temps dont votre enfant a besoin avant de parler.
- *Si vous demandez à votre EHS de prendre une décision, accordez-lui suffisamment de temps pour le faire.* Si vous n'avez pas le temps d'attendre une décision ou que vous ne pouvez pas être assez patient, ne demandez pas.
- *Si vous voulez que votre enfant essaie quelque chose de nouveau, préparez-vous à ce qu'il s'y mette lentement*, étape par étape (voir également le chapitre 8). Si le temps manque ou si vous n'êtes pas d'humeur, ne suggérez pas de nouvelle activité.

- *Réfrénez l'impatience que vous cause le fait de devoir fournir plus de sécurité physique que vous n'en aviez besoin ou par rapport à d'autres enfants du même âge.* Les EHS ne peuvent pas ne pas entendre parler d'incendies, de cambriolages ou de meurtres. Ils ont probablement déjà connu l'affreuse angoisse de manquer de rater quelque chose à cause d'un retard imprévu. Ils ne peuvent pas s'empêcher d'imaginer les conséquences de ce type de choses. Cela vous ennuiera sans doute de devoir revérifier si les portes sont bien fermées le soir ou de partir particulièrement tôt pour aller au cinéma, mais prévenir de possibles problèmes avant qu'ils ne surviennent ne pourra que vous détendre tous les deux. (Plus de détails sur la façon de gérer les peurs au chapitre 7.)

3. ***Soyez conscient de la « force » de vos paroles :***
- *Modérez-vous toujours lorsque vous parlez à votre EHS.* Essayez d'inciter les autres membres non sensibles de la famille à faire de même. Évitez les questions brutales qui pourraient être prises pour des critiques, comme « Pourquoi tu as fait ça ? ».
- *Évitez les plaisanteries à son sujet, qui pourraient être mal comprises.* Les taquineries vexent profondément la plupart des EHS, probablement parce qu'ils y perçoivent (ou craignent) une hostilité ou une supériorité sous-jacentes dont le locuteur peut n'avoir pas même conscience.
- *Si votre enfant doit être repris, commencez par un volume bas – cela suffit généralement.* N'utilisez pas la colère, ne menacez pas de lui retirer votre amour ou autre chose (plus sur ce sujet au chapitre 5). Même un temps d'isolement peut être excessif, une simple remarque peut suffire.
- *Ne faites pas de prédictions funestes quant aux conséquences possibles si votre enfant n'obéit pas.* Ne dites pas : « Pourquoi est-ce que tu as cueilli ces feuilles alors que je t'ai dit de ne pas le faire ? Si tu manges des feuilles de laurier-rose, tu peux en mourir. » Cela ne fera que

lui inspirer de la peur. Avec un EHS, une instruction assortie d'une explication sans menace suffit généralement. « Tu vois cette plante ? C'est un laurier-rose. Les fleurs sont belles, mais ne mange jamais les feuilles ni les fleurs – elles ne sont pas bonnes à manger. Je t'ai demandé de ne ramasser aucune sorte de feuilles parce que tu ne sais pas encore faire la différence entre les types de plantes. Il ne faut pas que ce qu'il y a dans les feuilles de plantes comme le laurier-rose se mette sur tes mains, puis sur ce que tu manges. »

- *Faites attention aux pensées que vous exprimez tout haut.* Les exprimer peut s'avérer très utile s'il s'agit de pensées rassurantes – elles évitent que votre enfant pense que vous êtes en colère ou contrarié –, mais ne faites pas part de vos frustrations ou de vos préoccupations quand ce n'est pas nécessaire – votre enfant ressentira ces sentiments négatifs encore plus fort.
- *Faites attention à ne pas tellement parler que votre enfant en reste muet, incapable de penser quoi dire aussi vite que vous.* Vous avez peut-être tendance à réagir (ou à parler) d'abord et à observer ensuite. Votre enfant réfléchit à ce que vous avez dit et à ce qu'il va répondre, alors que vous avez peut-être déjà changé de sujet. Laissez des silences.
- *Quand vous parlez des pensées ou des émotions les plus profondes de votre EHS, adoptez le ton le plus gentil, respectueux et calme possible.* S'il amène un sujet à un moment où vous savez que vous pouvez être distrait, demandez-lui d'attendre que vous puissiez être totalement présent. Si vous répondez à la va-vite ou en ayant la tête ailleurs, votre enfant risque de croire que vous être trop désinvolte et superficiel pour faire un bon confident. (De nombreux adultes sensibles me disent que personne ne les comprenait quand ils étaient enfants. Je me demande si certains proches n'étaient pas disposés à les comprendre mais n'étaient pas écoutés parce que leurs premières réponses avaient été mal perçues.)

- Ainsi, si votre enfant vous raconte qu'il a vu un ange, ne l'interrompez pas en lui demandant de retirer ses pieds de la table basse. De nombreux parents le font ! C'est un moyen rapide de se débarrasser d'une telle conversation – et de faire disparaître les anges par la même occasion.

4. *Pour éviter de vous ennuyer :*

- *Attendez-vous à risquer de vous ennuyer plus vite sur une activité que votre enfant.* Apportez quelque chose à faire le temps que votre enfant termine. Il lui a peut-être fallu longtemps pour s'habituer à l'eau et maintenant il s'y plaît. Comme l'a dit un parent, « Il commence seulement à apprécier les activités d'éveil quand il est l'heure de partir. ».
- *Entraînez-vous de nouveau à la patience* le temps que votre EHS agisse ou réponde. C'est bon pour votre tension.
- *Prévoyez un lecteur CD ou une radio avec des écouteurs* lors des longs trajets en voiture ou autres moments où vous serez seuls ensemble dans un même lieu. Invitez-le à vous interrompre s'il a quelque chose à dire et soyez alors réceptif. Adressez-lui une remarque de temps à autre pour voir s'il est prêt à entamer une conversation.
- *Avant d'interrompre le contact, demandez explicitement à votre enfant s'il souhaite parler ou faire quelque chose avec vous*, en lui indiquant que ce serait votre préférence (si c'est le cas), mais que rester seul vous convient aussi. Votre enfant a peut-être seulement besoin d'être encouragé ou d'avoir un sujet de conversation et a vraiment besoin de savoir que vous appréciez sa compagnie.

5. *Si vous vous sentez rejeté quand votre enfant souhaite être seul ou ne veut pas qu'on le touche :*

- *Comprenez que votre enfant a simplement besoin d'intimité, de tranquillité et de temps calmes.* N'en faites pas une affaire personnelle et n'essayez pas de le convaincre de renoncer à ces moments, même si vous pensez qu'il rate des choses. Ces besoins sont plus forts que les vôtres, aussi efforcez-vous de ne pas vous sentir exclu, de ne pas vous montrer critique ni même surpris.
- *Au lieu de croire qu'il ne vous prête pas attention, considérez-vous comme le protecteur très apprécié de votre enfant.* Il vous faut parfois le protéger de votre propre besoin de stimulation, de votre capacité à travailler dur, voyager beaucoup et jouer à des jeux animés. Paradoxalement, cela peut vous rapprocher dans la mesure où vous vous comprendrez mutuellement mieux que d'autres personnes. D'autres souhaiteront aussi que votre EHS leur accorde du temps, mais vous pouvez l'aider en expliquant pourquoi il ne reste pas très longtemps à la réunion de famille ou qu'il ne vient pas au mariage. Souvenez-vous du bonheur que cela procure à Marilyn de savoir qu'elle est la seule à vraiment comprendre son fils.
- *Quand vous faites des choses ensemble, trouvez du plaisir en tant que parent à satisfaire les besoins de votre enfant.* Il est agréable de s'occuper d'un enfant sensible, de lui offrir une routine et le repos dont il a besoin pour s'épanouir, même si vous n'en avez pas besoin vous-même. Avez-vous l'impression que votre enfant n'a pas besoin de ce type d'attention lorsqu'il est avec vous ? Observez. Souvent, si l'enfant sent qu'un parent n'apprécie pas de faire ces ajustements, il tente de s'en priver, mais il peut survenir des problèmes apparemment sans lien, comme le fait de tomber malade en vacances, de faire des cauchemars ou de développer des troubles du sommeil. Votre enfant sera plus heureux, et plus heureux avec vous, si vous êtes plus attentif à ses besoins.

- *Apprenez à décoder les signes indiquant que votre enfant se fatigue ou est surstimulé et arrêtez* – avant qu'il n'atteigne le point de crise et ne veuille plus vous voir ! (Voir les signes au chapitre 6.) Ils surviennent généralement bien avant que vous-même ne ressentiez de la fatigue, aussi prêtez attention à cela. Ainsi, au lieu que votre enfant vous « rejette », ce sera vous qui mettrez un terme à la situation.
- *N'essayez pas de soutirer des informations à votre EHS* – même si vous réussissez, il se sentira agressé. Soyez ouvert pour discuter, montrez votre intérêt, mais sans insister. Avec mon fils, le moment du coucher était souvent celui où les digues s'ouvraient. Si cela lui permettait d'éteindre plus tard, il racontait volontiers ce qui lui était arrivé à l'école et parlait de tout. Retarder ainsi le coucher n'est sans doute pas une bonne habitude, mais j'appréciais le fait que cela apaise mes inquiétudes (à propos du fait qu'il puisse garder des soucis pour lui), aussi je crois que nous dormions tous les deux mieux après qu'il s'était épanché.
- *Si votre enfant n'apprécie pas les marques d'affection physiques, la proximité ni les conversations, continuez d'aller vers lui gentiment, sans le juger.* Essayez d'autres méthodes : une gentille tape sur l'épaule sera peut-être plus appréciée qu'un câlin. Réaliser ensemble un projet particulier s'avérera probablement plus facile qu'une discussion. La proximité est une manière normale d'exprimer son amour, et votre enfant peut en aimer l'idée sans la mettre en pratique. Il aura aussi besoin d'apprendre à apprécier ces approches quand elles viendront d'autres personnes.
- *Demandez d'abord : « Un petit câlin ? » « On se donne la main en marchant ? » « Je te fais un bisou pour te dire bonne nuit ? »* Ainsi, vous ne le prenez pas par surprise. Prenez un « non » comme son droit, de façon neutre, et un « oui » sans trop d'exubérance. Je n'oublie pas que c'est particulièrement difficile pour les parents qui n'ont pas vu leur enfant de la journée. De nombreux parents constatent qu'une fois qu'ils ont

pris l'habitude de demander d'abord, leur EHS se révèle bien plus ouvert aux marques d'affection, aussitôt ou peu de temps après.

- *Essayez d'attendre que votre enfant soit plus détendu.* La surstimulation est peut-être ce qui pose problème, notamment lorsque vous vous retrouvez après sa journée d'école et votre journée de travail. Son rejet est le signe qu'il vous confie son problème d'excès de fatigue.
- *Incitez votre enfant à exprimer son affection d'autres manières quand il en a envie*, par exemple par de petits mots ou des cadeaux. Recevez-les avec reconnaissance.
- *Ne renoncez pas aux contacts physiques.* Faites seulement en sorte qu'ils soient légers et brefs. Se tenir la main peut suffire. Laissez cela se produire par hasard durant un jeu calme ou un jeu « pour faire semblant ». Demandez à votre enfant ce qu'il aime et ce qu'il n'aime pas.
- *Si vous et votre enfant êtes de sexe différent, demandez-vous s'il peut être en âge d'être sujet à des questionnements sexuels, fondés sur des informations vraies ou fausses, ou simplement des sentiments sexuels effrayants.* La question des enfants et de la sexualité est un sujet délicat qui dépasse celui de cet ouvrage, mais les EHS ne peuvent pas ne pas être fortement influencés par les messages sexuels véhiculés par les gens et dans les médias. Ils entendent aussi parler de comportements inappropriés entre adultes et enfants. Ce peut être le moment de laisser le parent du même sexe que votre enfant (ou un proche) voir ce qu'il en est dans ce domaine chez votre enfant. Assurez-vous que l'ensemble des signes non verbaux que vous envoyez soit clair : rien de sexuel n'aura lieu entre vous. Ainsi, la nudité d'un parent ne dérange pas un jeune enfant, alors que plus tard elle peut devenir déroutante, importune ou trop stimulante.

6. *Veillez à ne pas tirer parti de votre EHS :*

- *Faites particulièrement attention à ce que personne n'utilise votre EHS comme confident ou conseiller.* Ces enfants sont généralement compatissants et à l'écoute, si bien que leurs amis et même des adultes de leur entourage sont susceptibles de leur raconter leurs problèmes, leurs secrets ou leurs peurs. Expliquez à votre enfant qu'il peut et qu'il a intérêt à y mettre des limites – changer de sujet suffit souvent. Ce partage doit être équitable et ne doit pas être un poids. Si des gens rencontrent de réels ennuis, ils doivent se faire aider. Sinon, ils les géreront seuls si l'enfant ne souhaite pas écouter. Dites-lui de venir vous voir si une personne lui pèse trop et qu'il ne sait pas quoi faire.
- *Ne vantez pas les talents de votre enfant* si vous n'en avez pas obtenu l'autorisation en privé. La plupart des EHS n'apprécient pas cette forte stimulation que crée une si grande attention. Ils se demandent si ce public est volontaire ou désigné. Si cela implique une quelconque forme de performance, même si vous conversez gentiment avec des inconnus, le niveau d'excitation augmentera et fera que l'enfant ne réussira pas aussi bien que d'habitude à moins de s'être surentraîné ou de s'être habitué à de tels contextes. S'il ne réussit pas très bien, la faute vous incombera, mais il ne le verra évidemment pas de cette manière.
- *Les tâches ménagères et les sacrifices inhabituels doivent sembler justes à votre enfant.* Parlez-en souvent et écoutez attentivement. Il arrive que l'on tire parti d'un EHS mais aussi qu'il ait, comme tout le monde, la fausse impression que l'on profite de lui. (Les études[46] montrent qu'en matière de corvées, même lorsqu'elles sont réparties équitablement, chacun a l'impression d'en effectuer environ 70 % !) Mais l'EHS peut ne pas parler de son mécontentement, si bien que le problème n'est jamais abordé. À force de le ressasser, l'enfant risque de se forger un profond sentiment de victimisation. Parfois, tel une véritable Cendrillon, l'EHS en fait effectivement trop. Aussi évitez la

tentation, surtout lorsqu'il faut consentir des efforts inhabituels, de demander davantage à l'enfant qui comprend mieux vos besoins et aide volontiers. Pour le bien de tous, les autres membres de la famille tireraient bien plus de profit de ces sacrifices qui forgent le caractère.

Quand l'EHS ne remarque que trop bien vos faiblesses

Il est tristement vrai que les EHS perçoivent particulièrement bien les failles d'autrui et leurs zones d'ombre inconscientes – ces choses que nous n'avons pas envie de savoir que nous sommes ou que nous pourrions être. Les parents hautement sensibles ne connaissent que trop bien cette nature critique, qu'ils présentent eux-mêmes. Les parents moins sensibles, étant moins conscients des faiblesses d'autrui, peuvent considérer leur EHS comme étant trop critique, troublant ou simplement indiscret.

Votre enfant a besoin d'exprimer ses observations. Quand ils sont petits, les EHS se sentent parfois profondément déçus et accablés par cette conscience grandissante des défauts de leurs parents, qu'ils idéalisaient. Votre EHS a besoin de pouvoir parler de ceux qu'il a repérés sans penser que cela pourrait nuire à votre relation. C'est l'occasion de montrer à votre enfant comment gérer les critiques et comment vivre en ne se sachant pas parfait.

Efforcez-vous par conséquent de ne pas être trop sur la défensive et de ne pas vous vexer de ses remarques. « Si le serveur a fait une erreur sur l'addition, pourquoi est-ce que tu n'as pas payé ce que tu devais ? » « Je croyais que tu étais au régime ? » « La vitesse est limitée à cinquante, pourquoi est-ce que tu roules à soixante ? » Elles sont certainement d'une justesse dérangeante, et plus fines que vous n'en avez l'habitude. Souvenez-vous que votre enfant remarque ce genre de choses chez tout le monde et que tout le monde présente ce type de défauts. Essayez-donc de ne pas être sur la défensive. Si vous n'êtes pas capable de garder votre calme, demandez un instant et éloignez-vous pour vous demander s'il n'y a pas une part de vérité dans ce qui a été dit, puis revenez et admettez-le, sans accepter pour autant ce qui ne vous semble pas exact. C'est un excellent exemple à donner à toute la famille, si vous êtes assez angélique pour cela.

Cependant, expliquez-lui que lors d'une dispute, les observations liées au caractère ne sont pas une bonne stratégie, par exemple « Tu es un menteur, tu mens sur tes impôts, je t'ai entendu le dire au téléphone » ou « J'ai peut-être triché, mais je t'ai déjà vu tricher, toi aussi ». Le fait de se voir souligner ses faiblesses et ses points faibles dans ces moments ne fait qu'anéantir la confiance. Lors d'une dispute, restez-en au fait.

Je pense que toute relation nécessite des moments où chacun puisse parler librement des domaines dans lesquels il a besoin de s'améliorer, mais plus encore avec un EHS, qui a véritablement besoin d'apprendre comment adresser et recevoir les critiques. Les deux parties doivent alors rester calmes, soucieuses d'aider l'autre et ouvertes aux retours ainsi qu'à ce qui permet de mieux se connaître. Une balade dans la nature ou un long trajet en voiture, par exemple tard un soir, me semblent de bonnes occasions.

Si ces discussions ne surviennent pas de façon informelle, essayez cette activité, pourquoi pas lors d'une réunion de famille – les couples peuvent essayer également : chacun cite trois choses qu'il apprécie beaucoup chez l'autre (pas « Tu es quelqu'un de bien » mais « J'aime le fait que tu sois gentil avec moi ») et une chose avec laquelle il a plus de mal personnellement (« Je suis fâché quand tu entres dans ma chambre sans frapper » – remarquez l'usage de la première personne associé à l'une des émotions basiques et d'un cas particulier).

Quand vous cessez d'être le seul à vous adapter

Jusqu'à présent, j'ai souligné la nécessité que vous fassiez preuve de patience, de respect, que vous parliez avec moins de force, etc. Mais votre enfant va devoir apprendre à vivre avec des personnes non sensibles, qui constituent la majeure partie de la population. Il est normal et juste que lorsque les enfants sont petits, les adultes soient les seuls à s'adapter pour créer une bonne compatibilité. Mais peu à peu vous devrez apprendre à votre enfant à s'adapter lui aussi à vous. C'est l'un des avantages du fait que vous ne soyez pas aussi sensible – vous lui donnerez sa première occasion de s'entraîner. À mesure qu'il grandit et qu'il comprend son propre tempérament, il peut aussi apprendre à comprendre le vôtre, ainsi que celui des autres membres de la famille.

Randall comprend certainement que la personnalité de Marilyn est différente de la sienne. Il affirme en effet être tout à fait conscient du fait qu'elle n'éprouve pas de peurs et il apprend à tolérer ses prises de risques raisonnables, même quand il s'inquiète pour sa sécurité. Il se dit même envieux de son intrépidité. Pour qu'il contrôle sa jalousie, elle peut lui rappeler que cela fait partie d'un ensemble : en tant que personne non sensible, elle doit gérer son impulsivité.

Pour s'adapter, votre EHS va également devoir apprendre à élever la voix dans ce monde peuplé de personnes non sensibles. Si vous n'avez pas saisi l'allusion de votre enfant selon laquelle il préférerait des vacances à la mer plutôt qu'à la montagne, faites-lui gentiment savoir que ce n'est la faute d'aucun de vous. C'est comme lorsque l'on envoie un ballon à quelqu'un : la prochaine fois, il faut qu'il formule sa requête plus fort afin que le message vous parvienne.

Votre EHS pourra trouver utile d'apprendre à réfléchir à l'avance à ses préférences afin qu'elles soient prises en compte ou pour que les autres ne perdent pas patience à attendre sa décision. En grandissant, cela ne pose pas de problème s'il doit faire face à quelques manifestations d'impatience modérées de votre part. S'il se sent mis à l'écart des conversations parce qu'il n'a pas assez de temps pour réfléchir à ce qu'il veut dire, n'hésitez pas à réfléchir à l'avance à des sujets possibles.

DERNIÈRES REMARQUES

Le fait de connaître d'autres réalités (tempéraments, cultures, philosophies, religions) éveille un profond respect pour les différences, dénué de toute honte de soi-même. C'est peut-être le meilleur cadeau que l'éducation, les voyages et les proches puissent offrir ; ils apprennent l'humilité – personne ne jouit d'une vision totale. Là réside le fondement de l'éthique, l'apprentissage d'une forme de sagesse irremplaçable. C'est ce que vous et votre EHS avez de plus précieux à partager, du seul fait que vous soyez nés avec une manière différente d'appréhender le monde.

Êtes-vous hautement sensible ? Répondez à ce questionnaire*.

Répondez à chacune des questions selon votre ressenti. Répondez « vrai » si l'affirmation s'applique au moins modérément à vous, et « faux » si elle ne se vérifie pas vraiment ou pas du tout.

1. V F J'ai l'impression d'être conscient des nuances subtiles de mon environnement.
2. V F L'humeur des gens m'affecte.
3. V F J'ai tendance à être très sensible à la douleur.
4. V F Les jours très chargés, j'ai besoin de m'isoler, d'aller me coucher ou de me retirer dans une pièce sombre ou tout autre endroit où je peux trouver de l'intimité et me soustraire aux stimulations.
5. V F Je suis particulièrement sensible aux effets de la caféine.
6. V F Je suis facilement gêné par des phénomènes tels que des lumières vives, des odeurs fortes, des tissus rêches ou des sirènes à proximité.
7. V F J'ai une vie intérieure riche et complexe.
8. V F Le bruit me dérange.
9. V F Les arts ou la musique suscitent en moi des émotions profondes.
10. V F Je suis consciencieux.
11. V F Je sursaute facilement.
12. V F Je panique quand j'ai beaucoup de choses à faire en peu de temps.

* (C) Elaine Aron, 1996.

13. V F Quand une personne est physiquement mal à l'aise, j'ai tendance à savoir ce dont elle a besoin pour améliorer la situation (comme modifier l'éclairage ou changer de siège).
14. V F Je suis contrarié quand on me demande trop de choses à la fois.
15. V F Je fais beaucoup d'efforts pour éviter de faire des erreurs ou d'oublier des choses.
16. V F Je veille à éviter les émissions ou les films violents.
17. V F Une excitation désagréable me gagne quand on s'agite autour de moi.
18. V F Les changements dans ma vie m'ébranlent.
19. V F Je remarque et j'apprécie les odeurs et les saveurs délicates, les sons doux et les belles œuvres d'art.
20. V F Je mets tout en œuvre dans ma vie pour éviter les situations perturbantes ou bouleversantes.
21. V F Si je dois être en concurrence ou être observé lorsque j'exécute une tâche, je deviens nerveux ou je tremble si bien que je réussis moins bien que d'habitude.
22. V F Quand j'étais petit, mes parents ou mes professeurs me considéraient comme un enfant sensible ou timide.

Résultats

Si vous avez répondu « vrai » à douze affirmations ou plus, vous êtes probablement hautement sensible.

Ceci dit, aucun test psychologique n'est assez fiable pour justifier à lui seul des choix de vie. Si seulement une ou deux affirmations se vérifient chez vous, mais qu'elles sont particulièrement vraies, il est également possible que vous soyez hautement sensible.

Chapitre 4

Si vous et votre enfant êtes tous deux hautement sensibles

Et *quid* du tempérament des autres membres de la famille ?

Les parents qui ne sont pas hautement sensibles sont invités à lire ce chapitre, mais ils pourront s'ils le souhaitent sauter la première moitié qui concerne le cas où le parent et l'enfant sont tous deux hautement sensibles (les avantages, les possibles problèmes et leurs solutions). Dans la seconde partie, nous abordons le tempérament des autres membres de la famille (y compris de votre éventuel conjoint), la manière d'optimiser les effets qu'ils produisent sur votre EHS et réciproquement, ainsi que la façon d'utiliser ce point de vue du tempérament pour réaliser des changements positifs dans l'ensemble de la famille.

Étant moi-même hautement sensible, je m'adresse ici de personne sensible à personne sensible. Comme nos enfants, nous possédons un trait précieux, mais rencontrons souvent des difficultés dans deux situations : lorsque nous sommes submergés et lorsque nous devons défendre notre différence tout en affirmant notre normalité. Cet ouvrage étant consacré aux enfants sensibles et non aux adultes, nous ne nous attarderons pas longtemps sur ces problèmes, mais nous devons au minimum en tenir compte car le ressenti des parents affecte toujours leurs enfants, notamment les EHS.

Nous devons aussi reconnaître que nous faisons d'excellents parents. Ainsi, ce trait nous rend plus aptes à sentir les besoins de notre enfant et à décider quoi faire. Et parce que nous sommes sensibles au langage, y compris celui du corps, nous sommes souvent plus à même de communiquer avec les enfants (tous les enfants) d'une manière qui soit plus proche de leur propre mode de pensée. Nous comprenons leurs inquiétudes et leurs questionnements. Cela ne signifie pas que les autres parents ne sont pas capables de tout cela eux aussi, mais nous sommes plus susceptibles de présenter ces aptitudes.

Il arrive toutefois que l'on redoute cette responsabilité si pesante vis-à-vis d'un être aussi exigeant et demandeur. Et au lieu de nous estimer, nous avons tendance à nous comparer à d'autres parents non sensibles ou aux exemples des livres de parentalité. Ces autres parents paraissent si énergiques, patients et pleins de ressources. Ils ne semblent jamais avoir besoin de s'isoler, ou alors ne paraissent pas culpabiliser pour cela.

Reconnaissons sans détours combien il est difficile d'être à la fois parent et hautement sensible. Nous avons besoin de moments seuls, mais il n'y en pas vraiment avec un tout-petit, surtout si l'on a plusieurs enfants et un conjoint (ou, encore plus compliqué, si l'on est un parent seul). Sans parler de la vie professionnelle, d'éventuels parents âgés et des autres responsabilités ! Oubliez la possibilité de prendre le temps de faire ce que vous avez besoin de faire, comme dormir une nuit complète, de créer seul, de vous promener, de méditer ou de prier. D'autres s'en sortent sans tout cela. Nous y parvenons un temps, mais finissons par dépérir.

Peu après la naissance de mon fils, j'ai aperçu sur un présentoir de magazines le titre d'un article disant à peu près : « L'enfer de la parentalité : ce que l'on ne nous dit que quand il est trop tard. » Je me suis dit avec angoisse que c'était bien là la triste vérité : être parent *était* un enfer et personne ne m'avait prévenue.

Heureusement, mon mari partageait volontiers les tâches et réussissait à être à la maison environ la moitié du temps. Et à mes yeux, la difficulté décroissait au fil des années, notamment parce que j'avais plus souvent l'occasion de prendre du temps pour moi et d'expliquer mes besoins à mon fils. Mon mari, qui n'est pas hautement sensible mais extrêmement futé, me trouvait toujours des solutions. Ma préférée fut lorsqu'il dut s'absenter toute une journée pour ne rentrer que très tard. Pour que je puisse passer du temps seule, à l'écart de mon bébé de quatorze mois, il a organisé la cuisine avec plein de jouets par terre et un tabouret me permettant de m'asseoir en haut du réfrigérateur, hors de la vue de mon fils. (Seul dans un parc avec des jouets, il hurlait, mais dans la cuisine, même s'il ne me voyait pas, il jouait sans problème.) Là-haut, j'ai pu lire et écrire plusieurs heures durant sans qu'il ait besoin de moi. Une solution pour le moins étrange, mais astucieuse ! Et quel soulagement !

LES BÉNÉFICES QUE LES PERSONNES SENSIBLES EN PARTICULIER RETIRENT DE LEUR RÔLE DE PARENT

Pourtant, je ne regrette pas le moins du monde d'être maman. (Cependant, en repensant à cet article sur l'enfer d'être parent, je dis toujours aux personnes hautement sensibles qui envisagent d'avoir un enfant que pour les gens ayant leur tempérament, avoir des enfants est merveilleux, et ne pas en avoir est aussi merveilleux – les deux choix s'entendent.) Si je suis heureuse d'être mère, c'est parce que j'adore mon fils. Je l'ai aimé dès que j'ai posé les yeux sur lui. J'aurais regretté de ne pas le connaître. Les enfants sont vraiment des enfants pendant une dizaine d'années, mais ensuite, ils deviennent des amis – si vous avez la chance de vous apprécier. Je garde toujours ce fait en tête quand je rencontre un tout-petit.

Il existe d'autres avantages pour les parents hautement sensibles : nous y gagnons une compréhension plus profonde du sens de la vie et notre horizon s'ouvre. Comme l'a dit quelqu'un, « Avant d'être mère, j'étais toujours tentée de m'isoler. Le fait d'avoir un enfant m'a obligée à rester dans le monde, et cette expérience a transformé ma vie. »

Il ne fait pas de doute que les enfants nous forcent à ressentir davantage de choses, à rencontrer davantage de gens et à faire beaucoup de nouvelles expériences. Ce que nous ne prendrions pas le risque de faire pour nous, nous le faisons pour nos enfants.

Une autre mère sensible, maman de trois EHS, m'a confié : « C'est la plus grande leçon de ma vie – mes enfants sont mes professeurs. »

PREMIÈRE PRIORITÉ : VOTRE PROPRE STABILITÉ

Être parent lorsqu'on est, et son enfant également, hautement sensible est assurément une situation particulière. Intéressons-nous donc en détail à ce que vous avez besoin de savoir et de faire.

L'EHS étant si profondément affecté par les sentiments de ses parents, il est important que les parents sensibles trouvent le moyen de rester calmes, heureux et en bonne santé malgré leur travail et leurs obligations. Votre stabilité émotionnelle en dépend, et aussi celle de votre enfant par conséquent. Il est beaucoup plus facile d'élever un enfant correctement que de tenter de réparer les choses une fois à l'âge adulte. Ce n'est donc pas faire preuve d'égoïsme que de prendre soin de vous. C'est au contraire une marque d'attention envers votre enfant ainsi que ceux qui vivent avec lui, voire ceux qui devront le guérir si vous n'êtes pas en bonne santé vous-même. Comme je l'ai déjà dit, ce livre ne traite pas des adultes sensibles, mais vous pourrez lire beaucoup de choses sur l'idée de prendre soin de soi dans *Hypersensibles : mieux se comprendre pour s'accepter* et *The Highly Sensitive Person's Workbook* [*Le Manuel de la personne hautement sensible*] si vous avez besoin de davantage d'encouragements.

Il vous faut maintenant saisir pleinement les avantages de votre propre sensibilité pour votre enfant.

QUAND VOUS ET VOTRE ENFANT ÊTES TOUS DEUX HAUTEMENT SENSIBLES

Nous allons commencer par les avantages de cette situation :

1. ***Vous comprenez les ressentis de votre enfant.*** Souvenez-vous d'Estelle, au chapitre 2, qui a su tout naturellement comment élever Maria. L'alimentation ne lui a pas posé de problème, car elle préfère la cuisine simple. La question ne se posait pas de couper ou non les étiquettes des vêtements, car elle l'avait toujours fait pour elle-même. Elle a compris pourquoi Maria est sortie pendant la diffusion d'un film sur l'abattage des animaux et a su réagir quand sa fille a failli rater un voyage en Suède.

2. ***Vous avez une réelle expérience de la manière de gérer les inconvénients de votre trait.*** Vous pouvez raconter de façon réaliste et détaillée comment vous avez géré votre hyperexcitation lors d'un spectacle ou ce que vous avez senti et répondu face à des commentaires du type « tu es trop sensible ». Vous pouvez en toute honnêteté dire que ce qui vous semblait insurmontable à vous aussi s'est finalement bien passé.

3. ***Vous accroîtrez l'estime de soi de votre enfant simplement en vous aimant vous-même.*** J'y reviendrai au prochain chapitre : dans notre société, l'estime de soi n'est pas chose facile pour un EHS. Mais si vous vous respectez vous-même en tant que personne sensible, votre enfant sera réceptif à l'antidote que vous lui insufflerez.

4. ***Vous avez des réponses aux questions que votre EHS a tendance à se poser, ou tout du moins vous en avez l'expérience.*** Vous saurez écouter et discuter avec l'attention et le respect nécessaires.

5. ***Votre voix est réglée sur le bon « volume ».*** Comme je l'ai expliqué au chapitre précédent, nous avons tous tendance à communiquer avec la « force » (la dureté, l'obstination, etc.) qui nous atteindrait le mieux si nous étions le destinataire du message. Les personnes sensibles ont tendance à communiquer avec douceur, avec un « volume » faible, en faisant attention au ton de leur voix, à leurs questions et à leurs silences. Elles comprennent les gestes, les nuances et les allusions. Ainsi, pour le meilleur et parfois pour le pire, tous deux saurez vous dire clairement ce que vous avez à l'esprit. Aucun de vous n'appréciera beaucoup les cris, même s'il y en aura forcément.

En général, la concordance de volume entre vous facilitera grandement la communication. Quand mon fils avait vingt-sept ans, il s'est finalement décidé à passer son permis de conduire. Nous sommes convenus que je lui donne les leçons (malgré l'avis de tout le monde : une mère enseignant à son grand fils serait une catastrophe). Nous nous en sommes bien sortis, parce que j'avais tellement conscience de ce qu'il était en train de gérer, en lui et autour de lui, que je savais intuitivement quand prévenir, donner une instruction, rassurer ou rester silencieuse pour qu'il puisse se concentrer (la plupart du temps). Il savait aussi que c'était très éprouvant pour moi, la passagère impuissante, si bien qu'il a montré du soutien et de la reconnaissance plutôt que de critiquer ma façon d'enseigner.

6. ***Vous partagez un certain nombre de goûts et d'intérêts en matière d'alimentation, d'esthétique et de loisirs.*** Chaque génération a ses modes, mais vous et votre EHS vous accorderez sans doute sur davantage de choses qu'un parent non sensible avec le même enfant. Plusieurs parents sensibles m'ont rapporté préférer eux-mêmes les aliments simples et ne jamais avoir eu de difficultés avec les repas de leur EHS,

alors que les parents non sensibles ont mentionné beaucoup plus souvent ce problème.

Peu de soucis à la maison

Le meilleur moyen de traduire ces avantages consiste à décrire la maison de Carin. Nombre d'entre vous ne peuvent pas l'imiter parce qu'ils travaillent à l'extérieur, mais il y a quelques idées à retirer de son histoire.

Carin, mère sensible de deux adolescents sensibles, m'a confié que « la parentalité l'a gagnée ». Elle terminait ses études médicales (tout en étant aussi une talentueuse musicienne professionnelle) quand elle est tombée enceinte d'un enfant qui est décédé quinze mois seulement après sa naissance. Elle avait surmonté cette épreuve, mais était convaincue que pour ses futurs enfants elle souhaiterait rester à la maison. « Ce dont les enfants avaient besoin me semblait maintenant tellement évident. »

Carin s'était aperçue que ses enfants sensibles étaient en demande, entre autres, d'un foyer ordonné. Elle était convaincue que cela les aidait à rester calmes. C'est peut-être lié, mais ils ont tendance à ranger par eux-mêmes, appréciant l'ordre autant qu'elle. Carin a également décidé à leur naissance qu'elle ne crierait jamais, même pour appeler à l'étage, car elle n'aime pas élever la voix, trouvant cela impoli. Ainsi, ses enfants ne hurlent jamais non plus.

Carin a toujours respecté leur besoin d'avoir des temps calmes et une vie sociale tranquille, et ne les a jamais qualifiés de « timides » ou de « réservés » parce qu'ils ne veulent pas partir en colonie de vacances et préfèrent lire seuls durant les pauses. Elle perçoit également de subtiles différences : Gretchen supporte un peu plus de mouvement, tandis que Larry a besoin d'un emploi du temps plus calme.

Surtout, Carin fait en sorte de réduire tout stress, pour elle ainsi que pour ses enfants. Plutôt que de préparer des repas à heures fixes, elle garde à disposition les aliments qu'ils aiment et les laisse « picorer ». Ou bien elle cuisine rapidement quelque chose quand ils le désirent. Elle ne les a jamais forcés à manger quelque chose qu'ils n'appréciaient pas. Ils aiment manger la même chose tous les jours au déjeuner : deux pommes, deux sandwichs au beurre de cacahuète sans la croûte, des billes de melon et de l'eau. Pas de chichis.

Dans un même temps, elle s'efforce autant que possible de faire passer leurs besoins en priorité. (Pour cela, un parent sensible doit toutefois prendre grand soin de lui-même quand les enfants ne sont pas là.) Quand ses enfants sont fatigués, ont faim ou sont contrariés, elle s'occupe d'eux et tente alors temporairement de mettre ses propres besoins de côté. Ses enfants savent qu'elle ne fait pas cela parce qu'elle se sent inférieure ou parce qu'ils méritent d'être gâtés. Elle a ses limites, mais selon elle : « C'est cela être parent : je suis l'adulte, je suis davantage capable d'attendre. » Quelle a été l'incidence de ce respect attentionné qu'elle leur a prodigué durant la période vulnérable de leur enfance ? Ils respectent leur mère. Comme l'explique Carin, « Mes enfants sont toujours une présence agréable ». Voilà assurément une maison où le stress et le volume sont réduits.

Vous avez probablement un autre mode de vie (je tenais pour ma part à avoir au moins un repas assis en famille chaque jour). Mais je trouve que Carin est un bon exemple de la façon dont une personne hautement sensible tire parti de ses meilleurs atouts (créativité, attention, préférence pour le calme) pour élever ses EHS. Son conseil ? « Envisagez la possibilité que votre enfant puisse être sensible. Une fois que vous le saurez, tout sera clair. Il faut simplement employer d'autres méthodes d'éducation et remettre en question tous les conseils extérieurs. »

Les points auxquels un parent hautement sensible doit faire attention

1. ***Quelle que soit votre façon d'élever votre EHS, il y a des chances qu'elle soit affectée par la manière dont vous-même avez été élevé.*** Estelle, la mère sensible du chapitre 2, souhaitait véritablement élever Maria, sa fille sensible, d'une manière différente de celle que ses propres parents avaient employée pour elle. Mais en essayant de faire autrement, le risque est toujours grand d'aller vers l'extrême opposé. Il arrive aussi que nous cherchions à répondre aux besoins que nous avions au même âge, en les projetant sur notre enfant sans percevoir sa situation réelle. Petit, vous aviez par exemple très peur des milieux médicaux et personne ne tenait compte de votre crainte, si bien que vous rassurez tellement votre fille avant et après ses consultations que, malgré le fait qu'elle n'ait eu que des bonnes expériences, elle se demande s'il n'y a pas là un danger qu'elle n'aurait pas vu.

2. ***Si vous manquez votre objectif, c'est certainement que vous pécherez par surprotection.*** Un grand nombre de parents hautement sensibles regrettent que leurs propres parents les aient trop poussés, si bien qu'ils se sont toujours sentis stressés et inadaptés. (Bien sûr, d'autres auront l'impression d'avoir été trop maternés et d'avoir raté certaines expériences importantes, si bien qu'ils poussent trop leurs propres EHS.)

3. ***Vous risquez de ne pas suffisamment exposer votre enfant à de nouvelles expériences.*** Peut-être avez-vous essayé les montagnes russes,

les plats pimentés et le ski et avez-vous décidé que ce n'était pas pour vous. En fait, sachant ce que vous aimez ou non, vous évitez tous types de risques et de stimulations superflus. Mais cela relève de *votre* choix. Si vous limitez les expériences de votre enfant comme vous le faites pour vous, votre enfant apprendra d'après vos choix et n'aura peut-être jamais l'occasion de connaître par lui-même les montagnes russes, les plats pimentés et le ski.

4. ***Vous souffrez quand votre enfant souffre, et cela affecte la façon dont il gère la douleur.*** Il est tout à fait probable que vous souffriez davantage que des parents non sensibles en cas de douleur physique ou émotionnelle de votre enfant. Mais comme je l'ai dit au chapitre 2, ce dont votre enfant a besoin, c'est d'un parent capable de rester calme et de « contenir » ces émotions intenses, ce qui peut s'avérer plus difficile pour vous.

5. ***Vous pouvez avoir du mal à vous affirmer pour le bien de votre enfant.*** Vous n'êtes peut-être pas habitué à hausser le ton pour transmettre un message à des personnes non sensibles : « Non, elle ne veut pas ! » Cependant, votre enfant aura besoin que vous vous imposiez et que vous fassiez preuve de fermeté de manière qu'il puisse vous imiter.

6. ***Vous peinez peut-être à affirmer vos propres besoins au sein de la famille.*** Les parents sensibles ont souvent l'impression de ne pas pouvoir se reposer tant qu'ils n'ont pas parfaitement satisfait les besoins de tout le monde, tout rangé et organisé, et que l'ensemble de la liste des choses à faire de chacun ait été fait. Vous offrez une dangereuse tentation aux autres membres de la famille : quand je n'ai pas envie de faire quelque chose, pourquoi ne pas le laisser à celui qui fait tout ? Cela n'est pas souhaitable pour le caractère de votre enfant.

7. ***Quel que soit le ressentiment que vous éprouviez vis-à-vis de votre trait ou de vous-même, vous le transmettez à votre enfant.*** Ce phénomène survient par osmose, par nos actes et non par nos paroles. On ne peut pas tricher. Il faut que vous aimiez le fait d'être hautement sensible.

8. ***Vous supposez plus de similitudes qu'il n'y en a réellement entre vous.*** Même si vous ne revivez pas votre passé avec votre EHS, vous êtes parfois si conscient de votre sensibilité que vous en venez à considérer votre enfant comme un jumeau ayant les mêmes goûts que vous. Cependant, les personnes sensibles se révèlent très différentes dans ce qu'elles aiment ou non. Je n'aime pas les films d'horreur ou avec de la violence gratuite. Mon fils peut regarder n'importe quel film, pourvu qu'il soit bien fait, quel que soit son degré de violence. Il me dit que « ce n'est qu'un film ». Ainsi exprimée, c'est une différence que je peux comprendre. Mais voici maintenant un exemple de différence que je n'ai pas tout de suite comprise.

Une histoire personnelle de suridentification

Mon fils et moi avons tous les deux peiné à nous faire des amis à l'école primaire. Nous n'étions pas très bons en sport (ou n'avions pas envie), n'étions pas détendus ni extravertis au sein d'un groupe d'enfants, ce qui constitue après tout l'essentiel de la vie scolaire. Nous avions en revanche quelques amis avec qui nous nous entendions assez bien pour jouer à deux à la maison. Un jour, je lui ai dit quelque chose qui sous-entendait que je le pensais depuis des années : qu'il devait se sentir rejeté et inférieur aux autres enfants, comme cela avait été le cas pour moi. Il m'a répondu qu'il ne les aimait pas, qu'il les trouvait ennuyeux, mais qu'il ne pensait pas qu'il puisse y avoir un problème chez lui. C'était eux qui avaient un problème, à ne pas apprécier son humour, par exemple.

J'ai été stupéfaite. Je n'avais fait que projeter sur lui ma propre mauvaise estime de moi, et avais revécu toute cette souffrance. Sa posture héroïque vis-à-vis des enfants de l'école valait mieux que la mienne (bien que les chapitres 8 et 9 avancent de bien meilleures solutions). Maintenant adulte, mon fils retient ses années de fin de primaire et de collège comme les plus douloureuses de sa vie. Effectivement, une de ses rédactions m'avait dérangée en CM2. Le sujet était : « Pourquoi nous avons besoin d'amis. » Il l'avait modifié et avait répondu à la question : « Pourquoi nous n'avons pas besoin d'amis. » D'une certaine manière, il conservait son estime de soi et j'avais failli lui porter un coup fatal en lui donnant l'impression que, comme ses pairs, je me disais qu'il aurait dû trouver que quelque chose n'allait pas chez lui.

Ce que vous pouvez faire

1. ***Pour conserver un regard neuf et éviter la suridentification, familiarisez-vous avec toutes les autres qualités de votre enfant.*** Un bon début consiste à remarquer en quoi il ressemble à son autre parent. Demandez à ceux qui vous connaissent tous les deux de souligner vos différences.

2. ***Pour éviter la surprotection et offrir de nouvelles expériences à votre enfant, réfrénez vos angoisses.*** Abordez le danger de façon réaliste : évaluez les risques réels et pesez le risque de blessure par rapport au poids d'une vie emplie de peurs, de limites, de capacités insuffisantes et de regrets. Si votre niveau d'anxiété est très élevé, recherchez de l'aide auprès d'un professionnel. Ne faites pas part de peurs exagérées à votre enfant.

3. ***Si votre enfant montre de l'intérêt pour une chose nouvelle, faites en sorte qu'il puisse l'essayer, même si cela ne vous intéresse pas du tout.*** L'activité doit évidemment être relativement sûre et adaptée à son âge, ainsi qu'à ses capacités. De plus, vous devez être à peu près certain qu'il n'en ressortira pas avec un sentiment d'échec. Soyez prudent : un enfant petit peut malgré tout se révéler bon en basket-ball, un enfant maladroit apprécier des cours de danse classique. L'impression de succès ou d'échec dépend généralement du professeur et, s'il s'agit d'une activité collective, du niveau de soutien mutuel (plutôt que de compétition). Votre enfant a envie d'apprendre à skier, de monter à cheval, de faire de la moto, de faire un stage de football ou de s'inscrire au théâtre ? Si cela vous donne des frissons, trouvez un moniteur, un entraîneur ou un ami de la famille compétent, gentil et doux qui partage l'enthousiasme de votre enfant et soit susceptible de vous remplacer, puis laissez faire.

4. ***Si votre enfant ne développe pas d'intérêts particuliers, élargissez l'offre.*** En tant que parent sensible, il vous appartient de consentir un effort supplémentaire à cet égard. Peut-être pouvez-vous tirer parti d'une tendance similaire chez vous-même, en exprimant vos regrets de ne pas avoir essayé plus de choses quand vous étiez enfant. Vous pouvez aussi décrire un moment où vous avez changé (et dont vous êtes content) pour mieux vous préparer à la vie ou parce que vous sentiez que vous seriez plus heureux après avoir essayé quelques-unes des choses que les autres semblent tant apprécier. Mettez-vous par exemple d'accord sur l'objectif d'essayer quelque chose de nouveau une fois par mois (vous pouvez vous fixer aussi ce but pour vous-même) et faites preuve de compréhension devant la difficulté que cela peut représenter.

5. ***Lorsque la souffrance de votre enfant vous fait mal, élargissez la perspective :*** pensez au karma, à la volonté divine ou toute autre chose

qui explique l'injustice de notre sort. Nous venons tous au monde avec certaines difficultés à surmonter, et votre enfant en a sa part. Vous avez le pouvoir d'offrir des conditions optimales et d'apporter des idées sur la manière dont vous avez gardé le cap malgré les aléas de la vie, mais vous ne pouvez pas soustraire votre enfant à son propre destin. Se laisser submerger par les souffrances d'autrui ne l'aide aucunement, notamment quand il s'agit de votre enfant : il a besoin que vous l'aidiez à trouver un moyen de les pallier.

6. ***Pour votre enfant, apprenez à vous affirmer*** lorsque c'est opportun et que votre enfant ne peut ou ne doit pas le faire seul. Cet entraînement vous apportera énormément à vous-même et constituera un exemple important pour votre enfant. Si nécessaire, prenez des cours d'affirmation de soi. Si vous craignez de mal dire les choses, écrivez-les et mémorisez-les ou lisez-les. Si les mots ne vous viennent qu'après coup, revenez sur vos pas et dites-les. Si vous ne pouvez pas le faire face à face, envoyez une lettre ou un mail. Si vous ne pouvez pas le faire vous-même, demandez à votre conjoint, à un membre de la famille ou à un enseignant compréhensif de le faire. Même un grand frère peut mettre fin à des intimidations. Mais ne laissez pas votre enfant croire qu'il n'a personne pour le soutenir, que personne ne peut l'aider et que les personnes hautement sensibles sont par nature des gens timides et des victimes faciles.

7. ***Apprenez à vous affirmer vis-à-vis de votre enfant.*** Vos besoins doivent parfois passer en premier de façon que vous puissiez vous occuper de votre enfant et que celui-ci comprenne que les autres ont aussi des besoins. Insistez bien sûr davantage sur ces limites à mesure que l'enfant grandit. Souvenez-vous de l'exemple de Carin : elle fait passer ses enfants en priorité, mais cela n'est pas à leur détriment. Elle garde une maison ordonnée pour eux, mais fait preuve de créativité vis-à-vis

de ce sur quoi elle laisse du mou (elle ne prépare pas de véritables repas). Et ses enfants ont développé un sens des responsabilités : ils rangent leurs affaires, ne crient pas et, comme vous le verrez dans le chapitre consacré aux adolescents, ils gèrent eux-mêmes leurs vêtements, leur heure de coucher et leurs devoirs. Pour le bien de votre enfant ainsi que pour le vôtre, confiez-lui de manière croissante la responsabilité de son comportement, de ses loisirs et de son environnement domestique.

8. ***Lorsque vous peinez à prendre soin de vous-même, retenez l'image du masque à oxygène dans l'avion :*** mettez le vôtre en premier car un parent inconscient ne peut plus aider personne. Quand mon fils était petit, il pleurait souvent au moment des repas. Je faisais tout mon possible pour le satisfaire. Puis j'ai pris des cours de méditation, et l'un des conseils consistait à méditer vingt minutes chaque soir avant le dîner. Vingt minutes rien qu'à moi que je « devais » prendre. Il a cessé de pleurer à cette heure-là ; il semble que nous étions en train de nous crisper de plus en plus et qu'à présent le calme revenait. Prendre soin de soi revient finalement à prendre également soin de sa famille. Le fait d'ignorer vos besoins reviendra à donner à penser que vous vous considérez comme inférieur, si bien que votre enfant aura tendance à se sentir ainsi lui-même.

9. ***Pour votre estime personnelle, essayez ceci :*** imaginez qu'avant de naître vous puissiez choisir votre tempérament et que vous ayez *décidé* d'être sensible pour tous les avantages que cela représente et pour ce que vous pouvez apporter au monde. Réfléchissez-y.

10. ***Essayez de ne pas culpabiliser et de ne pas vous excuser excessivement*** pour toutes les erreurs que vous commettez en tant que parent, pour les demandes que vous devez faire, pour les soucis que vous causez à votre enfant ou pour les sacrifices que votre enfant

doit consentir parce qu'il est votre enfant et qu'il partage votre sort. Admettez simplement vos erreurs et montrez que l'on peut vivre tout en en commettant et avec quelques défauts. Parlez des erreurs que vous avez faites dès que vous vous en rendez compte ou bien plus tard. N'oubliez pas que si votre enfant doit faire quelques inévitables sacrifices, ils forgent son caractère. Protéger un enfant de tout sacrifice et de toute déception en fait un petit tyran et un véritable monstre, en tout cas chez les enfants non sensibles. Les EHS protégés des sacrifices ont davantage tendance à se sentir coupables de ne pas souffrir autant que les autres enfants et n'apprennent pas à gérer les éventuels futurs efforts qui seraient nécessaires.

Surmonter la culpabilité : un exemple personnel

De trois à douze ans environ, mon fils a dû s'accommoder de parents investis à plein temps dans une importante cause. Tous les participants qui étaient parents culpabilisaient beaucoup de retirer à leur progéniture le temps qu'ils consacraient à ce travail. Une psychologue du développement qui est venue nous voir m'a glissé en partant que nous paraissions tous être d'excellents parents, mais que notre seul point faible résidait dans notre manière de fixer des limites. Il lui semblait que nos enfants (dont plusieurs étaient des EHS) se servaient de notre culpabilité pour nous faire du chantage et nous mettre sur les nerfs ! Par exemple, chez nous, si notre fils voulait une histoire avant de dormir, il en avait une, évidemment, même si nous étions épuisés. Puis une deuxième et une troisième, parce que nous nous sentions coupables d'être si peu disponibles à d'autres moments.

Elle nous a suggéré de regarder nos emplois du temps pour voir si nous étions aussi disponibles que d'autres parents qui travaillent (nous l'étions effectivement), de mieux décrire à nos enfants le travail important que nous accomplissions et de leur faire sentir qu'ils y participent aussi lorsqu'ils doivent passer un après-midi à la garderie. Notre fils se satisfaisait tout à fait de cette idée et a même toujours été fier de l'idéalisme de ses parents.

QUID DU RESTE DE LA FAMILLE ?

Votre enfant n'a bien sûr pas que vous dans sa vie. Le trio mère, père et enfant – ou enfant avec deux mères, deux pères, des beaux-parents, voire parent seul et grand-parent ou tout autre membre de la famille (même un parent seul travaillant) – apprend beaucoup à l'EHS sur la vie sociale tout en lui apportant potentiellement espoir et résilience. « Si l'un de vous ne peut pas m'aider, peut-être que l'autre (ou une autre personne) le peut. » Quand les deux parents sont hautement sensibles, l'EHS peut recevoir un soutien substantiel de cette petite société de trois personnes (ou plus) qui accorde de la valeur à la sensibilité et la connaît. (La tâche serait alors d'aider les éventuels enfants non sensibles de la famille à se sentir normaux !)

Quand un parent est sensible et pas l'autre

Lorsque l'un des parents est sensible et l'autre non, l'enfant aura souvent un lien plus fort avec le premier, au moins à certains moments. Marilyn, la mère de Randall, a constaté que son fils maintenant âgé de neuf ans préfère à présent la compagnie de son père à la sienne – son père est hautement sensible alors qu'elle ne l'est pas.

Il est naturel que dans une famille « qui se ressemble s'assemble ». Le genre est généralement le critère, bien que les liens puissent changer avec le temps, modifiant les alliances. Dans notre famille, mon fils est parfois plus proche de son père – ce sont deux hommes, tous deux adorent parler, ils sont tous deux juifs (c'est la décision de mon fils). À d'autres moments, il a été plus proche de moi, partageant ma passion pour l'écriture, un sens artistique, une passion pour Star Trek et certaines autres qualités plus subtiles.

Une relation particulière parent-enfant comporte toujours ses joies et ses risques. Ces risques ne surviennent que si la relation éclipse ou menace le lien avec l'autre conjoint ou devient trop spéciale (voire romantique ou sexualisée) de la part du parent, ce qui écrase le développement de l'enfant. Celui-ci peut paraître accepter volontiers cette relation profondément intime, mais n'est pas en mesure de juger, n'ayant pas l'expérience d'autres cas.

Lorsqu'un parent est sensible et l'autre non, se pose également la question du rôle de chacun dans le choix des stratégies d'éducation. Il arrive que le parent sensible s'incline, secrètement convaincu que ce trait est un défaut et espérant que son conjoint réussira à élever l'enfant sans trop de sensibilité. Les hommes qui peinent à accepter leur tempérament y sont enclins, de même que les pères sensibles très occupés par leur vie professionnelle qui trouvent la parentalité difficile dans tous les cas, sans se rendre compte de la raison pour laquelle la vie de famille les accable tant. De même, une mère sensible peut décider de laisser le père non sensible élever leur fils sensible afin qu'il en fasse « un homme », ou leur fille pour qu'elle s'endurcisse et devienne plus libérée.

Cependant, le plus souvent, le parent sensible prend en charge l'éducation de l'enfant sensible, endossant le rôle de la véritable autorité et du protecteur, laissant éventuellement le parent moins sensible avec l'impression d'être mis à l'écart, inutile et impuissant, ou simplement écœuré. Cette situation est aussi mauvaise pour l'enfant que pour la relation des conjoints. Comme nous l'avons vu au chapitre précédent, les parents non sensibles ont beaucoup à apporter à l'éducation de leur EHS : équilibre, ancrage, esprit d'aventure, enthousiasme. N'oublions pas également qu'un enfant sensible présente malgré tout 50 % de la personnalité de son parent non sensible. Pour ces traits, c'est le parent non sensible qui s'avère connaisseur.

Comment un EHS peut influencer la relation parentale

Un enfant doté d'un tempérament exceptionnellement fort, comme un EHS, s'avère souvent une source de conflit pour les parents qui s'interrogent sur la manière de régler les problèmes inattendus et l'impression globale que leur enfant « ne se comporte pas comme les autres ». S'immisce alors la question de savoir qui ou quoi blâmer. « Tu le laisses toujours renoncer dès qu'une difficulté se présente » ou « Il a peur de s'exprimer parce que tu lui reproches de parler trop doucement ».

Celui qui passe le plus de temps avec l'enfant met en place des routines et des solutions qui pour l'autre parent moins présent ressemblent à un maternage ou une attention excessifs. Cela s'intensifie lorsque l'enfant dissimule sa sensibilité ou pose moins de problèmes au parent moins disponible ou moins à l'écoute, qui en vient à penser : « Où est le problème ? Je n'ai pas de soucis avec cet enfant. » Au bout du compte, le parent passe davantage de temps à aider son EHS à gérer sa situation et peut ne plus avoir beaucoup d'énergie à consacrer à l'autre parent, suscitant de la jalousie.

Le simple fait d'avoir conscience de ces écueils peut vous aider à ne pas y tomber. Ayez idée du point de vue de votre conjoint et de la façon dont il équilibre le vôtre. Faites preuve de délicatesse pour suggérer une autre manière de procéder. Les spécialistes de la parentalité s'accordent sur le fait que vous devez former une équipe (plus encore si vous êtes divorcés). Un EHS a particulièrement besoin que ses deux parents reconnaissent qu'il possède un trait particulier, sachent ce qu'il a de positif et se mettent d'accord sur la marche à suivre pour gérer les éventuels problèmes. Sinon, non seulement l'enfant aura l'impression d'être un cas désespéré plein de défauts, mais il se reprochera aussi votre mésentente.

Les frères et sœurs

Les compositions et dynamiques familiales sont si complexes que je ne peux faire ici que des remarques d'ordre général. Lorsqu'un enfant est plus sensible et libre de s'exprimer, ce traitement particulier a tendance à susciter un ressentiment chez les frères et sœurs ayant des besoins différents ou moins importants. Par exemple (pour reprendre les traits décrits au chapitre 1), un enfant non sensible et actif aura besoin de plus de limites et d'avertissements et n'appréciera pas qu'un frère sensible bénéficie de plus de libertés et de responsabilités. Ou bien un EHS n'aimera pas qu'un frère actif, intense et qui s'adapte lentement semble avoir plus de passe-droits parce que les parents doivent choisir leurs batailles et laissent plus de mou à cet enfant-là.

Même quand tous les enfants de la famille sont sensibles, l'un peut être plus intense, plus actif ou moins rapide à s'adapter, si bien que l'autre peut passer pour le « gentil » ou le « plus mûr ».

Il semble que les frères et sœurs deviennent aussi différents qu'il est possible de l'être, scindant certains traits et les développant vers des extrêmes opposés. Cela n'est pas grave lorsque les deux aspects du trait, et ainsi les deux enfants, sont bien considérés par au moins l'un des parents. Mais s'ils dévalorisent l'une des facettes de ce tempérament, alors l'enfant qui le porte se sentira rabaissé, ignoré ou accablé.

Par exemple, vous avez pu entendre des parents dire : « Elle est notre génie et lui notre champion d'athlétisme. » D'accord. Mais vous avez peut-être entendu aussi : « Elle est notre génie, avec des félicitations dans toutes les matières, nous sommes très fiers d'elle. Lui (soupir), préfère le sport. »

Les parents doivent faire attention non seulement à valoriser tous les profils, mais aussi à réduire ces dichotomies. Dans notre exemple, l'on aimerait que les parents souhaitent voir se développer chez leurs enfants à la fois leurs compétences intellectuelles et leurs compétences athlétiques plutôt que de se spécialiser autant. La société apprécie cette spécialisation, plus efficace. Un boulanger doit savoir faire du pain et un danseur danser ; nous n'avons pas besoin de boulangers sachant danser, je vous remercie. Pourtant, l'individu se révèle généralement plus heureux avec une vie plus harmonieuse.

Le fait de ne pas valoriser les traits de tous les frères et sœurs et de ne pas chercher à ce que chacun équilibre ses compétences pose davantage de problèmes chez les EHS. Dans ces cas, c'est le tempérament inné qui est en jeu et pas seulement un intérêt ou une préférence. On voit bien comment l'EHS peut facilement devenir l'enfant gentil, sage, mûr, serviable et brillant et le non-sensible l'enfant impulsif, comédien et à problèmes. Ou bien l'EHS sera l'enfant peureux, inhibé, timide, complexé, le vilain petit canard, tandis que le non-sensible sera l'enfant héroïque, ouvert, joyeux, qui aime s'amuser, « normal ». En réalité, les deux enfants sont capables d'être un peu des deux si leurs parents y veillent et les y encouragent.

Nous décrirons bientôt d'autres manières de parler du tempérament en présentant les deux extrêmes de façon tout aussi attirante. Mais même si vous avez une préférence secrète pour certains tempéraments, capacités, intérêts ou autres, l'honnêteté à ce sujet n'est pas souhaitable ni nécessaire. Et qui sait, vous et l'enfant que vous préférez le moins aurez peut-être beaucoup changé dans quelques mois.

L'histoire de Jacques

Jacques est un EHS qui, à l'âge de cinq ans, était devenu si jaloux et sadique envers son frère cadet de trois ans, moins sensible, qu'il était difficile pour quiconque de le supporter. Que s'était-il passé ? Son petit frère, qui avait commencé à parler et à marcher, était maintenant traité comme un membre de la famille dont on prenait en compte les besoins. De plus, ses parents lui accordaient beaucoup d'attention du fait de son tempérament intense, actif et obstiné, tous ces traits ayant davantage d'impact maintenant qu'il avait trois ans. Il touchait aux affaires de Jacques et empiétait sur son espace. Il était également grand, si bien qu'il commençait à mettre en cause la supériorité physique de Jacques et à recevoir plus d'attention de la part de leur père, qui voyait en son petit garçon le futur sportif dont il avait rêvé. Puis Jacques entra à l'école, ce qui s'avéra une épreuve, notamment la séparation d'avec sa mère alors que son frère restait à la maison avec elle.

Ainsi, pendant quelques années, Jacques est presque devenu la haine incarnée. Il était obsédé par tout ce que faisait son petit frère et critiquait le moindre de ses gestes. Il revendiquait des droits égaux dès que son frère avait un privilège et devenait irritable dès que ce dernier recevait un cadeau ou une marque d'affection de qui que ce soit. Dès que leurs parents avaient le dos tourné, il le tapait et, si le petit osait le toucher lui ou une de ses affaires, il se lançait dans une tirade détaillée et hystérique sur l'injustice de cela.

Les parents comprenaient au moins une partie des problèmes et se sont montrés aussi patients, justes et aimants que deux humains puissent l'être avec leurs *deux* garçons. Ils ont essayé d'accorder la même attention à chacun. Même si le plus petit avait encore *besoin* de plus d'attention, Jacques tentait de l'égaler à cet égard – on pouvait le laisser seul, mais pas avec son frère.

Pendant un temps, Jacques n'a été le préféré de personne. Ceci n'a jamais été dit, même en privé, en tout cas à moi. Maintenant, quelques années plus tard, les deux garçons, encore à l'école primaire, sont de bons amis et jouent ensemble. Jacques est un enfant réfléchi, rationnel, sans plus une once de rancœur ni d'agressivité en lui.

Que s'est-il passé ? Disons que pendant un temps Jacques a été sous le coup d'un élan de haine envieuse à laquelle tout un chacun peut succomber, bien que les adultes puissent mieux le dissimuler. Comme il ne réussissait pas à le cacher, il en est venu, vu de l'extérieur, à devenir l'incarnation de la méchanceté, et son adorable frère/victime de trois ans celle de la bonté, même aux yeux de Jacques, qui n'a dû que s'en vouloir plus encore de détester son frère. Mais ses parents n'ont jamais perdu l'espoir qu'il soit plus qu'une simple boule de haine : il y avait surtout de la gentillesse en chacun des deux garçons et quelques élans « mauvais » aussi, comme chez tout un chacun (le petit frère, peut-être en guise d'autodéfense, avait développé un certain talent pour pleurer, jouer les victimes et ainsi causer des ennuis à son aîné). Les parents aimaient ainsi leurs deux garçons pour l'ensemble de leur être. Cet amour, doublé d'une attention et de compliments supplémentaires à l'attention de Jacques (notamment du papa), sembla résoudre le problème. Le temps dut également jouer car en grandissant le cadet est devenu un camarade de jeu pour Jacques, qui pouvait lui enseigner ce qu'il apprenait à l'école et ainsi se réjouir des succès de son frère.

Ce que je tiens à souligner, c'est que les parents ne sont jamais tombés dans le piège du tout ou rien, comme l'avait fait leur fils. Ils ne l'ont pas réduit à une seule attitude et ne l'ont pas rejeté pour cela. Quel dommage qu'un petit enfant, encore jeune et vulnérable, ne devienne pour ses parents qu'un exemple de lâcheté, d'entêtement, de faiblesse ou de quoi que ce soit d'autre.

Par ailleurs, plus encore que les non-sensibles, les EHS ont tendance à aimer sincèrement leurs nouveaux frères et sœurs (bien qu'il ne faille jamais sous-estimer la colère ou la souffrance inconscientes qui sont presque inévitables quand le bébé de la famille voit sa place prise par un autre). En fait, un EHS peut retirer de grands bénéfices du fait d'avoir un petit frère ou une petite sœur, sensible ou non. Le petit permet au grand de mener, de protéger, de conseiller et d'enseigner – de gagner en assurance dans ces tendances naturelles chez la plupart des EHS.

Un petit frère peut toutefois s'avérer une intolérable source d'intrusion pour un EHS, qui interrompt des pensées profondes ou un jeu prenant, a envie d'entrer dans la chambre du grand, de toucher ce que l'EHS ne veut pas que l'on touche. Au chapitre précédent, vous avez fait la connaissance de Randall. Sa petite sœur Jeannie est selon sa mère son opposé total. « Jeannie adore aller jouer chez des copines, interagir, aller chez n'importe qui. Pas étonnant que Randall la trouve agaçante. Elle vient le voir et lui veut qu'elle s'en aille. Mais nous formons une famille et cela va avec ; ça n'a rien de personnel. » Comme c'est bien dit.

Gérer les conflits

Plus encore quand un enfant est hautement sensible et l'autre non, les frères et sœurs ne doivent pas être obligés de jouer ensemble ni même de s'aimer. La tolérance et la politesse suffisent, mais sont essentiels. L'EHS notamment peut être très blessé par une remarque ou une taquinerie d'un frère, en particulier un enfant plus grand non sensible. Ne laissez pas non plus les frères et sœurs résoudre seuls leurs conflits à moins qu'ils n'aient visiblement les moyens de le faire : des compétences simples comme parler et écouter à tour de rôle, savoir s'isoler un moment quand la violence perce et savoir trouver un compromis créatif et juste ou toute autre solution à laquelle ils parviendraient seuls. Et même s'ils ont ces aptitudes, il faut qu'un adulte garde une oreille pour s'assurer qu'ils respectent les règles de bonne conduite : pas d'insultes ni de coups, pas de domination ni rien qui blesse physiquement ou psychologiquement. Avec la pratique, les frères et sœurs deviennent véritablement capables de résoudre leurs conflits. *Avec de la pratique.*

Parler du tempérament au sein de la famille

Chaque enfant naît avec un type de tempérament, pas seulement les EHS. Aussi lorsque vous abordez le sujet de la sensibilité, laissez la conversation se porter sur le tempérament de chacun des membres de la famille. En revanche, ne vous montrez pas réducteur en attribuant tout à une seule cause. Les gens agissent souvent comme ils le font non pas en raison de leur tempérament, mais à cause de leur culture, de leur éducation, des personnes qui leur sont importantes, de la situation présente ou d'expériences similaires. Ainsi, le tempérament a peu ou pas d'incidence sur le fait qu'un adulte s'arrête à un feu rouge, offre des cadeaux à Noël ou s'enfuit devant une tornade.

Cet avertissement en tête, reprenez les huit traits décrits au chapitre 1 ainsi que les ouvrages de la partie Ressources et lancez la discussion. Si votre famille est intéressée, servez-vous des sept traits de la fin du chapitre 1 pour évaluer chacun et tester leur sensibilité avant de déterminer également s'ils sont chercheurs de nouveauté (chapitre 3). Avec un grand EHS, vous pouvez parler de chacune des affirmations du test de sensibilité destiné aux adultes pour voir son sentiment sur chacune et si les autres participants donneraient les mêmes réponses.

Ensemble, vous pouvez ensuite réaliser un petit schéma concernant les traits des différents membres de la famille. N'oubliez pas que c'est la personne concernée qui a le mot final sur le degré de présence de chaque trait chez lui. Il peut toujours être amusant que le groupe trouve des exemples permettant d'encourager et de complimenter les aspects positifs de chaque trait. « Tu n'es pas persévérant ? Et ce jour où tu ne voulais pas partir avant de réussir à rouler à vélo ? »

Restez positif

Gardez un ton léger et utilisez des termes positifs pour les deux aspects de chaque trait (vous trouverez une aide dans les ouvrages de Mary Sheedy Kurcinka, voir les Ressources). Par exemple, pour un haut niveau d'activité, préférez « actif » ou « énergique » à « débordant ». Son opposé est « calme » et non « lent » ou « paresseux ». Pour qualifier l'intensité d'une réponse émotionnelle, utilisez « fougueux » ou « a des sentiments forts » plutôt que « explosif », « hystérique » ou « en fait trop ». Son opposé est « doux et « facile à vivre » et non « ennuyeux ». Etc.

Néanmoins, ces étiquettes positives ne signifient pas que tout le monde doive apprécier en permanence la compagnie de quelqu'un qui a des opinions tranchées, est « toujours énergique » ou « imaginatif ».

Expliquez à vos proches que le tempérament de quelqu'un n'est ni bon ni mauvais, et que les réactions émotionnelles d'autrui aux comportements qui s'ensuivent ne le sont pas non plus. La tâche consiste à s'accommoder des différences, ce qui est l'un des plus grands défis humains, les familles étant les premières concernées.

Enfin, vous vous demandez peut-être si cela ne fait pas trop d'étiquettes. Ce peut être le cas si elles sont poussées à l'extrême ou si elles sont utilisées pour rabaisser, voire subtilement insulter lors d'un conflit. (« Tu ne me laisses jamais essayer – c'est parce que tu es tellement *persévérant.* » Apprenez aux enfants à en rester au fait – même les personnes persévérantes peuvent apprendre à partager, si bien que la persévérance n'est pas la question. La pose d'étiquettes ne fait qu'aggraver le conflit.) Ces étiquettes s'expliquent par le fait que cela fait du bien d'être vu pour ce que l'on est, elles nous légitiment. Cela signifie que les autres nous prêtent suffisamment attention pour savoir qui nous sommes, fondamentalement, qu'ils ont remarqué et savent ce que nous sommes.

La première fois que vous amenez le sujet de la sensibilité

De drôles de choses peuvent survenir dans une famille (ou un couple) lorsque l'on commence à parler de haute sensibilité de manière positive ou même neutre. Tout le monde veut être « sensible », aussi est-il important de commencer par expliquer ce à quoi vous ou votre enfant êtes sensibles : bruit, paroles dures, critiques, odeurs, toucher, fait d'être surpris ou autre. Regardez ensemble le test. Apportez des précisions.

Expliquez également que le terme est employé d'une manière particulière, technique (et qu'il est difficile de trouver de meilleurs mots pour décrire ce trait, qui ne paraissent pas trop positifs ni négatifs).

Ici, « sensible » ne veut pas dire gentil, compatissant, artiste ou perspicace. Dans une situation propice, une personne sensible a tendance à présenter ces qualités, il est aussi consciencieux, a des inclinations spirituelles, de l'intuition et de nombreuses autres vertus. Mais elle n'en a pas le monopole et lorsqu'elle est submergée elle peut ne plus les présenter. Il s'agit d'un trait neutre que l'on décrirait mieux comme étant l'une des deux stratégies fondamentales de survie : l'une, la sensibilité, consiste à observer et à réfléchir avant d'agir ; l'autre consiste à agir vite et à réessayer souvent. On voit facilement comment chacune des stratégies fonctionne dans certaines situations et pas dans d'autres.

Cependant, il arrive souvent qu'au sein d'une famille la personne sensible soit « le patient identifié ». C'est-à-dire que, peut-être tout à fait inconsciemment, tout le monde s'accorde à penser que quelque chose ne va pas chez cette personne, et donc que tout va bien chez les autres (comme si chaque personne n'avait pas ses défauts). Ou bien l'EHS est le bouc émissaire, celui à qui il est facile de reprocher toutes les déceptions (« S'il n'était pas si timide… » « Si seulement il aimait les feux d'artifice… »). Ou encore l'EHS est celui à qui tout le monde donne des ordres, telle une vraie Cendrillon (« C'est une telle trouillarde, c'est de sa faute si on doit lui dire quoi faire »).

Quand on commence à considérer la sensibilité sous un jour plus positif, l'EHS peut alors s'assumer, et l'on peut remettre en cause les habitudes et les rôles anciennement attribués. Toutes les familles ont, à des degrés divers, des relations d'amour et de pouvoir. Mais lorsque le pouvoir sous-tend la plupart des interactions, le fait qu'il change de mains peut avoir une incidence notable sur tout le monde. Parfois l'on s'efforce de garder l'EHS à cette place, ou bien un nouveau « fauteur de troubles » est trouvé.

Il peut être difficile pour les membres d'une famille de percevoir les types de dynamiques que je viens de décrire, mais si vous soupçonnez qu'elles puissent être enracinées dans la vôtre, n'hésitez pas à envisager d'aller tous ensemble consulter un thérapeute familial *expérimenté et réputé* qui vous aidera en douceur à prendre une nouvelle direction.

UN DERNIER MOT

Pour résumer, que vous soyez un parent non sensible considérant sa relation avec un EHS ou que vous aidiez votre famille à parler du tempérament de chacun, cette réflexion sur la sensibilité apportera un changement – un pas vers davantage d'égalité et d'appréciation entre les membres. Aborder le sujet du tempérament peut s'avérer une excellente « thérapie familiale ».

Chapitre 5

Quatre clés pour élever un enfant sensible heureux

Estime de soi, diminution de la honte, discipline avisée et manière de parler de la sensibilité

Ce chapitre explique d'abord comment renforcer l'estime de soi de votre enfant et pourquoi cette question se pose particulièrement chez les EHS. Nous abordons ensuite la honte, une émotion distincte que les enfants sensibles sont spécialement enclins à ressentir. Puis, vous découvrirez les dernières idées en termes de discipline pour savoir comment faire en sorte qu'un EHS apprenne et change sans qu'il se sente brisé. Vous verrez enfin comment parler de la sensibilité de votre enfant à votre famille, à vos amis, aux enseignants, ainsi qu'à votre enfant lui-même, et aider celui-ci à gérer les remarques négatives qu'il pourrait entendre.

LA PREMIÈRE CLÉ : L'ESTIME DE SOI

L'estime de soi d'un enfant fluctue au rythme des hauts et des bas qu'il traverse, mais il est aussi vrai qu'il développe en lui une attitude générale, positive ou négative. Si elle est négative, l'enfant s'arrêtera à peine sur les bons moments et seuls les mauvais lui sembleront compter. Si vous lisez ce livre, vous vous préoccupez sans doute suffisamment de votre enfant pour qu'il se sente valorisé et qu'il présente une bonne estime de soi, réelle et ancrée. Mais pour certaines raisons, elle peut ne pas être aussi profonde qu'il n'y paraît.

Un EHS a besoin d'être repris ou réprimandé, mais si vous ne le faites pas correctement, il risque de considérer vos remarques comme des commentaires sur sa valeur. (Rappelez-vous ma description de Star le beagle et de Sam le border collie au chapitre 2.) L'EHS souhaite généralement suivre les règles, et lorsqu'on lui dit qu'il a fait une erreur, il traite cette remarque de manière approfondie afin d'éviter de la reproduire. Rappelez-vous que réussir du premier coup constitue l'essence de la stratégie de survie qui est gravée dans leurs gènes. Trop de critiques et l'enfant peut en conclure qu'il vaut mieux partir du principe qu'il a généralement tort.

La deuxième raison pour laquelle l'EHS est enclin à avoir une faible estime de soi réside dans le fait qu'il est déjà pour lui-même un impitoyable autocritique. Fin observateur, il évalue, il est un critique-né, comme on l'entend d'un critique de cinéma, littéraire ou gastronomique. Il s'abstient souvent de tout jugement envers ceux chez qui il perçoit un manque d'amour et d'acceptation. En revanche, il peut se montrer sans pitié envers le genre humain en général, mais aussi envers lui-même et ses proches (qui font presque partie de lui et dont il attend donc le meilleur).

Ne soyez pas dérouté par sa capacité à formuler des critiques justes. L'EHS n'est pas capable de recevoir ce qu'il sert lui-même aux autres. Parce qu'il ressasse si profondément ses erreurs, souvent il n'a pas besoin d'entendre de critiques – il se punit lui-même.

Troisième point, vous ne pouvez pas contrôler ce qui est dit ou fait à votre enfant lorsque vous n'êtes pas là – vous pouvez seulement préparer son esprit à interpréter correctement ce qu'il pourrait entendre. Comme je l'ai évoqué au chapitre 2, votre enfant grandit dans une société qui ne favorise pas les personnes sensibles. Dans la culture occidentale, un garçon est voué à passer un mauvais quart d'heure s'il révèle sa sensibilité à la douleur, aux critiques, à la surstimulation ou aux sentiments d'autrui. Mais même si votre enfant n'entend dire que des louanges du fait d'être hautement sensible, il remarquera forcément que le monde n'est pas fait pour s'adapter à son cas particulier. Le fait que cela semble normal, que « c'est comme ça », ne fait que confirmer son sentiment inconscient de décalage. L'EHS a par conséquent besoin d'une aide supplémentaire pour développer en lui une réponse ou un antidote à ce manque général de reconnaissance de ses besoins et de ce qu'il est.

Enfin, j'admets mettre l'accent sur l'estime de soi et la réduction de la honte parce que je sais combien ils sont difficiles à modifier à l'âge adulte. Quasiment tous les adultes qui viennent me voir pour une psychothérapie sont des personnes sensibles élevées par des parents ou ayant été dans une école (généralement les deux) qui au mieux les ont ignorés, si bien qu'ils se sentaient insignifiants, ou au pire (le plus souvent) les ont traités comme si quelque chose n'allait pas en eux. Une fois adultes, ils continuent d'éprouver une honte profonde. Tant qu'on ne s'y confronte pas et qu'on ne les travaille pas, cette honte et cette mauvaise estime de soi peuvent s'avérer affreusement douloureuses au quotidien – et causer aussi bien des souffrances émotionnelles que les pires douleurs physiques chroniques. Elles peuvent les empêcher de se trouver des amis ou des partenaires de vie et d'exploiter pleinement leurs talents (ou au contraire ils les surexploitent pour tenter de prouver leur valeur). Tenter de changer ces sentiments chez l'adulte est un travail lent et coûteux. Il consiste pour l'essentiel à reconnecter le cerveau. En tant que parent, faites tout ce qui est possible pour connecter correctement le cerveau de votre enfant, dès le départ.

Les quatre types d'estime de soi

Commençons par une brève description de l'estime de soi. Chez l'enfant, elle provient d'au moins quatre sources. La première est la plus importante. Il s'agit du sentiment d'être aimé par une ou plusieurs personnes pour la simple raison que l'on existe. Cela n'a rien à voir avec la réussite. Pour que ce sentiment soit ancré et stable, il naît certainement à la naissance ou peu après et doit se prolonger durant l'enfance, même si l'enfant rencontrera forcément des gens qui ne l'aiment pas ou des jours où ses parents ne respireront pas l'amour. Mais si ce sentiment demeure relativement stable, une fois adulte, même si ceux qui vous aiment ne sont pas près de vous, vous conservez toute votre vie cette perception que vous portez une bonté fondamentale. C'est une sorte de sécurité qui vous fait vous attendre à ce que la plupart des gens que vous aimez vous aimeront en retour quand ils vous connaîtront. Il vous permet d'être dépendant lorsque c'est nécessaire et aimant quand vous en avez l'envie.

Les trois autres types d'estime de soi sont liés aux capacités. Il y a l'estime de soi sociale – le sentiment d'être capable de se faire des amis, de dire des choses intéressantes suscitant le respect chez des inconnus et de mener ou de s'exprimer au sein d'un groupe. Cela commence à la maison, s'étend aux amis proches, puis avec la pratique et le succès, peut s'étendre à presque toutes les situations sociales. Il y a aussi l'estime de soi physique, une confiance en son apparence et en ses capacités, en sa coordination et dans le fait que son corps soit capable d'apprendre un geste, de jouer à un jeu, d'accomplir une tâche et de paraître aussi bien que les autres. La dernière est l'estime de soi intellectuelle – un sentiment de confiance dans des situations d'apprentissage, le fait de savoir pouvoir égaler d'autres personnes du même âge dans au moins certains domaines.

Nous rencontrons parfois des gens dotés d'une trop grande estime de soi d'une ou plusieurs sortes, qui croient pouvoir faire des choses sans préparation ou qui pensent qu'ils seront appréciés même s'ils se montrent indifférents ou odieux. Néanmoins, je n'ai jamais rencontré d'EHS comme cela. Les EHS sont davantage enclins au « réalisme dépressif » : quand ils évaluent leurs résultats ou ce que les autres pensent d'eux, ils s'apparentent aux personnes déprimées[47], en ce qu'ils se montrent relativement exacts, alors que la plupart des gens tendent vers le côté positif.

Le réalisme des EHS s'explique. Il est intimement lié à leur stratégie innée consistant à réussir du premier coup. De plus, ils n'aiment pas la surexcitation causée par les surprises, comme essayer d'adopter un comportement et découvrir qu'ils ne le peuvent pas ou que cela n'est pas apprécié. Ils ne veulent surtout pas imaginer être aimés, puis se sentir blessés par ce qui semble la preuve contraire. N'essayez donc pas de donner à votre EHS un niveau d'estime de soi monumental et irréaliste ; visez seulement un réalisme positif.

En effet, votre EHS développera un jour ou l'autre un sentiment très aigu de ses « zones d'ombre » – ces pulsions et ces désirs on ne peut plus humains qu'il a bannis dans son inconscient pour être un bon garçon. Pour le meilleur ou pour le pire, les personnes sensibles sont un peu plus conscientes que les autres de ce qui est normalement inconscient – le voile est plus fin chez eux. S'il arrive qu'ils aient une trop haute opinion d'eux-mêmes, ils ne la gardent donc pas longtemps. Ils savent qu'ils ont parfois envie de faire preuve d'un grand égoïsme ou d'une affreuse méchanceté. C'est à vous de vous assurer que votre enfant accepte ces zones d'ombre et qu'il croie que vous-même pouvez les accepter. Votre enfant devra apprendre et bien comprendre qu'*avoir* de « mauvaises » pensées n'est pas la même chose que *faire* de « mauvaises » choses. Être conscient de ces « mauvaises » pensées a même un avantage : cela signifie que nous pouvons garder un œil sur elles. Elles sont sur le seuil et frappent à la porte, mais n'entrent pas furtivement par derrière.

Le plus important : parce qu'un EHS craint de surestimer ses capacités, ses vertus ou combien il est aimé et estimable, vous devrez vous assurer qu'il ne *sous*-estime pas non plus ces aspects. Plus encore, vous pouvez l'encourager à les surestimer très légèrement quand cela ne pose pas de problème. Se dire « je peux le faire » peut être une stratégie raisonnable. Nous avons tous besoin d'un peu d'élan pour nous lancer.

J'ai parlé de Chuck au chapitre 1, le garçon de neuf ans qui skie et grimpe aux arbres, mais avec prudence. Il a beaucoup hésité avant de partir pour la première fois en colonie de vacances. Il avait d'abord envisagé de partir pour un week-end, puis s'est décidé à risquer une semaine entière. Mais le séjour durait deux semaines. Il a donc choisi d'essayer, pour suivre son grand frère et son cousin (non sensibles), les organisateurs ayant assuré qu'ils dormiraient tous dans la même chambre. À l'arrivée, il a appris qu'il ne serait pas avec eux. Sa mère s'est inquiétée quand les yeux de son fils se sont remplis de larmes tandis qu'il observait le dortoir vide, que des garçons inconnus allaient bientôt investir. « On rentre à la maison alors ? » lui a-t-elle demandé.

Il a soudain pris une expression sévère et le garçon sensible et réaliste a soudain laissé place à un Chuck plus confiant, bien que moins réaliste. « Non, je ne serai là que pour dormir. » Il est finalement resté.

Comment promouvoir l'estime de soi

1. ***Observez-vous vous-même.*** Peu de choses échappent aux EHS. Les actes (y compris la posture, le ton de la voix et les expressions du visage) parlent plus que les mots pour ces enfants. Si quelque chose vous dérange chez vous ou chez eux, leur sensibilité ou autre chose, ils le sauront. Si vous ou votre enfant êtes hautement sensibles, en êtes-vous fier ? Ou nourrissez-vous toujours de petits doutes, comme la peur que votre enfant ne devienne pas un adulte heureux parce qu'il est sensible ? Si la sensibilité vous dérange, travaillez ce point. Changez d'avis, dès maintenant.

2. ***Les mots ont aussi leur importance.*** Parlez en termes élogieux de la sensibilité de votre enfant lorsque le sujet est abordé (mais veillez à ne pas en faire trop, il ne faut pas que vous ayez l'air de surenchérir pour compenser vos craintes cachées). Quand votre enfant a besoin de se reposer ou de faire une pause, vous pouvez lier ce besoin à un aspect positif de ce trait : « C'est normal que la visite du zoo t'ait fatigué, tu as tout observé dans les moindres détails ! » Louez particulièrement les talents d'observation de votre EHS, sa capacité de réflexion, son souci du travail bien fait, sa créativité, son intuition et sa compassion. Toutefois, il doit être clair que vous ne les attendez pas en permanence. Préférez « Tu as repéré plein de petites choses au zoo » à « Tu es mon petit Sherlock Holmes, tu remarques tout où qu'on aille ».

3. ***Passez du temps avec votre enfant.*** Il n'y a rien de mieux pour signifier à quelqu'un qu'on l'apprécie que de vouloir être avec lui. Le pédopsychiatre Stanley Greenspan recommande de passer une demi-heure « par terre » chaque jour avec son enfant, à suivre ce qu'il a envie de faire. Cela guérit toutes sortes de blessures, comme une récente punition ou un moment de honte. Avec un EHS, assurez-vous qu'il soit prêt à recevoir cette attention très stimulante. Une demi-heure peut être trop, en tout cas certains jours. Une solution moins stimulante peut consister à travailler dans la même pièce, à lui parler pendant que vous cuisinez, faites le ménage ou conduisez. Mais si vous avez l'intention de passer du temps avec lui, laissez ses besoins dicter la manière dont vous le ferez, et non les vôtres.

4. ***Faites preuve de respect*** vis-à-vis des sentiments, des besoins, des opinions, des préférences et des décisions de votre enfant. Cela doit commencer très tôt. Même si vous devez refuser une préférence ou imposer une limite, respectez cet élan qui lui vient de l'intérieur. Ce peut être aussi simple que : « Je sais que tu adores les glaces, mais il faut que tu manges d'abord ton repas. » Ou : « Je comprends que tu aies envie de faire des cookies – c'est amusant et nous aimons tous les manger. Mais il est vingt-deux heures et je dois me lever à six heures demain matin et je sais que t'entendre t'activer dans la cuisine jusqu'à vingt-trois heures ou minuit va m'empêcher de dormir. » Cette prise en compte concède une validité au désir et à celui qui le formule.

5. ***Aidez votre EHS à se comprendre lui-même par rapport aux personnes non sensibles.*** Il doit apprendre que de nombreuses personnes ont tendance à penser tout haut, à parler sans avoir réfléchi ou à agir de manière impulsive sans toujours vouloir dire ce qu'ils disent ou avoir l'intention de causer un effet si brutal. Vous lui apprenez ainsi à baisser mentalement le volume, à porter des bouchons d'oreilles

émotionnels. Vous pouvez par exemple suggérer : « Je me demande s'il n'était pas de mauvaise humeur – tu sais qu'il arrive de dire des choses qu'on ne pense pas. » Ou : « Pourquoi tu ne lui demanderais pas demain s'il pensait vraiment ce qu'il a dit ? » (Le fait de poser la question le jour-même pourrait induire une réponse défensive du type « Évidemment que je le pense ».)

Dans un même temps, votre EHS doit savoir que souvent les personnes non sensibles « n'entendent » pas très bien. Ils ne saisissent pas tout de suite les allusions ou ne comprennent pas que des phrases comme « peut-être... si c'est si important pour toi » veulent en réalité dire non. Avec les enfants non sensibles, il faut que votre enfant dise « Je veux ça », « C'est mon tour », « Faisons à ma façon maintenant » ou « Arrête, je n'aime pas ça ». Cela demande beaucoup d'entraînement, une situation à la fois, en se préoccupant d'une personne qui n'entend pas à la fois.

Cependant, s'il ne parvient pas à monter le volume ou s'il se sent ignoré, aidez-le à ne pas se voir comme une victime. Il y a tout simplement des gens qui n'entendent pas les voix douces. (Quand je vais à Long Island, où mon mari enseigne, je n'arrive jamais à demander un sandwich avec une voix suffisamment forte, assurée et rapide pour me faire comprendre. J'essaie de prendre avec philosophie les regards agacés qu'on m'adresse.)

Le plus important est que votre enfant comprenne qu'il n'y a de problème ni chez l'enfant sensible ni chez le non-sensible ; chacun a simplement un style différent. En même temps, il peut avoir sa préférence et peut décider de l'exprimer : « Je trouve cela impoli quand tu parles comme ça. »

6. ***Soulignez ses forces quand votre enfant parle d'une faiblesse.*** Lorsqu'il mentionne un défaut ou un échec, il est *important* de commencer par reconnaître son sentiment : « Je vois comme tu dois être affreusement déçu d'avoir raté deux fois la balle aujourd'hui. » Puis, mentionnez un exemple contraire : « Mais je considère les choses un peu différemment : tu as marqué plusieurs points la semaine dernière. » Ou : « Non, le base-ball ne semble pas fait pour toi, mais je sais que tu adores la gym et à quel point tu es bon dans ce sport. » Ou encore : « Le sport n'est pas ton point fort, mais je trouve que tu dessines mieux que presque tous les enfants de ton âge. Je me demande si Van Gogh était bon au foot ? »

N'insistez pas et n'allez pas jusqu'à la dispute. Mentionnez simplement votre propre avis, mais sans exagérer ses capacités, ce qui ne ferait qu'amoindrir la crédibilité de vos futurs compliments.

Cette tactique consistant à souligner un succès en cas d'échec s'avère importante pour activer l'estime de soi dans le cerveau d'un enfant. Les études montrent que nous sommes capables de mémoriser les souvenirs relatifs à soi[48] à l'aide de deux « systèmes de classement ». Les personnes souffrant d'une faible estime de soi et de dépression tendent à conserver l'ensemble de leurs traits négatifs dans le même dossier, si bien que lorsque le souvenir d'un échec ou d'une faiblesse vient à l'esprit, tous reviennent. En revanche, d'autres personnes présentent un système neutre. Ils rangent toutes leurs expériences et attitudes personnelles relatives au sport par exemple dans un dossier, les disciplines scolaires dans un autre, et la vie sociale dans un autre encore. Les forces et les faiblesses sont classées ensemble par thème.

Comment ce classement indésirable marqué « je suis bon ou mauvais » se développe-t-il ? Il provient en partie des parents et de pairs qui posent des étiquettes à valeur générale du type « tu es méchant ». Toutes les mauvaises choses que votre EHS a faites jusqu'à présent passent alors sous ce filtre. Votre enfant pense : « Oui, j'ai fait ça, ça et ça. » Ou bien : « Tu es mon petit ange. » Toutes les bonnes choses passent dans ce dossier. Évitez donc ce genre d'affirmations en forme de jugement de valeur général et tentez de les contrer quand votre enfant les utilise, comme dans l'exemple ou vous équilibrez le souvenir des balles ratées par celui des points remportés la semaine précédente. Votre enfant vous répondra peut-être que vous « cherchez simplement des excuses », mais si elles sont valables, elles seront intégrées.

LA SECONDE CLÉ : RÉDUIRE LA HONTE

La seconde clé pour voir grandir un EHC heureux et confiant consiste à éviter la prédisposition à la honte. La honte est bien plus que l'absence d'estime de soi. La honte et la culpabilité, sa cousine, sont de puissantes émotions ancrées liées à la conscience de son image (comme la fierté). Les psychologues les distinguent ainsi : tandis que la culpabilité se concentre sur des mauvaises actions particulières et, souvent, sur ce que l'individu peut faire pour s'amender, la honte est le sentiment que c'est lui-même dans son ensemble qui est mauvais. Ainsi, la culpabilité postule un soi actif qui peut faire une erreur et la corriger, tandis que la honte repose sur l'idée de passivité ou d'impuissance. Quelqu'un qui se sent coupable a tendance à s'engager, à tenter de se racheter ou au moins de se défendre. Quelqu'un qui a honte baisse la tête ou détourne les yeux, se met en retrait, se fait petit ou se voûte, signe de soumission ou simplement qu'il a envie de disparaître. Il se sent affreusement mal.

Personne ne ressent de la honte ou de la culpabilité en permanence. Toutefois, elles peuvent presque devenir un aspect de la personnalité dans la mesure ou certaines personnes deviennent enclines à la honte ou à la culpabilité, de la même manière que d'autres deviennent anxieuses ou timides par nature. Honte, culpabilité, timidité ou anxiété sont des sentiments que tout un chacun est susceptible de ressentir parfois, mais certains individus les ressentent presque en permanence.

Un mot en faveur de la honte

Cependant, je ne veux pas donner une vision de la honte qui serait déformée du point du vue culturel. Dans certaines cultures plus communautaires, comme en Chine et au Japon, la honte est un peu plus courante et attendue. Elle sert à ce que les individus se préoccupent les uns des autres et agissent correctement. Des chercheurs ont fait une découverte intéressante : au Japon, la honte, ainsi que l'estime de soi et la fierté, dépendent plus de ce que les autres pensent qu'aux États-Unis[49], où l'on considère comme une vertu le fait de ne tenir compte que de sa propre perception de soi-même et de ne pas se laisser facilement influencer. Comme ils ne font pas cas des opinions d'autrui, les Américains tendent à avoir une estime de soi excessivement haute ou basse. Les Japonais présentent moins de variation dans ce sentiment parce qu'ils ont tendance à observer attentivement les réactions des autres, à y réfléchir, puis à fonder leur opinion d'eux-mêmes sur celles-ci – cela vous rappelle quelque chose ? Il n'est pas étonnant que nombre de personnes sensibles me disent que la culture japonaise leur convient bien !

Dans les sociétés où les enfants sont élevés dans l'optique qu'ils deviennent très indépendants, le fait de ressentir de la honte s'avère en lui-même honteux. Si bien que quand un EHS a honte, s'ajoute la honte de se sentir honteux. Pourtant, la honte nous oblige à considérer les implications profondes de nos actions. Dans ces moments de honte spontanée – non pas induits à tort par autrui, mais provenant de la prise de conscience de l'effet de notre comportement –, nous nous rendons véritablement compte que nous faisons fausse route. L'EHS est très enclin à ressentir cette honte spontanée. Elle fait partie de sa manière d'apprendre, car elle permet d'éviter une future transgression similaire. Par exemple, lorsqu'il a ressenti la honte d'avoir volé dans un magasin (chose que la plupart des enfants tentent), il comprend qu'il n'est pas le genre de personne à voler et peut se sentir à la fois vertueux et sûr qu'il ne fera plus jamais l'expérience de ce type de honte. L'EHS apprécie beaucoup ce sentiment.

Maintenant que j'ai rendu justice à la honte, je dois réaffirmer que la ressentir s'avère extrêmement pénible. Une « petite dose » suffit pour l'EHS. Fondamentalement, elle signifie pour lui « je suis nul ». Punir un EHS par la honte équivaut à vouloir enfoncer une punaise avec une masse.

Lorsqu'elle est très intense, la honte peut provoquer un état d'hostilité désespéré, envers les autres ou soi-même. L'un des moments où un EHS est susceptible d'entrer dans une colère explosive est lorsqu'il se sent honteux et ne peut le supporter. La plupart des études[50] comparant les personnes enclines à la honte ou à la culpabilité ont montré que les premières avaient beaucoup plus tendance à être hostiles, violentes et non compréhensives. Elles se sentent acculées dans une situation où, tel Macbeth, elles sont contraintes de vivre avec un sentiment de méchanceté insupportable. Chez l'EHS, l'on peut être certain que cette posture extrêmement agressive fondée sur la honte sera dirigée contre lui-même.

Voici donc des façons d'éviter la honte.

Éviter la tendance à la honte

Parce que la honte est plus que le simple opposé d'une bonne estime de soi, éviter que votre enfant ne soit enclin à l'éprouver nécessite une certaine prudence supplémentaire.

1. ***Ne tombez pas dans l'extrême inverse en ne réprimandant pas votre EHS.*** Les psychologues Tamara Ferguson et Hedy Stegge[51] ont étudié les causes de la tendance à ressentir de la honte chez les enfants. Ils ont découvert que les pires cas n'étaient pas dus à une discipline sévère, mais plutôt à un manque de discipline. Dans ces familles, les parents avaient donné aux enfants le sentiment que rien de ce qu'ils pouvaient faire n'était bien, si bien que la question de la discipline ne se posait même pas. Les enfants étaient au-delà de toute rédemption possible. On peut imaginer que le fait d'avoir un EHS puisse être une déception pour certains parents, et si ces derniers ont décidé que cette sensibilité était innée et indésirable, ils risquent de ne pas tenter de changer quoi que ce soit chez « ce cas désespéré », si bien que cet enfant en ressent une honte profonde. Nous parlerons davantage de la discipline dans la partie suivante, mais l'essentiel est : le fait de tenter, même maladroitement, de changer et de reprendre un EHS témoigne d'un intérêt et signifie que vous n'avez pas abandonné.

2. ***Une nouvelle fois, observez-vous vous-même.*** De nombreuses personnes ont été élevées par des parents qui utilisaient la honte comme méthode de discipline. « Imbécile, regarde ce que tu as fait ! » « Tu ne peux donc jamais faire les choses correctement ? » « Tu renverses toujours ton lait. » « Tu me dégoûtes. » « Qu'est-ce que les gens vont penser ? » Il est stupéfiant de voir à quel point nous répétons les paroles de nos parents quand bien même nous savons qu'elles nous ont blessés. Prenez conscience autant que possible de votre propre tendance

à éprouver de la honte et ne la suscitez pas chez votre enfant comme vous l'avez vécue. Une habitude se change.

3. ***N'insistez pas sur ce que vous souhaitez que votre EHS réussisse.*** Ce type d'encouragement, à petite dose, sous-entend que vous considérez votre enfant comme compétent. Mais si vous avez tendance à exagérer, il vaut mieux que vous n'attendiez de lui rien de particulier. Essayez d'apprécier votre enfant au quotidien, sans penser à ce qu'il pourrait faire ou vous apporter plus tard. Aidez-le à s'imaginer une vie qu'il considérerait comme réussie selon ses propres critères. Je vois souvent des adultes sensibles qui se sont écartés de leur voie pour faire ce que leurs parents avaient souhaité, avant de découvrir que ce n'est pas ce qu'ils voulaient ou ce qui convenait à leur tempérament. Si bien qu'ils échouent, ou commencent à s'attendre à un échec, ou bien comprennent qu'il leur faut tout recommencer à un âge avancé pour trouver leur véritable vocation. Le fait de ne pas « être à la hauteur » laisse un profond sentiment de honte.

Quand vient le sujet de « ce que je ferai quand je serai grand », parlez de ce qui plairait à votre enfant, de ce qu'*il* aimerait réussir, quels seraient les avantages et les inconvénients *pour lui* de différents modes de vie. Efforcez-vous d'aborder cette question de manière aussi impartiale que vous le pouvez, en mettant de côté vos propres espoirs.

4. ***Faites attention aux comparaisons entre enfants.*** Comme je l'ai dit au chapitre précédent, les frères et sœurs sont souvent étonnamment différents. À moins que vous puissiez exprimer seulement par votre regard que vous les considérez tous autant, faites attention à ne pas émettre de généralités à propos de leurs différences. Concentrez-vous sur les points forts de chacun et ne les comparez pas.

Le fait de comparer votre enfant avec ses amis peut être une source de légitimation ou bien de honte. Honte : « Pourquoi n'es-tu pas capable de faire un simple exposé, comme Sean ? » Légitimation : « Sean a plus de facilité à s'adresser à un public que tu n'en as en ce moment, mais c'est toi qui a les meilleures notes à l'écrit. »

5. ***Attention à vos taquineries.*** Dans certaines familles l'on se taquine beaucoup, en affirmant qu'il s'agit juste de preuves d'amour et de traits d'humour. Cependant, les taquineries sont souvent une manière d'adresser des messages hostiles dissimulés sous une apparence légère. Ce sont presque toujours des situations propices à susciter une honte, par exemple : « Chouette, John fait la cuisine : les chiens mangeront bien ce soir. Dès qu'il sera couché, nous commanderons une pizza. » Un EHS ne se laisse pas berner. Ne le taquinez pas à moins d'être sûr qu'il considère vos paroles comme une plaisanterie gentille et affectueuse qu'il puisse vous retourner librement.

6. ***Veillez à ce que votre enfant n'ait pas l'impression d'être la cause de problèmes familiaux.*** Les jeunes enfants en particulier sont enclins à penser par rapport à eux-mêmes, se disant « Papa et Maman se disputent et maintenant ils divorcent parce que je ne suis pas gentil » ou « Ma sœur est tombée malade parce que j'étais fâché contre elle et que j'ai souhaité sa mort ». D'une façon étrange, les enfants pensent mieux contrôler ces événements s'ils ont l'impression de les avoir causés, notamment quand la seule solution qu'ils puissent imaginer est que les mauvaises choses telles que la maladie arrivent comme ça, ou que des gens qui disent vous aimer peuvent malgré tout divorcer, ce qui fait terriblement souffrir. Parlez donc activement avec votre enfant : que comprend-il des causes de ce qui vous arrive ? Apportez une bonne explication adaptée à son âge et qui soit raisonnablement rassurante.

LA TROISIÈME CLÉ : UNE DISCIPLINE AVISÉE

Les psychologues se sont beaucoup intéressés à la manière de susciter chez les enfants un sens bien ancré du bien et du mal, parce que ses répercussions affectent profondément la société. Grazyna Kochanska, de l'université de l'Iowa, est l'une des principales chercheuses dans ce domaine. Sans surprise, elle a découvert que les diverses méthodes fonctionnent différemment selon les tempéraments. Mais penchons-nous tout d'abord sur quelques principes généraux.

L'objectif est que la moralité constitue une raison intérieure de ne pas faire quelque chose, et pas seulement la crainte d'être pris. La moralité venant de l'intérieur est dite « intériorisée », par exemple lorsqu'un enfant ne vole pas parce que « c'est mal ». Si on lui demandait pourquoi, il répondrait : « J'ai été élevé comme ça » ou « Ma religion me l'interdit » ou encore « Ce serait terrible si tout le monde prenait en permanence les affaires des autres ». (Il faudrait des effectifs de police énormes et un grand nombre d'alarmes pour stopper les vols si la moralité n'était pas intériorisée et que la plupart des gens avaient seulement peur d'être arrêtés.)

Kochanska et ses collègues[52] ont remarqué que la moralité semble naître de façon relativement naturelle lorsque la relation enfant-responsable est affectueuse. Les tout-petits aiment partager et sont soucieux de contenter celui qui s'occupe d'eux – il existe en nous, animaux sociaux, une « réceptivité mutuelle » naturelle. Mais les personnes qui s'occupent de l'enfant se mettent finalement à interdire certains comportements. Ces moments bouleversent l'enfant, troublent l'harmonie entre eux et suscitent un conflit entre deux motivations : contenter l'autre et faire selon sa propre envie. L'enfant se retrouve excité, contrarié, et le conflit éclate d'une manière ou d'une autre. Si tout se passe bien, vers l'âge de trois ans, l'enfant commence à accepter le point de vue de son parent et à se l'approprier. Ils souhaitent tous deux conserver harmonie et affection et le petit se souvient maintenant des raisons pour lesquelles il doit obéir et les a fait siennes – par exemple, parce que c'est dangereux, dérangeant ou déplaisant pour quelqu'un. La raison de ne pas faire comme il en a envie est à présent « intériorisée ». L'enfant peut même aller jusqu'à se dire : « Je ferais mieux de ne pas toucher à ça, Maman a dit que ça se cassait. »

Voici le moment où cela devient intéressant. Les recherches ont montré que les valeurs sont mieux intériorisées[53] quand l'enfant n'est ni sous- ni surexcité. Vous devez retenir son attention, mais pas le terroriser. S'il n'est pas suffisamment en alerte lorsqu'on le réprimande, il se dit « oui, oui » et continue comme avant. Nous avons tous vu des enfants agir ainsi, notamment quand le parent répète sans cesse un ordre sans le faire suivre d'effet. À l'autre extrême, si l'enfant est surexcité, il se met à éviter la situation donnée (ainsi que la personne qui l'a puni), mais ne se souviendra plus pourquoi il ferait mieux d'obéir ni quel était le point du vue du parent. (Par exemple, je me rappelle très bien l'unique fois où j'ai reçu une fessée étant petite, mais pas du tout la leçon morale qui l'accompagnait, ni même ce que j'avais fait pour la mériter. Je me souviens seulement de la terreur et de l'humiliation.)

Si l'enfant se trouve dans un état d'excitation et d'alerte confortable, il entend les raisons d'obéir, qui constituent autant d'informations importantes sur le bien vivre ensemble. « Ne crie pas ou tu vas réveiller Papa. » « Quand tu donnes des coups de pied à Annie, ça lui fait mal. » « Les enfants n'aiment pas les autres enfants qui mordent. » Et avec un enfant plus âgé : « Je sais que certains enfants trichent, mais en plus de se faire du tort à eux-mêmes parce qu'ils ne pourront plus se considérer comme honnêtes, ils font aussi du tort à tout le monde parce que les notes ne veulent alors plus dire grand-chose et il n'y a plus moyen de savoir qui a besoin d'aide et qui peut avancer plus vite. »

L'EHS intériorise naturellement

Sur la base de ces recherches, Grazyna Kochanska s'est intéressée à la manière dont le tempérament affecte l'apprentissage moral. Lors d'expériences menées auprès de très jeunes EHS, elle a découvert qu'ils ont beaucoup plus tendance à avoir déjà intériorisé la moralité que les non-sensibles. Seuls, sans risque de punition extérieure, ils étaient bien moins enclins à faire des choses que leurs parents leur avaient interdit de faire. Elle a soupçonné que c'était en partie dû à leur tendance à éviter le risque de critiques ou de punitions, mais aussi à leur capacité accrue à remarquer ce qui se passe, à réfléchir et à se réfréner.

Par exemple, Kochanska a observé[54] parmi des enfants de deux et trois ans lesquels *remarquaient*, quand on leur présentait un objet cassé, qu'il était cassé. Ces enfants se montraient également plus intéressés et préoccupés par le défaut de l'objet. Puis, une autre fois, elle a de nouveau réuni tous les enfants et a découvert que les plus observateurs et les plus sensibles étaient aussi plus troublés par le fait d'endommager l'objet en le manipulant (casser une poupée ou tacher un vêtement).

Kochanska a aussi réalisé des expériences avec des enfants plus âgés (de cinq ans) où ils avaient le droit de violer les règles, de tricher et d'être égoïstes sans risquer d'être réprimandés. Les EHS étaient bien moins enclins à aller dans ce sens, mais à cinq ans cela ne se vérifiait *que* s'ils avaient reçu l'éducation morale bienveillante décrite ci-dessus, sans surexcitation au moment de la réprimande.

Les parents avec lesquels je me suis entretenue semblaient avoir déjà réalisé les expériences de Kochanska dans la mesure où ils recommandent tous « d'y aller en douceur » avec leur enfant. Pas de fessées, pas de mise en situation de honte, pas de retrait de l'amour ni d'isolement. Un EHS remarque un simple changement dans le ton de la voix et cela suffit à le peiner.

Les parents s'accordent sur le fait que les EHS font malgré tout des erreurs ; ils violent parfois les règles (à la maison beaucoup plus qu'à l'école). Mais ils s'en trouvent généralement beaucoup plus bouleversés ensuite, si bien qu'avec leurs regrets ils s'en punissent presque eux-mêmes. D'après les parents, une discussion suffit le plus souvent. Certains ont malgré tout augmenté la punition pour capter l'attention de leur enfant, en imposant un moment d'isolement ou en retirant un privilège. Mais ils se sont rendu compte que quand leur EHS était en larmes, tremblant ou en colère et manifestement plus en état de se contrôler, ces signes étaient des manières de dire « Je ne peux pas en supporter plus ». Les études que nous avons consultées ainsi que l'expérience des parents montrent que ce n'est alors pas le moment d'alourdir la punition, même si certains conseillent plutôt « de ne pas abaisser ses armes et d'administrer une punition plus forte ». Cela fonctionne peut-être avec des enfants non sensibles et peut même s'avérer essentiel pour attirer leur attention. Néanmoins, avec un EHS, les parents trouvent qu'ils gagnent la bataille, mais perdent la guerre. L'enfant ne s'arrête finalement que parce qu'il a peur. Vous êtes parvenu à vos fins, mais il est si bouleversé qu'il n'intériorise certainement pas la leçon. Mieux vaut d'abord calmer l'EHS, puis décider ensuite d'une sanction juste. (Nous aborderons la manière de réagir en cas de colère au chapitre 7.)

Les parents avaient également des idées quant à la façon de garder le niveau d'excitation au minimum lors des réprimandes. La prévention joue un grand rôle : établir des exigences adaptées à l'âge et les signifier clairement, satisfaire les besoins avant qu'ils ne s'expriment de manière inappropriée, et prévoir. Intéressons-nous à ces points.

Éviter les « séances discipline »

Posez-vous des questions sur vos exigences

En tant que parent, vous devez avoir des exigences claires de comportement selon les âges et les situations : des attentes pour un enfant de quatre ans au restaurant, ce que vous considérez comme des manières convenables quand votre enfant de dix ans rencontre un inconnu, quand il doit présenter des excuses, etc. Si les exigences n'ont pas été exprimées clairement, notamment avec les enfants plus âgés, vous pouvez les établir ensemble, en famille : s'il est acceptable de crier dans la maison, de jurer, de s'insulter, de taper, de lancer des choses, d'abîmer les affaires d'autrui, de lancer de la nourriture, d'avoir une demi-heure de retard sans avoir prévenu, de glisser sur la rampe de l'escalier, de poser ses pieds sur les meubles ou de mettre les clés de la maison ailleurs que sur le crochet près de la porte ! Les exigences instaurées ensemble sont souvent plus faciles à faire respecter, car l'enfant les a déjà intériorisées. Si votre enfant est petit et que c'est vous qui devez les définir, ou si c'est simplement votre manière de faire, assurez-vous que ces attentes soient claires à l'avance.

Quand tout est établi, cela épargne bien des disputes. Vous avez déjà expliqué vos raisons (de sorte que votre enfant intériorise les règles tant qu'il est calme). L'on peut espérer que vous aurez écouté votre enfant s'exprimer sur leur caractère raisonnable et possible. S'il dit qu'il est capable d'attendre poliment le dîner s'il a eu un goûter et qu'il a une occupation, partez sur cet accord.

Néanmoins, ne surestimez pas la capacité de votre enfant à se conformer à vos exigences, même si vous vous êtes mis d'accord ensemble. Particulièrement si l'enfant est un jeune EHS précoce et ses parents de nouveaux parents, il peut être sage comme une image au restaurant, si adulte avec son sérieux et ses bonnes intentions, même à trois ans, qu'une soudaine colère, où il lance par exemple quelque chose sur sa mère, peut prendre tout le monde au dépourvu. La surprise est alors telle que chacun réagit excessivement. La mère se demande si elle n'a pas été trop laxiste et se mue en un adulte puissant et moral en devoir de discipliner l'enfant qui « ne s'est pas contrôlé ». Le petit EHS se sent honteux et fâché d'être descendu du piédestal de petit adulte où il était et d'être tombé dans un abîme d'humiliation, dans le rôle d'un enfant stupide et impuissant.

Si votre enfant se met à avoir de fréquents accès de désobéissance ou des explosions émotionnelles comme des colères, c'est peut-être que vous lui en demandez trop, au vu de son âge et de son tempérament. Rabaissez votre niveau d'attente, mais de manière logique – ainsi, si vous n'exigez plus qu'il reste sagement assis avec un jouet dans une salle d'attente, ne l'exigez pas ailleurs.

Gardez à l'esprit que ces exigences évitent des soucis à votre enfant, mais aussi à vous. Par exemple, le travers de Chuck réside dans ses paroles, notamment ses opinions tranchées. Il a souvent raison, mais n'est pas toujours poli. Ses parents ne réfrènent pas totalement l'expression de ces avis perspicaces, mais ils lui demandent de repérer d'abord qui peut les entendre. Cette exigence recèle une leçon importante pour l'EHS – le fait qu'il ne puisse pas exprimer tout ce qu'il pense et observe, et qu'il doive réfléchir d'abord si cela sera opportun et adressé à la bonne personne. Sinon, ses remarques ne lui attireront que des ennuis.

Ajustez également les attentes d'autrui

Si vous confiez votre enfant à un autre adulte, assurez-vous que vos exigences et vos méthodes en matière de discipline soient similaires. J'ai appris à mes dépens à faire très attention en laissant mon fils avec un adulte manquant d'expérience avec les enfants, qui a pu oublier comment sont les enfants, ou qui a été élevé de manière très stricte.

Alors que j'enseignais à l'université, mon fils, sensible et agréable, alors âgé de six ans, avait fait une très bonne impression à un étudiant fiable et sympathique que j'avais accueilli plusieurs fois à la maison. Comme l'avis était partagé par mes proches, j'ai un jour demandé au jeune homme de jouer les baby-sitters.

Quand je suis rentrée, le chaos régnait. L'étudiant déclara que mon fils était un menteur et finirait délinquant. Pourquoi ? Mon fils n'avait pas voulu prendre son bain. Comme le jeune homme a insisté, mon fils s'est enfermé dans la salle de bains, a rempli la baignoire, mis son pyjama, puis vidé l'eau avant de sortir. Peu doué pour les subterfuges, il n'a pas laissé de serviette mouillée, si bien qu'il s'est fait prendre.

Quand je suis arrivée, il était malheureux, s'étant fait réprimander longuement par l'étudiant, qui n'avait aucune idée des lacunes morales que l'on peut rencontrer même chez le plus agréable des enfants de six ans. Dès lors, je me suis imposé comme règle de ne plus jamais le laisser avec quelqu'un qui attendrait de lui un comportement d'adulte. Je ne partais pas non plus avant que toutes les parties se soient mises d'accord en détail sur ce qui devait se passer en mon absence.

par la compréhension et une bonne organisation

Certains parents ont également souligné que le fait de réfléchir à ce qui a fait que l'EHS a violé une règle peut s'avérer utile, même s'il faut rester logique et faire suivre l'événement des conséquences qui s'imposent. La mère de Randall a ainsi remarqué que son mauvais comportement était le plus souvent dû à des injustices qu'il percevait entre la façon dont lui et sa sœur étaient traités. Ce constat a attiré l'attention de sa mère sur le fait qu'elle comprend parfois mieux sa fille, dont le tempérament est plus semblable au sien. Lorsqu'elle s'est attachée à traiter la cause du problème, les mauvais comportements de Randall se sont estompés.

Melissa s'attire généralement des ennuis lorsqu'elle fait preuve d'entêtement vis-à-vis de ce dont elle a besoin. Ses parents réussissent souvent à éviter ces scènes en fournissant simplement un manteau, un en-cas ou une pause. Connaissant votre enfant, le fait d'anticiper ses besoins n'est qu'un geste de politesse – et cela remplit l'une de vos exigences à vous. Vous savez maintenant que les EHS sont plus vite dérangés par l'inconfort, perdent pied plus tôt et ne sont pas capables d'obéir à ces moments à cause de cette gêne ou parce qu'ils sont dépassés, affamés ou fatigués, honteux ou frustrés. Prévenir ces états, ce n'est pas « céder », mais simplement satisfaire des besoins raisonnables pour cet enfant.

C'est une bonne idée de recourir à l'humour ou à la distraction pour faire en sorte que vos exigences soient satisfaites. Rangez les jouets préférés avant que les autres enfants n'arrivent. Chantez une comptine idiote quand le trajet de retour jusqu'à la voiture provoque des gémissements. Tout cela n'empêche pas votre enfant de partager avec les autres enfants ni de marcher gentiment quand il le faut.

Enfin, les avertissements aident les EHS au moment des transitions, moment où ils sont le plus susceptibles d'être difficiles. Veillez simplement à ce que votre limite ne soit pas dépassée. « Dans cinq minutes, il sera l'heure d'aller au lit ! » (N'ajoutez *pas* cinq minutes supplémentaires après cela.)

Les transitions sont également plus faciles s'il s'agit d'une routine comportant plusieurs étapes et non d'ordres risquant d'être frustrants, auxquels l'enfant répond en désobéissant ou en argumentant. Il est si facile, mais si inutile de dire : « L'histoire est finie, couche-toi et éteins la lumière. » Lorsque vous rencontrez une résistance, vous pouvez avoir envie de dire : « Pas de discussion. Tu essaies à chaque fois, ça ne va pas fonctionner » – ce qui ne fait que provoquer du ressentiment et fait vite dégénérer la situation jusqu'à la punition. Essayez plutôt : « Alors voyons, tu as mis ton pyjama, tu t'es brossé les dents, je t'ai lu une histoire et maintenant qu'est-ce qu'on fait ? Je crois que tu te couches et que tu éteins la lumière. C'est le rituel du soir, n'est-ce pas ? » Si votre enfant demande une autre histoire, au lieu de répondre par un ordre, essayez : « Demain après-midi, je pourrai t'en raconter d'autres, avant de se coucher il n'y en a qu'une. »

Les étapes pour réprimander un EHS

Je fais une distinction entre réprimande et punition. Si le comportement de votre enfant change lorsque vous le réprimandez ou s'il a l'air de bien vouloir ne pas le reproduire, il n'y a peut-être pas besoin de punition. Les étapes suivantes suffisent généralement quand un EHS a violé une règle ou n'a pas réussi à se conformer à vos exigences en matière de comportement.

1. ***Considérez l'état d'excitation de votre enfant ainsi que le vôtre.*** Si l'un de vous deux ou tous les deux êtes surexcités, calmez-vous, puis calmez votre enfant. Si vous n'êtes pas le premier à reprendre le contrôle, vous ne pouvez pas aider votre enfant à le faire. S'il a peur de la punition que vous pouvez lui infliger, rassurez-le : « Nous allons voir ça, ne t'inquiète pas. » Avec un EHS surexcité, n'augmentez *pas* l'excitation par des affirmations de type : « Attends un peu qu'on rentre à la maison ! »

Un enfant très surexcité peut avoir besoin d'une bonne vingtaine de minutes pour revenir à son état normal. Pour que votre enfant ne se sente plus menacé, allez ensemble dans une autre pièce. Asseyez-vous ou allongez-vous tous les deux sur le lit. Sortez vous asseoir sur la terrasse ou allez marcher ensemble. Vous pouvez même faire de cette sortie un rituel, tant que rien de bouleversant ne survient dans votre « lieu de discussion ».

Dans l'exemple du faux bain de mon fils, il était visiblement si bouleversé par les sermons du baby-sitter que je l'ai d'abord calmé, en lui disant que je voulais savoir ce qui s'était passé et non simplement le punir. J'ai réalisé quelques menues tâches le temps de voir si cette attente augmentait ou réduisait son anxiété. Il s'est finalement calmé.

2. ***Écoutez et compatissez.*** Un EHS a besoin de se sentir écouté, car il y a souvent des sentiments profonds ou de bonnes raisons derrière ce qu'il a fait et toute injustice le déçoit. Avoir un aperçu juste des sentiments et du point de vue de votre enfant vous aidera tous les deux à décider quoi faire à l'étape quatre.

Pour revenir à l'exemple du faux bain, quand mon fils m'a donné sa version de l'histoire, je lui ai fait comprendre que je l'avais entendu.

« Je comprends que tu aies trouvé illogique qu'on te dise de prendre un bain alors que tu en avais pris un ce matin et que tu pensais ne pas en avoir besoin. Nous aurions dû en parler tous les deux avant que je parte. Je m'excuse de ne pas l'avoir fait. »

N'oubliez pas qu'écouter signifie s'abstenir de simplifier à outrance, en disant par exemple : « Tu n'avais tout simplement pas envie de prendre un bain, c'est ça ? » ; en allant à des conclusions simples et évidentes telles que « Alors tu as menti au baby-sitter » ou en posant des étiquettes généralisantes comme « Pourquoi est-ce que tu fais toujours des histoires ? ».

Que faire s'il tente maladroitement de se défendre, en disant par exemple qu'il voulait juste faire une plaisanterie ? Dans ce cas, vous pouvez chercher plus loin ou bien le prendre au pied de la lettre et poursuivre en posant vos exigences. Mais lorsqu'un enfant avance des excuses, il le fait pour ne pas essuyer de honte ou se faire punir, aussi ne l'acculez pas dans une situation qui l'amènerait à multiplier les mensonges.

Si votre enfant commence par ce qui vous semble un mensonge (« Ce n'est pas vrai, j'ai bien pris un bain, c'est lui qui a menti »), essayez d'éviter d'avoir à découvrir la « vérité » et de le mettre en tort. Dites par exemple : « Je ne sais pas qui croire, toi ou le baby-sitter. Pour que nous nous fassions confiance, nous devons nous dire la vérité et je sais que tu le fais autant que tu peux. Si tu n'y arrives pas, j'espère que tu pourras me dire, maintenant ou plus tard, pourquoi c'est si difficile. »

3. ***Réaffirmez vos exigences et, si votre enfant est assez grand, leurs raisons d'être.*** « Quand on est fâché, on a souvent envie de taper. Mais on

ne le fait pas parce qu'on ne veut pas avoir peur l'un de l'autre ni donner l'idée à l'autre qu'on a vraiment très envie de faire mal à quelqu'un. »

Pour reprendre l'exemple du bain, je dirais : « Quoi qu'il se soit passé ce soir, je veux que tu obéisses au baby-sitter et que tu dises la vérité. Même si je la paie, cette personne est invitée dans notre maison et n'a pas à être confrontée à des mensonges ou à des histoires. Et cela m'inquiéterait de penser que tu n'écoutes pas ses ordres parce qu'en cas d'urgence, un adulte sait généralement mieux que toi quoi faire. »

4. ***Décidez s'il doit y avoir ou non d'autres conséquences.*** Une réparation est-elle nécessaire, par exemple des excuses ? S'agit-il d'un problème récurrent, sans bonne raison sous-jacente, suggérant que votre enfant n'a pas été dans un état d'attention suffisant pour intérioriser ce comportement ? Vous pouvez alors décider ensemble d'une conséquence pour la prochaine fois (que vous devrez invariablement appliquer). La fois suivante, rappelez-lui cette conséquence, si bien que le fait d'y penser devrait attirer son attention et lui rappeler votre discussion.

Dans le cas du faux bain, je n'ai pas demandé à ce qu'il s'excuse auprès du baby-sitter. J'étais moi-même trop fâchée contre lui !

5. ***Spécifiez ce que votre enfant pourra faire à l'avenir.*** Cela lui laisse un espoir et une bonne solution à sa pulsion. « Quand tu es fâché contre moi, tu peux me dire que tu as envie de me taper. Ou bien tu peux taper sur cet oreiller et me dire qu'il me représente. »

Dans l'exemple du bain, je suggérerais probablement aujourd'hui qu'on m'appelle sur mon portable en cas de gros conflit avec le baby-sitter. À l'époque, j'aurais dit : « Il faut que ça se passe différemment la prochaine fois, n'est-ce pas ? » Je suggérerais que mon fils, le baby-sitter et moi parlions ensemble du programme de la soirée. Puis j'écouterais ses idées. Je dirais aussi : « Si tu n'apprécies vraiment pas ce qu'un baby-sitter a fait, nous en parlerons quand je rentrerai et nous ne le rappellerons peut-être pas. » Si une situation du même genre se reproduit, je peux lui rappeler cet accord et lui pourra m'expliquer pourquoi il ne s'est pas conformé à ce que nous avions décidé.

Je terminerais en lui intimant de me faire savoir si un baby-sitter le contrariait fortement, de quelque manière que ce soit. Je n'encourage évidemment pas le fait de raconter des mensonges, mais un parent m'a confié que son EHS avait été frappée par une baby-sitter et qu'elle n'avait rien dit parce que qu'elle voulait être une « gentille fille ».

Quelques points supplémentaires

Il y a deux autres points à garder à l'esprit au moment de réprimander votre EHS. Il est évident que vous devez tout d'abord vous adapter à l'âge de l'enfant et à la situation. Avec un petit ou si vous devez réagir rapidement, faites simple. Après avoir rattrapé votre enfant sur la route, vous dites : « Je sais que aimes courir devant, mais tu dois t'arrêter quand je te dis "stop" parce que je sais quand on peut traverser sans danger. Maintenant, tu peux courir. » (Vous remarquerez que même cette explication comprend la plupart des étapes que j'ai décrites.)

À un tout jeune enfant, adressez-vous de manière très simple : « Je sais que tu aimerais avoir tous les jouets, mais il faut que tu laisses Jim en prendre un parce qu'on doit partager avec ses invités et ses amis. » À un grand de dix ans au milieu d'autres personnes, vous pouvez chuchoter : « Je sais que tu es contrarié et que tu n'en as pas envie, mais il faut que tu ailles maintenant remercier ta grand-mère pour le dîner. Ensuite tu peux monter en voiture et si tu veux nous en reparlerons pendant le retour. »

Deuxième point : n'oubliez pas notre discussion à propos de la honte et le fait que même chez un très jeune EHS, l'idée même de se voir réprimander est une source de honte. Pour apaiser le malaise, vous pouvez dire quelque chose du genre : « Ne t'inquiète pas, nous faisons tous des erreurs. » Ou : « Je sais que tu étais fatiguée et que tu n'aimes pas beaucoup ces enfants. Je t'ai souvent vue partager tes jouets, ce n'était simplement pas un bon jour. »

Quand vous devez malgré tout donner une véritable punition

1. ***Faites en sorte que les « conséquences » soient brèves, légères et en rapport avec le comportement.*** « Si tu redonnes des coups de pied, tu devras t'asseoir là-bas, à l'écart. » En cas de signe de honte ou de terreur, ajustez la punition. « Rapprochons la chaise, juste à une longueur de jambe, d'accord ? »

La mère d'une EHS de trois ans n'a envoyé sa fille dans sa chambre qu'une seule fois : « Plus jamais, elle était hystérique. » Durant l'année qui a suivi, la petite fille n'a jamais suffisamment désobéi pour mériter une punition. Recourez donc aux punitions avec parcimonie. Les méthodes de réprimande précitées (rappels et renégociation des exigences) suffisent souvent.

2. ***Soyez constant – les punitions imprévisibles créent une anxiété supplémentaire chez les EHS.*** Si vous avez interdit les coups de pied et que votre enfant recommence à en donner, vous devez le mettre sur la chaise que vous avez indiquée. Ne répétez pas l'avertissement sans cesse. S'il ne veut pas bouger, exposez une nouvelle conséquence : « Si

tu ne fais pas ce que je te demande, je vais devoir te faire sortir. » Vous allez dehors et suivez les étapes ci-dessus : écoutez et compatissez, réaffirmez vos exigences (qu'il vous obéisse) et vos raisons, décidez des conséquences et rappelez à votre enfant ce qu'il peut faire à la place.

Si votre enfant pique une crise, c'est sûrement qu'il ne peut pas s'en empêcher : il est submergé par la fatigue ou des émotions. Nous y reviendrons au chapitre 7, mais l'idée générale consiste à vous connecter à votre enfant : tenez-le, calmez-le, essayez de formuler avec des mots ce qui se passe. Puis, tentez de trouver une solution neutre, dans laquelle aucun de vous deux ne gagne, mais qui permet de réaffirmer vos attentes et de repousser la résolution du problème. Plus tard, reparlez de ce qui s'est passé et de ce que vous ferez tous les deux si cela se reproduit. Ne laissez pas passer.

Si vous vous trouvez pris dans un « jeu de pouvoir » avec votre EHS, demandez-vous quelle en est la raison. Un EHS peut être un adversaire aussi intelligent que subtil. Cela ne veut pas dire « sournois » ou « mauvais ». (Cela veut dire qu'il peut être doué pour les échecs.) Vous devez simplement découvrir ce qui se passe réellement. Par exemple, notre fils s'est mis à apprécier (réellement ou de manière feinte) toutes les punitions que nous pouvions trouver. « Pas de problème, j'ai justement envie d'aller dans ma chambre. » Ou : « Ce n'est pas grave, je n'avais pas envie de voir ce film de toute façon. » Nous nous sommes dit qu'il tentait de récupérer du pouvoir et de la fierté, puisque notre punition nous plaçait dans une position de toute-puissance apparente, incarnant toute l'autorité de la maturité. Nous avons donc fait preuve de constance et avons appliqué la punition « inefficace », et plus tard lui avons consacré du temps en entamant une discussion intellectuelle ou une partie d'échecs durant laquelle il s'est de nouveau senti égal (voire meilleur que nous). (Ce temps que nous avons pris avec lui était l'équivalent du « temps par terre » de Stanley Greenspan[55], qui recommande de passer une demi-heure chaque jour avec son enfant à faire ce dont il a envie. Notamment avec les petits, cela doit se faire par terre à son niveau, avec ses jouets. En plus de donner à l'enfant l'attention dont il a besoin, c'est une excellente manière de restaurer la sécurité et l'estime de soi après une punition.)

3. ***Avec un EHS plus grand, si le comportement ne cesse pas, essayez d'en déterminer les raisons avec votre enfant.*** Faites-le à un moment où le comportement n'a pas eu lieu récemment. Commencez très en douceur : « Tu as souvent des choses très intéressantes à dire, ce que je comprends, mais pourquoi est-ce que tu m'interromps parfois quand tu as envie de parler ? » Il vous répondra peut-être que vous ne cessez jamais de parler et c'est vous qui déciderez de changer vos habitudes et non celles de votre enfant. Ou bien vous envisagerez le rôle de la fatigue ou de la surexcitation dans ce comportement. Ensuite, décidez de la meilleure solution pour changer ce comportement. Est-ce que des rappels l'aideraient ? Quelle phrase conviendrait le mieux ? Est-ce que mettre en place des conséquences l'aiderait à ne pas oublier ?

Quand votre EHS ment ou vole (cela arrivera)

N'infligez pas forcément une punition sévère. Il faut que la leçon soit retenue, et non la punition. Si votre enfant est déjà surexcité et honteux, allez-y doucement. Remerciez-le de dire la vérité, quel que soit le moment où il l'a avouée, même après que vous lui avez prouvé son mensonge. Dites-lui que nous faisons tous des erreurs, racontez-lui un épisode où vous avez menti ou volé étant petit. Quand votre enfant se sera calmé, vous pouvez discuter du tort que cela cause à une famille ou à la société lorsque personne ne peut avoir confiance en personne. Mentionnez les tentations qui s'offrent aux adultes, comme accrocher une voiture sur un parking et ne pas laisser son numéro ou tricher sur sa déclaration d'impôts, mais que l'argent économisé n'est rien comparé au tort que l'on se fait à soi-même et à son intégrité.

N'instaurez pas de situations où votre enfant serait forcé de mentir pour éviter d'être puni ou de se sentir honteux. Ne demandez pas : « Est-ce que tu as pris les biscuits ? » Mais plutôt : « Il n'y a plus les biscuits qui étaient là il y a une heure et je pense que tu es la seule personne à être allée dans la cuisine. Tu sais que je t'avais dit de ne pas y toucher, alors que devons-nous faire pour que tu ne sois plus tenté de prendre ce que je t'avais interdit de prendre ? » Avec un EHS, il peut être préférable de ne même pas prononcer les mots *mentir* ou *voler.*

4. ***Évidemment, rien de tout cela ne fonctionne si vous ne montrez pas vous-même l'exemple.*** Ainsi, n'encouragez pas votre enfant à mentir sur son âge pour obtenir un tarif réduit ou à lui demander de dire que vous n'êtes pas là à quelqu'un au téléphone.

Quand le conflit prend de l'ampleur

Soyons honnêtes, il arrive que l'on perde le contrôle. Nous appelons cela une colère à deux ans (sujet abordé au chapitre 7), mais cela peut survenir à tout âge. De nombreux EHS sont explosifs en ce qu'ils sont facilement submergés, sujets à la honte ou mis hors d'eux par la surexcitation lorsqu'on les réprimande ou bien à cause de ce qu'ils considèrent comme une injustice. Même s'ils n'entrent pas dans une fureur noire, ils peuvent se défendre en avançant un flot de raisons subtiles, bonnes et moins bonnes, expliquant pourquoi vous avez tort et lui a raison. Que faire alors ?

« Gérer les émotions intenses », au chapitre 7 – dont ıe s'applique aux enfants de tous âges. J'y souligne ..ance de rester calme et compatissant tout en conservant ses exigences. Pour garder votre calme, vous pouvez avoir besoin de vous éloigner un moment, comme votre EHS. Rester silencieux dans la même pièce peut être préférable à l'isolement, notamment avec un petit enfant. Mettez-vous d'accord pour parler ou vous retrouver après un laps de temps donné – l'idéal étant vingt minutes. Soulignez le fait qu'il ne s'agit pas d'une punition ; vous pouvez même allumer la télévision ou la radio pour distraire votre enfant le temps que vous retrouviez tous les deux votre calme. Expliquez simplement que les choses se passeront mieux quand vous serez tous les deux apaisés.

Quand la tension a diminué, essayez de reprendre une discussion respectueuse et rationnelle. N'oubliez pas que les sentiments et les préférences ne sont jamais mauvais – c'est la manière dont nous nous comportons et dont nous les exprimons ou le fait de toujours vouloir imposer sa façon de faire qui sont mauvais. Dites : « Je vois que tu n'apprécies pas. Peux-tu me dire pourquoi ? » « Si tu n'aimes pas aller à tes cours de guitare, est-ce qu'il y a d'autres activités que tu préférerais ? » Ou : « Tu aimais aller à tes cours. Peux-tu me dire ce que tu n'aimes plus à présent ? Est-ce que quelque chose a changé ? Nous pouvons peut-être en parler au professeur ou en trouver un autre ? »

Proposez des solutions porteuses d'égalité. « Je ne voulais pas te blesser, j'aimerais donc que tu me dises ce que tu aimes et ce que tu n'aimes pas de façon calme et adulte. Je te promets d'écouter et nous trouverons une solution. »

Essayez de négocier des limites et des devoirs raisonnables que votre enfant acceptera, et déterminez les conséquences s'il franchit la ligne ou ne respecte pas l'accord. Ne décidez *pas* seul d'une conséquence en plein conflit. Discutez-en après, en ayant pour dessein de rendre votre famille plus heureuse, de développer un bon caractère et de construire une confiance dans le fait que vous vous conformerez aux accords et ne franchirez pas de frontière importante. Une excellente stratégie consiste à mettre le doigt sur un comportement que vous aimeriez modifier chez vous-même, ou que votre enfant aimerait que vous changiez, comme ne plus crier quand vous êtes fâché. Demandez alors à votre enfant de vous aider à mettre des limites à cela et mettez-vous d'accord sur les conséquences que vous accepterez en cas d'échec. Il ne s'agit alors plus tant d'une punition infligée par un adulte à un enfant que d'une méthode de changement de comportement que deux personnes quelles qu'elles soient peuvent employer.

Prévenir les causes d'une colère

La première règle consiste à respecter les souhaits de votre enfant quand vous le pouvez, de manière qu'il respecte les vôtres quand vous devez insister. Pesez le pour et le contre de chacun de vos points de vue, et faites-le à voix haute pour qu'il entende comment de tels conflits se résolvent. Par exemple : « Je vois que tu ne veux pas jouer un morceau de piano pour nos invités et même si j'aimerais bien, puisque tu ne veux pas, je me range à ton avis. »

Donnez à votre EHS la responsabilité de trouver ce qui fonctionne, dans la mesure où parfois aucune solution ne paraît jamais parfaite. « Je sais que tu détestes faire les magasins, mais tu es sûrement d'accord sur le fait qu'il faut que tu m'accompagnes pour pouvoir choisir toi-même une chemise que tu préfères quand je rendrai celle-ci. Tu me dis rapidement quand nous pouvons y aller ? »

Enfin, donnez des responsabilités aussi tôt que possible, notamment quand le quotidien apportera de toutes façons son lot de conséquences – par exemple, les répercussions d'un manque de sommeil, de ne pas rendre un devoir, de ne pas avoir préparé ses vêtements pour l'école.

Sept conseils

Voici quelques erreurs à ne pas commettre lorsque vous réprimandez votre EHS, quand il a menti, volé ou est impliqué dans un gros conflit.

1. **Évitez que le conflit ne devienne houleux.** Faites preuve de gentillesse, mais aussi de fermeté. Dans un lieu public ou chez quelqu'un, éloignez-vous dans un endroit privé et tranquille. Une nouvelle fois (je ne le répéterai jamais assez), calmez-vous, puis apaisez votre enfant. N'essayez pas de résoudre le problème tant que l'orage n'est pas passé.

2. **Ne menacez pas de retirer votre amour.** (« Papa et Maman ne t'aimeront plus si tu fais cela. »)

3. **Ne proférez pas de menaces générales et irréversibles.** (« Personne ne t'aimera si tu fais cela » ; « Dieu t'enverra en enfer pour te punir si tu fais cela ».) De telles menaces ont anéanti des EHS pour la vie.

4. **Ne menacez pas de recourir à la violence émotionnelle ou physique** (ne l'utilisez pas non plus). Par violence, j'entends tout ce qui vise à blesser l'enfant, tel que « idiot fini » ou un coup porté.

5. **Ne donnez pas à votre EHS des instructions globales** telles que « Sois gentil quand tu vas chez eux » ou « Regarde où tu vas ». Il peut vous prendre au pied de la lettre et essayer de faire cela *tout le temps*, ou bien se sentir anxieux parce qu'il n'y parvient pas.

6. **Ne mettez pas son tempérament en cause lors d'un conflit.** Concentrez-vous sur le problème et le comportement. Ne dites pas :« Voilà que tu recommences à faire ton grand sensible », mais plutôt : « Tu n'aimes vraiment pas ce goût, on dirait. Mais il faut que tu prennes ton médicament. Est-ce que ce serait mieux si on le mélangeait avec quelque chose ? »

7. **Ne laissez pas votre EHS se servir de sa sensibilité pour manipuler les autres.** C'est délicat. Personne ne manipule autrui sans raison. Il s'agit généralement de tenter d'éviter un effort, une punition, de se sentir coupable, impuissant ou honteux. Toutefois, un sentiment feint ou exagéré diffère d'un sentiment réel, vous le sentez le plus souvent. Si vous le pouvez, c'est le sentiment sous-jacent qu'il faut déceler. « Ces nausées au moment du dîner et le fait que tu le trouves dégoûtant justement quand je dois partir... Est-ce que tu as peur de quelque chose ? »

Si vous ne parvenez pas à déceler la raison qui se cache derrière cette exagération ou cette manipulation, restez concentré sur le comportement que vous souhaitez et sur les exigences à respecter là maintenant – des attentes qui doivent être déjà familières à votre enfant. « Je sais que tu as envie de ce jouet à en mourir, mais nous étions convenus que nous achèterions uniquement un cadeau pour cette fête d'anniversaire. C'est donc ce que nous allons faire à présent. Soit tu es sage et tu restes avec moi, soit tu retournes à la voiture et quand je reviendrai nous pourrons parler de ce que tu ressens. »

Si vous êtes compatissant et que vous prenez au sérieux les paroles de votre enfant, il y a des chances qu'il admette par la suite que le dîner « dégoûtant » ou les envies de mort n'étaient qu'un moyen d'exprimer combien il se sentait mal. Expliquez-lui qu'il y a d'autres manières de faire et que d'après votre expérience, ces tactiques (auxquelles vous avez parfois recouru) amènent les autres à ne plus avoir confiance dans ce que vous dites ou à penser que vous abusez de leur compassion.

LA QUATRIÈME CLÉ – COMMENT PARLER DE LA SENSIBILITÉ

De nombreux parents se demandent s'ils doivent ou non parler avec leur EHS de cette sensibilité qu'il a depuis sa naissance. Ils ont souvent peur que leur enfant se sente différent, voire imparfait. Je réponds qu'à mon avis, tous les EHS remarquent à un moment ou à un autre qu'ils sont différents. Ne leur en offrez qu'une vision positive et seulement les détails dont ils ont besoin à un moment donné. Ainsi, vous n'êtes pas obligé de dire que ce trait est inné, à moins que votre enfant ne soit curieux de le savoir ou que cela vous aide de faire référence à des proches sensibles que l'enfant admire. Vous pouvez minimiser l'importance de ce trait dans sa vie s'il semble le considérer comme un grave problème, ou bien au contraire vous y attarder si par exemple il attribue à tort ses difficultés dans certaines situations au fait de ne pas être à la hauteur ou de ne pas être assez persévérant alors qu'il s'agit d'un problème de surexcitation.

Si vous le souhaitez, attendez que le sujet se présente naturellement. Le seul revers de cette approche est que vous aurez peut-être envie d'évoquer ce trait avec des enseignants ou d'autres personnes qui s'occupent de lui. Si vous le faites avant d'en parler à votre enfant, il sentira que vous avez des discussions particulières à son sujet, même s'il ne les entend pas. Ceux à qui vous vous en êtes ouvert risquent de le mentionner ou simplement de changer de comportement vis-à-vis de votre enfant. Il peut alors s'imaginer le pire – que vous essayez de l'aider parce que quelque chose ne va pas chez lui. Ou il n'aura simplement plus confiance en vous parce que vous aurez parlé de sa vie privée dans son dos.

Comment parler de la sensibilité avec votre enfant

En partant sur l'idée que vous aborderez cette question avec lui un jour, voici quelques suggestions.

1. ***Toute discussion concernant son tempérament doit être adaptée à l'âge de l'enfant.*** N'essayez pas de l'expliquer d'une manière qui pourrait le dérouter ou le peiner, en disant par exemple à un jeune enfant : « Tu es né avec une personnalité comme celle de tante Marilyn. » Il peut ne pas aimer cette tante ou, même si c'est le cas, « personnalité » n'est pas un mot que les petits comprennent de la même manière que vous – vous pensez qu'il partage avec elle certaines qualités, mais pas d'autres.

2. ***Faites bien comprendre à votre enfant qu'il n'est pas le seul à être hautement sensible, que de nombreuses autres personnes le sont aussi.*** « Tu aimes la tranquillité. Cela a toujours été ainsi, tu es né comme ça. Mon frère, oncle Joe, est pareil. Beaucoup de gens sont ainsi. »

3. ***Expliquez que tout le monde a quelques traits de tempérament qui ressortent,*** bien qu'il soit préférable de parler des gens en général plutôt que de cataloguer des personnes que vous connaissez. « As-tu déjà remarqué que certaines personnes semblent nées avec le sang chaud ? D'autres sont toujours faciles à vivre. Toi tu es né avec une sensibilité. D'autres non. »

4. ***Lorsqu'une difficulté liée à ce trait apparaît, concentrez-vous à ce moment donné sur la solution et non sur le trait lui-même.*** Dites,

par exemple : « Nous aurions dû apporter un pull supplémentaire » sans ajouter « puisque tu es très sensible au froid. ». Il ne faut pas que ce trait se trouve associé à tous les problèmes ou les désagréments qui se présentent.

5. ***Quand une situation de crise nécessite de gros efforts de la part de votre enfant, n'expliquez pas son échec par sa sensibilité.*** Ne dites pas : « Il est normal que le fait d'être rejeté te chagrine – tu es si sensible. » Il est préférable dans le vif de la situation de se cantonner aux détails importants de sorte que l'enfant puisse se concentrer sur le problème et s'autoréguler plutôt que de partir sur le principe qu'il ne pourra pas gérer. Dites : « Je vois que tu es fâché de la façon dont ils t'ont traité. Que s'est-il passé ? Que dois-tu faire à ton avis ? Que faire la prochaine fois pour que cela se passe autrement ? »

6. ***N'utilisez pas sa sensibilité comme une arme lors d'un conflit avec votre enfant.*** « Tu ne peux pas y aller, tu sais que tu seras trop excité. » Ou pire : « Et voilà, tu recommences à être trop sensible. »

7. ***S'il se plaint d'être trop sensible, donnez un exemple de situation où cela a été un avantage.*** « Je sais que tu es déçu de ne pas être encore capable de jouer du violon devant un public avec autant d'aisance que Paul, mais souviens-toi que ton professeur t'a complimenté justement parce que tu exprimes une grande sensibilité quand tu joues. C'est cette même sensibilité qui te fait appréhender le public. »

8. ***Soyez clair quant aux aspects que vous pensez que votre enfant peut changer, et ceux qu'il ne peut probablement pas.*** « Je suis sûre que si tu joues plus souvent devant un public, tu seras plus détendu. Tu ne le seras peut-être jamais autant que Paul, mais tu y prendras peut-être

parfois du plaisir, même beaucoup, quand le public te paraîtra comme un groupe d'amis. »

9. ***Citez des personnes que votre enfant connaît et admire qui sont probablement hautement sensibles.*** Il est difficile d'être sûr pour certaines personnes célèbres (quoique pour commencer, je soupçonne Tchaïkovski et Abraham Lincoln de l'avoir été). Repérez des indices dans ce que vous lisez – une personne qui était « réfléchie », « timide » ou « sensible » quand elle était petite. Réunissez ces exemples, notamment dans des domaines que votre enfant aime, que ce soit le tennis, la musique ou l'équitation. Repérez qui est hautement sensible parmi les amis ou la famille et citez-les à votre enfant, en organisant éventuellement des conversations avec eux. Avoir une personne de conseil également sensible peut s'avérer un atout pour un grand enfant.

Parler de la sensibilité de votre enfant à d'autres personnes

Lorsque vous parlez du tempérament de votre enfant avec des tiers (enseignants, moniteurs, famille, autres parents), tenez toujours compte de la personne à qui vous vous adressez et du contexte. Pensez à ces questions :

- *Combien de temps avez-vous pour plaider votre cause ?*
- *Quel est le degré d'ouverture de votre interlocuteur aux nouvelles informations ?* Avez-vous affaire à une personne fermée qui a déjà son propre avis ?
- *Êtes-vous en droit d'attendre une bonne écoute ?* Rémunérez-vous par exemple cette personne pour un service professionnel ?
- *Devrez-vous vous entendre avec cette personne dans le futur ?* S'agit-il d'une remarque d'un inconnu ? Êtes-vous en train de décider si vous donnerez suite à cette relation ?
- *Cette personne a-t-elle un pouvoir sur vous ou votre enfant ?*

- *À qui cette personne est-elle susceptible de répéter vos paroles, en les déformant éventuellement ?* Souhaitez-vous lui demander de garder votre conversation confidentielle et cette personne le peut-elle de par sa nature et ses responsabilités professionnelles ? (Le psychologue scolaire est-il obligé de faire part à l'enseignant de ce que vous lui avez dit sur votre enfant ?)
- *Qui d'autre est présent ?* Y a-t-il quelqu'un que votre enfant connaît ? Qui que ce soit qui pourrait vous entendre et déformer vos propos ?

La plupart des gens se rangeront bien sûr de votre côté et auront à cœur de vous aider. Votre tâche consiste donc à en dire suffisamment sur votre enfant, en particulier ce qui fonctionne avec lui dans les situations qu'il risque de rencontrer, par exemple à des baby-sitters, aux parents d'un camarade ou à des membres de la famille souhaitant mieux connaître votre enfant. Avec un enfant plus âgé, décidez ensemble quelles informations vous souhaitez transmettre (préférences ou allergies alimentaires, heure du coucher, temps calmes, etc.) et éventuellement quoi dire à propos du trait lui-même.

En plus de parler, écoutez. Demandez à l'enseignant ou à la personne qui s'occupe de votre enfant comment il résout les problèmes. Ceux qui ont de l'expérience avec les enfants et qui ont aussi l'habitude de votre enfant sont peut-être à même de vous donner de nouvelles idées, ainsi qu'un aperçu de la façon dont il se comporte en votre absence.

Un message percutant

Quand vous ne savez pas quel accueil vous recevrez, mais que vous devez dire quelque chose à propos de la sensibilité de votre enfant, il vous faut formuler un message bref mais percutant, réunissant toutes les informations essentielles. Vous pouvez créer le vôtre, mais réfléchissez-y à l'avance. Sinon, vous pouvez utiliser celui-ci : « Il vous sera peut-être utile de savoir que mon enfant fait partie des 15 à 20 % de la population nés avec un système nerveux très sensible. Il remarque toutes les subtilités, mais se trouve aussi facilement submergé quand il se passe beaucoup de choses autour de lui. » (Ou « par le changement » ou encore « par la douleur », ou ce qui vous paraît le plus pertinent. Pour plus de brièveté encore, vous pouvez omettre les pourcentages, mais ils permettent malgré tout d'indiquer que ceci est relativement courant et normal.)

Si votre interlocuteur semble intéressé, donnez davantage de détails.

Des réponses brèves

Réfléchissez aussi à des réponses à donner à certaines remarques. Voici quelques-unes des plus courantes, ainsi que des exemples de réactions possibles.

1. **« Votre enfant est très timide. »** « C'est intéressant. Je ne pense pas du tout qu'elle soit timide. Si par timide vous entendez qu'elle craint ce que les autres peuvent penser, elle peut en donner l'impression, mais souvent elle est juste en train d'observer ou de s'habituer aux choses. Quand elle est prête, elle s'ouvre facilement. Je pense qu'elle est très sensible, à l'écoute de tout ce qui l'entoure, pas timide. »

Si votre enfant est véritablement timide, mais également sensible, vous pouvez dire : « Oui, il a une grande conscience de ce que les autres peuvent penser de lui, mais une fois qu'il se sent à l'aise avec vous et qu'il sait que vous l'appréciez, cela se passe bien. » (En d'autres termes : « Votre jugement n'aide pas. »)

2. **« Votre enfant est vraiment très (ou trop) sensible. »** « J'apprécie le fait qu'elle soit sensible. Est-ce qu'elle fait quelque chose de particulier qui vous pose problème ? »

3. **« Quel est son problème ? Tous les enfants aiment (ou doivent aimer)… »** « En fait, les études montrent (n'employez ces termes que si cela semble utile) que les goûts des enfants varient énormément en matière d'alimentation (ou de vêtements, d'activités, de degré de stimulation supportable ou d'occupation ou autre). Tout dépend de leur personnalité. »

4. **Invectives grossières d'ordre général.** Gardez ces répliques à l'esprit : « Non, mon fils n'a pas envie de faire ça. » « Ça ne l'aide pas/ça ne nous aide pas. » « Ça ne fonctionne pas avec lui. » Ne donnez pas davantage d'explications, elles ne sont pas nécessaires. Vous avez fixé votre limite, cantonnez-vous-y.

Gérer de plus grands conflits autour de la sensibilité

Si quelqu'un insiste sur le fait que votre enfant se comporte de façon « anormale », parlez des diagnostics ou des avis que vous avez obtenus auprès de professionnels. Par exemple, « Son pédiatre dit que sa personnalité est tout à fait dans la moyenne normale. Elle est simplement très sensible. » Évoquez le fait que vous vous êtes informé sur le sujet. « J'ai lu beaucoup de recherches dans ce domaine et il est parfaitement normal pour quelqu'un ayant ce type de tempérament. » Mais si l'interlocuteur continue, dites-lui que vous êtes sûr qu'il veut bien faire, mais qu'en réalité cette discussion n'aide en rien. Puis changez de sujet.

Si quelqu'un dit que votre enfant ne peut pas bénéficier d'un traitement particulier, demandez-lui si c'est véritablement le cas. Il y a souvent des adaptations possibles et même des lois le préconisant si l'enfant souffre par exemple d'un trouble du déficit de l'attention, de dyslexie, de handicaps tels que cécité ou surdité, etc. Recourir à ces exemples pourra aider la personne à considérer cette situation comme familière. Indiquez bien que votre enfant ne souffre d'aucun trouble, mais d'une variation innée normale du tempérament, qui signifie que tout se passe mieux pour tout le monde si votre enfant ne bénéficie que d'un traitement légèrement différent. Un pédiatre ou un psychologue spécialiste du tempérament peut même vous fournir un courrier ou téléphoner pour attester de ce trait chez votre enfant. Assurez que votre objectif consiste uniquement à aider, de façon que l'expérience soit positive sur le long terme pour la personne ou l'établissement ainsi que pour votre enfant. Mentionnez bien les objectifs de la personne ou de l'institution et pas seulement le fait que vous souhaitez le bien-être de votre enfant. Soulignez une nouvelle fois qu'il ne souffre d'aucun trouble ni syndrome quelconque. Si votre enfant risque d'en être soupçonné, évitez de demander un traitement particulier, cela n'en vaut pas la peine.

Si vous ne répliquez pas

Si vous décidez de ne rien dire face à une remarque inexacte ou désobligeante à propos de la sensibilité, expliquez bien à votre enfant pourquoi vous avez fait ce choix. Soulignez par exemple le fait que certaines personnes ont des opinions tellement tranchées sur certains sujets qu'elles n'écoutent pas ou bien que vous avez une autre tactique pour gérer la situation.

DES FRONTIÈRES SAINES : UNE AUTRE MANIÈRE DE CONSIDÉRER CES QUATRE CLÉS POUR FAIRE GRANDIR VOTRE EHS DANS DE BONNES CONDITIONS

Je vous ai donc présenté les quatre points essentiels : comment construire l'estime de soi, réduire la honte, réprimander de façon appropriée et parler de la sensibilité à différents interlocuteurs. Vous pouvez également les considérer comme des aides permettant à votre enfant de se doter de limites saines. Un EHS a besoin de plus d'aide que les autres enfants vis-à-vis de ces limites, parce qu'il absorbe plus et est si sensible à ce que les autres pensent, ressentent et disent que son moi peut se trouver submergé et ignoré. L'idée de la limite personnelle s'avère ainsi une métaphore utile.

Cette métaphore provient de la théorie des systèmes. Celle-ci élabore des moyens de décrire et de comparer le fonctionnement de choses aussi diverses que les organismes unicellulaires, les villes, les ordinateurs, les plantes, les organisations, le corps, le soi. La théorie des systèmes souligne le fait que tous reposent sur une limite extérieure, distinguant ce système d'autres systèmes similaires. Cette frontière doit laisser pénétrer ce dont le système a besoin, mais filtrer ce qui lui nuirait.

Un enfant doit pouvoir faire de même : sentir ses limites, pour prendre ce qui est bon pour lui et refuser ce qui est mauvais. Ce qui est bon correspond à l'amour et à des retours utiles, que vous savez maintenant lui adresser à bon escient et qui construisent son estime de soi. Les choses mauvaises sont les messages lui faisant comprendre que quelque chose ne va pas chez lui – vous savez à présent comment atténuer le sentiment de honte chronique et comment parler de la sensibilité de façon positive. Les expériences qui le submergent trop pour qu'il puisse en retenir quoi que ce soit lui sont aussi néfastes – vous avez appris quels types de punitions éviter.

L'estime de soi, l'évitement de la honte, des réprimandes appropriées et une compréhension positive de la sensibilité participeront ensemble à l'instauration de limites saines chez votre EHS. Il sera à l'aise avec sa manière d'être, et sera capable de s'ouvrir aux gens ainsi qu'aux messages qui lui sont bénéfiques sans crainte indue d'être blessé, rejeté ou sujet à la honte. Il réussira à rejeter les mauvaises choses car il ne se laissera pas facilement convaincre que quelque chose ne va pas chez lui ou qu'il ne mérite pas d'avoir ses propres limites, opinions et besoins. Il aura confiance en son jugement. Il se sentira le droit, et même le devoir, de rejeter ce qui lui est néfaste.

Nous connaissons tous des enfants qui n'ont pas de bonnes limites, même si nous n'y avions pas pensé en ces termes. Leur mauvaise estime de soi est perceptible : ils agissent comme s'ils se disaient « Si personne ne m'aime, je vais devoir faire ce que les autres veulent pour essayer de leur plaire ». Ils absorbent ou font des choses quand bien même elles leur sont néfastes. Nous voyons des enfants qui ressentent tant de honte qu'ils semblent avoir décidé de tout faire pour faire cesser cette souffrance, même si cela implique d'accepter de mauvaises choses comme des drogues ou de refuser de l'aide, qui serait pour eux comme une confirmation de leur honte. Ou bien qui se disent : « Autant disparaître, mourir ou m'identifier à cette personne que j'admire. » Ils préfèrent effacer ou annihiler totalement cette limite qui les distingue des autres. De toutes ces façons, ils absorbent ce qui leur est néfaste et refusent ce qui leur est bénéfique.

Mais votre EHS sera différent. Avec ce chapitre, vous commencez à découvrir comment l'aider à identifier ce qui lui est bon, ce qu'il faut rejeter, en se laissant guider par la fierté d'avoir ses préférences, des besoins et des capacités propres plutôt que d'en avoir honte. Vous écouterez la version de votre enfant avant de le punir. Vous l'aiderez à exprimer ce qu'il pense du fait d'être sensible. Grâce à tout cela, il apprendra à se confronter aux autres, même à ceux qui lui paraissent plus grands ou plus forts. C'est ce genre d'EHS dont le monde a besoin et qui sera capable d'aimer y vivre.

METTEZ EN APPLICATION CE QUE VOUS VENEZ D'APPRENDRE

1. Discutez du trait de votre enfant avec celui-ci ainsi qu'avec votre conjoint. Déterminez ensemble avec qui vous souhaitez partager cette information et de quelle manière. Dans l'idéal, ce ne sera qu'en présence de votre enfant. Respectez ses souhaits, mais réfléchissez aux raisons pour lesquelles il préfère garder le silence le cas échéant. Ce peut être l'occasion de repérer une éventuelle honte liée à cette sensibilité et de l'effacer. (N'oubliez pas que ce trait est neutre, avec ses avantages et ses inconvénients.) Ainsi, avec le temps, votre enfant ne devrait pas trouver problématique que d'autres personnes *de confiance* soient mises au courant.

2. Avec la permission de votre enfant, préparez votre « réplique », une petite phrase à propos de la sensibilité, et expliquez-lui.

3. Pensez à trois situations où la question de la sensibilité de votre enfant a été soulevée et où vous auriez aimé avoir une meilleure réponse. Trouvez maintenant la réplique appropriée.

Deuxième partie

DU NOURRISSON AU JEUNE ADULTE

Chapitre 6

Prendre un bon départ

Apaiser un nourrisson hautement sensible et être à son écoute

Ce chapitre s'ouvre sur la manière de reconnaître un bébé hautement sensible et de s'en occuper, et indique que faire s'il semble pleurer beaucoup. Vous comprendrez également la conscience instinctive et la mémoire que votre nouveau-né a de vous, qui sont particulièrement affûtées en raison de sa sensibilité. Puis, nous aborderons les difficultés qui surviennent chez les bébés de deux à six mois, avec la surstimulation et les problèmes de sommeil. Chez les petits sensibles de six mois à un an, nous nous intéresserons à trois processus cruciaux : l'attachement, la syntonie et l'autorégulation.

LE NOUVEAU-NÉ – COMMENT RECONNAÎTRE UN BÉBÉ SENSIBLE

Il n'existe pas encore de méthode infaillible permettant de savoir si un nouveau-né deviendra ou non hautement sensible. Certains, mais pas tous, sont « réactifs » dès le début et le restent. Les bébés réactifs sont ceux qui pleurent facilement s'ils sont exposés à une forte stimulation, sans doute à cause de la surprise ou de la surstimulation. Il y a aussi les bébés « grognons » – qui mangent bien, prennent du poids, ne sont pas malades, mais qui durant leurs quatre premiers mois pleurent plus de trois heures par jour au moins quatre jours par semaine. Les pédiatres savent depuis longtemps que ce type de pleurs n'a rien à voir avec des problèmes de digestion chroniques ou des coliques. Ils indiquent souvent un bébé réactif que la surstimulation ne soulage pas – sujet que nous aborderons en détail un peu plus loin.

La tendance à pleurer facilement (le fait d'être « réactif ») ou pendant de longues périodes (« bébé grognon ») peut avoir de nombreuses causes autres qu'un tempérament inné. Il semble parfois que son corps ne fonctionne tout simplement pas encore correctement, ou que le bébé réagisse à l'anxiété d'un parent ou au niveau de stress général élevé de la famille. (À cet âge, colère et peur ne sont pas différenciées ; les pleurs sont simplement un signe de détresse, un signal adressé à la personne qui s'occupe de lui.) Même si les pleurs sont dus à son tempérament, ils peuvent aussi résulter de traits autres que celui de la sensibilité – par exemple, parmi ceux décrits au chapitre 1, les pleurs peuvent provenir d'une grande intensité, d'une forte activité ou d'une faible adaptabilité.

L'une des raisons de ne pas penser qu'un bébé pleurant souvent soit sensible réside dans le fait que de nombreux parents à qui j'ai parlé m'ont dit que leur EHS avait très peu pleuré durant sa première année. Il apparaissait souvent que ces parents apportaient des conditions optimales à leur bébé sensible, si bien qu'il avait rarement une raison de pleurer. Ainsi, Alice était un bébé parfait – jusqu'à une coupure d'électricité une nuit, qui a arrêté la veilleuse et la petite musique auxquelles elle était habituée pour dormir. Elle a alors fait sentir à ses parents combien elle était sensible. Et vous vous souvenez de Randall, qui a eu une nourrice fantastique et n'a montré sa sensibilité qu'à deux ans, quand sa mère a essayé de l'emmener à des ateliers de jeux.

Même si certains nouveau-nés sensibles ne pleurent pas grâce au rôle attentif de leurs parents, n'imaginez pas que les bébés sensibles qui pleurent ont forcément des parents qui s'y prennent mal. Certains bébés pleurent simplement davantage, quoi que leurs parents fassent.

Si l'on ne peut donc pas reconnaître un enfant sensible à sa seule propension à pleurer, quels autres critères prendre en compte ? La maman de Maria a compris que sa fille était sensible grâce aux subtilités qu'elle remarquait et à la manière dont, dès ses deux semaines, elle gardait un contact visuel avec sa mère, dont elle suivait les déplacements dans la pièce. Plusieurs autres parents ont remarqué une capacité d'attention similaire chez leur nouveau-né. Je crois qu'il s'agit d'un meilleur indicateur de sensibilité, bien que si vous n'avez jamais été en contact avec d'autres bébés vous ne remarquiez pas que le vôtre présente cette particularité. Je crois toutefois que la plupart des parents sauront dire si leur bébé est hautement sensible, surtout dès lors qu'ils auront compris ce trait et en particulier si l'un ou l'autre l'est lui-même, ce qui bien sûr augmente la probabilité que son enfant présente ce trait.

Une fois établi que votre nouveau-né est sûrement hautement sensible, que devez-vous savoir ? En réalité, il n'y a guère d'instructions particulières pour s'occuper d'un nourrisson sensible – à moins que votre enfant ne pleure beaucoup. Dans ce cas, ce chapitre vous sera peut-être d'une grande aide. Sinon, mon objectif est de vous aider à vous rendre compte de tout ce qui se passe chez ce petit être.

La réceptivité – la solution à tout à cet âge

Tout nouveau-né a besoin d'une qualité chez un parent : de la réceptivité. Tous ceux qui étudient les nourrissons s'accordent sur le fait qu'il s'agit du facteur le plus important à cet âge pour le développement futur d'une bonne santé mentale. Un parent réceptif est un parent qui s'efforce de satisfaire les besoins de son bébé et de répondre aux signes et aux émotions qu'il envoie – son désir de contact et de davantage de stimulation, mais aussi de protection et de moins de stimulation.

Comprendre ce dont un nourrisson a besoin et ce qu'il veut peut s'avérer délicat, surtout lorsqu'il s'agit d'un premier enfant. Le bébé n'est pas en âge de parler ni même de signaler beaucoup de choses, hormis une détresse générale. Les parents doivent au départ recourir à leur intuition pour découvrir quel est le problème, ce qui paraît parfois impossible, même pour le parent le plus sensible. Mais avec l'expérience, les parents apprennent malgré tout à se montrer réceptifs, par pure autodéfense – un bébé qui pleure a le don d'agacer tout son entourage. Trouver la raison des pleurs, en revanche, demande d'en connaître les causes plus subtiles.

Tous les bébés pleurent lorsqu'ils sont sur- ou sous-stimulés, sur- ou sous-excités. L'on pourrait même dire que c'est là leur seule raison de pleurer durant leurs premières semaines. Le nouveau-né pleure pour générer de l'activité et éveiller l'attention quand il est sous-excité. Ou bien il pleure à cause de la stimulation générée par une douleur ou une gêne. Les sensations résultant par exemple du chaud, du froid, de la faim, du bruit ou d'une couche mouillée correspondent tous sans différenciation à de fortes stimulations. Plus tard, se développent des réactions spécifiques aux différents stimuli, mais il demeure également une réaction générale au niveau d'excitation.

Comme vous le savez déjà, les personnes sensibles, quel que soit leur âge, atteignent un niveau de surexcitation bien plus tôt que les autres. Et avant cela, elles montrent déjà des signes de tentative de régulation de leur propre excitation. Le nourrisson détourne la tête, couine ou pleure pour essayer de mettre fin à sa surexcitation. Si vous êtes habitué aux bébés qui peuvent en « supporter davantage », vous pouvez ne pas remarquer ces signes ni deviner leur cause. Vous pouvez même penser que votre bébé a envie qu'on le prenne, qu'on le nourrisse, qu'on joue avec lui ou qu'on le berce – ce qui ne fait qu'accroître sa surstimulation. Vous essayez de vous montrer réceptif sans comprendre que le véritable message est : « Stop, je suis surstimulé ! »

Comment réduire la stimulation générale d'un nourrisson

Si votre bébé semble en bonne santé mais qu'il pleure trop, vérifiez si le problème n'est pas une surstimulation en procédant aux changements suivants et en regardant si les pleurs diminuent (s'ils ne baissent pas, ou si vous procédez à trop de changements, votre bébé est peut-être sous-stimulé, ou bien il a besoin d'autre chose – j'en dis davantage dans la partie suivante).

1. ***N'excitez pas votre enfant*** avec des jeux brusques et une voix trop animée.

2. ***Éliminez la plupart des jouets,*** mobiles, images et autres mignonneries pour bébés de son berceau et autres endroits.

3. ***Réduisez le niveau sonore,*** en journée ainsi que pendant les temps de sommeil. Installez des tapis et des rideaux, éteignez la musique ou baissez-la, faites en sorte que les voix soient calmes et basses. Souvenez-vous que la meilleure stimulation pour un nouveau-né sera tout ce

qui ressemble à sa vie dans l'utérus : être bercé, tenu confortablement dans les bras, entendre la voix de sa mère.

4. ***Instaurez des routines que votre bébé semble apprécier.*** Réalisez les activités régulières comme le bain et les repas toujours de la même manière et si possible au même moment de la journée de façon à limiter les surprises. Certains nouveau-nés instaurent eux-mêmes des habitudes alors que d'autres semblent plutôt désorganisés durant leurs premières semaines et ont besoin d'aide à cet égard.

5. ***Réduisez ou cessez les sorties*** ainsi que les visites pendant un temps.

6. ***N'utilisez que des vêtements pur coton très doux,*** ainsi que des tenues simples et identiques chaque jour.

7. ***Faites encore plus attention à la température*** de la chambre, de la nourriture et de l'eau du bain pour qu'elle soit parfaitement adaptée à votre bébé.

8. ***Faites en sorte que le moment du coucher soit particulièrement apaisant*** en mettant en place un rituel. Veillez à ce que votre bébé dorme suffisamment en faisant le silence dans la maison et l'obscurité dans sa chambre ainsi qu'en opérant tout autre changement nécessaire (plus de détails sur le sommeil un peu plus loin).

9. ***Portez votre bébé contre vous.*** Si votre dos le supporte, je conseille fortement les porte-bébés, dont il existe de nombreux modèles. Une étude[56] a consisté à demander à de jeunes mères soit de porter leur enfant pendant deux heures de plus par jour, soit d'augmenter les stimulations visuelles (groupe témoin). À l'âge de six semaines, les bébés portés pleuraient une heure de moins chaque jour que les bébés

stimulés. Le fait d'être près de vous rassure un EHS, car cela réduit la surstimulation due à la peur. De même, si vous devez emmener votre bébé dans un endroit très stimulant, portez-le contre vous.

10. ***Sortez votre bébé chaque jour***, de préférence seulement aux heures de sieste. Je reconnais qu'il ne s'agit que d'une intuition de ma part, parce qu'aller dehors m'aide toujours à me calmer. Les bébés européens semblent pleurer moins, et à moins que la météo ne soit exécrable, ils sont toujours emmenés dehors dans leur landau pour faire la sieste [sic.] En effet, notre premier pédiatre, parisien, nous avait véritablement conseillés de sortir chaque jour avec notre fils, comme ni nous, parents américains ignorants, n'en avions pas l'idée.

11. ***Évitez les déménagements ou les voyages durant sa première année, si vous le pouvez.***

12. ***Restez calme vous-même.*** Évitez le stress autant que possible. Ne vous fâchez pas près de votre bébé. Protégez-le des agressions d'un frère ou d'une sœur. Si vous devez le confier à quelqu'un, assurez-vous que cette personne soit chaleureuse et réceptive.

Que faire lorsque votre bébé pleure

Même si votre bébé ne pleure pas excessivement, vous faites probablement tout ce que vous pouvez pour arrêter ses larmes. Aletha Solter[57], pédopsychologue originaire de Suisse, explique dans *Pleurs et colères des enfants et des bébés* qu'il faut leur *permettre* de pleurer – une fois que l'on s'est assuré de l'absence de douleur ou de problème à corriger. Pleurer peut être un signe de détresse, mais c'est aussi à d'autres moments un moyen d'évacuer la tension d'un stress physique ou émotionnel, notamment chez les bébés très actifs ou intenses. Il est important d'encourager ce type de libération.

Que faire donc quand votre bébé pleure ? Tout d'abord, Solter recommande fortement de ne pas laisser son nouveau-né pleurer seul. Une fois que tous les besoins physiques immédiats ont été écartés, votre objectif n'est pas de faire cesser les pleurs, mais de prêter attention à lui et de lui permettre de pleurer. Asseyez-vous dans un fauteuil confortable, prenez-le et regardez son visage. S'il se détourne de vous, essayez de le rassurer en le touchant gentiment. Ne le faites pas sautiller, prenez plutôt de grandes inspirations, essayez de vous détendre et pensez à votre amour pour lui. Dites-lui : « Je t'aime. Tu es en sécurité. C'est normal de pleurer. » Dites-lui ce que vous pensez être le problème et comment vous imaginez qu'il se sent. Pleurez avec lui si vous en avez envie.

Y a-t-il des moments où vous ne devriez pas utiliser cette approche avec un EHS ? Peut-être. Certains bébés sensibles semblent vraiment avoir besoin d'être laissés seuls lorsqu'ils sont extrêmement surstimulés. Vous le saurez certainement si c'est le cas – la journée a été trop longue, trop stressante. Dans cette situation, il peut être préférable d'aller tous les deux dans une pièce calme, de préférence la chambre de votre bébé. Allongez-le et asseyez-vous la main sur son corps. La pression s'avère particulièrement rassurante pour les enfants sensibles. Bien qu'il s'agisse encore d'une petite source de stimulation supplémentaire, cela le rassure également sur le fait que vous soyez toujours là. Si l'enfant est visiblement surstimulé à ce point, j'aurais tendance à ne pas le prendre et à ne pas lui parler. Mais essayez tout ce qui peut fonctionner pour vous et lui.

Enfin, j'aime le conseil de Tracy Hogg[58], auteure de *Les Secrets d'une charmeuse de bébés :* traitez un nourrisson comme un être humain ! Pas de hochet devant la figure, de petits sauts brusques ni de jambes passées par-dessus la tête. Parlez-lui. Dites-lui ce que vous allez faire et pourquoi. Il est humain ; il comprend plus que vous ne le pensez.

Si votre bébé pleure encore trop

Pour commencer, qu'est-ce que « trop » ? Un bébé pleure en moyenne[59] deux heures par jour durant ses deux premières semaines, trois heures par jour à six semaines, une heure par jour à douze semaines. Un enfant sensible peut pleurer un peu plus en période de surstimulation. Mais si votre bébé a plus de quatre mois et qu'il pleure pendant plus de deux heures d'affilée ou plus de trois heures par jour et cela plus de trois fois par semaine, il faut effectivement y prêter attention.

Dans 90 % des cas, le fait de réduire les stimulations comme décrit plus haut résout ces situations[60]. Mais si ce n'est pas le cas, apprenez à aider votre bébé d'autres façons. Une étude[61] s'est intéressée à des bébés extrêmement irritables peu après la naissance et les a suivis de près pendant leurs six premiers mois. Plus tard, à un an, ces enfants étaient toujours très irritables et beaucoup plus susceptibles de ne pas jouir d'un lien d'attachement sécurisant avec leur mère. Mais l'étude a aussi révélé que ces mères étaient moins réceptives et impliquées que les mères de bébés moins irritables. Il semble s'être passé une sorte de cercle vicieux qui a peu à peu séparé la mère et l'enfant. Néanmoins, dans le cadre de cette recherche, cinquante mères de tels enfants ont reçu une formation spécifique pour les aider à apaiser leurs nourrissons et à jouer avec eux. Leurs bébés se sont révélés beaucoup plus réceptifs et pleuraient moins à l'âge d'un an. Ils étaient aussi plus sociables et plus brillants, avec un lien d'attachement sécurisant beaucoup plus fréquent. Ainsi, si les informations de ce chapitre ne vous sont d'aucune aide avec votre bébé irritable, l'aide d'un professionnel vous serait sûrement profitable. (Reportez-vous aux Ressources en fin d'ouvrage pour trouver un psychologue spécialiste du tempérament ou bien demandez à votre pédiatre s'il peut vous orienter vers quelqu'un.) Notez que les nouveau-nés remarquent la façon dont on les traite, que cela leur importe réellement, et cela d'autant plus chez les EHS.

La suite de ce chapitre a pour but de vous aider à vous rendre compte à quel point votre bébé est incroyable. Vous aurez l'impression que la plupart des choses que vous faites conviennent – à cet âge, être parent s'avère physiquement épuisant, mais généralement peu exigeant sur le plan mental. Votre instinct ainsi que la communication subtile qui opère entre vous suffisent pour gérer facilement la majorité des problèmes. Pourtant, votre impact sur votre enfant, notamment sur son esprit préverbal, est sans doute à son paroxysme.

Ne sous-estimez pas les nouveau-nés sensibles – ils sentent toutes vos humeurs, apprennent et se souviennent.

Comme nous ne nous souvenons pas de notre propre toute petite enfance, nous avons tendance à imaginer que les nouveau-nés ne se souviendront pas de ce qui leur arrive et qu'ils sont dans l'ensemble peu conscients de ce qui se passe. Rien n'est plus faux.

Voici un bon exemple de la conscience très aiguë du nouveau-né. Quand je suis sortie de la maternité, nous sommes allés directement chez deux amis plus âgés, un pédiatre et une infirmière en pédiatrie qui avaient eux-mêmes six enfants. Ils nous avaient invités à séjourner chez eux parce que mon mari et moi vivions à l'époque de manière spartiate dans un coin reculé de Colombie-Britannique et que j'avais eu une césarienne. Mon médecin ne souhaitait pas que je transporte de l'eau et du bois trop rapidement, si bien qu'il n'a accepté de me laisser sortir que si je pouvais passer quelque temps dans un endroit plus confortable.

Le premier soir chez mes amis, j'ai bercé et consolé mon EHS de toutes les façons que j'avais pu imaginer (qui n'étaient pas nombreuses), mais il ne cessait pas de pleurer. Après un long intervalle de politesse, mon amie, maman expérimentée et infirmière en pédiatrie, m'a demandé si elle pouvait le prendre. Dès qu'elle l'a tenu dans ses bras, il s'est arrêté de pleurer et son corps s'est détendu. Elle faisait pourtant la même chose que moi ! Mais la différence était plus profonde : elle était à l'aise du point de vue émotionnel, alors que je ne l'étais pas.

Lorsque l'on commence à y réfléchir, la capacité du nouveau-né à apprendre et à mémoriser est on ne peut plus éloignée de l'image que nous avons du bébé passif et sans conscience. Quand on considère à quel point le tout-petit a besoin que la personne qui s'occupe de lui assure sa survie, il semble logique qu'il ait un moyen de se rappeler qui est cette personne et comment s'entendre avec elle. Au moyen d'expériences ingénieuses et en mesurant les réactions corporelles[62], il est apparu que les nourrissons présentaient une excellente mémoire « implicite »[63] – le type de mémoire qui permet aux nouveau-nés comme aux adultes d'apprendre et de former des idées sans en être conscient ni même avoir de mots pour les formuler. Et comme les adultes sensibles présentent un apprentissage implicite accru, il en va indubitablement de même chez les nourrissons sensibles.

De ces recherches sur la mémoire implicite, il ressort clairement que les nouveau-nés reconnaissent et préfèrent la voix et le visage de leurs parents ainsi que leur langue maternelle, même parlée par un inconnu.

Comme les nourrissons[64] ne reconnaissent généralement pas la voix de leur père aussi rapidement, cet apprentissage débute probablement avant la naissance, dans l'utérus. Cette capacité à apprendre – par exemple à distinguer ce qui est familier et ce qui est nouveau – ne fait qu'augmenter avec l'âge, pour devenir très aiguë à sept mois.

Parmi les détails les plus importants à apprendre pour le nourrisson, figurent les signes de différents états émotionnels, car ils expriment le sentiment de l'adulte vis-à-vis du bébé impuissant. C'est pour cette raison que la compréhension de la signification des expressions émotionnelles faciales est une particularité des primates. Tous les primates présentent des muscles reliés à la peau de leur visage ainsi que des zones spéciales dans leur cerveau permettant de détecter les expressions subtiles. Il n'est donc pas surprenant que les nouveau-nés humains[65] soient très tôt capables de reconnaître les visages et les expressions émotionnelles, et qu'ils préfèrent regarder les visages. C'est cependant votre visage que votre enfant préfère et il a irrépressiblement besoin du réconfort et de l'information que transmettent vos expressions. Est-ce que ce bruit n'est pas dangereux ? Est-ce que tu aimes quand je gazouille ?

Des expériences où l'on a demandé à des mères de ne pas exprimer d'émotion sur leur visage se sont avérées très pénibles pour les nourrissons. Si l'on sépare le bébé de sa mère et que l'on place des caméras de sorte que chacun puisse voir l'autre, ils s'expriment avec le visage et répondent chacun aux expressions de l'autre de la même manière que tous les couples primates mère-enfant. Mais si l'on désynchronise l'ensemble de manière que le bébé regarde la vidéo avec un léger décalage, il s'affole. Quand ce qui est prévisible n'arrive pas, le nourrisson *sait* que quelque chose ne va pas. Il est conçu pour tirer de sa mère tout l'apaisement, toutes les connaissances et le meilleur sentiment de protection possibles. C'est ainsi qu'il survit.

L'on comprend ainsi que la réceptivité constitue l'élément essentiel lorsque l'on s'occupe d'un nourrisson. Votre bébé sensible en particulier sait comment vous vous sentez et il a besoin de savoir que vous savez comment il se sent. Outre le fait qu'il s'agisse là d'une expérience courante pour les parents d'EHS, la preuve de cette conscience émotionnelle accrue réside dans le fait que les EHS naissent généralement avec un hémisphère droit (associé à la connaissance émotionnelle et sociale[66]) plus actif[67]. L'hémisphère droit de votre nouveau-né sensible est sans doute très actif en ce moment même, remarquant, apprenant et se rappelant tout ce qui vous concerne. Alors, exprimez-vous. Laissez votre visage et vos mots lui dire ce que vous pensez qu'il ressent et ce que vous ressentez en retour.

DE DEUX À SIX MOIS – COMMENT ÊTRE RÉCEPTIF SANS SURSTIMULER

À partir de deux mois, votre enfant sera visiblement plus réceptif vis-à-vis de vous et en demande de retour. À cet âge, votre EHS ressent des émotions positives comme la joie et la curiosité. La seule émotion négative, la détresse, se distingue maintenant de la colère de ne pas obtenir ce que ses émotions positives lui indiquent vouloir. À ce stade, il remarque également mieux les nouveautés qui l'entourent. Il devient très social ; même seul, il vous imagine et vous répond[68]. Par exemple, s'il réussit à jouer avec un jouet qu'il avait apprécié avec vous, il exprimera le même plaisir qu'en votre compagnie. Il vous imagine à ses côtés.

À ce stade, en revanche, votre bébé sensible se sert encore surtout de vous comme d'un « autre auto-régulant », la personne qui régule sa vie émotionnelle et corporelle en l'apaisant ou en l'excitant, en qualifiant les expériences de bonnes ou de mauvaises, en débutant ou en arrêtant les cessions de jeu, en le nourrissant et par d'autres événements agréables ou non. C'est vous qui accomplissez la plupart de ces choses, aussi votre présence est-elle essentielle. En particulier, votre bébé sensible est toujours très enclin à la surstimulation et a besoin de vous pour contrôler ce qui l'atteint. Cela peut s'avérer difficile quand on nous dit qu'à cet âge les tout-petits ont *besoin* d'avoir beaucoup de jouets, d'entendre de la musique et de se socialiser. Je vais donc vous présenter une vision culturelle différente du niveau de stimulation dont le nourrisson a besoin.

Le bonheur des bébés néerlandais

Parce que les différentes cultures n'admirent et n'encouragent pas toutes les mêmes tempéraments, comparer notre propre culture à d'autres nous aidera à mieux la comprendre. Si vous constatez que la vôtre ne prône pas la sensibilité, il vous faudra bien réfléchir aux conseils que vous lirez ou que vous recevrez d'autres parents et décider si vous souhaitez procéder comme le font les parents autour de vous ou bien différemment.

Un bon exemple de culture différente ressort des recherches de Charles Super et de Sarah Harkness[69] de l'université du Connecticut. Ils ont passé un an aux Pays-Bas à étudier la façon dont les Néerlandais élèvent leurs enfants, considèrent le tempérament et par conséquent influent sur la manière dont leurs enfants expriment leurs tempéraments individuels.

Tout d'abord, les Néerlandais considèrent le tempérament comme peu problématique dans la mesure où les soucis se résolvent au moyen des trois R : repos, régularité et propreté (les trois termes commencent par un R en néerlandais). La priorité accordée aux deux premiers points fait que les tout-petits que Harkness a suivis dormaient *deux heures* de plus par jour comparés à un groupe de petits Américains. En outre, les petits Néerlandais étaient bien plus calmes lorsqu'ils étaient éveillés que les petits Américains, actifs et agités.

Selon Super et Harkness, les bébés américains sont plus actifs parce que leurs mères les stimulent davantage. Elles leur parlent, les touchent et dans l'ensemble les « excitent » s'ils sont calmes ou contrariés. Ils présentent un taux de cortisol plus élevé. (Un certain niveau est nécessaire, mais un taux trop souvent trop élevé s'avère néfaste, et pose fréquemment problème chez les EHS.)

Super et Harkness ont conclu que les bébés américains étaient habitués à un niveau d'activité plus élevé et que celui-ci modifiait de façon permanente leur système nerveux. Ce changement devient définitif entre seize et vingt-quatre semaines. Il en va de même pour le rythme associant calme le matin et activité accrue le soir, une raison possible au fait qu'ils dorment moins et expliquant pourquoi les bébés américains (et les adultes) souffrent tellement de problèmes de sommeil. En revanche, les enfants néerlandais tendent vers plus de calme à mesure que la journée se termine et se préparent ainsi à une longue nuit de sommeil. (Vous comprenez combien l'approche américaine s'avère contraire au système nerveux de l'EHS.)

Les chercheurs ont également remarqué que les bébés et les jeunes enfants américains étaient encouragés ou au moins autorisés à divertir les adultes et à exprimer leur volonté, à réclamer, à être indépendants.

Aux Pays-Bas, on leur demande d'être calmes, tranquilles et bien élevés – ils peuvent participer à la conversation mais pas en être le sujet ni être au centre de l'attention. Une situation bien plus facile pour un enfant sensible.

Enfin, les parents néerlandais ne sortent plus après dix-neuf heures. Personne ne le leur demande – les parents de bébés et de jeunes enfants ne sont pas invités le soir. Les Néerlandais sont d'avis que les parents doivent être chez eux pour coucher leurs enfants. Si l'école organise un événement en soirée (ce qui est rare), les cours reprennent plus tard le lendemain afin que les enfants puissent dormir. Tout cela, encore une fois, contribue à faciliter la satisfaction des besoins des EHS qui se sentent ainsi davantage dans la normalité.

Si notre objectif n'est pas d'idéaliser les Néerlandais, souvenons-nous que notre manière de faire est inhérente à notre culture et qu'elle n'est pas la seule possible.

Ne soyez pas surstimulant

Souvent, les parents prennent facilement conscience qu'ils surstimulent leur bébé en lui offrant trop à voir, mais ne le remarquent pas quand ils constituent eux-mêmes la source de stimulation. Surtout à cet âge, quand le tout-petit commence à se tenir assis et à se montrer si adorablement réceptif, les parents le sont peut-être involontairement. Daniel Stern[70], spécialiste du lien mère-enfant, souligne le risque de surstimulation chez le nourrisson. Il décrit un bébé dont la mère était constamment devant son visage, à essayer de jouer avec lui à « coucou-caché », alors que tout le monde sauf elle voyait que cela surexcitait et perturbait son fils. Celui-ci a appris à gérer cette situation en évitant le contact visuel et même de regarder son visage. Il se détournait ou baissait la tête et fermait les yeux. Plus tard, quand il a su marcher, il quittait simplement la pièce. Malheureusement, l'enfant généralise vite de tels événements survenus précocement : Stern explique que le garçon a plus tard développé un comportement d'évitement, préférant esquiver la plupart des formes d'intimité avec la plupart des gens. Le spécialiste mentionne un autre bébé de cet âge qui, au lieu d'éviter la surstimulation de sa mère, est devenu exagérément docile. Il regardait dans le vide et acceptait tout ce qu'on lui faisait – un autre type de réaction qu'un bébé sensible peut avoir face à une surstimulation permanente.

Selon Stern, un parent peut s'avérer surstimulant pour de nombreuses raisons : « l'hostilité, le besoin de contrôle, l'insensibilité ou une sensibilité inhabituelle au rejet [du bébé à son égard].[71] » J'ajouterais à ces causes la simple ignorance de la sensibilité du nourrisson, notamment si vous avez déjà élevé d'autres enfants qui appréciaient ou demandaient davantage de stimulation.

Il vous sera facile de ne pas surstimuler votre bébé maintenant que vous connaissez les signes typiques de détresse : pleurs, fait de détourner la tête, de baisser les yeux, de fermer fort les yeux, de regarder dans le vide, ou tout autre signe de mal-être. Considérez votre bébé comme un individu sensible qui a besoin d'équilibrer son besoin d'espace avec celui de se sentir protégé en étant près des autres. Il doit apprendre à satisfaire l'un puis l'autre, et vous pouvez l'y aider en étant en accord avec ces besoins changeants.

Gardez à l'esprit qu'il ne faut pas non plus le surprotéger. Il ne s'agit pas de placer les bébés sensibles dans du coton ni de les maintenir dans une bulle sensorielle. Il a été démontré[72] que les exposer à un peu de stress pouvait réduire leurs réactions à d'autres facteurs légèrement stressants. Les bébés qui sont déjà très stressés représentent la seule exception. La clé pour qu'ils développent une faculté de résilience consiste à leur offrir un niveau *correct* de stimulation et de défis. Déterminer ce niveau nécessite de la réceptivité de votre part, une conscience de ce qui est tolérable et utile pour votre enfant. Cela peut s'accompagner d'une gêne passagère, mais votre enfant devrait finalement apprécier l'expérience et être plus calme la fois suivante.

Les problèmes de sommeil autour de six mois

Autour de l'âge de six mois, un grand nombre de bébés sensibles éprouvent davantage difficultés à s'endormir ou pendant leur sommeil comparés à d'autres bébés. Je pense que cela est dû à leur conscience accrue, faisant qu'ils attirent l'attention des autres pour qu'ils viennent jouer avec eux. Un pédiatre[73] a découvert qu'à son cabinet près de 25 % des bébés de cet âge ne faisaient pas leurs nuits et que parmi eux presque tous étaient hautement sensibles.

Qu'est-ce qu'un sommeil normal ? Le sommeil varie bien sûr en fonction de l'âge et se dégrade avant de s'améliorer. À cinq mois, seuls 10 % des enfants se réveillent entre minuit et cinq heures du matin plus de trois nuits par semaine. Mais à neuf mois, ce pourcentage augmente, passant à 20 %. Après neuf mois, la proportion d'enfants faisant leurs nuits augmente de nouveau régulièrement.

La surstimulation est souvent à l'origine de problèmes de sommeil. Aussi, déterminez si elle survient au cours de la journée si bien que l'enfant est trop excité le soir venu, ou s'il y a trop de bruit et de stimulation juste avant le coucher ou encore dans la maison après le coucher. J'ai tendance à dire maintenant qu'il est préférable de ne pas laisser le bébé pleurer seul jusqu'à ce qu'il s'endorme, alors qu'il est probablement en train d'exprimer une réaction normale, innée et instinctive face au danger que représente le fait d'être laissé seul. S'en empêcher doit représenter une tâche colossale pour un bébé. Parfois, pourtant, vous sentez que même vos gestes d'apaisement représentent une trop grande stimulation, que le laisser pleurer dans une pièce sombre constitue la seule solution pour qu'il s'endorme. Tout dépend de l'enfant et du jour. En fait, un soir de l'année 1971, à Paris, j'étais décidée à mettre en application la méthode du laisser pleurer avant de découvrir une meilleure solution.

À environ six mois, mon fils connaissait de gros problèmes d'endormissement et de sommeil, si bien que nous souffrions aussi nous-mêmes du manque de sommeil. À tel point que ce soir-là, nous l'avons couché et l'avons laissé pleurer. Il se trouve que notre riche propriétaire parisienne, qui recevait ce soir-là des invités, a grimpé les nombreuses marches jusqu'à notre minuscule appartement pour nous dire que les cris de notre bébé, autrement gentil, perturbaient sa réception.

Que faire ? Gâcher sa fête ou renoncer à notre tentative et faire comprendre à notre fils que, après avoir tant pleuré, crier finit malgré tout par « produire un résultat » ? Malgré le possible handicap en matière de solutions pratiques que constituaient nos nombreux diplômes, nous avons trouvé une solution étrange, mais très simple : nous avons posé des couvertures sur son berceau pour étouffer le son, en laissant un petit passage pour l'air. Il s'est endormi immédiatement.

Après cette nuit-là, nous avons construit un petit tipi à l'aide de quatre piquets en aluminium dont nous avons écrasé et percé les extrémités avant de les visser ensemble au sommet. Nous avons écarté les pieds de manière à laisser en bas une surface d'environ 90 par 120 cm. Nous avons fixé un filet autour de la base sur environ 30 cm de hauteur et y avons placé un matelas en mousse. Quand notre bébé y entrait (et il appréciait), nous recouvrions l'ensemble de couvertures – chaque fois les mêmes, de façon qu'il voie toujours les même motifs lorsqu'il regardait en l'air, et en laissant une ouverture pour qu'il puisse bien respirer. Sous ce tipi, il entendait peu les bruits, ne voyait pas la lumière et devait se sentir en sécurité car il ne manquait pas de s'y endormir aussitôt.

Le tipi nous a suivis dans tous nos voyages (à travers toute l'Europe cette année-là), si bien qu'il gardait toujours sa petite caverne. La différence a été considérable dans les chambres d'hôtel, où jusqu'alors il avait toujours pleuré. Ce fut son berceau jusqu'à ce qu'il dorme dans un grand lit, vers trois ans. Détail intéressant, quand il est parti à l'université et a eu l'occasion d'aménager lui-même sa chambre, il s'est créé un baldaquin au-dessus de son lit.

D'autres solutions contre les problèmes de sommeil

Lorsque les problèmes de sommeil persistent, les pédiatres prescrivent parfois une médication douce. Si l'on vous propose ce recours, demandez à utiliser plutôt une infusion de camomille tiède. Mais dans tous les cas, parlez-en d'abord à votre médecin avant d'en donner. Emilio (le petit garçon qui ne voulait plus quitter son parc) avait beaucoup de difficultés à s'endormir et cette méthode l'a souvent aidé.

Aletha Solter, dont j'ai déjà décrit la position à propos des pleurs, recommande de laisser le bébé pleurer jusqu'à ce qu'il s'endorme, mais dans les bras. Je le répète, certains bébés s'avèrent de par leur tempérament trop actifs ou intenses, ou sont momentanément tellement surstimulés que le simple fait d'être portés ne fait que les agiter davantage, surtout s'ils sentent le lait de leur mère ou qu'ils y voient une occasion d'interagir avec vous. Mais pour d'autres tout-petits, les laisser pleurer dans les bras de leurs parents est exactement ce dont ils ont besoin et cela augmente leurs chances de bien dormir toute la nuit. Parce que la mère est davantage associée au nourrissement, le père s'avère un excellent candidat pour cette tâche de tenir le bébé qui pleure le temps qu'il s'endorme. Et s'il pleure davantage avec lui, selon Solter, cela signifie uniquement qu'il se sent suffisamment en sécurité pour exprimer ses sentiments.

DE SIX MOIS À UN AN – ATTACHEMENT, SYNTONIE ET AUTORÉGULATION

À l'âge de six à dix mois environ, il arrive que le bébé n'apprécie soudain plus d'être porté par un inconnu, ni même de voir des personnes qu'il ne connaît pas (certains EHS sont toutefois ainsi dès le début). Son « système pause-vérification » s'est enclenché, et celui de votre bébé hautement sensible est particulièrement affûté. Il est maintenant véritablement capable de comparer une situation ou une personne nouvelle à des souvenirs passés et de décider si celle-ci est familière et sans danger, ou suffisamment similaire à quelque chose de familier et sans danger pour qu'il puisse se détendre et s'y confronter. Naturellement et plus que jamais, votre bébé vous regardera, ayant besoin de s'assurer de la manière dont vous allez réagir.

Comme votre bébé se déplace certainement à quatre pattes ou même commence à marcher, votre expression faciale constitue maintenant le principal contact entre vous. Par exemple, un enfant qui rampe sur du Plexiglas jusqu'au bord d'une falaise en trompe-l'œil regarde généralement sa mère pour savoir que faire. Si elle sourit, il continue d'avancer. Si elle fronce les sourcils, il s'arrête. Il sait manifestement qu'il doit regarder sa mère et non pas une personne quelconque dans la pièce. Il sait qui est important, qui s'occupe de lui. C'est à *vous*, ses parents, que votre bébé est attaché.

Pour résumer, c'est l'âge où votre bébé noue un lien fort avec quelques personnes de confiance et se montre beaucoup plus prudent avec toutes les autres. Il possède un modèle mental très clair de ce à quoi s'attendre, en bon ou en mauvais, dans diverses situations de la part des gens qui s'occupent de lui. Même si ces derniers ne sont pas réceptifs, ils sont au moins prévisibles, familiers et la seule source d'attention qu'il connaît.

Cette capacité des tout-petits à se lier à une personne en particulier se nomme « attachement » et les variantes dans cette relation enfant-adulte sont appelées « styles d'attachement ».

Votre bébé sensible et l'attachement

Le style d'attachement, comme je l'ai dit, désigne le fait que l'enfant développe un modèle mental de ce à quoi s'attendre de la part de ses proches. Il débute bien sûr dans la petite enfance mais, une fois formé, s'avère très difficile à changer. Il devient un style en ce qu'il contrôle les attentes de l'individu dans la vie, affecte ses amitiés et sa vie de couple mais détermine aussi la nature optimiste ou pessimiste de sa vision du monde, et de manière subtile une grande partie de sa santé générale mentale et physique.

Si nous abordons la question de l'attachement de votre enfant à vous et à d'autres personnes, c'est parce que le niveau de sécurité de ce lien affecte les EHS plus que les autres enfants. Près de 40 % des enfants, et par conséquent aussi des adultes, ont un *style d'attachement insécurisant*. Mes recherches indiquent que cette tendance n'est pas plus courante chez les adultes sensibles, mais que cette insécurité les affecte de manière plus néfaste quand elle se manifeste.

Comme je l'ai expliqué au chapitre 3, des études ont montré que si un lien d'attachement sécurisant existe entre l'EHS et un adulte, dans une situation nouvelle très stimulante il aura une première réaction de surprise typique d'un EHS mais ne se sentira ensuite pas plus menacé qu'un enfant non sensible. En revanche, un EHS avec un lien insécurisant se sentira surpris puis menacé. Cela paraît logique. L'attachement semble fait pour nous indiquer vers qui nous tourner pour être en sécurité et avoir de bons conseils lorsque nous sommes confrontés à une nouveauté potentiellement dangereuse. Le fait de percevoir des détails subtils pouvant être d'éventuels signes de danger étant l'une des spécialités de l'EHS, il éprouve un besoin particulier de se sentir en sécurité. Imaginez un EHS sans lien sécurisant affrontant chaque nouvel événement avec le sentiment d'être seul et de risquer de ne pas y arriver. Tout devient effrayant, impossible, ce qui explique ma découverte : les adultes sensibles ayant eu une enfance relativement heureuse ne sont pas plus anxieux ni déprimés que des personnes non sensibles, mais ceux ayant eu une enfance difficile le sont beaucoup plus. Un lien d'attachement sécurisant dans la petite enfance s'avère essentiel pour qu'une personne sensible devienne normale et heureuse.

Les styles d'attachement

Malheureusement, comme l'on pouvait s'y attendre, les parents ayant eu un lien insécurisant ont tendance à avoir avec leurs enfants un lien également insécurisant. Leurs propres parents constituent leurs principaux modèles. Toutefois, une prise de conscience se révèle utile. Ainsi, pour connaître votre propre style d'attachement, lisez ces descriptions et voyez laquelle vous correspond.

Une personne ayant un lien sécurisant s'attend à être aimée et qu'on se soucie d'elle. Elle se sent en sécurité près des autres, ne ressent pas de danger à se confronter au monde qui l'entoure. Comme s'il se trouvait une sorte de calme affectueux, tout près ou au fond de son esprit, trouvant son origine dans la connexion à une autre personne. (Pour certaines personnes, cela n'est pas sans rapport avec un sentiment religieux ; le style d'attachement présente un lien intéressant avec les croyances religieuses.)

Concernant les styles d'attachement insécurisants, il en existe deux. L'un correspond à la *préoccupation anxieuse*. Chez l'enfant, elle se caractérise par un comportement collant, la peur d'être laissé seul, puis à l'âge adulte par la crainte de ne pas être aimé ou d'être abandonné, si bien que la personne rumine quasiment en permanence à propos de ses relations avec ses proches. Ces personnes descendent généralement de parents peu fiables ; elles recevaient parfois ce dont elles avaient besoin, d'autres fois non, si bien qu'elles en sont venues à se préoccuper constamment de la manière de conserver un lien d'affection.

Le second style d'attachement insécurisant, l'*évitement*, se développe lorsque les parents ne veulent pas avoir leur enfant autour d'eux, sont négligents, maltraitants ou bien extrêmement indiscrets et surstimulants. Un bébé présentant ce comportement réduit au maximum les contacts avec ses parents et n'est pas en capacité d'explorer de façon détendue, parce qu'il doit rester à l'affût d'éventuels problèmes et rechercher des manières d'obtenir l'attention des adultes dont il a besoin malgré leur attitude. Il s'efforce évidemment de se débrouiller seul autant que possible et de n'exprimer que très peu d'émotions ; une fois adulte, il évite d'être proche ou de dépendre d'autrui.

Favoriser un attachement sécurisant chez l'EHS

L'EHS ayant une telle conscience de tout et se mettant si facilement en alerte en raison de ses capacités de « pause-vérification », l'environnement dans lequel il se sentira en sécurité est un peu plus restreint. Un enfant sensible a besoin de parents particulièrement réceptifs et à l'écoute, ainsi que d'une attention basée sur ses besoins et non sur les peurs et les tensions de ses parents. En revanche, un enfant non sensible s'accommode d'une palette plus large de comportements de la part de ceux qui s'occupent de lui.

Vous avez probablement instauré un lien sécurisant avec votre EHS, grâce à votre syntonie naturelle. En effet, la plupart des parents d'EHS semblent réussir à fournir cette attention supplémentaire de façon relativement automatique, sachant qu'un EHS n'a pas moins tendance à nouer un lien sécurisant[74] qu'un autre. Voici cependant quelques points problématiques à considérer.

Tout d'abord, évitez de séparer votre jeune EHS durant plus de quelques heures de ses gardes habituelles, notamment pendant ses douze à vingt-quatre premiers mois. Si vous employez une nourrice, essayez de garder cette personne pendant toute cette période. Les humains – et même tous les mammifères – ne s'épanouissent pas s'ils sont séparés du premier adulte qui s'occupe d'eux, même s'ils sont nourris et tenus au chaud. Un exemple extrême : des études menées auprès de singes isolés peu après la naissance. Une fois adultes, ils ne sont pas capables de s'accoupler et d'élever des petits. Ils se battent souvent jusqu'à la mort au lieu de simplement exprimer leur colère comme le font généralement les mammifères. Ils s'automutilent en se coupant ou en se cognant la tête et se suralimentent. Les individus séparés de leur mère pendant des périodes plus brèves se comportent normalement une fois adultes, sauf en cas de stress, où ils deviennent anxieux sur les plans biologique et comportemental.

Pour développer un attachement sécurisant chez un EHS, efforcez-vous également de garder votre propre niveau de stress à un niveau minimal ainsi que celui des autres personnes auxquelles votre enfant est lié. Une étude a révélé que les singes élevés par une mère stressée à cause d'une source de nourriture peu fiable semblaient normaux tant qu'ils étaient en compagnie de leur mère, mais que devenus adultes ils s'avéraient soumis, timides et enclins à suivre n'importe quel individu disponible. Comme les singes séparés de leur mère, ils montraient en outre les signes comportementaux et neurochimiques de l'anxiété et de la dépression, ainsi qu'un cerveau définitivement altéré. Leur modèle mental d'attachement était tel qu'ils s'attendaient à être malheureux.

Enfin, des études[75] menées auprès d'EHS en particulier ont clairement révélé qu'ils ont besoin que leur personne responsable offre suffisamment de souplesse, de chaleur et de soutien – nous retrouvons l'idée de réceptivité. Ils ne se sentent pas en sécurité avec une mère qui est en colère, qui punit, est en retrait ou se montre inflexible. Tout cela joue moins chez les non-sensibles. Intéressons-nous donc à la syntonie vis-à-vis de votre enfant attentif.

LA SYNTONIE

La syntonie est la seconde influence la plus importante chez les bébés de six mois à un an et est probablement ce qui participe le plus à l'attachement. Les moments de syntonie et de non-syntonie ont fait l'objet d'amples recherches. Les moments de syntonie[76] sont ces subtiles interactions qui se produisent lorsque votre bébé exprime une émotion (excitation, peur, plaisir ou autre) et que vous l'exprimez en retour, communiquant l'idée que vous le comprenez et que vous pouvez ressentir la même chose. Cela peut survenir souvent, jusqu'à une fois par minute, durant les temps calmes autant que lors des moments où le bébé découvre de nouvelles personnes ou de nouveaux lieux et qu'il regarde son parent pour avoir son avis.

La syntonie revêt une importance à tout âge, mais prend un nouveau sens entre six et douze mois. Avant neuf mois environ, lorsque votre bébé exprimait une émotion, vous aviez tendance à l'exprimer en retour exactement de la même manière – à un cri aigu répondait un cri aigu, à un gazouillement vous répondiez par un gazouillement. Après neuf mois environ, il y a de grandes chances que vous utilisiez un *mode* d'expression différent de celui qu'utilise votre bébé. S'il fait une grimace, vous produirez un son, mais qui correspond à l'intensité et au type d'émotion exprimé par son visage. Votre EHS commence à se mettre debout, agite la main et rit. Vous lui dites : « Oui, c'est bien ! » Votre « oui » marqué égale l'énergie physique de votre enfant. S'il émet un cri aigu, vous acquiescerez peut-être vigoureusement. En d'autres termes, vos syntonies ont tendance à s'accorder en intensité, en durée, en « forme » (l'énergie augmentant au début, au milieu ou à la fin) ou selon le même rythme plutôt que d'être de pures imitations. Ces syntonies disent à votre enfant si vous êtes véritablement « présent » ou non, c'est pourquoi elles affectent l'attachement. Un adulte non syntonique semble moins sécurisant – une personne qui n'est pas en syntonie est moins susceptible de répondre rapidement aux manifestations de peur ou de détresse.

Ces syntonies qui démarrent à cet âge, par lesquelles vous répondez à une émotion sur un nouveau mode, permettent aussi au bébé de comprendre que vous avez en vous le même *sentiment* que lui, que vous ne vous contentez pas d'imiter son comportement. « Maman ressent ce que je ressens. » Daniel Stern, le spécialiste des bébés, appelle ces moments brefs mais chargés de sens une « communion interpersonnelle » – c'est-à-dire que vous « prenez part à l'expérience d'autrui sans tenter de modifier ce qu'il fait ou croit »[77]. Pour Stern, ces moments sont essentiels dans le développement chez le bébé du sentiment que le monde émotionnel est partageable ; « les sentiments qui ne reçoivent jamais de réponse syntonique seront ressentis seuls, isolés du contexte interpersonnel de l'expérience partageable »[78].

Apprendre de ses non-syntonies

Normalement, les syntonies surviennent de manière tout à fait inconsciente et passent inaperçues – ni le bébé ni la mère n'agissent comme si quelque chose s'était produit. Mais si un chercheur demande à la mère de répondre avec plus ou moins d'intensité que son enfant, celui-ci s'arrête aussitôt et la regarde comme pour lui demander ce qui se passe. La plupart des parents trouvent difficile d'avoir ces réactions « décalées », et celles-ci constituent un moment véritablement inconfortable pour le bébé.

Les spécialistes ont également observé qu'il arrive à tous les parents d'être occasionnellement non syntoniques. Personne ne réussit à la perfection à comprendre et à refléter l'expérience d'autrui. Il arrive également que les parents se mettent délibérément en non-syntonie pour modifier le niveau d'excitation du bébé – pour le calmer ou l'éveiller. En outre, tous les parents se mettent en syntonie de manière sélective, communiquant ainsi leurs peurs, ce qu'ils n'aiment pas et leurs rêves. Par exemple, ils ne reproduisent pas l'excitation de leur enfant qui s'est sali, qui a lancé un jouet ou qui s'est masturbé. Ainsi, ils lui font savoir quelles émotions sont approuvées et peuvent être partagées et lesquelles non.

En tant que parent d'un EHS, vous pouvez être enclin à certaines non-syntonies particulières. Il peut arriver que vous ne reflétiez pas totalement la détresse ou les peurs de votre enfant parce que vous voulez qu'il s'endurcisse ou soit plus heureux. Mais n'oubliez pas qu'une telle stratégie conduira à ce que la peur et la détresse deviennent des émotions que l'on ne puisse pas exprimer ni partager (cela arrive souvent chez les petits garçons). Ils deviennent des sentiments « inacceptables », très difficiles à gérer seul pour un enfant sensible.

Deuxièmement, parce que même dans la petite enfance l'enfant sensible est soucieux de bien faire et de ne pas décevoir, il risque de devenir excessivement obéissant si vous n'entrez en syntonie qu'avec ses comportements calmes et obéissants. Ne réfrénez pas trop durement ses élans d'enthousiasme, même si vous ne voulez pas tous les voir exprimés. Lorsque vous refusez à votre enfant quelque chose qu'il désire, permettez que s'expriment protestations et colère, voire encouragez-les.

Tout cela ne vise *pas* à suggérer que vous n'êtes pas en bonne syntonie avec votre enfant. Vous l'êtes quasi certainement et, quand vous ne l'êtes pas, vous faites sans doute de votre mieux. Mais avoir conscience de ces interactions subtiles ne pourra que vous rendre encore plus réceptif. Si vous sentez que vous peinez à entrer en syntonie, faites-vous aider sur les raisons qui vous en empêchent ou qui font que vous essayez d'influer sur les réactions de votre bébé plutôt que de simplement y répondre.

Le rôle de la solitude

Après ces explications sur l'attachement et la syntonie, il est important de ne pas en conclure que les bébés ne doivent jamais rester sans interactions sociales. Les études montrent que la solitude permet au cerveau de se réorganiser, de rétablir son équilibre[79]. Les enfants sensibles, comme les adultes sensibles, ont besoin de beaucoup plus de temps de réorganisation, parce qu'il est dans leur nature de traiter toutes les informations en détail et en profondeur. Les bébés signalent souvent qu'ils souhaitent se désinvestir, c'est pourquoi cette syntonie vous permet de comprendre qu'il vous faut lui apporter également la solitude dont il a besoin. Le degré de sécurité de l'attachement n'est pas fonction du temps passé à nourrir ce lien, mais du degré de réceptivité vis-à-vis de ses besoins. Le fait de laisser le nourrisson seul quand il a envie d'être seul contribue aussi à son sentiment de sécurité.

La solitude participe à la sécurité également d'une autre manière : elle permet à votre bébé de penser à vous quand vous n'êtes pas là et de savoir que vous existez toujours. Quand il pleure pour vous appeler quand il en ressent le besoin, il fait l'apprentissage de ce sentiment ainsi que du fait qu'il peut agir dessus et obtenir une réaction d'autrui. Si vous comblez tous ces besoins avant qu'il ne les ressente, vous le privez de cette expérience.

L'autorégulation

La troisième influence importante que connaissent les EHS de six à douze mois est l'autorégulation. Elle débute vers dix mois et peut continuer de se développer tout au long de la vie. Il s'agit du sentiment grandissant d'avoir le choix des émotions sur lesquelles agir. En remarquant ce qui fonctionne et en étant sensible à vos réactions, votre bébé commence à découvrir qu'il peut ne pas vouloir répondre immédiatement à sa faim et manger tout ce qu'on lui donne, ou bien qu'il peut dissimuler sa peur quand il est confronté à quelque chose d'imposant et de bruyant. Peut-être a-t-il découvert qu'il n'aimait pas certains aliments, ou bien que les choses grosses et bruyantes pouvaient être amusantes.

Tout cela a une incidence pour l'EHS, car cela signifie que dorénavant il peut passer outre les ordres de son « système pause-vérification », mais aussi de son « système action ». Il peut être circonspect devant quelque chose qui n'est pas familier, mais choisir d'avancer malgré tout. Ou bien il peut vouloir continuer, mais décider d'être prudent. Cela ajoute une immense souplesse à sa vie, et plus il y en a mieux c'est. Lorsque l'EHS s'autorégule, il contrôle par exemple sa prudence naturelle, qui demeure ainsi de l'ordre de la prudence et ne se mue pas en véritable crainte.

Les sources d'autorégulation

Cette capacité à l'autocontrôle, cette volonté, est en partie innée. Il est par ailleurs démontré qu'elle est plus forte que l'EHS dans la mesure où elle se vérifie davantage chez les enfants ayant une grande « sensibilité de perception »[80]. Mais votre EHS apprend également l'autorégulation auprès de vous. Vous lui enseignez comment contrôler ses excitations grâce aux méthodes que vous employez vous-même pour les gérer, et par vos non-syntonies sélectives vous indiquez le type de réactions que vous approuvez – en particulier quand vous voulez qu'il contrôle ses « systèmes pause-vérification » ou « action ». De vous, il apprend par exemple à boucher ses oreilles quand un bruit est trop fort ou bien il reproduit votre sourire de plaisir lorsqu'il frôle la fourrure d'un lapin et constate qu'il ne mord pas.

Vous commencez maintenant à voir les effets de vos moments de syntonie. Si par votre syntonie vous avez encouragé la spontanéité et les élans explorateurs de votre enfant, ce que je conseille fortement de faire avec un bébé sensible, il sera moins bridé par son « système pause-vérification ». Mais si vous avez découragé la spontanéité et l'exploration, votre EHS exercera sans doute un contrôle excessif sur ces tendances à l'âge de dix mois, à moins que ses gènes ne l'aient pourvu d'un « système action » fort.

L'attachement affecte également l'autorégulation. Un EHS ayant un lien insécurisant, qui sent rarement la syntonie de ses parents ou qui ne ressent que des moments de non-syntonie, ne saura pas bien s'autoréguler. Il sera notamment incapable de passer outre son « système pause-vérification » parce qu'il sentira un manque de soutien lorsqu'il sera confronté à de nouveaux défis.

UN DERNIER MOT

Souvenez-vous qu'aucun parent n'est réceptif en permanence ni ne constitue une source de sécurité parfaite. Il arrive que l'on ne sache pas comment aider son enfant à s'endormir ou que l'on ne comprenne pas pourquoi il ne cesse ne pleurer. Mais lorsque l'on met enfin « le doigt dessus », le soulagement est particulièrement agréable pour tous les deux. De plus, le bébé a aussi envie et besoin de répondre à celui qui s'occupe de lui, que le phénomène soit réciproque.

De même, aucun parent n'est constamment en parfaite syntonie. Parfois, nous ne voyons pas ce que notre enfant ressent, parfois nous le voyons, mais de fatigue, « faisons semblant », et parfois nos valeurs et notre culture nous enjoignent de ne pas entrer en syntonie et donc d'encourager certaines réactions émotionnelles. En effet, une syntonie parfaite créerait une impression de fusion quasi complète – un enfant sans mesure de son monde personnel composé d'émotions uniques et distinct de ce que vous ressentez ensemble.

Enfin, aucun parent ne saurait être un modèle parfait de gestion et d'autorégulation. Les parents d'un EHS en particulier sont enclins à se sentir impuissants vis-à-vis de leurs réactions face à un enfant surstimulé.

Un bébé peut poser beaucoup de soucis. À certains moments, votre EHS vous demandera encore plus que d'autres nourrissons. Gardez à l'esprit que dans dix petites années ce tout-petit sera presque un adulte et, espérons-le, un ami proche. Aussi, traitez-le dès maintenant comme un bon ami. Faites en sorte de pouvoir repenser à cette première année avec affection et nostalgie (et avec l'envie de prendre dans vos bras tout bébé qui croise votre chemin). Une douceur et une proximité sont possibles à cet âge qui vous affecteront pour toute votre vie. Profitez-en autant que vous le pouvez.

Chapitre 7

L'enfant de moins de cinq ans à la maison

Adaptation au changement et gestion de la surstimulation

Ce chapitre consacré aux enfants sensibles d'un à cinq ans aborde la question des changements ; il vous montrera comment réduire chez votre EHS les expériences non nécessaires de surstimulation et comment gérer les moments d'émotions intenses. Il comporte également une partie ciblant spécialement les petits d'un et deux ans et propose des aides précises pour différentes questions simples pouvant poser des problèmes particuliers, comme le choix des vêtements et des aliments, l'habillage, le coucher ou les trajets en voiture.

Comme vous le savez maintenant, les principales difficultés de votre EHS résultent de la surstimulation et de la surexcitation, dont l'origine principale à la maison est le changement. Cette difficulté face au changement peut se manifester de multiples façons, mais au final se termine par de la résistance et du chagrin, qu'il s'agisse de se confronter à des aliments non familiers, des modifications du rythme quotidien, de demander d'attendre plus longtemps que prévu, du passage du jeu au repas ou au coucher, de la transition entre vous et la nourrice, ou de l'arrivée d'un nouveau baby-sitter. Vous n'en êtes certainement déjà que trop conscients, une surprise ou un changement soudain de programme peut s'avérer particulièrement pénible pour un EHS, de même que les expériences ou les exigences nouvelles.

FAIRE FACE AU CHANGEMENT

Les difficultés de votre EHS sont parfaitement compréhensibles lorsque l'on considère que chaque changement implique de gérer une nouvelle stimulation. Mettez-vous à la place de votre enfant : toute la réflexion que vous avez menée pour vous préparer et faire A est à modifier pour faire B, et si B est une chose nouvelle, cela implique encore davantage de réflexion et d'organisation.

Notez qu'un type de changement consiste à *passer* d'une personne, d'un endroit, d'une activité ou d'un objet familier à un autre également familier – ce que j'appelle une transition. Un autre type implique de s'habituer à quelque chose d'entièrement nouveau ou inattendu – ce que j'appelle l'adaptation ou la gestion d'un changement de situation. Même si votre EHS est avide de nouveauté et généralement enthousiaste à l'idée de nouvelles expériences, s'y adapter peut demeurer un défi. La situation peut s'avérer plus surstimulante dans la réalité que ce qu'il avait imaginé et, dans tous les cas, l'EHS doit tout de même déterminer si elle est bien sans danger et comment, de par sa nature personnelle, il serait susceptible d'y réussir et d'y trouver son bonheur.

Faisons la connaissance d'Alice

Alice a trois ans et, malgré son jeune âge, n'est pas « timide » pour ce qui est de faire savoir ce qu'elle aime ou non. Elle n'apprécie pas le changement. Elle aime avoir la même chaise, les mêmes vêtements, les mêmes aliments. Elle n'aime pas que des personnes qu'elle ne connaît pas viennent chez elle, surtout s'ils essaient de la toucher. Elle n'aime pas que des inconnus la regardent dans les yeux. Sa mère insiste sur le fait qu'elle doive saluer les gens, et l'autorise à former des lunettes avec ses mains – c'est sa manière d'indiquer ce qu'elle ressent et aussi de se cacher des regards scrutateurs.

Lorsqu'elle est entrée à l'école maternelle*, elle a refusé de parler pendant les quatre premiers mois. En revanche, à la maison avec un cousin, un enfant du voisinage ou sa famille, elle ne cesse de parler, aime faire des blagues et même chanter ou danser.

Alice a appris à faire attention aux surprises soudaines et déplaisantes ; elle anticipe les réactions des autres. Si un camarade se fait punir pour avoir dépassé une limite, cela suffit pour qu'elle ne la franchisse pas. Si un autre enfant se voit proposer de s'asseoir sur les genoux de quelqu'un, elle annonce qu'elle ne veut pas en faire autant. Elle ne pique jamais de colères ; elle est très « mûre ». Mais elle sait ce qu'elle veut et s'y tient. Comme le dit sa mère, « elle est d'une sagesse étonnante pour son âge ».

Alice fait partie des nombreux types de jeunes enfants hautement sensibles « typiques ». Certains ont des opinions moins arrêtées, certains sont plus ouverts, mais dans chacune de leurs histoires se retrouve ce

---

* Les systèmes scolaires américain et français présentent quelques différences. Pour une meilleure lisibilité, nous avons remplacé les niveaux par leurs équivalents pour un même âge en France. [NdT]

fait de ne pas apprécier le changement – expression de cette sensibilité nerveuse qui les caractérise tous. Voyez l'ampleur du changement auquel ils ont été confrontés jusqu'à maintenant. Ils ont été projetés du stade de nourrisson à la vie de famille, voire au milieu scolaire. Ils apprennent soudain à marcher et à parler comme de petits adultes, parfois mieux que les autres enfants. Pourtant ils ne sont pas du tout adultes lorsqu'il s'agit de faire face à un monde extrêmement stimulant.

Des pistes pour aider votre enfant à s'adapter aux changements (aux transitions et aux nouvelles situations)

Même si votre EHS éprouve des difficultés face au changement, il va devoir apprendre à le gérer. La vie est un cycle constant de petites transitions au niveau de la sphère familière : se lever et démarrer la journée, partir à l'école ou au travail, rentrer chez soi, aller au lit. Les plus grands défis consistent à faire face à l'inattendu, qu'il provienne d'autrui ou de circonstances personnelles. Considérons d'abord quelques pistes pour mieux faire face au changement.

1. ***Acceptez et intégrez ce que vous venez d'apprendre : le fait que pour votre EHS la plupart des changements constituent un défi à relever.*** Votre enfant n'est pas le seul, il n'est pas anormal. Randall, par exemple, n'a cessé que tard de porter des couches et de boire au biberon. Il a fallu l'amadouer. Emilio, quant à lui, ne voulait pas quitter son parc. Alice n'aime pas les nouveaux habits. Tout changement implique une nouvelle stimulation et, parce que l'EHS détecte davantage d'informations, il en perçoit plus également lors des nouveautés. Un nouvel aliment n'est pas qu'un nouvel aliment, ce sont aussi plein de saveurs, de parfums et de textures inconnus. Lire une histoire est bien différent de s'allonger simplement dans le noir pour s'endormir.

2. ***Ayez confiance, votre EHS finira par opérer la plupart des changements,*** pourvu qu'on lui en laisse le temps. Disposez par exemple ses nouveaux vêtements sur son lit et laissez-le s'y habituer. Au bout de quelques jours, il les enfilera probablement. D'autres adaptations peuvent en revanche prendre des années. Alice aime la glace à la vanille et le caramel, mais s'ils ne se touchent pas. L'on peut parier que ses goûts ne changeront pas en quelques jours, mais qu'elle finira par les déguster ensemble avant qu'elle ait dix ans.

3. ***Lorsque vous savez qu'un changement s'annonce, veillez à ce que votre enfant y soit physiquement préparé.*** Cela signifie qu'il soit en bonne santé, en forme, bien reposé et restauré. Les problèmes de comportement à cet âge ont quasiment toujours une origine corporelle : l'enfant est fatigué, a faim ou soif, est enrhumé, a mal à une oreille ou souffre d'une allergie, a chaud ou froid. Tout cela épuise rapidement un enfant et affecte davantage encore les enfants sensibles. Ajustez vos attentes en tenant compte de cela.

Pour qu'il soit en bonne santé et en bonne forme, prévoyez suffisamment d'activité physique et de temps dans la nature. Selon certains spécialistes, les activités impliquant des compressions articulaires, comme sauter à la corde, sur un matelas ou un trampoline aideraient à se sentir plus en phase avec son corps.

4. ***N'escomptez pas que votre enfant puisse faire face à un changement ou à un facteur stressant s'il est de mauvaise humeur.*** Attendez qu'il soit dans une meilleure disposition ou favorisez-la grâce à l'humour, un jeu, une balade ou ce qui fonctionne habituellement.

5. ***Ne surestimez pas les capacités de votre enfant.*** Les EHS paraissent souvent plus mûrs que les enfants de leur âge, si bien que les parents ont

rapidement tendance à oublier que leur corps et leur esprit demeurent jeunes. Ainsi, un enfant de cet âge ne comprend pas toujours les véritables raisons d'un changement et ses supputations peuvent augmenter son stress. Il peut par exemple s'imaginer être lui-même la cause du départ de son père ou de la mort de son chien. Les enfants de cet âge peinent également à faire la distinction entre une pensée ou un rêve et la réalité. Leur nature réflexive fait que ces erreurs les affectent davantage. Enfin, ces enfants ont du mal à garder à l'esprit que ces changements et les émotions qui en découlent peuvent ne pas être permanents. Si votre enfant est triste que vous soyez parti, il a l'impression que vous serez absent éternellement et que ce sentiment ne cessera jamais. Un EHS ressentira de manière plus intense la peur que cela soit « pour toujours ».

6. ***De manière générale, moins vous insistez sur le changement, plus l'enfant l'opérera vite.*** Il sait déjà ce que vous voulez. Si vous ne le pointez pas trop du doigt, il n'aura pas besoin de gérer également vos propres sentiments vis-à-vis de ce changement. Il n'aura pas non plus l'impression de se trouver dans une lutte de pouvoir qu'il pourrait perdre – ce qui fait l'objet du point suivant.

7. ***Essayez d'éviter que votre EHS ne se sente impuissant.*** L'hyperstimulation se trouve souvent décuplée par l'impression d'impuissance. « On me fait cela sans ma permission et je ne peux pas l'empêcher. » L'impuissance s'avère inconfortable pour le soi naissant d'un petit enfant extrêmement soucieux de se sentir efficace. De plus, il est susceptible de se dire qu'il ne sera plus en mesure de rien contrôler parce qu'il se sentira dépassé.

L'une des démarches possibles consiste à le laisser choisir la manière dont s'opérera le changement et le moment. « Avant d'éteindre la lumière, est-ce que tu préfères que je te lise une histoire ou que je te chante une chanson ? » « Est-ce que tu veux ranger ton jeu avant de manger, ou bien le laisser pour y rejouer plus tard ? » Attention toutefois à ne pas offrir trop de choix. À cet âge, il est sans doute préférable de ne proposer que deux possibilités. « Est-ce que tu préfères mettre une jupe ou un pantalon ? » Puis, « Cette jupe ou celle-là ? ».

Souvenez-vous aussi que les nouveaux aliments ou les nouveaux habits sont liés à la perte de contrôle, et cela d'autres manières encore. Ils sont destinés à entrer dans le corps ou à le recouvrir, ce qui rend leur impact hautement personnel, physique et potentiellement intrusif. Dans ces cas, et chaque fois que c'est possible, rassurez votre enfant en lui disant que vous ne le forcerez pas à manger, à porter ou à faire quelque chose qu'il trouverait véritablement dégoûtant ou insupportable. Soulignez simplement le fait que vous personnellement trouvez qu'un choix ou un changement en particulier fonctionne bien (sans sous-entendre qu'il devrait le réaliser).

8. ***Établissez des priorités.*** N'introduisez pas un grand nombre de changements ou de nouveautés en même temps. Ce mois-ci, il s'habitue à passer du lit de bébé au grand lit, puis attendez le mois suivant pour essayer de supprimer la tétine.

9. ***Détendez l'atmosphère par le jeu.*** Si votre EHS semble se focaliser de manière excessive sur chaque changement et ses conséquences – « Et si je n'aime pas ça ? » ou « Je ne peux pas, je risque de me tromper. » – essayez par le jeu d'estomper son désir de certitude. Jouez à faire semblant ou inventez un jeu impliquant une multitude de choix fantaisistes ayant des résultats imprévisibles et drôles. Encouragez l'aspect ludique sous toutes ses formes, avec des jeux nécessitant des décisions rapides et du désordre ou une situation confuse, chaotique

et irréfléchie. Aidez-le à se mouiller ou à se salir souvent, sans qu'il ait à se soucier de la manière de se sécher ou de se laver ensuite. Faites en sorte que tout cela soit drôle et créatif, mais ne vous moquez *pas* des difficultés de votre enfant et ne le comparez pas à d'autres.

Opérer les transitions en douceur

Les journées sont rythmées par de nombreuses transitions d'une activité familière à une autre. Votre enfant aura probablement besoin de votre aide avisée. Il vaut donc la peine que vous prêtiez une attention toute particulière à cet art !

Rappelez-vous qu'une transition implique un afflux de données sensorielles complexe pour un jeune EHS – les choses sont chaque fois semblables, mais aussi différentes. C'est l'heure du dîner, mais l'odeur qui provient de la cuisine est inhabituelle. En outre, le jeu qu'il faut abandonner était particulièrement prenant. Les suggestions suivantes vous feront peut-être penser que vous faites tout le travail et que vous facilitez trop les choses, mais avec le temps votre EHS réussira à accomplir chacune d'elles par lui-même. Il s'agit véritablement de lui transmettre des capacités de gestion.

1. ***Prévenez.*** « Dans cinq minutes. » « Dans une minute. » Ou bien mettez une minuterie de sorte que l'enfant voie le temps s'écouler. N'annoncez pas qu'il est temps de sortir du bain ou d'aller au lit si vous ne le pensez pas vraiment. Le moment venu, appliquez ce que vous avez annoncé.

2. ***Ne changez pas ce qui peut ne pas l'être.*** « Tu peux apporter ton camion à table si tu veux. » Faites preuve de créativité en montrant ce qui demeure : certaines odeurs provenant de la cuisine sont inhabituelles,

mais vous pouvez citer les aliments qu'il connaît. Ou bien évoquez le fait que son jeu sera toujours là à la fin du repas.

3. ***Proposez un « quand… alors » tentant.*** « Quand tu sortiras, je te sécherai et alors tu pourras boire un chocolat chaud avant d'aller au lit. »

4. ***Rendez les choses drôles ou amusantes.*** Pourquoi ne pas entrer dans la chambre à quatre pattes en meuglant, en annonçant que vous êtes la « vache du coucher ».

5. ***Jouez les épisodes de transition.*** Servez-vous de poupées ou de petits animaux. « Patty est en train de jouer, mais c'est l'heure de passer à table. Comment se sent Patty ? Qu'est-ce qu'elle doit faire ? »

6. ***Encore une fois, offrez des choix.*** « Est-ce que tu préfères que je te sèche ou bien veux-tu le faire toi-même ? » « Est-ce que tu veux une histoire ou une chanson avant de te coucher ? » Je répète ce conseil parce que, même s'il semble compliquer la situation de votre point de vue, il réduit la résistance de l'enfant qui se sentait impuissant et peut vous faire gagner du temps sur le long terme tout en renforçant son sentiment d'identité.

GÉRER LA SURSTIMULATION

Notre sujet suivant, la surstimulation, peut découler du changement, mais elle peut aussi être causée par une journée trop longue ou excitante, trop de bruit ou trop de choses à voir. Considérez que votre enfant débute la journée avec un réservoir plein (de sérotonine, un neurotransmetteur) et que chacune des expériences de la journée (chaque kilomètre parcouru), le vide peu à peu. (L'enfant peut même ne pas partir avec un réservoir plein s'il n'a pas bien dormi ou s'il est malade.) Pensez à la manière dont vous allez utiliser ce carburant et à ce que vous ferez quand le réservoir sera vide. Voici quelques suggestions :

1. ***Apprenez*** à détecter rapidement les premiers signes de surstimulation. Ils diffèrent selon les enfants, mais sont généralement : surexcitation, irritabilité, frottements des yeux, regimbements, pleurnicheries, refus de manger alors qu'il devrait avoir faim.

2. ***Ralentissez.*** Votre enfant pourra reprendre un peu de forces si vous lui accordez une pause. Il sera incapable de continuer si vous ne le laissez pas s'arrêter un peu.

3. ***Réduisez les stimulations superflues,*** notamment si d'autres stimulations l'attendent par la suite – par exemple, les jours où vous l'emmenez en courses ou quand il va à l'école. Inspirez-vous également des idées du chapitre précédent destinées à réduire les stimulations chez les nouveau-nés.

4. ***Fournissez des « amortisseurs » dès que possible.*** Du répulsif à insectes à la campagne, des bouchons d'oreilles pour les feux d'artifice, des vêtements de rechange pour la plage ou après avoir joué dans la neige.

5. ***Demandez de l'aide à votre entourage*** par rapport à la quantité totale de stimuli sur la journée, notamment si vous faites garder votre enfant. Sinon, quand vous le récupérerez, c'est vous qui devrez gérer un enfant épuisé alors que vous devez encore l'emmener chez le dentiste. Et lorsque vous demandez ce qu'il a fait, évaluez la quantité d'énergie qu'il lui reste.

GÉRER LES ÉMOTIONS INTENSES

Les personnes sensibles absorbent tout et réfléchissent à chacune de ces données. Repenser à une expérience consiste en partie à déclencher une réaction émotionnelle. Plus vous y réfléchissez, plus la réaction est forte et plus elle est complexe. Vous éprouvez par exemple une crainte, puis vous détestez la chose. Puis elle vous contrarie. Vous craignez alors que les autres n'apprécient pas votre sentiment. Considérez dès lors ses bons aspects. Vous commencez à l'apprécier aussi. Et ainsi de suite.

En tant que parent d'un EHS, votre tâche consiste à garder tout cela en mémoire lorsque vous interagissez avec lui. Tentez de discerner ses sentiments et de les *nommer* : peur, amour, joie, curiosité, fierté, culpabilité, colère, tristesse, désespoir… Les recherches récentes sur l'intelligence émotionnelle montrent que le fait de les nommer est très important. Faites également attention aux émotions que vous êtes susceptible de gérer de façon maladroite ou de manquer complètement à cause de votre histoire familiale. (La plupart des familles gèrent bien certaines des émotions – telles que la joie, la fierté et la colère –, d'autres mal, comme l'expression de l'amour, et d'autres encore sont niées totalement, par exemple la peur et la tristesse.)

Quand votre enfant pleure à chaudes larmes, crie ou tremble de peur, il peut s'avérer difficile d'écouter et de dire calmement : « Je vois que tu es très, très contrarié, en colère et que tu as peur. » Mais c'est ce dont il a besoin, pour ne pas ressentir tout cela seul.

Le fait de contenir correctement les émotions intenses de votre EHS, afin qu'il n'ait pas l'impression que tout s'écroule, repose sur un paradoxe. Vous devez lui faire savoir que vous comprenez comment il se sent, mais que vous n'êtes pas « infecté » – vous n'êtes pas effrayé, en colère ou affreusement triste vous-même. Même si vous êtes totalement exaspéré, moins vous le montrerez, mieux ce sera pour *vous* et pour votre enfant. Si vous vous effondrez vous aussi, votre enfant n'en sera que plus bouleversé et non moins.

Tout en énonçant le sentiment et en essayant de le contenir, n'hésitez pas à rappeler à votre enfant que cette situation ne durera pas et qu'il y a une solution. « Je sais que tu dois avoir très mal au pied ; moi aussi je déteste avoir des cailloux dans mes chaussures. Dès que nous serons sortis de cet endroit boueux, quand nous arriverons à ce banc, nous les retirerons. » Le problème est peut-être impossible à résoudre. « Je sais que tu voulais les pâtes en formes de papillon, mais ce sont quand même des pâtes, faites avec les mêmes ingrédients, et il faut terminer celles-ci avant d'acheter une autre sorte. » Vous reconnaissez la réalité des sentiments, mais vous les replacez dans un contexte temporel et parmi d'autres réalités.

Vous avez l'impression que votre enfant vous manipule en exagérant ou en feignant ses émotions ? Souvenez-vous qu'il n'est qu'un enfant et non un parrain de la mafia. Vous avez toujours le contrôle. S'il feint une émotion, c'est malgré tout pour une raison émotionnelle. Trouvez cette raison – ou celle qui fait que vous ne le croyez pas.

N'oubliez pas non plus que, chez les enfants de cet âge, ce peuvent être vos propres réactions qui provoquent en lui ces émotions intenses. Imaginez que vous êtes dans un ascenseur, les bras chargés de sacs et que votre petit de deux ans ait insisté pour tenir les clés de la voiture. Vous vous apercevez soudain qu'il a remarqué l'interstice entre l'ascenseur et le sol. Il l'observe, lève les yeux vers vous, regarde les clés. Vous criez : « Non ! » Il sourit et laisse tomber les clés dans cette intéressante rainure.

À cet âge, il ne s'agit *pas* de méchanceté, quels que soient les ennuis que cela vous cause. Il s'agissait pour lui d'une expérience, et pour vous cela fait partie du quotidien avec un enfant de deux ans. Deux ans, c'est très jeune. N'attribuez pas à un enfant des motivations d'adultes, ni n'attendez de lui l'empathie d'un adulte. Vous êtes contrarié par le problème auquel vous vous trouvez maintenant confronté, mais efforcez-vous de contenir votre colère – imaginez l'auréole de saint au-dessus de votre tête. Sinon, votre enfant sera vite submergé par la culpabilité et la honte. Voir les ennuis qu'il vous a causés devrait constituer une punition suffisante.

La prochaine fois que votre enfant gribouille sur votre nouveau canapé, souvenez-vous de ce que disait ma tante, qui a élevé de nombreux enfants, et qui m'a donné le meilleur conseil de parentalité qui soit : les personnes comptent plus que les choses matérielles.

Maintenant, que faire ?

1. ***Votre enfant ne se contrôle plus : il vous incombe à vous de garder votre sang-froid.*** Cela va à l'encontre de ce que vous dit votre corps, qui développe sa propre réaction. Il a envie de frapper en retour, de céder, de se fermer, de s'effondrer ou de sortir. Mais vous êtes plus âgé, vous êtes capable de contrôler vos réactions ou plutôt de faire un choix parmi elles, et c'est ce que vous souhaitez enseigner à votre enfant. Alors accordez-vous quelques secondes, prenez éventuellement quelques grandes inspirations, puis pensez à votre objectif.

2. ***Concentrez-vous sur votre objectif : vous reconnecter à votre enfant*** pour le ramener à un état d'esprit calme. Le menacer, l'isoler ou le punir ne permettra pas de vous reconnecter. Cela ne fera que

le bouleverser davantage puisque vous cédez aux mêmes forces que celles qui l'ont submergé.

3. ***Essayez de toucher gentiment votre enfant*** (et non brusquement) si vous devez contrôler ou déplacer votre enfant.

4. ***Parlez calmement.*** Sans crier. En d'autres termes, dans tout ce que vous faites, faites preuve d'une douce fermeté et ne réagissez pas de manière excessive. Quant à ce qu'il faut dire, ce n'est pas le moment d'argumenter ni même de discuter beaucoup, aucun message ne passera. Le ton raisonnable de votre voix sera plus utile que vos paroles. Nommez simplement ce qui est en train de se passer. « Tu es très fâché. Allons ailleurs pour en parler. »

5. ***Essayez de vous retirer tous les deux en privé.*** Il vous faut une pièce au calme, pas trop éclairée. Vous pouvez laisser à votre enfant le choix d'y rester seul pour se calmer ou bien avec vous s'il préfère.

6. ***Prenez votre enfant dans vos bras s'il en a envie.*** Tout ce qui réussit à calmer sa colère est le bienvenu. Laissez les cris et les pleurs se poursuivre un peu. S'il s'agit de quelque chose qu'il ne peut pas avoir ni faire, dites-lui : « Je sais que tu es fâché à cause de… »

7. ***Si cela semble être beaucoup de bruit pour rien, tentez de trouver ce qui se passe d'autre.*** Est-ce que tout cela peut-être dû à une surstimulation ? C'est souvent le cas. Votre propre état émotionnel est-il en cause ? Il s'agit en effet de la source de stimulation la plus importante pour votre enfant à cet âge. A-t-il compris que ces colères permettaient d'attirer votre attention ? Ou bien la colère cache-t-elle un chagrin causé par une perte ou une peur survenues plus tôt ? Descendez à la hauteur de ses yeux et essayez de trouver. « Est-ce que

tu veux que je t'écoute davantage ? Est-ce que tu es vexé parce que tu ne peux pas avoir ce jouet ? Est-ce que George t'a tapé ? Est-ce que tu t'inquiètes à propos de quelque chose que j'aurais dit ? Ou est-ce que tu veux simplement rentrer à la maison ? » Posez les questions une à une, trois au maximum et très lentement pour lui laisser le temps de réfléchir. Attendez qu'il acquiesce. Si vous n'obtenez pas de réponse, arrêtez. Sachez que trouver la bonne réponse importe moins qu'en obtenir une qui satisfasse votre enfant. Il est maintenant en train de réfléchir, et plus de crier.

8. ***La prévention est la meilleure guérison.*** Restez à l'affût des signes de crise et essayez de la prévenir. Prenez conscience de ce qui la déclenche chez votre enfant : ne pas l'emmener en promenade, le faire attendre, lui présenter les aliments de la mauvaise manière, ne pas le laisser ouvrir la porte… Évitez-les si vous le pouvez, sans pour autant devenir esclave. Plus grands, les enfants parviennent à contrôler leurs colères et doivent être capables de supporter la frustration, tandis que les plus jeunes sont encore en train d'apprendre cette capacité. Après tout, il n'y a pas si longtemps qu'ils étaient bébés et que vous répondiez à tous leurs souhaits.

Si la crise ne cesse pas

1. ***Si la situation ne s'arrange pas, continuez de contrôler vos propres sentiments.*** Ce petit enfant ne vous rejette pas, ne vous contrôle pas ni n'a véritablement envie de vous peiner. Il est simplement submergé. Si vous ne parvenez pas à vous calmer, faites une pause, notamment s'il est préférable pour votre enfant que vous le laissiez un peu. Demandez à un autre adulte de vous aider si c'est possible.

2. ***Essayez d'autres méthodes que la discussion.*** Boire un peu d'eau, marcher, aller courir ou jouer dehors, faire une sieste. Envisagez un changement sensoriel total : prendre un bain, écouter de la musique, jouer à la pâte à modeler ou avec de l'eau tiède, un massage, un mouvement physique répétitif comme faire de la balançoire ou être bercé, pratiquer la respiration profonde ventrale – même les tout-petits peuvent apprendre. Vous ne gâtez pas un enfant en faisant cela, vous réduisez l'intensité. Plus tard, vous pourrez discuter de ce qui s'est passé et souligner les comportements inacceptables.

3. ***Conservez vos exigences – il est rassurant qu'elles ne changent pas.*** Citez-les et trouvez des méthodes souples pour les mettre en œuvre. Dites : « Je sais que tu es fâché, mais tu ne peux pas taper. Tu peux crier que tu ne m'aimes pas. » Si votre enfant vous tape, restez calme. Puis attrapez sa main et tenez-la gentiment, mais fermement en annonçant : « Tu ne dois pas taper. »

4. ***Prenez un temps de réflexion avant de réprimander un petit EHS pour une crise de colère.*** Attendez d'être calmes tous les deux. Si la surstimulation est en cause, vous sentirez que votre enfant est aussi consterné que vous par cette crise et qu'il n'y a pas besoin de le punir. Parlez plutôt de la manière dont vous pourrez tous les deux éviter que cela ne se reproduise. Si ce comportement se répète, c'est peut-être que votre enfant n'est pas encore capable de le contrôler.

5. ***Faites sortir votre enfant, mais sans que cela soit une punition.*** Certains parents trouvent cette méthode trop stressante pour leur EHS, même si elle fonctionne bien avec d'autres enfants. Il est généralement préférable de rester près de votre enfant ou de le garder dans vos bras. Mais parfois, il vaut mieux que l'enfant reste totalement seul. Assurez-vous qu'il comprenne qu'il ne s'agit pas d'une punition, mais

d'une solution pour qu'il se calme. « Calmons-nous sur le canapé. » Ou : « Et si tu sortais un peu de la pièce ? Tu peux rester ici avec moi ou aller jouer dans ta chambre. »

6. ***Voyez sur le long terme.*** Les études montrent que les enfants que l'on laisse pleurer et piquer des crises de colère à cet âge ont tendance à être plus confiants et à poser moins de problèmes quand ils sont plus grands[81].

7. ***Tout au long de cet épisode, restez l'allié de votre enfant.*** Il n'a pas envie de ces crises épuisantes, mais il exprime malgré tout qu'il veut *quelque chose*. Parlez ensemble de la manière dont il pourrait s'exprimer autrement et de ce qu'il veut que vous fassiez si cela arrive, à la maison ou au supermarché, par exemple.

Les crises émotionnelles qui se transforment en agressivité vis-à-vis d'autres enfants

Les EHS ne font pas souvent preuve d'agressivité ou de colère envers d'autres enfants, mais quelques parents avec qui je me suis entretenue en ont malgré tout parlé. Certains enfants sont simplement, de naissance, intenses, lents à s'adapter, obstinés, actifs ou enclins à la frustration (ou tout cela à la fois) et malgré tout sensibles. D'autres enfants ont été témoins d'échanges violents ou ont découvert que les colères avaient le pouvoir d'empêcher les autres de les surstimuler ou de franchir leurs limites.

Les petits sont parfois si dépassés par certaines situations sociales, par exemple par des parents attendant d'eux plus de maturité qu'ils n'en sont capables, que la rupture se produit. D'autres ont été tellement surprotégés de toute frustration qu'ils ne peuvent la supporter lorsqu'elle survient. Un parent qui a peur pour son enfant risque de renforcer l'impression de celui-ci qu'il n'est pas capable de gérer des sentiments désagréables, si bien qu'exploser est la seule solution qui lui reste, notamment pour un enfant actif. Il semble que l'unique mécanisme dont il dispose pour faire face soit l'agressivité.

Enfin, la violence que les enfants voient à la télévision peut les affecter. En effet, ils en viennent parfois à estimer que c'est là la seule manière de résoudre ses problèmes. Un enfant plein d'énergie accumulée et qui s'ennuie risque tout simplement de mettre en pratique ce qui le divertit les samedis matins.

D'une façon ou d'une autre, la plupart de ces raisons, voire toutes, sont une question de compatibilité avec l'environnement – sujet abordé au chapitre 2. Un enfant se met en colère quand son tempérament, sa manière d'être naturelle, se trouve en inadéquation avec ce qui l'entoure.

Voici quelques pistes susceptibles de vous aider :

1. ***Apprenez à votre enfant à prévenir son entourage quand il atteint son point de rupture.*** Si vous sentez qu'il approche, dites : « Si quelque chose t'agace, dis-nous ce qu'il y a. » Si vous avez une idée du problème, vous pouvez le nommer. « Est-ce que tu as faim ? Tu es fâché que Jimmy ait pris ce jouet ? Est-ce que tu veux rentrer à la maison ? » Après la crise, rappelez-lui : « La prochaine fois, dis-nous que tu veux rentrer avant de te mettre dans tous tes états. »

2. ***Apprenez-lui à éviter d'arriver à ce point de rupture grâce à différentes tactiques lui permettant de se calmer seul*** (s'éloigner, compter

jusqu'à dix, demander de l'aide), en demandant à quitter la situation problématique ou en signalant aux autres qu'ils le dérangent.

3. ***Expliquez-lui toutes les manières d'exprimer sa colère, de sorte qu'il puisse choisir.*** Certaines sont acceptables alors que d'autres ne le sont pas ou dépendent de la situation. Il existe une forme de colère pour chaque partie du corps : faire les yeux noirs, faire la sourde oreille, cracher son venin, froncer les sourcils, hausser les épaules, ruer dans les brancards, etc. Étoffez le répertoire de votre enfant en passant ces expressions en revue avec lui, par exemple de façon ludique en les mimant, et déterminez lesquelles sont utilisables avec d'autres enfants.

4. ***Demandez-vous où il peut être témoin de violences et se dire que c'est une manière de résoudre les problèmes.*** À la maison ? Auprès d'autres enfants ? À la télévision ? Vous n'êtes peut-être pas à même de limiter son exposition à la violence, mais vous pouvez lui expliquer que cela ne se fait pas dans la vraie vie.

LES ENFANTS D'UN ET DEUX ANS

Après avoir traité les trois principaux thèmes que sont la manière d'aborder le changement, la diminution des stimulations superflues et la gestion des émotions intenses, et avant de nous consacrer à des problèmes spécifiques tels que les cauchemars ou les trajets en voiture, intéressons-nous tout particulièrement aux petits enfants hautement sensibles.

Vers l'âge d'un an, le tout-petit commence à marcher et à comprendre votre langue – bien avant de parler, il vous comprend. Bien que je n'aie pas de données à vous présenter, je pense que les EHS comprennent leurs parents plus tôt dans la mesure où ils perçoivent tous les signes subtils qui renseignent sur la signification des mots, tels que le ton ou les gestes. (Le moment où l'enfant commence à parler dépend de nombreux facteurs.)

Le langage ouvre la voie vers une infinité de nouvelles expériences partagées – ainsi que de nouvelles complexités, notamment pour un EHS. Ainsi, les adultes savent que les gens ne disent pas toujours ce qu'ils ressentent ou ce qu'ils pensent vraiment. Il arrive même que l'on dise non mais que notre voix et notre expression expriment le contraire. L'enfant devra apprendre à gérer cela et vous mettra au défi de nouvelles manières de rester une personne honnête et attentionnée.

Il vous faudra désormais consulter votre enfant sensible avant de prendre des décisions, et prendre conscience que vous ne pouvez pas parler de tout sans que votre enfant vous comprenne.

Un grand nombre des bonnes choses que votre enfant peut acquérir – la sécurité, la confiance, la compassion – sont des graines que vous avez déjà semées et qui sont maintenant en train de germer. Si vous ne les avez pas encore plantées, il est encore temps. C'est bien sûr le quotidien qui détermine l'état de ces jeunes pousses. Intéressons-nous donc maintenant aux problèmes typiques rencontrés chez les petits d'un et deux ans.

L'alimentation. L'allaitement constitue évidemment la meilleure alimentation pour un bébé. La plupart d'entre eux font savoir lorsqu'ils souhaitent l'arrêter, aussi ne vous précipitez pas pour le sevrer à moins qu'il ne s'adapte que très lentement aux changements et que selon vous il n'en aura pas l'idée de lui-même ou bien qu'un autre bébé soit en route. Introduisez lentement les nouveaux aliments et ne soyez pas surpris s'il montre une certaine résistance. Au début, notre fils refusait tout (y compris la viande), à moins que ce soit mélangé à de la banane écrasée. À cette époque, où nous vivions à Paris, nous avons acheté des bananes bien mûres par kilos !

Le moment des repas est une bonne occasion de faire preuve de syntonie et de respect envers les sentiments d'autrui (les Français ne vous diront pas le contraire). Si votre enfant n'aime pas un aliment donné ou une marque précise, écoutez-le ! Les problèmes d'alimentation viennent généralement des parents – ils veulent que leur enfant mange quelque chose qu'il n'aime pas. Il y a tellement peu de choses qu'un bébé puisse contrôler dans sa vie que l'on peut bien respecter ses goûts alimentaires.

Comme il faut bien diversifier son alimentation, il est nécessaire malgré tout d'introduire de nouveaux aliments. Montrez votre enthousiasme à votre enfant pour cet aliment. Présentez-le-lui plusieurs fois. Avec le temps...

Vos premières séparations. Il est difficile de prévoir quelle sera la réaction de votre EHS lorsqu'il sera séparé de vous. Comme nous l'avons évoqué au chapitre précédent, les tout-petits protestent instinctivement quand on les laisse entièrement seuls ou avec une personne non réceptive. Mais si l'enfant se trouve avec une personne compétente et réceptive qu'il connaît déjà et à qui il fait confiance, il y a des chances que tout se passe bien. S'il proteste vigoureusement ou qu'il pleure encore une heure après votre départ, je « céderais » et éviterais si possible les séparations. Je suis d'avis de limiter les séparations avant l'âge de trois ans au moins si la personne qui le garde n'est pas quelqu'un de familier. Si vous tenez aussi longtemps, quelques années plus tard votre enfant n'en sera que plus indépendant, et non moins.

Pourquoi tant se soucier des séparations ? Parce que les tout jeunes enfants, et en particulier les EHS, semblent s'en souvenir comme autant de traumatismes. J'ai rencontré un certain nombre d'adultes sensibles souffrant d'une forte angoisse de la séparation qui dans leur petite enfance ont longtemps été séparés de leur mère. Emilio, le petit garçon si attaché à son parc, est resté pendant dix jours avec son père et sa grand-mère quand son petit frère est né. Il en a développé une peur que sa mère ne le laisse de nouveau, qui demeurait forte encore à six ans.

Si vous placez longtemps votre enfant entre de bonnes mains, attendez-vous à ce qu'il s'attache à cette personne. Quand mon fils a eu presque trois ans, nous l'avons confié un mois entier à sa grand-mère. À mon retour, il l'adorait – c'est une mère formidable et expérimentée, elle avait consacré tout son temps à s'occuper de son petit-fils et ils avaient beaucoup apprécié ces moments ensemble. À mon grand désarroi, lorsque nous nous sommes retrouvés chez elle, il ne savait plus vers qui se diriger, vers elle ou vers moi, quand il se faisait mal ou avait besoin de quelque chose. Il reste encore aujourd'hui entre eux un lien fort, physique et émotionnel.

L'apprentissage de la propreté. Essayez d'éviter de montrer du dégoût lorsque vous changez ses couches. Vos réactions ou vos paroles peuvent facilement donner à un enfant sensible le sentiment d'être « sale » et repoussant. Les lavements sont également à éviter autant que possible car cette perte de contrôle et cette intrusion corporelle s'avèrent difficiles pour les EHS. Ils ne font que compliquer l'apprentissage serein de la propreté.

Les EHS ayant tellement envie de plaire, il est tentant de vouloir leur enseigner tôt la manière adulte. Toutefois, certains parents m'ont raconté que l'utilisation des toilettes s'était muée en un problème chronique et qu'ils avaient dû instituer une étape par semaine pendant des mois lorsque leur enfant s'était focalisé sur cette difficulté et en avait développé de l'angoisse. Par conséquent, attendre que votre enfant soit un peu plus grand ou qu'il insiste véritablement pour faire comme vous peut vous épargner des soucis au final. Même si vous repoussez ce moment, votre enfant ne portera plus de couches à vingt ans. Ni même à cinq. Rassurez-vous.

Le fait de connaître les problèmes qu'un EHS est susceptible de rencontrer dans cet apprentissage vous évitera d'être surpris et que votre enfant ne le sente. Les EHS ont ainsi tendance à être très gênés par des couches mouillées ou sales, et le savoir vous facilitera la tâche. De même, la culotte peut lui sembler bizarre après qu'il a été habitué aux couches ; les toilettes ou le pot peuvent paraître froids ou durs ; le bruit ou l'idée même de la chasse d'eau peuvent s'avérer menaçants. Lorsque l'envie survient, il arrive que l'enfant se cache ou s'éloigne, ce qui rend l'apprentissage plus difficile. Il se sent parfois aussi gêné de demander à aller aux toilettes lorsqu'il n'est pas à la maison. Tout cela peut risquer de déclencher une constipation à force de repousser le moment d'y aller, et s'il ressent une douleur il risque de l'éviter d'autant plus.

L'une des meilleures méthodes d'apprentissage de la propreté pour un EHS consiste à placer le pot dans un endroit bien visible et de laisser l'enfant vaquer nu. Faites en sorte que l'ambiance soit décontractée et intime, juste vous et votre enfant.

Si vous sentez que vous et lui entrez dans une sorte de lutte de pouvoir autour de cet apprentissage, faites marche arrière et cherchez une autre manière de lui donner plus de pouvoir dans un autre domaine. Car c'est un thème sur lequel il sent qu'il peut faire valoir son contrôle, et il le fera si c'est le seul où il en possède.

La découverte de son corps. La plupart des jeunes enfants découvrent leurs parties génitales vers dix mois et commencent à jouer avec, moins par plaisir sensuel ou sexuel que pour satisfaire leur curiosité et que par besoin de trouver un réconfort avec son corps. Ils se caressent comme ils caresseraient les seins de leur mère. Vers dix-huit mois, certains bébés semblent commencer à trouver dans la masturbation une véritable excitation sexo-sensuelle – c'est-à-dire qu'ils s'excitent manifestement intentionnellement et se concentrent sur eux-mêmes.

Si vous choisissez de simplement ignorer cette masturbation en ne montrant pas de syntonie vis-à-vis de ce plaisir particulier, mais beaucoup face à d'autres plaisirs, l'EHS se rendra certainement compte que vous ne l'approuvez pas. Mais vous ne souhaitez sans doute pas transmettre ce message. Souvenez-vous que l'exploration, y compris de son intimité et du plaisir qu'elle lui procure, constitue une part naturelle de son développement. Les leçons concernant la sexualité perdurent toute la vie. Il est à espérer que votre enfant apprendra à associer la sexualité avec un lien d'attachement sécurisant et une intimité générale, et non avec un silence glacial. Prenez en compte votre propre avis et vos valeurs culturelles, mais à mes yeux la meilleure approche devrait être plus positive que neutre, car le neutre est généralement interprété comme négatif. Le mieux est peut-être d'exprimer l'idée que la masturbation est acceptable, mais en privé.

Concernant les colères et la « crise des deux ans », je n'ai pas constaté que les enfants sensibles soient plus difficiles que les autres à cet âge. Je pense même le contraire. Toutefois, les enfants sensibles de deux ans, et parfois bien plus, sont enclins à piquer une crise s'ils ont été poussés à bout par une longue journée ou par des relations difficiles, aussi appliquez ce que nous avons déjà conseillé au cours de ce chapitre à propos de la surstimulation et des émotions intenses.

GÉRER LES PROBLÈMES QUOTIDIENS

Considérons à présent les problèmes susceptibles de survenir au quotidien chez les enfants d'un à cinq ans.

Les cauchemars. Ils sont normaux à cet âge, même chez les non-sensibles. La plupart des jeunes enfants rêvent qu'on les abandonne ou qu'on les attaque, les deux plus grands dangers auxquels ils sont confrontés. Rassurez-les simplement en leur disant qu'ils sont en sécurité et aimés, et qu'il s'agit d'un rêve et non de la réalité.

Tout au long de leur vie, les personnes sensibles ont des rêves plus intenses, si bien qu'à un certain âge (plus proche de cinq ans que d'un an, bien sûr), vous pouvez commencer à aider votre enfant à les accepter et même à s'en servir. Le fait de parler d'un mauvais rêve le matin aide à dissiper l'ombre qu'il a pu projeter. Vous pouvez éventuellement expliquer pourquoi ce rêve a pu survenir – un événement effrayant s'est-il produit la veille ? Vous pouvez commencer à lui dire que ses rêves, et même ses cauchemars, peuvent lui apprendre des choses. Les cauchemars tentent d'attirer notre attention sur un sujet qui nous inquiète ou bien nous entraînent à faire face à nos craintes.

Si un rêve est plus intéressant qu'effrayant, appliquez certains concepts simples de l'interprétation des rêves, par exemple : « Je me demande pourquoi ton nounours est venu te voir dans ton rêve. » (En somme : « Quelles sont les qualités de ton ours dont tu as besoin en ce moment ? ») Ou : « Je me demande pourquoi cette fée essaie d'attirer ton attention. À ton avis, que te dirait-elle si elle pouvait te parler ? »

Je connais une famille qui se réunit tous les matins sur le lit des parents afin que chacun raconte ses rêves avant de débuter la journée. Ils ne les « analysent » pas, mais sont simplement témoins de ce qui se passe dans l'esprit des autres.

La peur due aux films qui font peur ou à la télévision. La plupart des EHS sont très perturbés par les scènes effrayantes ou tristes dans les livres, les films ou à la télévision. Dans la mesure où ces scènes ne posent pas de problèmes aux enfants non sensibles, qui semblent même en avoir besoin pour trouver une histoire intéressante, la plupart des médias ne sont pas conçus pour vos enfants. Vous pensez peut-être pouvoir l'en protéger, mais il aura bien l'occasion d'en voir chez des amis ou même à l'école. Vous avez peut-être envie qu'il puisse regarder *Bambi* ou *Casse-noisette*, mais que faire au moment des scènes difficiles ?

Apprenez à votre EHS qu'il peut garder le contrôle. Il peut quitter la pièce à ces moments – vous pouvez même lui annoncer lorsqu'ils arrivent. Il peut fermer les yeux ou se boucher les oreilles. Il peut demander aux autres de le prévenir, de lui décrire ces scènes en détail pour apaiser le choc et de lui raconter le dénouement.

Les problèmes d'alimentation. Comme je l'ai déjà dit et comme de nombreux parents d'EHS l'ont souligné, laissez votre enfant décider de ce qu'il veut manger. Les difficultés s'envoleront. Cela peut impliquer une certaine gymnastique – veiller à ce qu'il n'y ait pas de sauce tomate sur ses pâtes ou que les brocolis ne touchent pas les pommes de terre –, mais c'est gérable. Ne vous transformez pas en cuisinier à la demande pour petit EHS exigeant, mais cuire un œuf pour une personne n'est pas si compliqué s'il ne supporte pas ce que mange le reste de la famille. Si vous n'avez pas de nourriture industrielle dans vos placards, son alimentation finira par s'équilibrer.

N'hésitez pas à discuter des menus à venir avec votre enfant de sorte qu'il ne soit pas surpris, mais plutôt content de venir à table déguster ce qu'il a aidé à décider, voire à préparer et qu'il a maintenant hâte de goûter. Les repas sont généralement des moments conviviaux, aussi faites en sorte qu'ils soient agréables. En prenant votre temps et en mangeant dans la bonne humeur, vous lui donnez l'occasion de voir les autres déguster ce qu'il ne voulait pas et peut-être que, de meilleure humeur, il goûtera. Apprenez-lui à refuser poliment ; il ne sera pas poli chez d'autres gens si vous ne lui demandez pas de l'être à la maison.

Cela nous amène à la question des bonnes manières. Trop insister sur la tenue à table durant ces jeunes années peut rendre votre EHS tendu, fâché ou honteux lors des repas. En revanche, le contraire crée plus de tension et de gêne les années suivantes en compagnie d'autres personnes. Dressez donc pour vous-même une liste de ce que vous voulez lui enseigner (mâcher la bouche fermée, s'essuyer avec sa serviette, ne pas mettre les coudes sur la table, etc.). Cette liste vous rassurera sur le fait que vous réussirez au bout du compte à lui transmettre tout cela. Puis, concentrez-vous sur une attitude à la fois. Faites-en par exemple un jeu pour tout le monde, en vous souvenant que l'imitation est ce qui fonctionne le mieux. Les EHS remarquent généralement ce que font les autres et ont envie de les imiter, sans avoir besoin qu'on les punisse – un rappel de temps à autre suffit.

Les repas à l'extérieur. Avant de vous rendre au restaurant, aidez votre enfant à décider ce qu'il va commander, selon ce que vous savez de la carte. Jouez à passer commande ou expliquez-lui que vous commanderez pour lui dès que vous saurez ce qu'il souhaite. Un nouveau restaurant est l'occasion d'introduire progressivement de la nouveauté et de nouveaux aliments. Revenez aux classiques lorsque votre enfant ne se sent pas à la hauteur.

Concernant la tenue à table au restaurant, j'ai vu de tout jeunes enfants réussir à rester assis plusieurs heures pourvu que l'on tienne un peu compte de leurs besoins – un petit quelque chose à manger dès l'arrivée, quelque chose à regarder ou de quoi jouer tranquillement. Cela peut aussi aider s'il considère le fait de manger à l'extérieur comme un privilège excitant avec certains attendus, de la même manière qu'il faut bien faire la queue pour faire un tour de manège. Mais pour certains enfants, il faudra attendre quelques années avant qu'ils ne soient capables de rester sagement assis ; ils sont simplement trop agités ou actifs de nature. Ajustez vos attentes en fonction de l'âge et du tempérament de votre enfant. Si certaines des personnes qui vous accompagnent sont volontaires (elles le sont souvent mais n'en ont pas l'idée), demandez-leur d'emmener votre enfant faire un petit tour à l'extérieur ou dans le restaurant voir ce qu'il y a d'intéressant. L'enfant doit pouvoir passer un bon moment, lui aussi.

L'habillage et les vêtements. Autant que possible, suivez là encore les besoins et les préférences de votre enfant. À trois ans, Alice choisit elle-même ses habits. Votre EHS le peut également. De nombreux parents m'ont parlé des étiquettes qui grattent ainsi que des chaussettes ou des chaussures qui gênent. C'est tout à fait normal chez un EHS. Emmenez-le faire les magasins avec vous de sorte que tous les deux puissiez déterminer ce qui lui est confortable et attendez-vous à vous tromper sur certains achats, qui resteront inutilisés. Pour vous consoler (il ne faut pas que cela vous fâche), discutez avec votre enfant pour savoir pourquoi vous avez tous les deux fait cette erreur et comment l'éviter à l'avenir.

S'il vous faut insister pour qu'il porte certains vêtements en des occasions particulières, passez un marché : « Garde la robe pendant la cérémonie du mariage. Nous emporterons des habits confortables et tu pourras te changer juste après. »

Prévoyez du temps supplémentaire pour décider des tenues et pour l'habillage. Choisissez les habits la veille si vous pensez que cela peut poser problème.

Organisez les placards et les armoires de sorte qu'il soit facile de trouver ce que l'on cherche. Étiquetez les tiroirs ou les paniers avec des images de ce qui se trouve à l'intérieur. Vous pouvez aussi ranger les tenues entières ensemble (tee-shirt, pantalon, sous-vêtements et chaussettes en un seul paquet).

Le coucher et le sommeil. Le moment du coucher et celui du réveil constituent d'importantes transitions. Le fait d'instaurer un rituel a son utilité. Dressez une « liste » sous forme d'images de ce qu'il y a à faire pour se préparer à aller au lit et laissez votre enfant vous y guider. Instituez une succession d'activités apaisantes avant le coucher – bain, histoire, prière ou ce que vous aurez décidé ensemble. Laissez votre enfant porter ce qu'il veut pour dormir. Si ne cesse de se relever, fabriquez des cartes de lever. Il peut les utiliser pour n'importe quelle raison, mais quand il n'a plus de carte, il n'a plus le droit de se lever.

Faites l'obscurité dans la chambre en installant des rideaux aux fenêtres. Placez une veilleuse s'il préfère une petite lueur au noir complet. Étouffez les bruits dans la chambre au moyen de tapis et de rideaux et faites le calme dans la maison. À cet âge, vous pouvez aussi laisser votre enfant s'endormir avec vous, mais veillez à ce que vous aussi puissiez bien dormir.

S'il se réveille la nuit, cherchez bien sûr quel est le problème. Il a peur ? se sent seul ? a soif ? a trop chaud ? peine à se calmer à cause d'une surstimulation ? Parfois, comme l'explique Aletha Solter, il a seulement besoin de pleurer. S'il a juste envie de se relever, essayez de nouveau les cartes de lever. Dites-lui qu'il peut rester éveillé, mais que vous avez besoin de dormir pour être en forme le lendemain : n'est-ce pas aussi le cas pour lui ?

Les courses et les magasins. Un parent m'a un jour donné le meilleur conseil qui soit à ce propos : la règle des deux, c'est-à-dire de ne jamais emmener un EHS dans plus de deux magasins la même journée. Un point c'est tout. Faire des courses ou les magasins s'avère épuisant pour ces enfants – monter et descendre de voiture, les virages et les arrêts, le paysage qui ne cesse de changer par la fenêtre, ce qui se passe dans le véhicule ainsi que les environnements différents dans chaque magasin, la plupart conçus pour assaillir les sens et émettant parfois de « mauvaises vibrations » (personnel grincheux, alentours repoussants, pollution). Vous êtes sans doute habitué aux garages automobiles et aux supérettes, mais ils sont nouveaux pour votre EHS. Il faudra bien qu'il y soit exposé – ils font partie du monde dans lequel il vit –, mais à petites doses.

Il s'avère également utile de dire à votre enfant où vous allez et combien de temps cela va prendre, et de vous souvenir que vous ne vous engagez pas à la légère : vous ne voulez pas que votre enfant outrepasse les accords que vous avez passés avec lui, aussi respectez les vôtres.

Les trajets en voiture. Instaurez un rituel lorsque vous montez et descendez du véhicule – par exemple, vous ne démarrez pas tant que les ceintures ne sont pas attachées, si bien qu'il n'y a pas matière à discussion. Chacun a sa place attitrée. Lors des grands trajets, faites des pauses toutes les trente minutes à une heure. Cela peut sembler fréquent, notamment pour le conducteur impatient d'arriver à destination, mais plus vous ferez de pauses, plus vous irez loin au final.

Les pauses consistent si possible à sortir et à vous éloigner du tumulte des voitures et de l'agitation. Pique-niquez plutôt que de faire votre arrêt au fast-food.

Dans la voiture, cherchez à atteindre le niveau d'excitation optimal chez votre enfant. Est-ce qu'il s'ennuie ou est-ce qu'il est surstimulé ? Ajustez ce niveau en variant les activités : parler, jouer, écouter de la musique, chanter, regarder par la fenêtre, observer des moments de silence complet.

La chambre de votre EHS. Si c'est possible, il est souhaitable qu'un EHS ait sa propre chambre. Il a besoin d'intimité, d'un endroit où il peut trouver de la tranquillité et contrôler son environnement. S'il doit partager sa chambre, évitez que ce soit avec un enfant non sensible, notamment plus âgé, en particulier s'ils ne s'entendent pas. Les différences et le risque de domination sont trop grands. S'il n'y a pas d'autre possibilité, envisagez de créer une cloison pour délimiter clairement les espaces.

Ce que nous avons indiqué à propos de l'aménagement de la chambre d'un nourrisson s'applique toujours : faites simple, avec des tapis et des rideaux pour étouffer les bruits. À cet âge, il faut également que la chambre soit facile à maintenir propre et rangée, et surtout sans poussière car les EHS sont davantage sujets aux allergies, aussi préférez les textiles lavables. Pour les jouets, réduisez les stimulations en prévoyant de nombreux rangements pour dissimuler le désordre (des boîtes ou des paniers plutôt que des étagères), et n'accrochez pas trop de posters ni de cadres aux murs. Cependant, c'est votre enfant qui de plus en plus choisira sa décoration.

LES PROBLÈMES MOINS RÉCURRENTS

Les consultations chez le médecin. Dès la naissance, le choix des médecins et autres professionnels de santé s'avère important pour un enfant sensible. Sa réaction lors des consultations dépend pour beaucoup des personnes qu'il rencontre (ainsi que des jouets ou des livres intéressants qui se trouvent dans la salle d'attente ou que vous aurez achetés spécialement pour cette occasion). De l'âge de trois à quinze mois, notre fils a vu un pédiatre renommé mais méchant (le Parisien qui écrivait toutes ses instructions, y compris de sortir avec lui chaque jour). Cet homme admettait qu'il détestait les bébés et tout le monde, et manipulait les nourrissons d'une manière qui le laissait bien penser. Malgré le fait que nous ayons eu un médecin fantastique après cela, puis seulement des bons les années qui ont suivi, notre fils a gardé une peur des docteurs qui perdure encore un peu aujourd'hui. Je suis certaine qu'il se souvient comment ce pédiatre hargneux l'a traité lors de ses premiers vaccins.

Parlez à votre pédiatre du tempérament de votre enfant et voyez s'il « comprend ». Il ne doit pas en faire une pathologie ni au contraire éluder votre explication. Outre cet ouvrage, n'hésitez pas à lui prêter *The Temperament Perspective* de Jan Kristal et *Coping with Children's Temperaments* de William Carey et Sean McDevitt, des livres destinés aux professionnels en charge d'enfants*.

Vous et le professionnel de santé en rapport avec votre enfant devez savoir ce qui suit :

- Les EHS ressentent davantage la douleur.
- Par conséquent, il est possible qu'ils se plaignent plus et qu'on leur prescrive plus d'analyses et de médications que nécessaire.
- D'un autre côté, certains enfants peuvent avoir tendance à minimiser leurs symptômes s'ils n'ont pas été pris en compte et qu'ils en ont ressenti de la honte, ou bien s'ils ont été confrontés à de mauvaises expériences lors d'un examen ou d'un traitement. Il est important de savoir si votre enfant minimise ou exagère ses symptômes.
- Ils souffrent plus souvent de maux de tête[82].
- Ils sont plus effrayés par les vaccins[83].
- Ils supportent moins bien les hospitalisations[84].
- Ils sont davantage sujets aux allergies[85].

Cela dit, vous pouvez aussi mentionner le fait que les enfants ayant ce tempérament sont en moyenne *en meilleure santé* (moins de maladies et de blessures) que les enfants non sensibles, tant qu'ils ne sont pas stressés[86]. Dans des conditions stressantes, ils en ont plus que les non-sensibles.

* Ouvrages non-traduits en français. [NdT]

Vous aurez peut-être besoin d'expliquer que les comportements qui découlent parfois de ce tempérament (timidité, refus de parler à l'école, tristesse, anxiété) ne nécessitent généralement pas de traitement par antidépresseurs ou autres. Ces enfants ont au contraire besoin d'apprendre à se rapprocher des environnements (et des gens) où ce trait se révèle un avantage.

« Comment on fait les bébés », la masturbation et les questions relatives à ce sujet ainsi que la nudité nécessitent de votre part des réactions prudentes, car les EHS sont tout à fait conscients que la sexualité est un sujet sensible. Répondez de manière approfondie aux interrogations et encouragez votre enfant à poser des questions et à en parler souvent, tout en gardant à l'esprit son âge et ses expositions possibles à ce sujet. Inutile d'en dire davantage que ce qu'il a besoin de savoir.

Tenez compte de votre propre opinion ainsi que de ce que vous êtes désireux de transmettre ou non. Parlez-lui de ce qui est approprié en public de façon qu'il sache si un adulte ne se comporte pas bien. Expliquez pourquoi la sexualité est un sujet intime, ce que sont les parties génitales (ce qui est caché par le maillot de bain) et qui a le droit ou non de les voir ou de les toucher. Citez le médecin comme étant une exception, car cela peut être déroutant.

J'insiste sur le fait que tout est fonction de l'âge de l'enfant et de son exposition à l'extérieur à ces sujets. Un petit de deux ans aura des besoins très différents de ceux d'un enfant de cinq ans, toutefois l'âge importe peut-être moins que le fait de prendre conscience de ce que votre enfant apprend aussi ailleurs : a-t-il l'occasion de regarder ce qu'il veut à la télévision ou de parler seul avec d'autres enfants ? Qu'en est-il de l'accès à la pornographie *via* Internet (un problème grave bien réel) ?

Sachez qu'il peut ne pas poser de questions parce qu'il est choqué par ce qu'il a appris et qu'il préfère le déni, parce qu'il pense qu'il sait déjà tout, ou bien parce qu'il est gêné de penser en savoir trop.

Fêtes et invitations à jouer à la maison. Parents et éducateurs ont tous remarqué combien les fêtes d'anniversaire sont devenues des événements majeurs facteurs de stress pour les enfants. Les fêtes auxquelles l'enfant est invité sont abordées au chapitre suivant. Lorsque vous en organiserez une pour votre EHS, faites-le au regard de son tempérament à lui et non de celui des invités.

Habituellement, pour une fête d'anniversaire, on conseille un invité à un invité et demi par année d'âge, mais même ce chiffre peut être trop élevé pour un EHS. Préférez éventuellement une fête de famille, ou bien en famille avec un ami proche. Faites simple. Lancez la tendance dans votre entourage : la qualité des interactions prime sur la quantité, le caractère ostentatoire et la surstimulation.

Faites participer votre enfant à l'organisation et aux préparatifs, y compris pour allouer un temps à chaque activité, de façon qu'il soit mieux préparé à ces transitions et qu'il vous aide à respecter le planning. Une fois les réjouissances terminées, tout retombera et vous serez confronté à de nombreuses émotions rémanentes. Accordez-leur la priorité par rapport au ménage. Une balade ou un bain apaisant l'aideront à se calmer le temps qu'il digère toutes ces expériences.

Pas de fête surprise pour un jeune EHS. J'ai entendu trop d'histoires d'adultes sensibles ayant eu la surprise de découvrir une pièce pleine d'enfants hurlant. L'enfant indélicat et ingrat s'est alors enfui dans sa chambre en pleurant et les parents, que l'on imagine frustrés, n'ont fait qu'ajouter des cris, de la honte et des punitions à ce moment déjà pénible.

Durant la fête, gardez à l'esprit qu'il s'agit pour lui d'une expérience d'apprentissage. Il ne sait encore rien de ce type d'événements et de la manière de s'y comporter, aussi n'attendez pas une performance parfaite. Éclipsez-vous avec lui s'il se sent contrarié ou submergé (allez dans une autre pièce et aidez-le à se ressaisir).

L'ouverture des cadeaux est un véritable terrain miné. Avant le jour J, n'hésitez pas à l'entraîner à sourire et à remercier. Vous pouvez en faire un jeu, en imaginant par exemple des cadeaux absurdes face auxquels votre enfant devra répondre par un « merci » poli et des commentaires appropriés qui ne soient pas des mensonges. « Quel mignon boa constricteur, Papy. Il sera très beau autour de mon cou. » Malgré cela, comme les enfants non sensibles, il peut arriver en ouvrant un cadeau qu'il ne réagisse pas « correctement », c'est-à-dire qu'il ne parvienne pas à cacher sa déception, sa jubilation ou sa consternation (« Qu'est-ce que c'est que ce truc ? »). Ajustez vos attentes en fonction de son âge et considérez les progrès d'année en année.

Par rapport à une fête, inviter un ami à jouer s'avère évidemment beaucoup plus simple. Recevoir un autre enfant chez soi est l'idéal pour un EHS, et cela à de nombreux égards : tout est familier, votre enfant a davantage l'impression de contrôler la situation et vous pouvez garder un œil sur eux. Faites en sorte que ces séances restent brèves et pas trop fréquentes – une par semaine suffit sans doute pour votre EHS, même si vous entendez beaucoup de « qui va chez qui » parmi d'autres camarades pris dans un tourbillon social.

UN DERNIER MOT À PROPOS DES EHS DE CET ÂGE

Il y a à cet âge un je ne sais quoi d'innocence, de confiance, de fraîcheur et de drôlerie. Votre EHS fera des observations dont vous serez fier, qui vous rendront heureux ou qui vous feront rire. Il vous aimera à cet âge d'une façon qui ne se reproduira plus jamais. (Je me souviens du moment exact où, pour la dernière fois, mon fils a grimpé sur mes genoux pour que je le porte. Il avait six ans. Je savais que cela n'arriverait plus, aussi ai-je savouré ce moment.) Les jeunes EHS ne sont effectivement pas de tout repos, mais ils sont merveilleux. Alors, profitez de ces précieuses années !

Chapitre 8

L'enfant de moins de cinq ans à l'extérieur

L'aider à se confronter avec succès à de nouvelles situations

Ce chapitre vous offre des pistes pour soutenir votre enfant sensible d'un à cinq ans lorsqu'il se confronte au monde qui l'entoure, de sorte qu'il fasse appel à sa capacité innée à prendre un temps de réflexion, puis ait suffisamment confiance pour avancer s'il sent que sécurité et succès seront au rendez-vous. Nous aborderons l'hésitation face à la nouveauté, la timidité, l'entrée à l'école et la gestion des peurs réalistes, tout cela dans l'optique de prévenir le découragement et la crainte. Nous parlerons également du choix de l'école et comment y gérer le moment des au revoir.

Vous vous souvenez sûrement de Walt, le bébé qui avait rampé jusqu'au bord de sa couverture et s'était mis à pleurer au contact de l'herbe. Sans surprise, il est devenu un petit garçon prudent lorsqu'il s'agissait d'essayer de nouvelles choses. Aux ateliers d'éveil, il se contentait d'observer – et il appréciait beaucoup. C'est seulement à la fin des séances qu'il avait envie de participer. Ce n'est pas qu'il avait peur ; il voulait simplement regarder avant de se lancer. S'il avait été témoin de quelque chose qui lui aurait fait peur, il est probable qu'il n'aurait pas rejoint les autres.

Ce chapitre vise surtout à vous aider à éviter qu'un enfant tel que Walt ne développe une crainte des nouvelles personnes et des nouvelles expériences telles que ses ateliers d'éveil quand il avait deux ans, les fêtes d'anniversaire de ses amis quand il avait trois ans, puis l'école. Puis, plus tard, chez les louveteaux, lors de ses premiers rendez-vous galants, de son premier emploi ou à l'entrée à l'université.

Vous vous souvenez des premiers chapitres et du fait que certains EHS sont intrépides et extravertis – leur sensibilité se révèle plus sensorielle, liée à l'alimentation, à l'habillement ou au bruit, ou bien émotionnelle dans le sens où ils perçoivent ce que les autres ressentent. Ces enfants hardis présentent certainement un trait de recherche de la nouveauté bien marqué, comme décrit au chapitre 3. Ils possèdent aussi probablement un lien d'attachement très sécurisant vis-à-vis de la personne qui s'occupe d'eux, comme abordé au chapitre 6. Pourtant, par définition, tous les EHS observent à des degrés divers une pause-vérification, c'est pourquoi ce chapitre concernera même les enfants qui ne montrent ce trait qu'à certains moments et pas toujours.

LES DIFFÉRENCES ENTRE LA PEUR DE LA NOUVEAUTÉ, LA PEUR DES INCONNUS, LA TIMIDITÉ ET LE FAIT DE JOUER SEUL

Il a longtemps été d'usage de parler d'enfants « timides » de manière très générique, en se référant à tous les types de timidité ou de crainte.

Aujourd'hui, les spécialistes qui s'intéressent aux enfants timides[87] constatent que la peur de la nouveauté et celle des inconnus sont tout à fait indépendantes. Nous les aborderons donc séparément dans ce chapitre, en les considérant comme deux sortes de peurs distinctes.

Souvenez-vous également que le fait de marquer un temps de vérification avant d'agir, typique des EHS, ne signifie pas forcément qu'ils éprouvent une quelconque peur, de la nouveauté, des inconnus ou de quoi que ce soit d'autre. Et les enfants qui aiment jouer seuls à cet âge ne sont pas forcément timides non plus. Si le vôtre se montre chaleureux et affectueux avec vous et qu'il s'implique activement dans les jeux de type « faire semblant », il n'y a aucun problème. (Dans le cas contraire, je vous recommande la lecture du chapitre consacré à l'enfant replié sur lui-même dans *Enfant difficile, enfant prometteur* de Stanley Greenspan[88]. Si ces conseils ne vous aident pas, parlez avec votre pédiatre ou requérez l'avis d'un psychologue.) Il est vrai que si un enfant conserve cette préférence passé cinq ans, il risque d'être considéré comme bizarre et de commencer à se sentir véritablement timide. Par « véritablement timide », je veux dire ayant tendance à avoir peur d'être jugé et rejeté. C'est toutefois rare avant six ans, c'est pourquoi nous n'aborderons pas la véritable timidité avant les derniers chapitres.

LA NATURE DE LA PEUR FACE À DES SITUATIONS NOUVELLES ET COMMENT LA PREVENIR

Chez tout un chacun, la peur engendre la peur[89] – les études le montrent clairement. Lorsque nous sommes confrontés à une nouvelle situation, nos systèmes d'évaluation décident si nous devons avoir peur ou non.

Nous risquons davantage de ressentir de la peur si notre corps est déjà inondé d'hormones de stress ou si nous avons été exposés à des événements effrayants dans le passé, notamment durant l'enfance, avant que nous développions des capacités de gestion. Lorsque la peur dure trop longtemps, la personne devient « hyperexcitable ». Puis, la peur suit d'elle-même son parcours, sous forme d'anxiété même en l'absence de menace, puis s'attachant à quasiment toutes les expériences qui se présentent. Ce type d'anxiété n'est pas aisé à surmonter. La prévention de la crainte l'est bien davantage, notamment au stade de l'enfance.

Toute nouvelle situation soulève au moins trois types de questions chez l'EHS :

1. ***« Puis-je continuer sans danger ? »*** Est-ce que je vais me faire mal ou être content ? Vais-je réussir ou échouer ? La réponse de votre enfant dépend de son expérience passée de situations similaires.

2. ***« Ai-je les qualités requises pour faire face ? »*** Quelqu'un peut-il me soutenir ? Est-ce que je me sens fort et reposé ? L'état intérieur de votre enfant sur le moment ainsi que les encouragements et le soutien qu'il a reçus dans le passé de votre part seront déterminants.

3. ***« Est-ce que les choses se passent bien habituellement ? »*** Est-ce que les situations nouvelles sont généralement des réussites ? Est-ce que j'ai plaisir à découvrir des nouveautés et à faire des rencontres ? Les réponses dépendent de l'idée de la vie que votre enfant s'est construite.

Comment pouvez-vous influer sur les réponses à ces questions ? Lorsque votre EHS marque une pause-vérification, comme à son habitude, il faut qu'il fasse montre de réalisme quant à la première question relative à l'absence de danger, ainsi qu'à ses chances de succès. Espérez que les faits primeront ; qu'il réagira en fonction de la situation plutôt que de tout étiqueter comme dangereux. Mais il aura peut-être besoin d'être rassuré sur la *signification* de la situation. Si vous voyez une corde et la prenez pour un serpent, vous aurez bien sûr peur. S'il voit un chien plus grand que lui et pense qu'il ressemble aux loups et aux lions dont il a entendu parler dans les histoires, il aura évidemment besoin d'être rassuré. Il en aura encore plus besoin s'il ne se sent pas en sécurité parce qu'il a récemment été séparé de vous ou s'il vient de vivre une expérience effrayante.

Sur la deuxième question – « Suis-je prêt ? » –, vous pouvez avoir une plus grande influence. Donnez à votre enfant toutes les raisons de se sentir assuré de votre réceptivité à ses besoins et à ses sentiments, dans les situations nouvelles et à tout moment. Faites en sorte que votre enfant aborde les nouvelles situations en ressentant le maximum de soutien de votre part, et qu'il soit préparé et en bonne forme. Si ce n'est pas le cas, le réalisme est également important. Il a besoin de savoir s'il n'est pas prêt et d'attendre de l'être.

Enfin, pour la troisième question, concernant le regard qu'il porte sur le monde, il doit pouvoir s'appuyer sur un socle de souvenirs de succès et de plaisirs ressentis dans des situations nouvelles. Ici, vous avez un grand pouvoir de contrôle sur la réalité dans laquelle vit votre enfant. Certes, le monde comporte ses dangers, mais il recèle aussi joie, aventure et gentillesse en quantité.

Construire la confiance chez les petits

Remplir ce réservoir de succès et de plaisir s'avère plus délicat chez l'EHS. En effet, tout un chacun, en état de surexcitation, est susceptible d'être mal à l'aise et d'échouer. Pour un EHS, notamment à cet âge, une nouvelle situation se révèle souvent une grande nouveauté, c'est-à-dire stimulante, étrange et donc source de surexcitation. Par conséquent, en plus d'aider votre enfant à se sentir en sécurité et soutenu (ce que l'on fait pour tout enfant), il vous faut lorsqu'il se confronte au monde faire en sorte que l'expérience soit positive en vous efforçant autant que possible de conserver un niveau d'excitation optimal pour lui.

Bien sûr, des expériences moins bonnes arriveront forcément. Elles sont même utiles : grâce à elles, avec votre aide, votre enfant apprend à faire face à l'adversité et à surmonter la peur de ce qui l'a bouleversé. Par nature, votre EHS va cependant imaginer une multitude de suites néfastes sans qu'un grand nombre d'entre elles ne se soient réellement produites.

Il est important de protéger votre EHS, particulièrement à cet âge, des expériences véritablement effrayantes. Ce n'est *pas* le moment de le « jeter à l'eau » pour voir s'il nage ou s'il coule. En cas de mauvaise expérience, parlez-en *ensemble* et rejouez la scène de manière à le rassurer ou au moins à le décharger d'une partie du poids de ce qui l'a effrayé. Vous contribuerez ainsi à éviter que votre enfant, seul, ne repense sans cesse à ce qui s'est passé et ne développe un état d'hyperexcitabilité permanent.

Enfin, il vous appartient de trouver le juste milieu entre pousser et protéger. Les études comparant les capacités de gestion des EHS ayant un attachement sécurisant et non sécurisant (chez les petits enfants) montrent que les EHS ayant un lien sécurisant et réussissant bien à gérer avaient une mère qui les poussait moins que la moyenne[90]. Les mères des EHS avec attachement insécurisant s'avéraient importunes : elles ne permettaient pas à leurs bambins d'éviter d'abord la stimulation, puis de s'en approcher lentement, selon la méthode de gestion qui leur est naturelle. Je pense que toutes les mères voulaient que leurs enfants paraissent compétents devant les autres si bien qu'elles les ont poussés un peu, mais les mères insensibles d'enfants au lien insécurisant les ont beaucoup poussés et les mères des enfants au lien sécurisant ne les ont poussés que ce qu'il fallait. Une étude[91] consacrée aux causes de la peur en général chez les enfants a révélé que le tempérament jouait un rôle crucial dans le fait qu'un enfant devienne craintif ou non, mais aussi la présence d'un parent insensible voulant trop contrôler.

En tant que parent d'un EHS faisant face à une situation nouvelle, vous devrez trouver le bon équilibre entre trop protéger et trop pousser. Comment faire ? Appuyez-vous sur votre intuition et tenez compte des mouvements du corps de votre enfant, de ce qu'il dit, du ton de sa voix et de l'expression de son visage. Encouragez-le lorsque vous sentez qu'il a très envie de réussir, ou plutôt qu'il en avait très envie jusqu'au tout dernier moment. Nous sommes tous comme cela : impatients de partir en voyage ou de prendre la parole, puis le moment venu, nous préférerions ne jamais en avoir eu l'idée. Mais si nous n'avançons pas, nous savons que nous le regretterons. Votre enfant ne le sait tout simplement pas encore.

En revanche, n'insistez pas si votre enfant se montre si nerveux, réticent, surexcité ou loin de son champ de compétences qu'il butera ou échouera à coup sûr.

● *Quand la peur n'est pas une peur mais de la colère*

Toutes les peurs ne se disent pas clairement. Généralement, les EHS « intériorisent » autant leur tristesse que leur colère et leurs peurs plutôt que de les exprimer directement. Un EHS n'exprime pas souvent sa colère en criant, en tapant, en mentant ou en volant. Il peut ressentir

vers un nouveau petit frère ou parce qu'il a été écarté et
méchamment. Mais il peut aussi avoir peur de sa colère,
faire quelque chose de mal ainsi que de la punition qui
i bien qu'il enfouit ses sentiments.

Les parents d'un enfant si bon en sont contents. Leur enfant gère si bien la situation : sans colère ni problème aucun. Pourtant, à l'intérieur de lui, peut-être si profondément qu'il en est inconscient, cette méchanceté le préoccupe : « Je hais cette mauvaise chose que l'on m'a faite, je suis méchant parce que je hais les gens, je dois combattre cette méchanceté en moi, elle est trop dangereuse. »

Soudain les peurs surgissent – des peurs irrationnelles de toutes sortes de choses, comme les ombres, les pommes de pin ou une certaine forme. Ni les parents ni l'enfant ne saisissent le lien.

Si vous suspectez que votre enfant est trop gentil et qu'il a en même temps trop peur, encouragez-le à exprimer sa colère. Cherchez avec lui les raisons – par exemple, un jour où vous avez été fâché contre lui, où vous avez posé des limites ou que vous avez dû le laisser. Cherchez également au niveau des rivalités entre frères et sœurs. Invitez votre enfant à parler de ces sentiments, cela fait parfois des miracles !

Aider un enfant à aborder une nouvelle situation – anticiper

Après nous être intéressés à la crainte en général, abordons maintenant le fait d'éviter la peur face à de nouvelles situations, puis face à de nouvelles personnes.

Il y a de nombreuses façons d'aider votre EHS à faire face à de nouvelles situations, avec succès et sans crainte. Certaines consistent à prévoir, d'autres demandent que vous soyez réceptif sur le moment. Commençons par l'anticipation.

1. ***Demandez de l'aide.*** Si un adulte responsable est présent, envisagez de parler des hésitations de votre enfant et du rôle que vous pouvez jouer tous les deux pour les surmonter. Vous pouvez aussi faire venir un enfant que le vôtre connaît, ou bien demander auparavant le nom des autres camarades présents et faire en sorte que votre enfant rencontre l'un d'eux quelques jours plus tôt, de préférence chez vous.

2. ***Décrivez les lieux à votre enfant.*** Ne partez par sur l'idée qu'il sait à quoi ressemble la plage ou ce qui se passe à une chasse aux œufs de Pâques. Ainsi, il ne sera pas surpris.

3. ***Parlez des désagréments possibles*** et de la façon dont vous les gérerez. « Comment te sentiras-tu si tu ne trouves pas d'œufs ? »

4. ***Évoquez une manière facile de partir ou de cesser l'expérience.*** « Si tu n'aimes pas, nous pouvons tout simplement nous en aller. »

5. ***Si c'est en accord avec la situation, dites souvent : « Cela ne marchera peut-être pas, mais ce n'est pas grave. »*** En d'autres termes, donnez vous-même l'exemple de la gestion de la prise de risque. Autre exemple : « Essayons ! Qu'est-ce qu'on a à perdre ? » Ou : « Il m'arrive d'avoir peur aussi, alors je me demande quelle est la pire chose qui puisse arriver. Si ce n'est pas grand-chose, alors j'y vais. »

6. ***Familiarisez à l'avance votre enfant avec un aspect de l'expérience à laquelle il sera confronté.*** Une promenade à poney ? Allez voir des chevaux une semaine avant, caressez-les. Essayez le cheval à l'occasion d'un tour en manège : commencez par asseoir votre enfant sur la selle,

puis dans un second temps, introduisez les mouvements. Il va jouer au football ? Achetez un ballon et laissez-le dormir avec.

7. ***Reconnaissez tous les sentiments de votre enfant et parlez-en.*** « Je veux y aller. » « J'ai peur. » « Est-ce que tu seras fâché si je ne le fais pas ? » « Je serai déçu si je ne le fais pas. » « Je suis excité et curieux. » « Je n'ai pas envie de toute cette excitation. » Souvenez-vous que tous ces sentiments peuvent coexister, ne vous arrêtez pas sur un seul.

8. ***Une fois encore, assurez-vous que votre enfant soit reposé, ait bien mangé et soit prêt.*** Sinon, repoussez toute nouvelle expérience jusqu'à ce que ces conditions soient réunies.

9. ***Attisez le moindre signe d'enthousiasme, d'intérêt ou d'impatience.*** Il émane du « système action » de votre enfant, qui contre son « système pause-vérification ». N'exagérez pas et ne tentez pas de susciter de tels sentiments s'ils ne sont pas présents ; vous seriez alors toujours celui qui parle de nouvelles expériences et votre enfant toujours celui qui les refuse, alors qu'en réalité il éprouve les deux sentiments. Ainsi, ne soyez pas celui qui dit : « Regarde, un toboggan ! Ça serait amusant, non ? » Un enfant prudent répondrait : « Il n'est pas question que tu me fasses monter là-dessus. »

Pour éviter ce genre de « scission », soulignez gentiment les signes d'enthousiasme, même minimes, qu'il a pu montrer. « On dirait que tu as envie d'essayer le toboggan. » Mais s'il vous fait de nouveau part de ses peurs, reconnaissez-les comme étant tout aussi valides. « Oui, ça semble assez haut vu d'ici ! » Vous pouvez aussi mentionner des expériences similaires que votre enfant a appréciées ou des aspects de l'expérience qu'il sait déjà aimer. « Je sais que tu aimes les toboggans. Il est peut-être un peu plus dur de grimper en haut de celui-ci. Mais s'il est haut, ça veut dire qu'il y a davantage à glisser. » Évitez simplement d'ouvrir un débat dans lequel vous auriez le rôle du « système action ».

10. ***Montrez l'exemple en faisant preuve d'enthousiasme au quotidien.*** Avoir des choses qui vous tiennent à cœur, des aspirations, des petits et des grands plaisirs – tout cela concourt au bonheur plus que les événements majeurs. Les nouvelles expériences sont une grande source de petites joies de ce genre, comme découvrir un nouveau restaurant ou essayer un nouveau chemin pour rentrer à la maison. C'est le « système action » qui les rend amusantes, et votre enfant en possède un lui aussi. Montrez-lui comment l'activer et l'utiliser.

SURTOUT, APPUYEZ-VOUS SUR SA NOUVELLE CAPACITÉ À PARLER

Plusieurs parents d'EHS m'ont dit qu'il était devenu bien plus facile de gérer ses hésitations face à de nouvelles situations une fois qu'il a été en âge de pouvoir en parler. Voici un excellent exemple de dialogue dont l'un d'eux m'a fait part :

« Maman, j'ai peur d'aller apprendre à nager, lui a dit son fils.

— Bien sûr que tu as peur, lui a-t-elle répondu. C'est tout nouveau pour toi. (Elle reconnaît sa peur sans lui en faire avoir honte.)

— Est-ce que toi tu as peur, des fois ?

— Tout le temps. (Elle explique que la peur est normale.)

— Qu'est-ce que tu fais ?

— Si j'ai peur de quelque chose, mais que j'ai vraiment envie de le faire ou que je n'ai pas envie de rester derrière, j'essaie d'y aller et de le faire. (Elle donne un exemple d'autorégulation.) Je peux me faciliter les choses en demandant à quelqu'un comment cela s'est passé pour lui la première fois. (Elle lui apprend à gérer la situation en partageant ses sentiments et en parlant.) Si c'était ma première séance de natation, je pourrais même dire au maître-nageur que je suis inquiet. (Elle lui explique qu'il n'y a pas de mal à demander de l'aide.) Mais même si ce n'était pas possible, j'essaierais de continuer, pour voir si j'apprécie. Qui ne risque rien n'a rien. » (Elle encourage la prise de risque.)

Aider votre enfant pas à pas dans une nouvelle situation

1. ***Allez-y avec votre enfant.*** Conduisez-le. Restez à côté le temps que la prudence laisse place au plaisir, puis laissez-le passer devant.

2. ***Essayez de faire en sorte qu'un autre enfant interagisse avec le vôtre et l'implique*** – un enfant qui ait l'air gentil, compatible ou qui lui ressemble un peu.

3. ***Restez disponible,*** mais sans tourner autour de lui comme si vous vous attendiez à ce qu'il ait besoin de vous. S'il vous appelle, adaptez votre réponse selon l'intensité de sa voix. Ne vous précipitez pas. Commencez par un « oui ? » calme et voyez si cela suffit.

4. ***Laissez votre enfant s'impliquer par petites étapes et veillez à ce qu'on ne se moque pas de lui pour cela.*** N'hésitez pas à rappeler aux autres qu'il en était probablement de même pour eux la première fois.

5. ***Expliquez-lui qu'il est normal de se sentir partagé.*** Parlez-lui par exemple de la première fois que vous avez sauté du grand plongeoir ou que vous avez monté à cheval. S'il ne veut pas continuer, laissez-le arrêter, sans lui donner honte – il s'inquiétera ainsi moins de votre réaction la prochaine fois qu'il prendra une décision.

6. ***Soulignez le fait que souvent il n'a pas envie de faire quelque chose, puis qu'il change d'avis*** – cela a été le cas la première fois qu'il a plongé dans une piscine ou qu'il s'est approché d'un chat. Vous l'aidez à se rappeler d'un moment heureux où il a été content d'avoir persévéré.

7. ***Ne vous impatientez pas.*** Certes, un enfant en proie à la peur ou partagé peut devenir exigeant, collant et irritable, mais vous fâcher n'arrangera rien. Concentrez-vous sur la peur qui se cache derrière ce comportement agaçant. Souvenez-vous que vous essayez d'apprivoiser une petite chose sauvage, une envie instinctive de se sauver. Un faux-pas de votre part à ce moment ne fera qu'augmenter l'excitation de votre enfant et ne fera que retarder ce que vous espérez. Ne le forcez pas et ne laissez personne le faire. Vous pourriez gagner cette bataille, mais perdre la guerre. Comment peut-il se sentir respecté ou vous faire confiance si vous vous entêtez ? Lorsqu'un enfant est gagné par la peur, c'est tout ce qu'il retient de l'expérience.

Après la confrontation avec une nouvelle situation

Votre objectif consiste bien sûr à élever un enfant capable de jauger une nouvelle situation, comme sa nature lui dicte de faire, tout en la considérant de manière réaliste et, s'il n'y a pas de danger, d'avancer en escomptant plaisir ou succès. Aussi, après une tentative de votre enfant, notez les aspects positifs.

1. ***Soulignez tout succès.*** N'exagérez pas, n'en rajoutez pas et ne vous vantez pas devant autrui. Mais faites en sorte qu'il prenne conscience que son expérience a été réussie et agréable le cas échéant. « Est-ce que tu as aimé le toboggan ? J'ai bien l'impression que oui. Tu t'amusais tellement qu'il a été difficile de s'arrêter. »

2. ***Soulignez les progrès,*** comment cela se passait un an ou un mois auparavant dans une situation similaire. Tout changement est un processus, ni insurmontable ni franchissable en un clin d'œil. « Avant, tu regardais les toboggans avec tellement d'envie, mais tu ne voulais jamais essayer. Aujourd'hui, tu l'as fait. Ça a été chouette. »

3. ***Louez la tentative, non le succès ni l'échec.*** « C'est bien que tu aies essayé de grimper la moitié de l'échelle. »

4. ***Confiez-lui un rôle de guide ou de professeur,*** pour sa peluche ou pour un enfant plus jeune. Laissez-le mimer la façon dont il a procédé et comment il a surmonté sa peur, puis la joie qu'il a éprouvée, de sorte qu'il se souvienne bien de l'ensemble du processus.

5. ***Servez-vous de cette occasion pour l'inciter à rêver d'un rôle de meneur,*** fort et confiant, à s'imaginer en héros.

LA PEUR OU L'HÉSITATION AVEC D'AUTRES ENFANTS OU AVEC DES ADULTES

Abordons à présent le second type de peur, celle des inconnus et des nouvelles situations sociales.

Janet cachait son visage quand des inconnus s'approchaient d'elle lorsqu'elle avait six mois, bien avant l'âge « classique » qu'indiquent les calendriers de développement. Même quand quelques jours seulement s'étaient passés depuis qu'elle avait vu ses grands-parents, il lui fallait du temps pour faire de nouveau leur rencontre.

À deux ans, sa mère l'a inscrite au jardin d'enfants, en espérant que cela l'aiderait. « Cela a été affreusement traumatisant », se souvient sa mère. Deux mois après, elle n'avait toujours pas adressé la parole à l'enseignante. Elle a été autorisée à venir déguisée en lapin. Derrière son masque, elle a enfin commencé à parler. Pourtant son enseignante, et tous ceux qui ont suivi, ont indiqué qu'elle avait une confiance en soi affirmée et qu'elle semblait heureuse. Après le jardin d'enfants, elle a apprécié l'école maternelle. Elle a également peiné à parler avec son professeur, mais s'est fait une bonne amie, qu'elle a encore aujourd'hui, à dix-neuf ans.

Il est tout à fait normal que les petits enfants sensibles se montrent réticents au contact de personnes qui ne leur sont pas familières. Il y a ambivalence. : Le « système pause-vérification » dit : « Fais attention, c'est une personne que tu ne connais pas. » Mais heureusement, le « système action » répond : « Mais les gens sont généralement gentils avec les enfants, alors je vais essayer de sourire et je verrai ce qui se passe. » Certains de mes meilleurs échanges avec des inconnus se sont produits avec des enfants de cet âge de part et d'autre d'une allée d'avion.

Il ne faut pas que votre enfant apprenne de vous ou d'autres personnes que la plupart des gens sont dangereux. En même temps, il vous faut respecter le besoin de votre enfant sensible de procéder lentement avec certains inconnus, voire tous. Dites à vos invités qu'il s'ouvrira vite s'ils veulent bien attendre et ne s'imposent pas à lui. S'il ne s'ouvre pas, présentez une excuse et laissez votre enfant être « timide » avec cette personne – il en sait peut-être plus sur elle que vous !

Ne laissez pas même vos proches s'imposer à votre enfant avant qu'il ne soit prêt. L'un de mes plus lointains et pires souvenirs est celui d'un jeu lors d'une réunion de famille où l'on m'a passée de mains en mains comme une poupée. Je me suis sentie terrifiée, impuissante et trahie par tous ces adultes qui continuaient malgré mes protestations.

Un enfant peut-il être « trop » sociable ? Pas à cet âge. L'on s'inquiète tellement des enlèvements ou des agressions sur enfants que de nombreux parents se crispent dès que leur enfant interagit avec un inconnu, tout cela pour éviter ce qui statistiquement a peu de risques de se produire. Votre petit EHS est tout à fait capable de sentir votre réticence vis-à-vis des inconnus, aussi ne lui transmettez pas l'impression qu'il y a plus de danger qu'il n'y en a en réalité. Quand il sera plus grand, vous pourrez lui dire de ne pas monter dans la voiture d'un inconnu et quelles limites les adultes ne doivent pas franchir. À cet âge, c'est à vous qu'il incombe de surveiller les éventuels dangers, pas à lui. Veillez cependant à ce qu'il ne remarque pas votre vigilance. Lorsque vous ou des adultes de confiance êtes à proximité, il doit pouvoir partir du principe qu'interagir avec des inconnus est sans danger.

L'hésitation sociale peut être normale, mais ne l'ignorez pas

Toutes les recherches que j'ai lues sur la prévention de la timidité à un âge plus avancé s'accordent sur ce fait : mieux vaut aider maintenant un enfant hésitant sur le plan de la sociabilité, avant que son comportement ne le stigmatise trop. Plus tard, le fait d'être solitaire peut engendrer de réelles causes de timidité. Bien que les observations de ces chercheurs puissent être biaisées par leur volonté de « guérir » la timidité ou par leur croyance que tout le monde devrait être extraverti, il est vrai que notre culture voue une grande estime à la confiance sociale. Un minimum de sociabilité, ou au moins la capacité à l'activer en cas de besoin, s'avère précieux. Il élargit le champ des possibles.

De plus, il est important de rappeler que nous sommes tous des êtres sociaux. Les enfants sont plus calmes ou se sentent plus en sécurité en présence d'autres personnes qui lui conviennent, même s'il ne s'agit que d'une seule personne près de laquelle ils vont jouer en silence. Même si l'on a tendance à préférer n'avoir que quelques amis proches, il reste nécessaire de rencontrer un grand nombre de gens pour sélectionner ces rares élus.

Megan Gunnar, pédopsychologue à l'université du Minnesota, a observé le niveau de cortisol d'un certain nombre d'élèves pendant toute une année. Les enfants qui se sont impliqués, y compris ceux qui s'avéraient réticents, mais se sont investis malgré tout, présentaient un taux de cortisol élevé au départ, alors que ceux qui restaient en retrait étaient manifestement moins stressés. Mais à la fin de l'année, ceux qui étaient allés de l'avant présentaient un niveau de cortisol moindre tandis que ceux qui avaient continué de jouer seuls avaient maintenant un taux plus élevé, n'ayant jamais surmonté leurs peurs si bien qu'ils étaient à présent isolés et privés de soutien social.

Pour résumer : pour éviter que votre enfant ne souffre plus tard, il vous sera peut-être nécessaire de lui infliger un *léger* « traumatisme » maintenant. Il faut que vous aidiez votre enfant hésitant à s'intégrer dans un groupe social. Une fois encore, n'hésitez pas à laisser une enseignante avisée vous aider dans cette tâche – certaines savent très bien y faire. Ces premières expériences sociales sont importantes. Et ne vous inquiétez pas : cette hésitation, normale à cet âge, n'est pas du tout le signe d'un quelconque problème, à moins que vous ne la laissiez perdurer et se développer jusqu'à un âge plus avancé en un isolement actif et persistant.

Que faire pour prévenir ou apaiser la peur des inconnus

Tout d'abord, si vous-même faites preuve de prudence en présence d'autres personnes, votre enfant vous imitera. Une fois encore, c'est à vous de montrer l'exemple. Travaillez sur votre propre timidité en invitant des gens chez vous ; essayez de parler aux inconnus de manière détendue.

Intéressons-nous un instant à ce qu'il ne faut pas faire, c'est-à-dire ce que j'ai fait. À la naissance de notre fils, nous vivions sur une île isolée en Colombie-Britannique, à l'ouest du Canada. Puis, nous avons séjourné à Paris de ses trois mois jusqu'à ses quinze mois avant de revenir sur l'île. Il était en bonne santé et avait réalisé la plupart de ses vaccins, si bien que nous n'avons pas eu besoin de l'emmener en ville (deux ferries et deux trajets en voiture) avant qu'il ait presque trois ans. Lors de cette consultation chez le pédiatre, il a vu un autre enfant et m'a demandé, inquiet : « C'est quoi ? Pourquoi est-ce que cette personne est si petite ? »

Innocemment, je me suis demandé si nous n'aurions pas dû le conduire chez d'autres enfants.

Tout cela s'est passé avant que quelqu'un se rende compte que les jeunes enfants ont besoin de jouer avec leurs semblables. Quand nous avons quitté notre île et qu'il est entré à l'école, vous imaginez bien qu'il a observé très, très longtemps les autres avant de les rejoindre.

Mais vous ne ferez pas mes erreurs. Il est particulièrement important qu'un EHS commence tôt à avoir des expériences sociales avec ses pairs, mais aussi que ces rencontres soient adaptées à sa sensibilité, c'est-à-dire calmes et brèves. Soyez pointilleux. Choisissez les bons enfants (et les adultes qui les accompagnent). Je suis sûre que vous ne passeriez pas du temps avec n'importe quel adulte simplement parce qu'il est de votre âge. Pourquoi votre enfant le ferait-il ? Cherchez l'enfant et le lieu qui conviennent à votre EHS.

Vous pouvez d'abord vous rapprocher d'un parent dont l'enfant a l'âge du vôtre. (Il peut être un peu plus jeune si cela peut donner confiance au vôtre, ou plus âgé si celui-ci est attentif aux plus petits.) S'ils jouent bien ensemble, faites-les se rencontrer régulièrement. Vous pouvez ensuite passer à des groupes de jeu où les mamans et les petits sont réunis dans la même salle. Grâce à cette configuration, vous verrez comment cela se passe pour votre enfant et il vous aura près de lui.

Essayez ensuite d'autres activités (musique, art, activités motrices…), où les parents restent sur le côté. Assurez-vous que l'ambiance soit bonne. Un seul enfant brutal ou en pleurs peut rendre l'expérience déplaisante, aussi montrez-vous sélectif.

Certains d'entre vous seront bien sûr contraints, par nécessité, de confier très tôt leur enfant à une crèche ou un jardin d'enfants. Voyons les avantages d'une telle situation.

L'importance de l'expérience en jardin d'enfants

Le jardin d'enfants est une excellente manière d'aider un enfant à se socialiser et à se préparer pour la transition majeure que représente l'école maternelle. La mère de Janet s'est toujours demandé si elle avait eu raison d'inscrire si tôt sa fille au jardin d'enfants. Si deux ans peut sembler un peu jeune, les professeurs à qui j'ai parlé ont insisté sur le fait que les parents ont clairement intérêt à y inscrire leur EHS, *à condition que le lieu soit bien adapté à de tels enfants*. Tous ont expliqué que, sans cette étape, la maternelle s'avérait trop difficile pour eux.

En outre, si certains parents pourraient penser que deux jours par semaine suffisent à leur EHS, les enseignants trouvent que les enfants tirent davantage de bénéfices à venir tous les jours, même pour une durée brève. Cela permet d'instaurer une routine et d'éviter de créer des transitions entre des journées complètes à la maison et des journées complètes à l'extérieur, ce qui leur fait perdre l'avantage de l'habitude.

Aider progressivement votre enfant à se confronter à un nouvel environnement social ou à des inconnus

Comme pour d'autres nouvelles expériences, vous souhaitez que votre enfant ait envie d'être avec ses pairs. Par conséquent, lorsqu'il ne s'entend pas bien avec un autre enfant, n'insistez pas – les EHS ne s'associent pas toujours bien avec les enfants extrêmement non sensibles ou très stressés. Il devra les côtoyer plus tard, mais pourquoi commencer par les cas les plus difficiles ?

Au moment d'aborder une nouvelle situation, telle la classique fête d'anniversaire, adaptez tous les points ci-dessus. Parlez au préalable des personnes présentes ; si votre enfant apprécie un autre enfant, encouragez cette relation ; citez les bons moments qu'il a passés avec un autre enfant lorsque vous lui présentez un nouveau camarade de jeu : « Ça sera peut-être aussi amusant. » Et souvenez-vous de ces étapes : accompagnez votre enfant, puis mettez-vous en retrait, restez disponible, puis disparaissez quand tout se passe bien. Faites en sorte que ces rencontres restent brèves de façon que, lorsqu'elles sont terminées, votre enfant ait envie qu'elles se poursuivent et ait envie de revenir. De plus :

1. ***Anticipez.*** Réfléchissez à la manière de rendre une situation sociale plus confortable pour votre enfant. Par exemple, arrivez tôt et aidez à

préparer. Se sentir « initié » lorsque les autres arrivent s'avère parfois d'une grande aide. Prévoyez aussi de partir tôt, avant qu'il ne soit fatigué et ne se mette en retrait et qu'il se sente alors exclu.

2. ***Entraînez-vous.*** Jouez les scènes, faites semblant. Jouez votre arrivée, la manière dont vous répondrez aux questions, ce que vous demanderez et ce dont vous parlerez. Commencez par trouver une réponse à ce que tous les adultes demandent. « J'ai cinq ans et je suis en maternelle. Quelle était ta classe préférée ? » Essayez de rendre cela amusant et non pas ennuyeux. Si votre enfant a une passion ou un animal original, il se détendra peut-être s'il fait rire tout le monde en demandant : « Tu veux savoir ce que les brontosaures mangeaient au petit déjeuner ? » Ou en racontant : « C'est un beau chat. Moi j'ai un chien qui s'appelle Pipo et qui mange des escargots. »

3. ***Embauchez vos amis.*** Encouragez vos amis adultes à parler seuls avec votre enfant. Rien ne donne plus confiance à un enfant que de retenir l'attention d'un adulte. Demandez-leur toutefois de ne pas poser trop de questions. Une étude[92] consacrée aux enfants réticents en maternelle a montré que lorsque les adultes posaient des questions, les enfants parlaient moins. Il semble, au moins pour un enfant, que les questions s'apparentent à une prise de pouvoir – par sa question, l'adulte décide du sujet et sous-entend aussi souvent la réponse. Les enseignants pensent que poser des questions fait gagner du temps, alors qu'il est en réalité plus long de soutirer quelques mots par des questions que d'être patient.

Il ne faut pas pour autant blâmer les adultes ; c'est notre façon de parler. Dans une conversation d'adultes, les silences de plus de deux secondes sont rares et mettent mal à l'aise. Mais lorsque les enseignants apprennent à garder le silence plus longtemps avec les enfants qu'ils ne le feraient avec des adultes, les enfants parlent davantage.

Les commentaires qui aident véritablement sont ceux qui sont d'ordre personnel, comme : « J'ai eu un chat, moi aussi. Il était noir et s'appelait Mystère. » Puis, attendez. Recourez également à tout moyen non verbal permettant de montrer que vous écoutez et êtes intéressé.

4. ***Demandez l'aide d'autres enfants.*** Il est parfois possible d'encourager un enfant gentil et confiant sur le plan social à démarrer une conversation et à y inviter votre enfant. L'associer à un enfant plus jeune et le laisser être le meneur permet aussi d'asseoir sa confiance.

5. ***Montrez-vous sociable, vous aussi.*** Invitez vos amis et exprimez votre enthousiasme à propos de vos amitiés.

6. ***Trouvez le cadre adéquat où votre enfant pourra se lancer seul dans la vie sociale***, ce qui nous mène au sujet suivant.

TROUVER UN JARDIN D'ENFANTS, UNE GARDERIE OU UNE ÉCOLE BIENVEILLANTS ENVERS LES EHS

Tous les lieux d'accueil pour enfants ne se valent manifestement pas. Vous vous souvenez d'Alice, du chapitre précédent ? Le personnel de son école comprenait sa sensibilité. Ce n'est pas toujours le cas. Par conséquent, posez des questions ; allez sur place et observez. Votre premier critère sera un environnement qui ne soit pas trop bruyant et qui offre assez d'espace pour chacun, rassurant plutôt que très stimulant (et, bien sûr, qui prône des valeurs proches des vôtres). Il contribuera à faire en sorte que votre enfant demeure à son niveau optimal d'excitation tout en s'essayant à la vie sociale. Le nombre d'enfants par groupe doit être limité et les locaux bien entretenus[93].

Après avoir considéré le cadre et les ressources, évoquez la sensibilité de votre enfant. Certains enseignants penseront qu'il doit être un cas problématique, d'autres se diront : « Oui, oui, tous les parents croient que leur enfant est spécial et différent des autres. » Recherchez la personne qui saisira votre message, ou qui semble au moins disposée à vous écouter. Veillez à ce stade à ce que quasiment tout ce que vous disiez de son tempérament soit positif.

Plus encore si votre enfant est hésitant en société, demandez aux enseignants comment ils gèrent un enfant qui ne s'intègre pas dans des groupes structurés ou ne joue pas avec les autres. L'on doit vous répondre qu'on le laissera prendre son temps, puis que l'on procédera par petites étapes pour l'aider à s'intégrer lorsqu'il se sentira prêt. Peut-être qu'on l'autorisera à ne jouer d'abord qu'avec l'enseignant ou un seul camarade, avant d'en ajouter un second. Il formera par exemple des groupes de deux, puis de trois, puis de quatre.

Restez observer pendant les premières trente minutes à deux heures, et cela durant plusieurs jours. Si vous inscrivez votre enfant, vous pouvez rester dans la voiture ou non loin pendant quelques jours, de sorte que les enseignants puissent vous trouver s'il ne s'adapte pas bien.

La séparation à la maternelle

C'est généralement au moment de l'école maternelle, du jardin d'enfants ou de la garderie que votre enfant connaît ses premières expériences de séparation quotidienne avec vous. Il faut bien sûr qu'elles soient réussies, qu'elles deviennent habituelles et *non* mémorables. Une salle pleine de jouets qu'il n'a jamais vus, un endroit que tous les deux avez observés un moment, s'avère un bon endroit pour débuter – après quelques séjours d'essai chez les grands-parents, d'autres membres de la famille ou de bons amis qui ont l'habitude des enfants et apprécient le vôtre.

1. ***Parlez de la séparation*** de façon qu'il ne soit pas surpris. Ajustez votre ton à l'émotion de votre enfant, en parlant de manière concrète à moins qu'il ne montre de la tristesse ou du désarroi. Faites-lui savoir que vous ressentirez en partie la même chose et comment vous surmonterez cela.

2. ***Dites-lui ce que vous ferez le temps que durera votre séparation*** (rien de trop enthousiasmant : « Je parlerai au téléphone » ou « Je ferai le ménage ») et ce que vous ferez lorsque vous vous retrouverez, de manière qu'il perçoive la continuité de votre existence et de votre relation.

3. ***Laissez votre enfant prendre avec lui quelque chose de la maison qui le réconforte,*** par exemple un objet qui vous appartient ou une photo de vous à garder dans sa poche ou dans son casier.

4. ***Récupérez-le tôt la première fois.*** Ne le laissez pas longtemps. Soulignez souvent le fait que vous allez revenir et que vous êtes revenu.

5. ***Dites-lui précisément quand vous allez revenir, avec les mots de son emploi du temps :*** « Après ta sieste. »

6. ***Instaurez un rituel d'au revoir.*** Inventez par exemple une poignée de main, un câlin spécial ou encore une petite phrase rigolote : « Ne mange pas de limaces » ou « Fais de belles grimaces ».

7. ***Vérifiez qu'il ne pleure pas pendant plus de cinq minutes après votre départ.*** Appelez une fois arrivé au travail ou demandez à un autre parent qui passe un peu plus tard de vous tenir informé. Si les pleurs durent plus de quinze minutes ou se reproduisent dans la journée pendant plusieurs semaines, il est sans doute trop tôt pour laisser votre enfant. Néanmoins ces pleurs peuvent faire partie du rituel de séparation, notamment chez les enfants plus lents à s'adapter. Suivez votre instinct. Est-ce que l'enfant qui a pleuré le matin rentre enthousiasmé et content ? Si ce n'est pas le cas, gardez-le peut-être encore un peu à la maison, raccourcissez les journées ou encore posez-vous des questions sur l'école. Y a-t-il trop d'enfants ou trop de bruit pour un EHS ? Attendez au moins une semaine si vous sentez l'école bienveillante.

8. ***Une fois votre enfant habitué à votre départ, faites en sorte que vos séparations soient fermes, joyeuses et brèves.*** Il ne faut pas qu'il vous sente partagé. Veillez également à ce que les horaires soient réguliers.

9. ***Ne précipitez pas non plus les séparations.*** Un rythme correct depuis la maison et lors de la séparation permet de conserver un niveau d'excitation bas et donne suffisamment de temps pour que l'ajustement puisse se faire.

10. ***Souvenez-vous que le retour à la maison est une transition.*** Faites en sorte que le retour soit agréable. Demandez-lui d'aller aux toilettes avant de partir – il n'a peut-être pas conscience d'avoir besoin d'y aller. Parlez dans la voiture de ce qu'il a fait à l'école. Préparez ce qu'il faut en cas de faim ou de soif – un EHS peut ne pas avoir conscience de ses besoins tant qu'il n'a pas retrouvé un environnement plus calme. Un goûter fait un bon rituel de transition.

11. ***Passez de temps à autre un peu de temps à l'école,*** en laissant votre enfant vous montrer ce qu'il fait de manière à pouvoir en parler ensemble à la maison. Cela contribue à lier les deux univers.

LORSQUE VOTRE ENFANT EST CONFRONTÉ À QUELQUE CHOSE QUI MÉRITE D'AVOIR PEUR

S'il est facile d'apaiser la crainte dont il fait montre dans un nouvel endroit ou face à de nouvelles personnes, votre enfant, inévitablement, entendra parler ou fera l'expérience de choses véritablement effrayantes. Lorsque cela arrive, considérez en face la peur de votre enfant. N'espérez pas qu'elle disparaîtra si vous n'en parlez pas, même si vous avez vous-même peur ou si vous culpabilisez de n'avoir pas pu la prévenir. Si vous regrettez ce qui s'est passé, parlez-en d'abord avec un autre adulte. Dans un second temps, faites-en part à votre enfant.

1. ***Lorsque vous parlez de ce qui a fait peur à votre enfant, n'en dites pas plus que ce qui est nécessaire.*** C'est pour cette raison qu'il vous faut d'abord gérer vos propres ressentis, de façon à ne pas partager vos inquiétudes avec votre enfant. D'un autre côté, il est peut-être déjà en train d'imaginer ce qui se passe lorsqu'un avion s'écrase, quand on abat un veau ou quand un enfant se fait enlever. Si son imagination va bon train, mieux vaut exprimer les choses. Demandez-lui d'abord ce qu'il sait, croit ou imagine de ce qui l'effraie.

2. ***Laissez-le exprimer complètement ses émotions.*** Une fois les images exprimées, il vous faut encore écouter comment il ressent tout

cela. Il doit pouvoir partager sa peur avec vous pour ne pas la porter seul. Ne la minimisez pas et ne lui donnez pas honte de la ressentir.

3. ***Expliquez comment vous gérez vous-même cette peur.*** Si vous avez pris des précautions pour vous préparer à une catastrophe ou pour éloigner les intrus, décrivez-les – vous lui apprenez ainsi à gérer les choses de manière active. Expliquez ce que vous faites des peurs que vous ne pouvez pas contrôler – vous lui apprenez comment s'apaiser lui-même et s'autoréguler. Par exemple : « Je me dis que je ne peux pas tout contrôler, mais que le risque que ceci arrive est si minime que cela ne vaut pas la peine que je m'inquiète. » Ou : « Quand l'avion bouge comme ça dans les trous d'air et que cela me fait peur, je me dis que je suis entre les mains de Dieu et que, quoi que Dieu veuille faire de cet avion, je l'accepte. » Dites-lui que la peur des choses incontrôlables est une peur que chacun doit affronter s'il ne veut pas en être prisonnier.

4. ***Dissipez tout malentendu à propos de ce qui pourrait se passer et des risques que cela survienne.*** Expliquez pourquoi il n'y a pas de tornades ni de tremblements de terre dans votre région. Si votre enfant est assez grand pour comprendre, expliquez-lui les probabilités – lancez une pièce plusieurs fois en essayant d'obtenir « face » huit fois de suite : ce sont les chances que la chose effrayante se produise.

5. ***S'il s'agit d'une peur qu'il peut raisonnablement surmonter, envisagez une exposition progressive pour le désensibiliser.*** Il ne s'agit pas de surmonter *toutes* ses peurs, mais apprendre à le faire pour certaines est une bonne idée. Vous pouvez par exemple commencer par lire des livres sur la chose effrayante – les avions, les araignées, les serpents, les chiens… Puis, racontez des histoires joyeuses sur elle, en intégrant peu à peu davantage d'éléments que votre enfant craint. Puis, imaginez vivre ces choses ensemble. Allez ensuite les voir, puis

touchez-les. (Toutefois, la peur extrême des araignées, des serpents ou du vide est probablement innée ou plus difficile à surmonter, bien que cela ne soit pas impossible. Concernant les serpents, pour les voir en vrai, commencez évidemment par un zoo ou une animalerie et non dans la nature.)

6. ***Intéressez-vous aux peurs que votre enfant est gêné de mentionner.*** Essayez : « Beaucoup de gens ont peur de… » Ou : « À ton âge, j'avais peur de… Et toi ? »

7. ***Équilibrez la peur de la violence de certaines personnes par la bonté dont d'autres sont capables.*** Présentez votre enfant à un gentil policier ou à un agent de sécurité de l'école pour qu'il voie combien ils travaillent dur pour que les enfants soient en sécurité. Évitez que votre enfant n'entende certaines informations effrayantes, mais le cas échéant discutez-en aussitôt. Exposez une réponse rationnelle : « C'est rare, les gens ne sont pas comme ça habituellement. »

8. ***Si la criminalité est pour vous un sujet d'inquiétude, prenez des cours ou renseignez-vous sur la manière d'éviter que vous et votre enfant n'en soyez victimes,*** de sorte à avoir le sentiment d'avoir fait tout ce que vous pouviez. Puis essayez de vous détendre, car votre EHS ressentira vos peurs.

9. ***Si votre enfant est témoin ou victime d'un événement bouleversant tel qu'un accident de la route ou un incendie, rejouez le traumatisme à maintes reprises,*** de préférence en votre présence ou avec un thérapeute, de manière à apporter le cadre de maîtrise et d'apaisement que votre enfant n'a pas pu conserver lorsque cela est arrivé. Ce sentiment finit par s'apaiser, mais veillez également à vous faire aider vous aussi par rapport à vos propres sentiments. Ne sous-estimez pas les effets sur un

enfant d'événements auxquels les adultes sont habitués – par exemple des examens médicaux, une consultation ou un séjour à l'hôpital, une longue absence de la maison ou la perte d'un animal de compagnie ou d'un jouet qui lui était cher. Certaines choses s'avèrent beaucoup plus traumatisantes pour votre enfant qu'elles ne le sont pour vous.

UN DERNIER MOT

N'oubliez pas qu'être hautement sensible ne signifie pas être craintif. Certes, le faisceau de conditions permettant à un EHS de devenir un enfant hardi et aventurier est plus étroit, parce qu'il étudie chaque situation de manière plus approfondie et est plus à même de repérer les dangers. C'est pourquoi ses expériences et la manière dont il est accompagné importent davantage. Votre rôle est donc aussi essentiel que gratifiant. Vous insufflez à votre enfant le courage dont il aura besoin pour faire face aux incertitudes, mais vous l'aidez aussi à se forger un état d'esprit devant la vie : il n'y a généralement pas de danger à faire confiance, cela en vaut la peine et la vie est belle.

Chapitre 9

L'enfant de plus de cinq ans à la maison

Résoudre les problèmes

Ce chapitre aborde les problèmes qui surviennent à la maison avec les EHS d'âge scolaire (de cinq à douze ans), notamment les événements qui impliquent le plus de changement et de stimulation, comme les déménagements et les vacances. Nous nous intéresserons aussi aux cas plus rares d'anxiété et de dépression, et montrerons comment minimiser le niveau de stress général pour tous les membres de la famille, ce qui constitue également l'un des meilleurs moyens de prévention des problèmes avec un enfant sensible à la maison. Enfin, nous nous consacrerons aux EHS les plus difficiles, une minorité – les as de la comédie et les petits rebelles qui peuvent se montrer si intenses, actifs, dispersés, bornés, difficiles et irritables que vous vous demandez si c'est normal et vers qui vous tourner.

L'ÂGE SCOLAIRE – UN DÉPLOIEMENT DE TALENTS

Avant de nous plonger dans les problèmes potentiels, prenons d'abord conscience de quelques-unes des joies que l'on connaît lorsque l'on élève un EHS. L'âge scolaire est en effet celui où elles prennent toute leur mesure. Les parents apprécient généralement pleinement la curiosité de leur enfant, sa créativité et son étonnante perspicacité. Ces enfants développent parfois des talents surprenants dans des domaines tels que la musique, le dessin, les mathématiques ou les sciences naturelles. Nombre d'entre eux s'investissent dans des activités « d'adulte » telles que les échecs ou lancent leur « petite entreprise ».

Nancy, par exemple, n'est pas une enfant extravertie, mais elle en donne l'impression lorsqu'elle a une idée pour gagner un peu d'argent. Alors qu'elle avait sept ans, elle a fabriqué des figurines en bâtons d'Esquimau et a fait du porte-à-porte pour les vendre, accompagnée de sa mère qui l'attendait sur le trottoir. À dix ans, elle écrit des histoires et les vend de la même manière.

L'EHS s'autorégule de plus en plus – il marque un temps d'observation, réfléchit aux conséquences de sa propre prudence et décide d'avancer d'une manière inattendue qui résout d'elle-même les difficultés. Catherine, qui n'a jamais quitté son foyer et n'aime pas faire de nouvelles rencontres, a eu l'occasion d'aller en France dans le cadre d'un échange à la fin du primaire. Les quelques années qui avaient précédé avaient été difficiles en raison d'otites, de soins dentaires prolongés et d'enseignants inadaptés en CE2 et CM1. La seule pensée du dentiste la faisait vomir et elle a dû consulter un pédopsychologue pour l'aider à supporter les contrôles à l'école. Pourtant Catherine était catégorique : elle voulait aller en France. Ses parents l'y ont donc autorisée. Leur fille avait raison ; la famille qui l'a accueillie était formidable. Maintenant à l'université, elle les revoit encore et elle est retournée trois fois chez eux depuis. Il semble qu'à son jeune âge elle commençait, après une pause-vérification, à réfléchir de manière approfondie et à prendre confiance en ses propres choix.

Les parents commencent également à remarquer la prise de conscience chez leur enfant de l'atmosphère émotionnelle de la famille et de l'attention que lui portent les autres. Ainsi, lorsque Catherine avait trois ans, son petit frère est né avec un syndrome de Down accompagné d'autres problèmes de santé graves, si bien que sa mère l'a conduit presque chaque jour chez le médecin pendant plusieurs années. Cela a bien sûr affecté tous les membres de la famille, mais surtout la maman, débordée. Un jour, alors qu'elle s'apprêtait à partir pour une nouvelle consultation, elle s'est sentie si épuisée qu'elle n'est pas parvenue à trouver son fils. Elle s'est assise et s'est mise à pleurer tandis que Catherine, cinq ans, a cherché son frère, qui s'était caché dans son lit. Catherine est alors venue près de sa mère et lui a dit : « Ça va aller, Maman. On va former une vraie famille. » Ces paroles ont été un déclic pour sa mère : elle a réalisé que si sa fille pouvait être aussi courageuse et lui remonter le moral, elle tiendrait bon elle aussi.

Mais que faire si votre EHS pose plus de problèmes qu'il ne vous apporte de réconfort ? Vous n'êtes pas seul. Plus loin dans ce chapitre, vous ferez la connaissance de Dinah la petite comédienne et de Chuck le rebelle. Tous deux sont hautement sensibles.

VOTRE EHS D'ÂGE SCOLAIRE À LA MAISON

Il y a quelques problèmes susceptibles de survenir à cet âge qui méritent d'être mentionnés. Débutons par les soucis quotidiens, puis passons à ceux qui sont moins récurrents avant de terminer par l'anxiété et la dépression, qui ne concerneront peut-être jamais votre enfant.

Habillage, coucher, corvées, bonnes manières et autres préoccupations quotidiennes. Les EHS ont généralement besoin d'ordre pour s'épanouir ou en tout cas du calme qui en découle. Avec les plus jeunes, vous pouvez instaurer des routines, des règles et des récompenses qui favorisent la prise de bonnes habitudes : « Quand tu seras habillé, que tu auras pris ton petit déjeuner et accompli ta part des tâches, tu pourras faire ce que tu voudras avant de partir à l'école. » Affichez une liste des choses à faire avant de partir à l'école ou avant de se coucher de manière que votre enfant puisse cocher chaque étape. Au bout de quelques semaines, cela deviendra une habitude et il vous suffira de demander où il en est dans la liste.

Une fois ces bonnes habitudes prises, dans l'optique de le préparer à l'âge adulte, essayez de lui confier de petites responsabilités dès qu'il en est capable (l'âge dépend de l'enfant et de la tâche). Laissez-le décider du menu, de l'heure du coucher, des vêtements qu'il veut porter et même du moment où les mettre à laver. Les conséquences du fait de ne pas se coucher à temps ou de ne pas avoir de vêtements propres lui seront enseignées par la vie et non par vos sermons ou vos punitions, qui peuvent paraître arbitraires sans ces leçons concrètes.

Dans certains domaines, en revanche, vous pouvez avoir de bonnes raisons de conserver vos propres idées et exigences. Le sommeil en fera probablement partie. Les EHS ont besoin de dormir beaucoup ;

cela fait partie de leur temps calme. Si vous remarquez régulièrement que votre enfant ne dort pas assez, insistez de nouveau sur l'heure du coucher et attendez encore quelques années que votre enfant perçoive le lien entre son sommeil et son humeur.

En matière de tâches ménagères, les parents doivent généralement changer de tactique. J'aime la méthode des réunions de famille (même si celle-ci n'est composée que de deux personnes), en particulier lorsqu'elle comprend un EHS qui a besoin de s'exprimer et d'accepter des compromis pour tenir compte des préférences d'autrui. Lors de ces réunions, l'on s'accorde sur ce qu'il y a à faire et sur la répartition des tâches, et l'on décide des répercussions pour celui qui ne respecterait pas son engagement, en s'amendant notamment auprès des personnes affectées.

Les membres de la famille se mettent par exemple d'accord sur le fait que les parents ne doivent pas forcément être les seuls à sortir les poubelles, auxquelles chacun contribue, et que si on ne les sort pas, la conséquence sera de les sortir deux semaines de suite. La punition ne sera pas d'être privé de sortie ou de télévision, encore moins si le parent décide cela après coup sans en discuter avec le groupe – dans ce cas, vous donnez un exemple de tyrannie et non de vie au sein d'une société démocratique.

Vous pouvez vous mettre d'accord de la même façon sur la bonne attitude à garder les uns envers les autres. Si tout le monde trouve que les insultes sont blessantes, l'on peut s'accorder sur une conséquence : une excuse orale ou un petit mot que l'on lira lors de la réunion suivante, décrivant les raisons de cet écart et la façon dont le fautif évitera à l'avenir cette situation. Veillez à ce que ces conséquences soient appliquées sans discrimination, y compris aux parents.

Certaines questions nécessiteront de longues négociations et vous penserez que ça n'en vaut pas la peine – à moins de considérer les véritables leçons à en tirer. Par exemple, votre EHS aimerait une maison calme, où l'on ne crie pas ; son frère a envie de pouvoir crier quand l'envie lui vient et trouve que hausser le ton permet parfois de faire retomber la pression. Plus que le calme de la maison, l'important est que les deux parties aient chacune l'occasion de pouvoir exprimer ses opinions et d'écouter avec respect celles de l'autre, puis de trouver une solution créative qui satisfasse tout le monde. Grâce à cette pratique, les conflits deviennent peu à peu moins problématiques, voire bons dans la mesure où ils finissent par rapprocher les membres de la famille.

Si votre EHS ne respecte pas un accord, c'est peut-être qu'il lui était trop difficile de le respecter. Par exemple, il est rentré en retard, accaparé par un nouveau camarade ou une activité. Quand il outrepasse un accord, demandez-lui toujours pourquoi avant d'imposer les conséquences. Lisez entre les lignes de ses excuses. Vous appliquerez tout de même les conséquences, mais accepterez peut-être aussi de revoir les termes de l'accord.

Les bagarres. C'est l'âge où les bagarres entre frères et sœurs ou amis peuvent atteindre des sommets. Un EHS peut se montrer d'une perspicacité acerbe et, surstimulé ou acculé, est capable de se défendre par des mots ou des coups. Restez ferme sur vos exigences – par exemple, on n'agresse pas autrui. (Définissez l'agression : des mots ou des actes destinés à blesser. La colère est un message fort signifiant qu'il faut cesser de *me* blesser. La colère marque ma limite, « si tu continues, je te blesse », alors que l'agression outrepasse la limite de l'autre.)

Commencez toujours par accorder aux deux parties, mais surtout à votre EHS, vingt minutes de temps calme. Il ne s'agit *pas* d'une punition, mais d'un moment pour s'apaiser et réfléchir à ce qui s'est passé. Réunissez-les de nouveau pour en parler. Essayez de donner l'exemple en recherchant la vérité, la justice et la possibilité de se racheter.

Comme je l'ai évoqué à propos des discussions en famille, l'objectif n'est pas simplement de rétablir la paix, mais surtout que les enfants apprennent le principe de la négociation et, s'il le faut, les règles d'une bataille acceptable : pas d'insultes, pas de reproches, on se cantonne au conflit en cours (on ne dit pas « Tu triches toujours » ou « C'est pour hier soir lorsque tu n'as pas fait la vaisselle »). On se calme et on discute du problème, on trouve des solutions, on écoute l'avis de chacun, on parle à tour de rôle et on tente de parvenir à un accord qui ne lèse personne. Comme je l'ai expliqué au chapitre 4, tant que vos enfants n'en ont pas les capacités, ne les laissez pas régler leurs problèmes seuls.

Évitez de dire que les torts sont partagés si vous n'en êtes pas sûr. Un EHS trouve particulièrement difficile que ses parents fassent preuve d'injustice ; il risque de perdre l'espoir d'obtenir de l'aide lorsqu'il en aura besoin et ainsi de se soumettre trop à l'autre enfant ou bien de le dominer. S'il se bagarre souvent avec un camarade en particulier, essayez d'en découvrir les raisons.

Les jours fériés. Qu'ils soient simples et pleins de sens et non de grands événements. Contrôlez le nombre de visiteurs – pas trop et surtout pas trop de visites à l'improviste. N'*exigez* qu'un bonjour poli de votre EHS, même si l'invité demande davantage. *Encouragez* toutefois votre enfant à apprécier les visites et invitez souvent les personnes qu'il aime.

Ces jours de congé sont très excitants, surtout s'ils sont synonymes de cadeaux, de déguisements ou de visites de personnes chères. S'il s'agit d'un événement à connotation religieuse, veillez à ne pas surcharger votre enfant quant à sa signification, ou par trop de mises en scène ou de détails – offrez-lui ce qu'il est capable d'apprécier cette année-là ; le reste attendra les années suivantes. Instituez des habitudes familiales – les EHS les aiment généralement et ces traditions confèrent un aspect familier et réconfortant plutôt que simplement excitant à cette époque particulière de l'année. En résumé, votre EHS profitera davantage de ces journées si vous gardez son excitation à un niveau optimal. Pour cela, conservez des routines établies ou particulières aux fêtes plutôt que d'instaurer des nouveautés excitantes ou d'accroître son impatience (par des surprises ou des cadeaux imprévus) au point qu'il peine à manger ou à dormir. Cela arrive très souvent chez les EHS.

Les déménagements. La famille de Randall a déménagé l'année de son CP. Dans sa nouvelle maison, il ne cessait d'essayer de retourner dans son ancienne chambre. Il voulait que sa nouvelle chambre soit *parfaitement* identique. Un petit voisin venait l'inviter à jouer, mais Randall a refusé de sortir pendant des mois. Lorsqu'il a accepté, il fallait lui passer une certaine vidéo sinon il ne voulait pas rester. (Les deux mamans en rient encore.) Vous imaginez à quel point Randall essayait de tout conserver à l'identique, de contrôler sa surstimulation, malgré cet énorme bouleversement dans sa vie.

L'idéal, pour certains EHS, serait de ne jamais avoir à déménager. Pareils aux chats, ils sont très attachés à leur territoire. Ils connaissent la moindre éraflure sur les murs de la maison, chaque arbre et chaque plante du jardin, ainsi que leur voisinage jusqu'à des kilomètres à la ronde. Déménager est pour eux un véritable déracinement qui ne se prend pas à la légère.

Si le déménagement est nécessaire, accordez-vous beaucoup de temps pour que cela se passe bien. Si possible, emmenez-le de nombreuses fois dans sa nouvelle maison et son nouveau quartier. Avant et après le déménagement, conduisez-le dans des endroits similaires à ceux qui lui sont familiers : parcs, bibliothèques, magasins du même type. Emballez ses affaires en dernier et déballez-les en premier. Ne jetez rien pour le moment. Disposez ses meubles et ses affaires comme avant, à moins qu'il ne *souhaite* un changement. Prévoyez un carton spécial pour les « objets réconfortants », y compris son oreiller, de manière à les retrouver facilement à l'arrivée. Laissez-le vous aider à les empaqueter.

Le jour même du déménagement s'avère stressant pour tout le monde, aussi réfléchissez à l'avance à ce qui sera le mieux pour chacun – que votre enfant soit présent assez de temps pour saisir ce qui se passe réellement et peut-être aider, ou bien de le confier à quelqu'un le jour J.

Tout au long du déménagement, de l'idée jusqu'à longtemps après, parlez de ce qu'il ressent, ainsi que de ce que vous ressentez. Expliquez-lui que le chagrin et les regrets sont tout à fait normaux (mais veillez à ne pas trop lui faire porter les vôtres). « Même quand on passe d'une cabane à un palais, la cabane nous manque un peu. » Mais soulignez aussi tous les avantages du palais.

Surveillez votre propre niveau de stress, d'agacement et de peine. Conservez vos habitudes en matière de repas, d'histoires avant le coucher ou de moments pour jouer ensemble. Cela vous aidera autant que votre enfant.

L'anxiété et la dépression. Il est démontré qu'un EHS souffrant de stress (du fait de ne pas avoir un seul bon ami à l'école, d'avoir un membre de la famille très malade, de ne pas avoir assez d'argent parce qu'un parent est au chômage…) est enclin à développer anxiété et dépression (maintenant considérés comme étant intimement liés). Certains enfants plongent également dans la dépression lorsqu'ils prennent conscience des horreurs et des peines de la vie, des dangers qui les entourent et de ce qu'ils sont susceptibles de perdre. Si votre enfant est victime de l'une ou de l'autre, ne croyez pas que c'est votre faute. Et même si d'une manière ou d'une autre vous avez accentué son stress, vous n'aviez certainement pas le choix et n'avez assurément pas choisi d'avoir un enfant sensible particulièrement vulnérable. Ce qui compte maintenant, c'est ce que vous faites des cartes qui vous ont été distribuées.

Comme nous l'avons évoqué au chapitre 7, les peurs peuvent facilement se muer en une anxiété permanente, aussi réduisez les peurs autant que possible. Heureusement, à cet âge, votre enfant comprend beaucoup plus de choses. Vous pouvez souligner le fait que le risque qu'une véritable catastrophe survienne soit très faible. Concernant ce risque minime mais bien réel (souvenez-vous que les EHS détestent les risques), l'une des plus grandes tâches qui incombent aux personnes sensibles consiste à faire preuve de courage pour vivre avec la conscience des déconvenues possibles de la vie. Les EHS ne sont pas capables de les ignorer comme le font les autres. Vous devez donc l'aider à trouver ce courage. N'écartez pas ses peurs d'un revers la main, montrez comment on peut raisonnablement vivre avec.

Il peut arriver à un moment que votre EHS ne développe pas qu'une simple anxiété, mais aussi une dépression, souvent après une période d'anxiété ou de stress. Les signes de la dépression sont l'insomnie ou l'hypersomnie, le manque d'énergie, l'absence de plaisir ou d'intérêt pour tout, la perte de l'appétit ou, surtout chez les enfants, une irritabilité excessive, une augmentation soudaine des mauvais comportements ou des « comédies » ou encore une tendance significativement accrue à se mettre en retrait. Pour parler de dépression (et non pas seulement de moral en berne), ces tendances doivent se vérifier la plus grande partie de la journée, presque chaque jour, pendant deux semaines. Toutefois, une personne déprimée peut sembler aller bien vis-à-vis d'autrui. Les proches sont parfois les seuls à remarquer le changement. La dépression est relativement fréquente chez les EHS ; plusieurs des parents que j'ai rencontrés ont été concernés. Ils ont également aussitôt parlé de médications.

Je suis vraiment contente de n'avoir pas eu accès aux antidépresseurs lorsque j'ai élevé mon fils. Ses baisses de moral étaient prononcées, mais nous nous en sommes sortis sans. Aujourd'hui, un EHS souffrant d'anxiété, de dépression ou d'irritabilité persistantes place ses parents devant une décision difficile. Je vous conseille de vous renseigner de manière approfondie sur toutes les facettes du problème avant de faire votre choix, pour qu'au moins vous n'ayez pas ensuite l'impression d'avoir été mal orientés. Ce que les médecins savent de ces médications provient en grande partie des laboratoires qui les fabriquent, et ceux-ci voient s'ouvrir devant eux un important marché, celui du traitement des problèmes comportementaux chez les enfants. Si bien que les inconvénients ne sont souvent pas abordés, voire pas connus. Pourtant, personne n'est en mesure de prédire l'effet de certains médicaments sur des esprits en plein développement – aucun enfant sous antidépresseurs (ou Ritalin) n'est aujourd'hui assez âgé pour que l'on puisse comparer avec ceux qui n'en ont pas pris.

Vu l'insuffisance des recherches et le fait que l'on vous renseignera peut-être davantage sur les avantages que sur les inconvénients, j'opterais pour la prudence et tenterais d'abord d'autres approches, telles qu'une thérapie destinée à soulager le stress de votre enfant en améliorant la compatibilité entre vos méthodes et son tempérament global. Vous pouvez également aller voir vous-même ou avec votre conjoint un pédopsychologue pour déterminer ce qui d'autre dans la famille ou chez vous pourrait affecter votre enfant. Si agir seul ne fonctionne pas, emmenez votre enfant en thérapie, mais seulement en dernier recours, car à cet âge les enfants ont du mal à comprendre pourquoi on les traite et ils risquent de se sentir encore plus anxieux et déprimés vis-à-vis de ce que vous semblez commencer à considérer comme anormal.

N'oubliez pas non plus que, comme les médicaments peuvent s'avérer très utiles à court terme, s'ils ne sont pas véritablement addictifs, il peut malgré tout être difficile de les arrêter de peur que le problème ne revienne. Il faut donc se souvenir que tous les EHS seront un peu anxieux ou déprimés de temps à autre, pendant de courtes périodes (moins que les deux semaines précitées). D'autant plus s'il existe une raison manifeste telle qu'une déception, une perte, un rejet, et que la morosité de dure pas trop longtemps et n'interfère pas trop sur la scolarité, il est probablement mieux de laisser l'enfant apprendre à gérer ses baisses de moral sans médicaments. Cet apprentissage s'acquiert avec la pratique. Sans ce savoir-faire, il risquerait de prendre des médicaments toute sa vie et nous n'en connaissons pas du tout les effets.

Une autre approche consiste à recourir à une médication à dose réduite, à amener l'enfant là où ses baisses de moral sont gérables mais encore présentes (au lieu de l'objectif habituel consistant à supprimer tout symptôme), de manière à travailler dessus. Sachez que vos conseils et votre exemple peuvent constituer la meilleure thérapie qui soit. Un professionnel peut éventuellement vous aider à enseigner à votre enfant la « gestion du comportement » ou la « régulation de l'humeur ». Vous pouvez notamment lui apprendre à gérer un état déprimé ou anxieux. Mettez d'abord un nom sur le sentiment, puis exprimez votre empathie. « Tu sembles un peu abattu aujourd'hui. C'est parfois dur, non ? » Puis, cherchez la cause si elle n'est pas manifeste. « Est-ce que quelque chose t'a contrarié ce soir ? » Essayez de montrer que vous ne voulez pas être indiscret, mais que comprendre les raisons de sa baisse de moral peut aider à trouver une solution pour y pallier.

Une fois que vous avez fait preuve d'empathie et compris un peu la situation, il y a plusieurs démarches que vous pouvez enseigner à votre enfant au lieu qu'il accepte simplement passivement son état. La première consiste à vérifier que l'événement contrariant est réel : « Pourquoi ne demandes-tu pas à ton père s'il est vraiment fâché contre toi ? » Une autre consiste à réfléchir davantage à ce qui s'est passé, en le replaçant dans son contexte : « Tu n'as pas gagné cette fois, mais c'est rare que tu affrontes des enfants plus grands qui jouent très, très souvent aux dames. » Ou bien vous pouvez au moins faire en sorte que cet épisode ne se reproduise pas : « Je ne sais pas pour toi, mais moi j'évite de regarder ce genre de films. J'imagine qu'il y a des personnes à qui ça plaît ou qui réussissent à se souvenir que c'est "juste un film". Mais je connais plein de gens qui évitent ce type de films. C'est mon cas. »

Lorsque le fait de travailler sur la cause de la baisse de moral ne permet pas d'y remédier, comme pour l'exemple du film, ou si l'abattement persiste, vous pouvez suggérer les démarches suivantes :

- ***Encouragez votre enfant à réfléchir à ce qui d'habitude lui remonte le moral et à le faire, même s'il n'en a pas envie.*** « Je sais que tu préfères rester allongé sur le canapé, mais peut-être qu'une promenade (un bain, une pause, du temps avec un ami, parler avec son père) aiderait. Ce n'est peut-être pas très attrayant, mais je sais que parfois je me sens mieux après avoir fait quelque chose que j'aime – tu sais, quelque chose qui me fait du bien –, même si je n'en avais pas envie au départ. Dans ce genre de moments, je dois presque me forcer. »

- ***Évoquez le fait que l'humeur évolue d'elle-même et que le fait d'entamer la transition permet d'accélérer le processus.*** « Cela ira peut-être mieux demain matin (quand tu auras mangé, dormi et pris un bain). »
- ***Encouragez-le à résoudre le problème.*** « Voyons si nous trouvons un moyen pour que cela aille mieux. »
- ***Invitez-le à demander de l'aide.*** « Peut-être que l'un de nous devrait parler à ta maîtresse (à ton psychologue, à ton principal) de cela. Qu'en penses-tu ? »

Notez ce qui aide le plus votre enfant, faites-le-lui remarquer et voyez s'il le met de lui-même en pratique la fois suivante. Vous endossez le rôle du témoin de son humeur et participez activement à sa gestion. Il ignorera ou rejettera souvent vos suggestions et c'est normal. Mais il les appliquera sans doute la prochaine fois.

Ne croyez pas que je m'oppose à toute médication. Des facteurs inhabituellement stressants ou bien des baisses de moral ou des peurs persistantes peuvent avoir des répercussions sur un esprit en plein développement. Un traitement peut donc s'avérer nécessaire et réjouissons-nous d'en disposer. Le plus important est de veiller à bien vous informer. Prenez plusieurs avis ou consultez une équipe de spécialistes, comme évoqué au chapitre 1. Simplement, n'oubliez pas : toutes les recherches montrent que les médications sont plus efficaces lorsqu'elles sont associées à un changement dans l'environnement de l'enfant ou dans ses méthodes de gestion.

RÉDUIRE LE STRESS À LA MAISON

Lorsque j'ai parlé des rendez-vous médicaux au chapitre 8, j'ai évoqué une importante découverte résultant de deux études distinctes montrant que les EHS sont en meilleure santé et se blessent moins que les autres enfants lorsque leur niveau de stress est tolérable. Si vous décidez d'influer sur la santé et le bonheur de votre EHS en réduisant le stress qui l'entoure, vous constaterez certainement que satisfaire ce besoin ne fera que profiter à l'ensemble de la famille. Je suis sûre que vous faites déjà votre maximum pour protéger les vôtres de stress néfastes et dans une certaine mesure contrôlables tels que les accidents, les maladies et les dysfonctionnements familiaux. Il y a d'autres stress que nous ne pouvons pas vraiment contrôler – les menaces extérieures comme le décès d'un grand-parent ou l'annonce d'un attentat terroriste. Nous ne pouvons qu'essayer de protéger nos enfants afin qu'ils ne soient pas trop exposés trop tôt, parler des risques de manière réaliste, expliquer ce qui est fait pour protéger la communauté, montrer comment nous gérons nous-même et reconnaître que la vie n'est pas toujours facile et demande parfois du courage.

En revanche, nous prenons moins souvent en compte le stress qui accompagne toutes les opportunités et les attentes de la vie. Les opportunités qui nous sont offertes sont innombrables. Il est possible de téléphoner à n'importe qui n'importe où. Nous pouvons tout apprendre grâce à Internet. Si nous le voulons vraiment, nous pouvons voyager partout dans le monde, nous former à n'importe quel métier ou compétence et en théorie devenir tout type de personne : riche, célèbre, sage, pieux, artiste… Vous peinez à joindre les deux bouts ? Prenez un second travail à temps partiel ou obtenez un autre diplôme. Tout est faisable. Enfin, c'est l'impression que nous avons et, voulant aider nos enfants, c'est l'impression que nous leur donnons sûrement. « Tu peux devenir qui tu veux, faire ce que tu veux. Ose rêver. » Et ainsi de suite.

Pendant ce temps, votre EHS sera lui-même tenté de trop en faire : les jeux vidéo, la télévision et Internet offrent des possibilités infinies en termes d'apprentissage et de divertissement. Ils sont conçus pour êtes aussi stimulants et attrayants que possible pour les petits. Les écoles ne cessent d'étoffer leur offre de même que les organismes extrascolaires (qui se substituent à des temps calmes de lecture ou de jeu dans la nature, qui auraient pu apaiser les enfants).

En réalité, notre esprit est capable de tout concevoir, mais notre corps ne peut tout simplement pas tout faire. En outre, votre EHS ne pourra pas faire tout à fait autant de choses que les autres. Moins d'invitations à jouer, moins de sport, moins d'activités. À notre époque, les gens ont tendance à vouloir faire trop de choses. Les EHS répondent simplement un peu plus tôt au stress, indiquant aux autres qu'ils atteindront eux aussi bientôt leurs limites.

Évaluez les sources de stress dans la vie de votre EHS

Mary Sheedy Kurcinka, spécialiste en parentalité, a dressé une longue liste de certains des facteurs stressants pouvant exister dans la vie de tout enfant. Nous n'aurions pas imaginé une grande partie d'entre eux. Nous avons déjà évoqué les fêtes d'anniversaire, les voyages, les jours fériés, les déménagements et les rendez-vous chez le médecin, ainsi que le stress de l'école, qu'il s'agisse d'opportunités ou de déceptions. Mais il faut compter aussi avec le mauvais temps, qui peut obliger à rester enfermé ou rendre les sorties plus éprouvantes, ainsi qu'avec les catastrophes naturelles comme les inondations et les tempêtes. Les informations télévisées peuvent être perturbantes. La majorité des enfants jouent avec leurs pairs, ce qui suscite aussi d'inévitables conflits, des tensions à propos du partage, la peur des moqueries, du rejet, du harcèlement ou des reproches injustifiés.

Tous les enfants sont également confrontés au stress de devoir quitter l'enfance et ses douceurs, de devoir bientôt s'apaiser seul ; de connaître la souffrance et la mort, sans parler du caractère inévitable de l'entrée dans l'âge adulte, quelle que soit l'apparence qu'elle peut revêtir à leurs yeux. Enfin, il y a les pics de croissance, qui surviennent tous les six mois environ durant la petite enfance et durent de quatre à six semaines. Kurcinka explique : « La seule chose que vous puissiez faire, c'est conserver vos exigences, apporter davantage et attendre que cela passe. Les pics de croissance cessent aussi soudainement qu'ils apparaissent et l'on se rend compte alors que notre enfant possède de toutes nouvelles capacités. Le monstre a laissé place à un enfant des plus agréables.[94] »

À ces sources de stress invisibles mais normales, ajoutez celui d'être sensible aux détails subtils et aux conséquences profondes de tout événement, ainsi que du fait d'être différent de ses pairs. Votre enfant ne vous dira certainement pas « je suis stressé » en ces termes exacts, mais vous pourrez le percevoir à travers ces comportements :

- il régresse : il éprouve des difficultés à faire des choses qu'il maîtrisait, comme aller aux toilettes seul, s'habiller ou gérer les séparations (notamment lors des pics de croissance) ;
- de petites choses prennent une ampleur considérable ;
- les émotions sont décuplées : peur, tristesse ou irritabilité inhabituelles ;
- accroissement des problèmes physiques : asthme ou allergies, maux de tête ou de ventre, rhumes ;
- problèmes de sommeil, cauchemars, hypersomnie ;

- il s'accroche davantage à vous ;
- il s'isole : il se cache dans les placards, veut rester à l'intérieur.

Éviter ou réduire le stress à court terme

Pour réduire le stress, il existe des stratégies à court terme et à long terme. La plupart ont déjà été mentionnées précédemment, mais vous trouverez ici un rappel de celles que vous pouvez mettre en œuvre dès que vous sentez que votre enfant commence à être accablé.

1. ***Faites en sorte que votre enfant puisse faire des pauses fréquentes et bénéficier de temps calmes.*** Prévoyez des moments de tranquillité au cours de la journée, pour votre enfant et pour vous-même. Vous éviterez une réaction de stress avec ce que cela implique après coup.

2. ***Occupez-vous davantage de lui,*** durant les périodes de stress et à tout moment : touchez votre enfant, prenez-le, apaisez-le pour qu'il s'endorme, écoutez dans un esprit d'acceptation total, apportez une alimentation saine et rassasiante, de bonnes conditions de sommeil, du temps dans la nature ou avec des animaux, dans l'eau ou à proximité. Sans surprise, des études ont montré que les réactions à un même stress étaient plus faibles chez les rats et les singes si la mère s'occupait bien d'eux[95].

3. ***Faites du sommeil de votre enfant une priorité.*** Il influence le jour qui suit plus que toute autre chose. Un manque de sommeil chronique s'avère extrêmement dur à supporter pour un EHS.

4. ***Apportez des éléments familiers, notamment lors d'événements inhabituels.*** Conservez vos routines, emportez des jouets qu'il connaît,

jouez aux mêmes jeux que d'habitude, retournez dans des endroits qu'il apprécie.

5. ***Limitez les prises de décision.*** J'encourage le fait de permettre aux EHS de prendre des décisions en général, mais réduisez les choix possibles quand votre enfant est déjà surchargé. Ainsi, s'il s'inquiète de ce qui va se passer à l'école, lui demander simplement ce qu'il veut pour son petit déjeuner peut être trop. Proposez-lui donc ce que vous pensez qu'il choisirait. Il n'aura alors plus qu'à décider s'il en veut ou non. Si vous pensez que même cela lui fait trop, vérifiez juste s'il est d'accord pour que vous preniez les décisions ce jour-là. Néanmoins, les choix faciles et habituels réduisent parfois aussi le stress – il a peut-être simplement besoin d'avoir l'impression de contrôler certains aspects de sa vie.

6. ***Quand la situation s'est un peu améliorée, demandez-vous comment éviter à l'avenir cet état de stress excessif.***

RÉDUIRE LE STRESS SUR LE LONG TERME

Il est aussi important de gérer le stress sur le court terme que d'opérer des ajustements durables dans votre mode de vie familial ainsi que dans la façon dont votre EHS aborde la vie. Voici quelques suggestions, mais vous en trouverez sans doute bien d'autres qui pourraient s'appliquer à votre famille.

1. **Laissez la routine et les habitudes s'installer** autant pour vous que pour votre enfant. Cela limite les prises de décision et les surprises (vous en connaîtrez toujours assez). Par exemple, prenez vos repas à

heures fixes, mettez la table de la même manière. Lorsque c'est pertinent, prévoyez ensemble pour la semaine les menus, les tenues et les courses à faire. Regardez le planning pour voir si rien ne pose problème et si vous n'avez pas prévu trop de choses. Établissez un emploi du temps quotidien, au moins en semaine.

2. **Restez ensemble.** L'homme est un animal social et être ensemble nous apaise. Regardez s'il n'y a pas plus de choses que vous avez besoin de faire qui pourraient être faites ensemble, comme vous habiller dans la même pièce ou bien répondre à vos mails pendant que votre enfant fait des coloriages à côté de vous. Trouvez aussi des plaisirs communs à partager. Vous aimez tous les deux jardiner, cuisiner, promener le chien ou prendre un bain ? Il a évidemment aussi besoin de moments seul. Mais restez dans les parages. S'il préfère la solitude en permanence, rusez pour le faire sortir ou demandez-vous si vous n'avez pas été trop précipité, irritable, indiscret ou insistant. Faire des choses tranquillement côte à côte est souvent l'idéal.

3. **Placez la nature au cœur de votre vie.** Je ne saurais trop insister là-dessus. Même si cela se réduit à un poisson rouge et quelques plantes dans un appartement, votre enfant a besoin de nature pour son équilibre. C'est de là que nous venons et notre corps est fait pour y baigner.

4. **Réfléchissez sur le sens et le but de votre vie et parlez-en.** Il existe d'innombrables manières légitimes de vivre sa vie : en cherchant à amasser des connaissances, en accomplissant la volonté de Dieu, en aidant les autres, en s'adonnant à l'expression créative, en faisant de nouvelles expériences, en se consacrant à la vie de famille et aux amitiés. Si vous savez quel est votre but dans la vie, partagez-le avec votre enfant. Vous clarifierez vos priorités, ainsi il comprendra où vous

vous dirigez et il aura une idée de la façon dont il peut surmonter le chaos des aléas qu'il rencontre.

En revanche, si vous ne savez pas trop, êtes inquiet ou déçu par la vie, essayez de ne pas faire porter ce poids à votre enfant, à moins qu'il ne le remarque et n'en parle. Même dans ce cas, n'en faites pas votre confident. Expliquez simplement que les adultes traversent des périodes de réflexion et d'incertitude suivies de temps meilleurs. Donnez-lui l'espace nécessaire pour développer une vision de la vie différente de la vôtre. Cela pourra vous aider également.

5. **Parlez de la manière dont vous affrontez les malheurs de la vie.** Comment expliquez-vous les catastrophes et la cruauté ? En entendre parler, les craindre et enfin les vivre constitue les événements les plus stressants qui soient, notamment pour un EHS. Comment gérez-vous la tyrannie, la perte, la souffrance, la mort et tout ce qui vous terrifie ? Vous avez de l'avance sur votre enfant, vous avez appris des choses ; facilitez-lui la tâche en les partageant. Gardez-vous des réponses toutes prêtes ou de lui montrer l'idée que vous vous faites des anges gardiens – des choses qui pourraient ne pas fonctionner en cas de crise. Il est acceptable que la vie conserve une part d'incertitude et de mystère ; cela sonnera même plus juste aux oreilles de votre enfant qu'une promesse intenable de parfaite sécurité.

6. ***Si vous ne pouvez pas empêcher qu'un stress important affecte votre enfant, servez-vous-en.*** Je n'ai jamais rencontré d'adulte digne d'estime qui n'ait traversé quelque épreuve durant son enfance. Elles forgent le caractère, selon la façon dont vous, en tant que parent, aidez votre enfant à les comprendre. Maladie, pauvreté, brouilles familiales, mauvaises nouvelles… sont autant de leçons de vie et sont même susceptibles de provoquer un réveil spirituel. Si vous parvenez à garder

cet état d'esprit, cela aidera peut-être votre enfant. (Si vous n'y arrivez pas, mais que votre enfant y parvient, encouragez ce dont vous avez le privilège d'être témoin.)

Abordons maintenant un inévitable facteur de stress pour les parents : élever un EHS « difficile » ou « têtu ».

ÉLEVER UN EHS DIFFICILE

Une bonne partie de cet ouvrage et de ce chapitre pourrait laisser penser que tous les enfants sensibles restent prudents, réfléchis et discrets si leurs parents n'agissent pas pour qu'ils s'ouvrent aux autres. Pourtant, certains EHS offrent la plupart du temps un tout autre visage. Ainsi, Dinah, neuf ans, est une véritable comédienne, dans le bon et le mauvais sens du terme. Elle est très vive, persévérante, franche, créative et adore se donner en spectacle. À la maison, elle est accaparante, difficile, dans l'excès. Si elle n'aime pas un plat ou ce qui est prévu, tout le monde le sait. En fait, tout s'arrête jusqu'à ce que l'on prenne ses sentiments en compte. Elle a une conscience aiguë des sentiments d'autrui, mais y semble parfois obstinément indifférente – tout dépend bien sûr du fait que cela l'affecte ou non.

En considérant tout cela, Dinah apparaît comme une petite fille dure, et assurément dure à élever, mais ses parents comprennent heureusement que ces scènes impressionnantes et parfois excessives cachent une grande vulnérabilité. Il est vrai qu'il faut la prendre avec fermeté. Cependant, les punitions ne sont pas une bonne solution pour développer sa maîtrise de soi, comme je l'expliquerai plus loin dans ce chapitre.

Les garçons sensibles peuvent se révéler tout autant entêtés et débordants. Chuck, neuf ans, qui aime faire du ski et grimper aux arbres, peut se montrer très méchant envers sa mère lorsqu'il est déçu, et très têtu quand il ne veut pas quelque chose. Lors de sa première visite chez l'orthodontiste, il a tout simplement refusé d'ouvrir la bouche. Ils ont fini par le convaincre à l'usure, en lui disant : « Tu ouvres la bouche ou nous devrons te l'ouvrir nous-mêmes. » Plus tard, quand l'habitude s'est installée, Chuck n'a plus rechigné à y aller.

L'anecdote que je préfère concernant Chuck est celle de son premier entretien avec le prêtre, où il devait confesser ses péchés. Chuck s'y est rendu sale, pieds nus et d'humeur provocatrice. Comme il ne connaissait pas le prêtre, il a refusé de lui adresser la parole : « Je ne te dirai rien et tu ne me feras rien dire. » Le prêtre n'a pas insisté. Chuck et Dinah s'entendraient sûrement bien.

Chuck a malgré tout en lui une facette plus douce. Il pleure facilement, joue les médiateurs dans la famille, adore l'élève de maternelle qu'on lui a demandé de chapeauter, devient ami avec les enfants impopulaires et intervient lorsqu'un autre se fait embêter. En fin de compte, je crois que le prêtre serait content de lui.

Gérer les humeurs des comédiens et des rebelles

Les EHS comme Dinah et Chuck, qui sont excessifs, francs, créatifs, très vifs et souvent de véritables tempêtes au quotidien, sont des cas à part. Ce que l'on remarque le plus, c'est leur manque d'autorégulation. Ils savent qu'ils vont s'attirer des ennuis, mais ils ne peuvent réfréner leurs réactions. Ils sont submergés par leurs sentiments et leurs opinions, qui les gagnent et les isolent des autres. Ils ont besoin de parents solides comme des rocs, et aucun ne l'est en permanence.

Mais plus ils sentiront votre solidité, mieux ce sera. S'ils sentent à un moment qu'un parent perd le contrôle de ses émotions, cela les affecte à certains égards plus que les autres EHS. Leur propre capacité à perdre contrôle semble activée par celle de l'adulte.

Ce type d'enfant est capable de venir à bout de la patience même des parents les mieux intentionnés, surtout s'ils sont eux-mêmes hautement sensibles. Vous n'avez malgré tout pas le droit de perdre votre sang-froid, de vous mettre en colère ou de vous montrer impuissant. Dinah et Chuck ne sont qu'en partie responsables des conflits qu'ils déclenchent. Ce sont leurs sentiments qui dictent leur comportement. Mais ces sentiments contrôlent évidemment toutes les autres personnes, ce qui fâche. Il faut donc les excuser pour les difficultés qu'ils rencontrent, mais pas les dispenser de tenter de s'améliorer. Pour qu'on les aime et qu'ils s'apprécient eux-mêmes, pour leur propre bien, il ne faut pas les laisser sans limites ni accompagnement.

Tout ce que nous avons dit jusqu'à présent sur la discipline s'applique ici : définissez vos exigences, cantonnez-vous-y, mais montrez-vous prudent en matière de punitions, car elles sont susceptibles de faire tellement grimper le niveau d'excitation que votre message ne passera pas. Si votre comédienne ou votre petit rebelle est déjà surexcité, réaffirmez les limites et restez ferme. Ensuite (ou plus tard), aidez-le à comprendre pourquoi il a perdu son sang-froid. « Est-ce que tu t'es fâché contre nous parce que tu étais fatigué ? » ou « Je me demande si tout ça ne serait pas dû à quelque chose qui se serait passé à l'école aujourd'hui. Est-ce que tu veux en parler ? ». Pour qu'il retrouve son calme, cela peut prendre plus de temps et requérir plus de patience qu'avec un autre type d'EHS.

Étant donné la responsabilité et les difficultés que cela implique, entourez-vous de toute l'aide possible. Si vous êtes un parent isolé, ne restez pas seul pour gérer un tel enfant. Faites participer un proche avisé ou un ami, voire un professionnel.

Avec ces EHS plus difficiles se pose toujours la question de savoir s'il y a ou non un problème plus grave à traiter. Je ne saurais que trop conseiller de commencer par s'intéresser au tempérament : cette approche implique le moins d'étiquetage, occasionne un coût moindre et peut constituer l'unique problème réel. La combinaison de certains traits de tempérament est tout simplement difficile, notamment ceux que j'ai mentionnés au chapitre 2 : haut niveau d'activité, forte intensité de réponse émotionnelle, grande distractivité et faible adaptabilité. Plus votre EHS présente ces quatre traits, plus il risque d'être difficile, selon qu'ils sont compatibles ou non avec vous et l'école qu'il fréquente.

Une fois que vous ou un professionnel aurez cerné son tempérament dans son ensemble, travaillez avec une personne compétente à déterminer ce qui est acceptable ou non dans ces traits plus délicats à gérer, puis aidez votre enfant à modérer leur expression. S'il y a plusieurs problèmes de comportement, il est généralement préférable de ne se pencher que sur quelques-uns à la fois. Définissez des priorités en décidant lesquels doivent changer en premier. Imaginez trois paniers : A pour « maintenant, je ne le supporte pas », B pour « ce serait bien » et C pour « un jour ». Commencez par le panier A, qui consiste par exemple en l'impolitesse, les colères et le refus d'aller au lit. Définissez vos attentes dans ces domaines et concentrez-vous uniquement sur celles-ci. Lorsque tout le monde remarquera une amélioration, la tension s'apaisera et les autres objectifs seront plus faciles à aborder.

ıes ne s'estompent pas avec l'aide d'un psychologue
empérament, requérez l'aide d'autres professionnels.
ıus commencez par là, où à ce moment-là, la plupart des
s ne s'orientent pas sur le tempérament et risquent d'attribuer l'ensemble des problèmes de votre enfant à un trouble. Ainsi, de nombreux enseignants et thérapeutes connaissent bien le trouble du déficit de l'attention, de type inattentif ou hyperactif. Il arrive qu'un EHS, naturellement enclin à remarquer le moindre bruit ou infime mouvement, s'avère hautement distractible dans un environnement ne favorisant pas la concentration et soit pour cette raison diagnostiqué et traité pour un TDA/TDAH. Mais comme je l'ai dit au chapitre 1, cet enfant sera capable de bien se concentrer en l'absence de distractions, ce qui n'est pas caractéristique des enfants présentant ce trouble. Une autre manière de discerner le réel problème consiste à voir si ce trouble ou un autre a démarré soudainement, avec un nouvel enseignant ou dans une nouvelle école. C'est souvent une mauvaise compatibilité qui est en cause – par exemple, un professeur qui exige que ses élèves soient en permanence très concentrés, si bien que plus votre EHS peine à se concentrer, plus son niveau d'excitation et d'anxiété augmente, plus cela aggrave son incapacité à se concentrer. La concentration nécessite de l'énergie mentale – une énergie qui diminue avec la surexcitation. Un EHS peut aussi sembler souffrir de TDA ou de TDAH parce que la classe est trop bruyante et stimulante.

Si l'amélioration de la compatibilité et la gestion du tempérament ne semblent pas réduire notablement le problème en l'espace de quelques mois, faites évaluer et tester votre enfant, comme décrit au chapitre 1. Le TDA et le TDAH se diagnostiquent généralement au moyen d'un questionnaire ou d'un temps d'observation relativement brefs et limités à ce trouble uniquement. Il faut toutefois éliminer également les troubles de l'apprentissage, les troubles bipolaires, la dépression infantile et un certain nombre d'autres possibilités.

Si votre EHS s'avère difficile à cause de certains aspects de son tempérament, essayez de garder à l'esprit que ces traits « problématiques » peuvent s'avérer précieux une fois qu'ils auront été un peu travaillés. Il n'y a pas de grandes cantatrices sans expression émotionnelle extrêmement intense, pas de grands inventeurs qui ne présentent une faible adaptabilité (ils refusent de s'accommoder de désagréments auxquels les autres sont habitués), pas de grandes découvertes sans forte distractibilité (capacité à remarquer ce que les autres ne voient pas), pas de grands athlètes sans haut niveau d'activité.

Pour résumer, le quotidien peut vous sembler un peu difficile aujourd'hui, mais considérez votre famille et votre foyer comme un tremplin pour votre enfant. Avec un bon soutien de votre part et grâce à sa prise de conscience grandissante, il ira certainement loin.

METTEZ EN APPLICATION CE QUE VOUS VENEZ D'APPRENDRE

Dressez la liste des façons dont la sensibilité de votre enfant s'exprime actuellement – tous les talents, les atouts, les vertus et les qualités appréciables que vous et les autres remarquez.

....

....

....

....

....

....

....

Notez à présent les domaines qui posent encore problème à la maison : susceptibilité, impolitesse lors du refus de certains aliments ou de vêtements que vous avez achetés ; difficultés à réaliser les transitions : arrêter une activité, se lever, aller au lit ; refus d'essayer de nouvelles choses.

....

....

....

....

....

....

....

1. Demandez à votre enfant s'il serait d'accord pour travailler l'un d'eux.

2. Si oui, mettez en place un plan d'attaque. Définissez un objectif final qui semble accessible et décidez des étapes à franchir pour y parvenir.

3. S'il s'agit d'un problème ancien sur lequel vous avez déjà buté, essayez de trouver ensemble de nouvelles solutions créatives – une raison pour laquelle cela fonctionnera, cette fois. Par exemple, s'il ne se couche jamais à une heure raisonnable, renseignez-vous sur les personnes à tendance diurne et nocturne. Parlez du fait qu'il pourrait être de type « nocturne » et réfléchissez tous les deux à la manière dont vous <pourriez gérer ce point, sachant que les écoles demandent aux élèves d'être présents tôt le matin. Ainsi, l'été et pendant les vacances, il pourrait laisser parler sa véritable nature et, en périodes scolaires, vous pourriez le laisser dormir plus longtemps et manquer les deux premières heures d'école une fois par semaine (si l'établissement le permet). En retour, il accroîtrait ses efforts en période scolaire pour se coucher plus tôt, et pas seulement les veilles d'école, pour voir si l'endormissement ne s'améliore pas en se couchant tous les soirs à la même heure.

4. Essayez de ne pas recourir aux récompenses, à l'exception de symboles tels que des étoiles ou des médailles qui rendent les succès plus concrets. Soulignez les bénéfices d'un objectif avec tant d'enthousiasme que le fait de l'atteindre constituera une récompense suffisante. Si sa peur commence à interférer, envisagez une progression par étapes plus petites. Si l'intérêt de votre enfant décline, rappelez-lui ce qu'il avait envie d'accomplir. Parlez de la manière dont vous réussissez à garder des objectifs tels que perdre du poids ou faire du sport. N'hésitez pas

à travailler sur votre projet en même temps que votre enfant se consacrera au sien. Parlez de la valeur de la volonté et de la persévérance, du fait que quelques écarts sont normaux et qu'ils permettent de savoir ce qui peut faire obstacle à la réussite.

En dernier recours, confiez la tâche à votre enfant, en revenant au point de départ. « C'est à toi de jouer. » De toute façon, vous ne réussirez pas à régler le problème par la contrainte et, si vous y parveniez, votre enfant résisterait davantage encore quelques années plus tard quand vous proposerez votre aide.

Vous trouverez un exemple de progression étape par étape à la fin de la partie « Mettez en application ce que vous venez d'apprendre » du prochain chapitre.

Chapitre 10

L'enfant de plus de cinq ans à l'extérieur

L'aider à apprécier l'école et la vie sociale

Ce chapitre est consacré à l'enfant hautement sensible à l'extérieur, en particulier à l'école – quel degré d'extraversion est nécessaire et que faire s'il a besoin d'aide pour nouer des amitiés ou pour se débrouiller dans certaines situations telles qu'aller dormir chez quelqu'un. Nous nous intéressons ensuite à ce que vous pouvez faire pour l'aider à l'école et en classe, des lieux qui ne sont généralement pas conçus pour les personnes sensibles. Nous aborderons l'apprentissage – par exemple le perfectionnisme (ou au contraire son absence due à l'ennui ou à l'existence d'autres passions). Enfin, nous indiquons que faire s'il se fait harceler ou embêter de diverses manières à l'école.

La bonne nouvelle pour débuter ce chapitre est que je n'ai jamais entendu parler d'enfants hautement sensibles qui auraient eu des problèmes majeurs de comportement à l'école. Ils se bagarrent rarement, voire jamais, n'embêtent pas les autres, ne mentent pas, ne volent pas, ne sèchent pas les cours, ne s'essaient pas aux drogues ni n'insultent leurs professeurs. Au pire, ils s'imposent comme le clown de la classe ou font preuve d'impertinence avec des remarques perspicaces. Ce sont généralement d'excellents élèves dont les résultats vont au-delà des attentes de leur classe d'âge, qui aiment apprendre et que leurs professeurs complimentent. Ils deviennent parfois des meneurs populaires, ou nouent au moins une amitié sincère et se créent un petit cercle de camarades de même sensibilité.

La moins bonne nouvelle est que l'école s'avère souvent éprouvante pour les EHS. Même les petits comédiens qui paraissent endurcis comme Dinah et les rebelles tels que Chuck, dont vous avez fait la connaissance au chapitre précédent, peinent. Commençons par voir comment ce type d'EHS trouve l'école, dans la mesure où les enfants sensibles moins difficiles présentent souvent des difficultés similaires en classe, même si les enseignants ne remarquent pas toujours leurs soucis.

Dinah, à l'instar de la plupart des EHS, préfère le travail individuel à celui en groupe. Elle s'efforce de se contrôler pour contenter les autres, sachant que des réactions fortes peuvent les déconcerter. Pourtant ses professeurs la trouvent malgré tout « trop sensible » et susceptible. En réalité, ils n'ont pas le temps de lui accorder l'aide supplémentaire dont elle a besoin pour faire le tri entre ses sentiments, ce qui se passe dans l'esprit des autres et la manière de maîtriser ses réactions premières.

Ainsi, si on l'embête ou si on la rejette, elle peut se mettre en colère ou pleurer, ou les deux, ce qui ne fait que contenter ceux qui étaient contre elle. Si elle était capable de garder son sang-froid, cela irait dans le sens de son envie de nouer des amitiés et d'être acceptée. Mais il lui faudra encore quelques années avant qu'elle puisse le faire à l'extérieur de chez elle, car à l'école ses parents ne peuvent la guider que de loin. Elle a ainsi paru mettre du temps à mûrir et a appris de nombreuses leçons de vie à ses dépens.

Chuck, au moins, est populaire. Le clown de la classe, il attire déjà l'attention des filles, mais n'est pas très bon élève (il s'intéresse plus aux insectes et à la nature qu'à la lecture), si bien qu'il est souvent peiné de savoir qu'il est en retard par rapport à ses amis au niveau scolaire. Pourtant, il bouillonne d'idées, a des remarques très pertinentes et n'hésite pas à prendre la parole en classe.

Qu'il soit dur et extraverti ou calme et obéissant, un EHS éprouve des difficultés lorsqu'il part se confronter avec le monde scolaire. Découvrons pourquoi. Un grand nombre d'adultes hautement sensibles m'ont raconté que, petits, ils étaient heureux à la maison, que leurs parents étaient très gentils, mais qu'ils vivaient l'enfer à l'école et qu'ils en portent encore les cicatrices.

CE À QUOI UN EHS EST CONFRONTÉ À L'ÉCOLE

Tout d'abord, la plupart des écoles sont affreusement surstimulantes – 80 % des camarades de votre enfant ne sont pas hautement sensibles et les classes sont généralement surchargées, bruyantes de par leur conception et parce qu'on y parle fort, et les journées sont longues. Dans un même temps, elles s'avèrent souvent ennuyeuses pour les EHS, parce qu'ils saisissent aussitôt le message de l'enseignant, qui doit le répéter plusieurs fois aux autres élèves. Alors l'esprit de l'enfant vagabonde, reprend pied, puis s'aperçoit qu'il a manqué quelque chose, ce qui est également déconcertant.

Deuxièmement, l'école impose davantage d'exigences et de punitions, dont aucune n'est adaptée à la sensibilité de votre enfant. Les

EHS sont habituellement très consciencieux, s'efforçant de satisfaire à toutes les demandes du personnel enseignant. Lorsque la classe entière, ou votre enfant personnellement, se voit adresser une réprimande ou une punition, il a toutes les chances de se sentir écrasé par l'intensité du message, message destiné à atteindre l'enfant non sensible le plus entêté.

Troisièmement, c'est généralement à l'école que votre EHS éprouve des difficultés en matière de vie sociale. D'après les parents, à la maison, chez les amis ou dans le voisinage, leur enfant joue avec autant d'enthousiasme et est aussi ouvert que n'importe quel autre enfant. Mais à l'école, son comportement s'avère minoritaire. Par exemple, il a tendance à se taire et à observer l'environnement très stimulant qui l'entoure. Il reste ou est laissé à l'écart des interactions. En outre, une partie de ce qu'il observe consiste en des gestes cruels envers autrui ou lui-même – une raison supplémentaire de se mettre en retrait ou de réagir avec force d'autres manières. Toute réaction forte le met à part, et le temps qu'il ait compris les règles et se soit adapté à ces situations extrêmement changeantes, les autres enfants ont déjà noué des amitiés et se sont fait un avis sur l'EHS – cet élève est craintif, bizarre, distant, supérieur, timide, ennuyeux, etc. Il fait l'expérience de préjugés liés au tempérament.

Étant donné ce qui précède, votre EHS est susceptible d'être anxieux à l'école en plus d'être surexcité par les stimulations. Surexcitation et grande anxiété nuisent à l'expression des capacités sociales, scolaires et sportives. Ainsi, l'association anxiété et école finit par se justifier. Votre enfant essaie d'être parfait alors que l'état de son corps est loin de l'être.

Tout ceci est à prendre en compte si vous constatez que votre enfant est déprimé, morose, irritable, très excitable ou effacé.

LA CLASSE, LE REFLET DU TEMPÉRAMENT IDÉAL D'UNE CULTURE

Il est temps de mettre en perspective la classe américaine typique. Au chapitre 6, j'ai évoqué le travail de Charles Super et de Sarah Harkness de l'université du Connecticut, qui ont comparé l'état d'excitation et le sommeil de très jeunes enfants néerlandais et américains. Durant leur séjour en Europe, Sarah Harkness et ses collègues[96] ont également comparé les milieux scolaires de différents pays avec celui des États-Unis. Elle a remarqué que la plupart des salles de classe européennes étaient ordonnées et pas particulièrement stimulantes. Dans certains pays, notamment en Suède, elles ressemblaient à une maison : les tableaux étaient dissimulés et sortis uniquement en cas de besoin, pas de rangées de chaises, mais des espaces disposés et meublés comme des salons et des cuisines où les élèves et les enseignants peuvent se réunir. Dans toutes les écoles qu'ils ont visitées, même celles des pays de l'Est les plus pauvres, le mobilier était généralement en bon état, propre, bien conçu et agréable esthétiquement.

En résumé, les salles de classe européennes semblent conçues pour offrir un environnement fiable et apaisant dans lequel les élèves peuvent apprendre à leur propre rythme et développer leur bon goût. Un tel milieu semble idéal pour un enfant d'humeur positive et ayant des habitudes régulières – un endroit où un EHS pourrait apprendre en paix.

Aux États-Unis, en revanche, Harkness a constaté que les classes étaient dans l'ensemble hautement stimulantes et « très illustrées » – conçues pour déverser autant d'informations que possible sur les élèves, aussi vite que possible. L'ordre y est moins important que le fait de mettre de nombreuses activités à la disposition des enfants. Les meubles ne sont souvent pas d'une esthétique agréable ni très bien entretenus, comme si l'on s'attendait à ce que les élèves ne le remarquent pas ou qu'ils les abîment. La classe américaine paraît convenir idéalement aux enfants intenses, actifs au point d'être destructeurs, avides de stimulations, très adaptables, certainement pas sensibles aux subtilités et ayant un seuil sensoriel élevé – en clair, pas aux EHS.

Vous ne serez peut-être pas en mesure d'offrir un environnement scolaire idéal à votre EHS, même si vous l'inscrivez dans un établissement privé, mais au moins ayez une idée de ce à quoi votre enfant est confronté.

L'école à la maison

Il s'agit d'une possibilité à laquelle de plus en plus de parents réfléchissent. Elle n'est pas envisageable pour la plupart d'entre eux parce qu'ils travaillent, mais ceux qui ont un EHS y pensent sans doute davantage pour les raisons que je viens de citer. L'on pourrait débattre longtemps sur la question de savoir si l'école à la maison est profitable aux enfants, même les EHS, dans la mesure où les établissements publics ou privés sont facilement accessibles. Vient toujours l'argument selon lequel il faut un contact avec un minimum d'enfants pour apprendre à vivre en société et à s'endurcir pour survivre au sein de notre culture. Je suis néanmoins convaincue que certains EHS tireraient bénéfice de rester à la maison, *à condition* que le foyer offre un environnement favorable. (Malheureusement, il arrive que lorsqu'un enfant souffre à l'école, c'est parce qu'il a des problèmes à la maison.)

Les candidats à l'école à la maison seraient ceux pour qui l'école offre un milieu particulièrement néfaste physiquement et socialement, où l'enseignant n'est absolument pas compatible avec les EHS et que les parents ne peuvent faire changer de classe, ou encore ceux qui sont victimes de harcèlement ou se font trop embêter dans un établissement qui ne parvient pas à gérer la situation. Il existe sûrement d'autres exemples. Aussi, n'écartez pas d'emblée cette solution si elle vous semble convenir, même si tout votre entourage vous en dissuade. Il s'agit d'une question on ne peut plus personnelle. Je regrette de ne pas avoir fait l'école à la maison pour mon fils du CM1 à la sixième, la période où l'école a été le plus difficile pour lui. Si vous êtes intéressé, vous trouverez d'excellentes ressources sur Internet (cette solution serait sûrement difficile à envisager sans le web), y compris la législation et des collectifs d'aide locaux.

VIE SOCIALE ET TIMIDITÉ

Comme je l'ai expliqué dans le chapitre précédent, la timidité chez l'enfant avant sept à dix ans n'est pas un problème majeur ni durable. Passé dix ans[97], elle a en revanche tendance à entraîner mauvaise estime de soi, solitude et anxiété. Cela s'explique par le fait qu'à partir du milieu de l'enfance, tous les enfants – en tout cas dans certaines cultures – considèrent l'isolement social comme étant très négatif.

Toutefois, les études[98] montrent que n'avoir qu'un seul bon ami suffit pour restaurer l'estime de soi et l'acceptation sociale, notamment si cette amitié est « validante et bienveillante ». Et le fait d'être timide en groupe n'empêche généralement pas de nouer des amitiés individuelles. Par conséquent, quelle que soit la manière dont votre enfant aborde la « politique de la cour de récréation », cela vaut la peine de l'aider à se trouver un ami en dehors de l'école, même si vous ne pouvez pas l'y aider au sein de l'établissement.

Enfin, souvenez-vous qu'être « timide » à un moment donné durant l'enfance ne présume en aucun cas d'un risque d'être timide pour toujours. Il arrive qu'un enfant passe une mauvaise année, par exemple s'il vient de déménager ou se retrouve dans une classe sans amis. Lorsque la timidité persiste année après année, ou si votre enfant est véritablement harcelé, rejeté ou moqué, il y a matière à s'inquiéter davantage. Est-ce que votre enfant se comporte de manière appropriée et efficace ?

De votre côté, que pouvez-vous faire pour améliorer ses capacités à se faire au moins un ami ?

Aider votre enfant à trouver un ami

Tout d'abord, si votre enfant dit qu'il n'a pas d'amis, cherchez à savoir si c'est vrai et quelle en est la raison. Un EHS peut exagérer le problème, se sentir isolé parce qu'il se sent différent, alors qu'en réalité il a plusieurs amis, voire est même très populaire. Un seul ami suffit, même si d'autres enfants en ont davantage. Mais si l'enseignant confirme que votre enfant est généralement seul durant les récréations, il vous faut savoir pourquoi. Ce peut être en parlant gentiment de manière ouverte avec votre enfant ou bien en observant, mais sans indiscrétion.

L'enseignant peut éventuellement aider en repérant un élève amical qui s'accorderait bien avec le vôtre et les associer dans une activité ou bien les faire asseoir côte à côte.

Si le professeur ne peut rien faire, vous le pouvez peut-être. En fait, régler d'abord le problème à l'extérieur de l'école peut s'avérer une bonne idée. Les amitiés se nouent souvent plus facilement en tête à tête, à l'écart des autres élèves et de toutes les histoires de cour de récréation. Choisissez un enfant du même âge et, si possible, de la même école, de manière qu'ils puissent être dans la même classe l'année suivante si une amitié naît. Il peut être préférable que cet enfant ne connaisse pas encore le vôtre à l'école, de sorte qu'il ne l'ait pas encore « catalogué ». Ils doivent avoir des intérêts communs, un sujet dont ils peuvent parler ensemble, et vos familles partager des valeurs similaires. Vous le dénicherez par exemple sur votre lieu de culte ou à l'occasion d'une activité à laquelle votre enfant participe, comme ses cours d'équitation, d'art ou de musique, son club d'échecs ou au centre aéré.

Invitez-le. Ou mieux, invitez sa famille chez vous à venir prendre le dessert, organisez un pique-nique ou une sortie. En réunissant les enfants chez vous ou en extérieur, les premières étapes de la rencontre s'apparenteront moins à une nouveauté source d'excitation et vous pourrez observer comment votre enfant se comporte avec un nouvel ami. Est-il bavard ou réservé, mène-t-il ou se laisse-t-il trop dominer ? Ces informations vous permettront de vous concentrer sur ce qu'il a besoin d'apprendre pour faire la connaissance d'autres enfants et s'entendre avec eux. Si une amitié naît, essayez de faire en sorte qu'ils soient dans la même classe l'année suivante. Une étude[99] menée auprès de jeunes élèves timides de maternelle a montré que ceux qui avaient dans leur classe un camarade qu'ils connaissaient déjà avant étaient mieux acceptés par les autres enfants.

Quant à trouver des amis au sein de son école, parlez d'autres élèves de sa classe pour voir si votre enfant n'aurait pas manqué un potentiel futur ami. Il aurait pu rejeter quelqu'un parce que les autres enfants le font ou parce qu'il part à tort sur l'idée qu'il sera repoussé.

Enfin, faites de votre maison un lieu attractif pour les enfants de son âge, avec des jeux intéressants et une zone qui puisse demeurer semi-privée et en désordre.

N'acceptez cependant pas les extrêmes. J'ai vu des parents qui avaient rendu leur maison si accueillante qu'elle éclipsait leur enfant et que les invités profitaient de lui. Tous ses camarades savaient que l'on y venait pour ce qu'il y avait à grignoter ou pour le papa sympa, et non pas pour le voir lui. Ne vous investissez pas non plus trop dans la naissance de cette amitié et n'intervenez plus quand il n'y en a plus besoin. Les enfants ont aussi besoin d'intimité et d'avoir l'impression de pouvoir gérer les choses seuls. Un enfant risque aussi être étiqueté à cause du comportement gênant de ses parents, autant que pour le sien.

CE QUE LES ENFANTS TIMIDES DISENT DE L'AIDE DE LEURS PARENTS

Les psychologues Nathan Fox, Ana Sobel, Susan Calkins et Pamela Cole[100] ont suivi des enfants de deux à sept ans. À deux ans, l'un des aspects de l'étude consistait à filmer les enfants dans un laboratoire alors qu'un clown tentait d'interagir avec eux et qu'on leur présentait un petit robot. À sept ans, ils les ont observés en train de jouer avec trois enfants qu'ils ne connaissaient pas. Plus tard, les psychologues leur ont montré les vidéos d'eux-mêmes âgés de deux ans et leur ont demandé ce qu'ils pensaient de la timidité en général, de leur comportement à deux ans et, s'ils avaient changé, ce qui les avait changés.

Ceux qui étaient prudents à deux ans, mais extravertis à sept ans ont eu tendance à expliquer leur évolution comme étant due au fait que leurs parents les avaient exposés à une multitude de choses. En d'autres termes, les enfants eux-mêmes suggéraient que les parents peuvent avoir un effet sur la confiance de leur enfant.

Par ailleurs, les enfants qui n'étaient plus « timides » (à deux ans, ils se comportaient sûrement simplement comme n'importe quels EHS) étaient davantage consternés à l'idée qu'eux-mêmes et d'autres aient pu être timides, par rapport à ceux qui n'avaient pas changé. Ceux des enfants qui avaient surmonté leur prudence savaient certainement que leur tendance à effectuer des pauses-vérifications était toujours latente et il est possible que, en raison des grands efforts fournis par leurs parents pour les changer, ils avaient l'impression de receler un défaut caché. Mais maintenant que vous comprenez toute la nature de ce trait de tempérament, vous pouvez aider votre enfant à se lier aux autres sans qu'il ne considère sa prudence comme un problème susceptible de ressurgir. Certes, sa sensibilité lui confère sans doute une prudence qui pour être apaisée a besoin d'expériences réussies, mais elle possède trop d'avantages pour être un défaut.

Imaginez que vous vous entretenez avec les enfants qui sont devenus plus à l'aise dans les situations nouvelles ainsi qu'avec les inconnus. Quels conseils vous donneraient-ils pour votre enfant ? Avant qu'ils ne nous disent comment aider votre enfant à s'adapter à un monde non sensible, décidez d'abord de votre côté s'il n'y a pas des aspects du monde que vous souhaiteriez plutôt changer.

Avant d'essayer de changer votre enfant, définissez vos valeurs

Les jeunes EHS mettent parfois du temps à se défaire d'habitudes de « petits » telles que sucer son pouce, garder son doudou avec lui ou pleurer lorsque vous le laissez à l'école. Vous avez certainement envie de faire tout votre possible pour qu'il abandonne ces comportements afin que les enfants moins sensibles qui ne le comprennent pas ne se moquent pas de lui. Ou bien vous souhaitez qu'il soit libre d'exprimer ses besoins et ses émotions et de grandir à son rythme. Gros dilemme.

En outre, notre culture accorde beaucoup d'importance à l'apparence. Si vous décidez que votre enfant doit s'adapter, vous devrez lui acheter des vêtements appropriés. Les filles feront attention à leur ligne. Les garçons adopteront un esprit de compétition. Cependant, en concentrant vos efforts là-dessus, vous faites passer un message selon lequel vous acceptez d'accorder la priorité au fait de ressembler et d'agir comme tout le monde. Là encore, c'est une décision qui vous appartient.

Plaçons maintenant la barre un peu plus haut. Les EHS répugnent parfois à regarder ce que d'autres enfants regardent à la télévision (par exemple, des films d'action très violents), n'apprécient pas les ragots, les moqueries ou les intimidations auxquels se livrent d'autres enfants, le fait de faire de ceux qui sont différents des souffre-douleur, de s'amuser à imiter des jeux vidéo comprenant des scènes de meurtre, de torture ou de carnage. Tout parent se sent ici partagé, souhaitant que son enfant soit accepté, mais ne voulant pas qu'il devienne, comme beaucoup d'autres, violent, indifférent et agité. Quelle est votre position ?

Chacun a sa conception de ce qu'il ne veut pas que son enfant devienne : accro aux jeux vidéo ou à la télévision, un enfant ayant un esprit de compétition impitoyable, obsédé par les apparences, la popularité ou le sport, à l'esprit obtus biaisé par des idées sexistes, ayant une soif de réussir démesurée ou des préjugés raciaux, appréciant la violence ou étant indifférent aux sentiments d'autrui. Pourtant, si votre enfant se démarque trop des autres, il se trouvera en première ligne des combats que vous avez choisis et ne pourra qu'en souffrir.

Si vous avez envie d'aller à l'encontre de la rigidité des rôles genrés, par exemple, vous vous retrouverez peut-être avec un garçon sensible sujet aux moqueries parce qu'il pleure facilement ou parce qu'il aime cuisiner ou composer des bouquets de fleurs, ou bien avec une fille incapable de parler mode ou de supporter un après-midi à jouer aux Barbie. Ou bien vous préférerez avoir un enfant qui préfère lire que de regarder la télévision, mais qui n'aura aucune idée de ce dont les autres enfants parlent à la récréation lorsqu'ils évoqueront une émission de la veille. Ou bien un enfant qui se lie avec le « ringard » de la classe et soit catalogué de même.

Souhaitez-vous changer la société en commençant par votre enfant, ou bien qu'il devienne l'un de ceux que vous aimeriez voir évoluer ? C'est une question à laquelle vous seul pouvez répondre, mais qu'il faut vous poser.

Entre autres souhaits idéalistes, je voulais que mon fils ait une alimentation saine et respectueuse de l'environnement, ce qui pour moi signifiait proscrire la viande, le sucre et le blé raffiné. Bonne chance. On se moquait de ses sandwichs au pain noir et sans viande et il se gavait de sucre dès qu'il en avait à portée de main. Je me suis finalement décidée à acheter de la fausse bolognaise et du pain blanc. Et j'ai renoncé à l'interdiction du sucre.

Une fois que vous aurez déterminé votre degré d'idéalisme, comment mettre en œuvre des valeurs que les familles autour de vous ne partagent pas ? Il faut que vous les expliquiez bien à votre enfant, de manière qu'il puisse les défendre auprès des autres. Vous pouvez aussi essayer de choisir les amis de votre enfant, en vous informant sur les valeurs de leurs parents (cela devient toutefois plus difficile à mesure que votre enfant grandit). Les enfants qui partagent ses idées et les vôtres seront pour vous deux des alliés. Vous pouvez aussi choisir une école qui prône vos valeurs, s'il en existe. Mais même dans ce cas, vos efforts ne sembleront peut-être pas porter leurs fruits et même se retourner contre vous. J'ai essayé d'éviter que mon fils ne regarde la télévision, et à présent il écrit des scénarios de dessins animés. D'un autre côté, il est resté végétarien et mange moins de sucre que moi !

Par-dessus tout, je garde à l'esprit que même si notre société favorise les enfants confiants, hardis, aventuriers, extravertis, etc., c'est vous qui décidez avec quelle ferveur vous le pousserez dans ces directions « idéales ». Il existe d'autres valeurs. Vous pouvez encourager votre enfant introverti à développer ses talents artistiques, dont le principal instrument est une sensibilité que l'on ne vient pas contrarier et un soi hautement individualisé, original et créatif, dans un esprit de création et de transformation de la société plutôt que de consommation et de reproduction. Vous souhaitez peut-être que votre enfant emprunte une voie spirituelle, auquel cas il devra se sentir plus à l'aise sur les sentiers « non battus », se laisser guider d'une manière que les autres ne perçoivent pas. Une telle personne risque cependant de se sentir seule car elle rencontrera peu de gens capables de voir, comme elle, l'invisible. Vous croyez qu'il existe des modes de pensée plus profonds émanant de l'intérieur ou d'une réflexion sur le monde extérieur. Vous ne savez pas exactement ce que c'est, mais vous sentez que votre enfant sensible pourrait le savoir, pourvu qu'on lui laisse suffisamment de temps et d'espace.

Néanmoins, il n'est pas nécessaire de choisir entre le « tout noir » et le « tout blanc ». Tout artiste, théologien, mystique, philosophe, scientifique ou psychologue a besoin de s'entendre avec les gens et de sortir parler à des inconnus de ses idées. Aussi, si vous envisagez à des degrés divers de ne pas façonner votre enfant pour qu'il s'adapte, lisez les suggestions qui suivent. Ne mettez en œuvre que celles qui vous semblent convenir pour votre enfant selon l'intensité que vous pensez être la meilleure.

Quelques astuces pour voir grandir un EHS (relativement) hardi et accepté socialement

Comment faire pour que votre enfant, comme ceux de l'étude consacrée à la timidité, puisse dire avec du recul : « J'avais un peu peur des nouvelles choses et des nouvelles personnes, mais mes parents m'ont aidé à surmonter cela » ?

1. ***Exposez votre enfant à toutes sortes d'expériences,*** en évitant simplement d'en proposer trop à la fois. Par exemple, regardez ensemble l'offre en matière d'activités périscolaires et inscrivez votre enfant à ce qui l'intéresse. Pourquoi pas du scoutisme ? Ou bien rapportez des livres sur des domaines variés allant de la pêche à l'escrime en passant par la magie et les échecs. Essayez de savoir ce que font ses amis. Regardez dans le journal ou des revues s'il y a des événements destinés aux enfants que le vôtre apprécierait (qui permettent généralement d'éviter la foule). N'imposez rien, n'en faites pas plus d'un à la fois ou au maximum deux, mais continuez de proposer.

2. ***Évitez l'étiquette « timide » et découragez son utilisation par votre enfant.*** La timidité est un état d'esprit, une peur d'être jugé et de ne pas être à la hauteur, qui arrive à tout le monde. Ce n'est pas un trait de tempérament. Rectifiez la manière dont votre enfant se décrit : « Tu aimes prendre ton temps dans les nouvelles situations ou avec les inconnus, mais regarde à quel point tu aimes parler avec tes copains. »

3. ***Utilisez les jeux de rôle,*** avec des poupées, des marionnettes ou des figurines pour faire semblant et aider ainsi votre enfant à apprendre à s'intégrer dans un groupe, faire la connaissance de quelqu'un ou se faire mieux apprécier. Restez-en à des choses simples et répétez souvent les mêmes expressions : « Bonjour, je m'appelle Jules, est-ce que je peux jouer ? » Si, durant ces répétitions, il montre des signes d'inquiétude, faites l'idiot : « Maintenant, Jules, comment est-ce que tu te présenterais à un banc de poissons ? » Expliquez-lui que les maladresses arrivent à tout le monde et qu'il suffit de rire avec les autres et de passer à autre chose. Racontez vos moments les plus embarrassants et riez-en.

Profitez-en à ces moments pour lui donner des conseils pour interagir avec ses pairs. *Écoutez* la façon dont les enfants de l'âge du vôtre se parlent réellement entre eux.

4. ***Prenez conscience qu'entrer dans un groupe s'avère délicat pour un EHS.*** Suggérez le fait que, lorsqu'il veut intégrer un groupe, il peut approcher d'abord l'enfant qui lui est le plus familier, ou bien l'attirer à l'écart, lui parler, puis intégrer le groupe avec lui. Ou bien approcher un enfant qui semble tout aussi hésitant ou qui fait quelque chose que votre enfant aime faire.

5. ***Donnez à votre enfant un rôle de professeur ou de vedette*** avec des enfants plus jeunes ou lors d'une activité où il brille. Ou bien

une activité où votre fille sera admirée pour le simple fait d'être une fille, par exemple lors d'une séance de judo. À cet âge, un garçon, s'il est le seul de sa classe de théâtre ou de danse, se verra probablement attribuer les meilleurs rôles masculins. Découvrez les talents de votre enfant et placez-le dans un cadre où ils lui vaudront de l'admiration.

6. ***Aidez votre enfant à développer des aptitudes sportives, notamment en sports d'équipe.*** Ce n'est pas toujours facile au début pour un EHS, mais s'il persévère et qu'il développe certaines capacités, elles seront pour lui un moyen d'intégration. Dans le cas contraire, il aura peut-être du mal à se faire accepter, au moins jusqu'à l'université.

Les situations particulières, comme aller dormir chez un ami

Un EHS est susceptible de rencontrer toutes sortes de situations sociales potentiellement problématiques, comme partir en colonie de vacances, faire partie d'une équipe ou d'un club, suivre des cours collectifs. Considérez chacune avec un regard neuf et recherchez des solutions nouvelles ou des mesures progressives pour permettre à votre enfant de s'intégrer sans trop attirer l'attention sur son tempérament, ou au moins en faisant en sorte qu'il ne constitue pas un obstacle insurmontable.

Prenons pour exemple les « soirées pyjama ». Vous devriez ensuite pouvoir appliquer le même type de raisonnement à d'autres situations.

Si votre EHS a tendance à se montrer réticent à l'idée de dormir ailleurs que chez vous, commencez à le préparer avant qu'il n'ait eu à refuser trop d'invitations. Ces événements sont très importants du point de vue de la vie sociale des enfants et des amitiés s'y nouent, notamment lorsqu'il s'agit de soirées à plusieurs, aussi est-il souhaitable que votre enfant participe à quelques-unes et ne soit pas systématiquement mis à l'écart.

Invitez d'abord un camarade à dormir chez vous – un enfant que le vôtre apprécie vraiment et dont les parents sont compréhensifs, de sorte que vous puissiez leur expliquer que vous avez besoin d'eux pour que votre enfant soit à l'aise lorsqu'ils rendront l'invitation. Planifiez des visites ordinaires, d'abord chez vous, puis chez le camarade, chaque fois un peu plus longues. Pour l'une d'elles, proposez que l'ami reste dormir. Faites en sorte que le temps total passé ensemble ne soit pas trop long et que ce soit vous qui donniez le signal du coucher afin que votre enfant n'ait pas à le faire.

Lorsqu'il est invité en retour, assurez-vous que ce soit l'ami qui demande à votre enfant de rester. S'il refuse, lorsque vous serez seuls, montrez-vous légèrement curieux. S'il ne vous donne pas ses raisons, acceptez-le. S'il le fait, ne les écartez pas d'un revers de la main et n'essayez pas non plus de les résoudre de manière désinvolte. Pesez respectueusement ses arguments, et attendez éventuellement un ou deux jours pour proposer une solution.

Quand il est prêt pour sa première nuit à l'extérieur, évoquez avec les parents ce qu'il n'aime pas (par exemple, certains aliments) et exprimez nonchalamment votre espoir que cela soit respecté sans attirer sur lui une attention embarrassante. Peuvent-ils aussi lui montrer où sont les toilettes et l'encourager à y aller ?

Lorsque vous amènerez votre enfant, restez un peu sur les lieux et visitez avec les parents. S'il le souhaite, appelez pour savoir comment cela se passe. Mettez-vous d'accord sur un mot qui sera son code permettant de vous faire savoir qu'il veut que vous trouviez excuse pour venir le chercher. Et s'il en a décidé ainsi, parlez-lui en personne, pour qu'il puisse vous dire lui-même si tout va bien.

Comment mettre en œuvre ce genre de stratégie en prévision d'une colonie de vacances, par exemple ? Commencez par un centre aéré sans hébergement, avant d'inscrire votre enfant dans une colonie où il retrouvera des amis. Veillez à ce qu'il soit dans la même chambre qu'au moins un ami de confiance. Parlez avec les organisateurs de la sensibilité particulière de votre enfant, y compris de la possibilité qu'il se sente mal d'être loin de chez lui. Dites-lui que vous êtes d'accord pour le récupérer au bout de quelques jours s'il est malheureux (mais ne soyez pas surpris s'il vous fait venir, puis qu'il décide de rester).

D'autres manières de développer des aptitudes sociales

Nous avons parlé de la façon de promouvoir les amitiés de votre enfant ainsi que son aplomb en général et avons abordé un exemple de situation sociale particulière, le fait de dormir ailleurs qu'à la maison. Voici quelques dernières pistes avant de passer à d'autres aspects de la vie scolaire.

1. ***Mettez plus souvent votre enfant au contact d'adultes.*** Un enfant qui a réussi à s'attirer l'attention respectueuse d'adultes présente davantage de confiance en soi ailleurs, même avec ses pairs. De plus les EHS sont souvent intéressés par les adultes et réciproquement. Demandez à vos proches ou à vos amis d'entamer une conversation avec lui. Vous pouvez même suggérer des sujets dont ils apprécieraient de discuter. (Vous trouverez d'autres manières d'encourager ces discussions dans l'activité à la fin de ce chapitre. Reportez-vous également à la partie qui indique comment encourager un enfant silencieux à parler au

chapitre 8 dans « Aider progressivement votre enfant à se confronter à un nouvel environnement social ».)

Une maman a passé un accord avec son EHS : elle viendra à son secours s'il se sent mal à l'aise avec un adulte. Ils ont mis en place deux signaux permettant à son fils de lui faire savoir qu'il a besoin d'aide pour alimenter une conversation ou qu'il a envie de s'éclipser. Quelle solidarité et quel bel esprit d'équipe !

2. ***Jouez à des jeux verbaux visant à inventer des répliques rapides et spontanées.*** Encouragez la spontanéité autant que vous le pouvez.

3. ***Laissez votre enfant demander votre route ou des renseignements, ou téléphoner si vous avez besoin d'une information.*** Il peut passer commande pour tout le monde au restaurant ou même, si vous le guidez, faire la réservation. S'il vous demande de le conduire quelque part où il pourrait se rendre à pied, passez un marché : en échange du temps que vous passerez en voiture, il passera le même temps à vous aider à passer ces petits appels chronophages tels que demander un tarif postal ou les horaires d'ouverture d'un magasin. Ou bien intégrez tout cela dans un programme d'apprentissage qu'il aura accepté de suivre, comme décrit à la fin de ce chapitre.

4. ***Incitez-le à regarder les gens dans les yeux.*** Le contact visuel étant stimulant, les EHS l'évitent souvent. Cependant, cela peut être considéré comme un signe inconscient de soumission ou de peur. Faites-le s'entraîner avec une personne de confiance – vous, d'autres membres de la famille, avant de passer à des personnes moins familières. Complimentez-le beaucoup – ce contact n'occasionne pas vraiment de récompense manifeste, mais cela lui sera utile.

5. ***Sollicitez d'autres adultes de son entourage,*** tels que des professeurs, des moniteurs ou d'autres parents, mais en vous enquérant d'abord de ce qu'ils prévoient de faire. Entre autres bonnes idées : l'associer à un ami ou à un autre enfant pour qu'ils réalisent une tâche ou bien vous arranger pour qu'il brille dans un domaine que les autres respectent. Dire de lui qu'il a un problème de timidité ou un comportement particulièrement agréable que les autres devraient imiter (en faire le « chouchou » de la maîtresse) ne l'aidera pas.

6. ***Soulignez les progrès.*** Une transformation est un long processus, non un miracle soudain, aussi insistez souvent là-dessus : « L'an dernier, tu ne parvenais quasiment pas à parler devant toute la classe alors que cette année c'est beaucoup plus facile pour toi. »

Deux derniers points. N'en faites pas trop au niveau des activités sociales. Même un EHS extraverti a besoin de beaucoup plus de temps calme hors d'un groupe qu'un enfant non sensible. De nombreux parents d'EHS m'ont dit avoir limité les activités de leurs enfants à une fois par semaine et éviter le football, le base-ball et autres sports où la pression est forte. Enfin, prenez conscience que votre EHS n'aura peut-être jamais plus d'un ami, qu'il ne sera jamais à l'abri de devenir un bouc émissaire ou d'avoir la larme facile, qu'il ne saura pas exprimer devant un public tout ce que vous savez qu'il sait. Mais tout cela va avec sa nature sensible, compatissante et créatrice.

FAIRE EN SORTE QUE LA VIE À L'ÉCOLE SE PASSE BIEN

Vous vous souvenez de Randall, qui ne voulait pas aller aux ateliers d'éveil ni à l'école maternelle ? D'après sa mère, même à neuf ans, l'idée de la rentrée des classes le plonge encore une grande partie de l'été dans une « immense anxiété ». Juste avant de partir, il est si tendu qu'il « a du mal à respirer ».

Ce que vous pouvez faire bien avant la rentrée

Il est bien malheureux que Randall ressente une telle détresse chaque année. Sa mère essaie de savoir qui sera son enseignant, afin qu'il sache un peu ce qui l'attend, mais son école refuse de donner cette information avant la rentrée. Si votre enfant est aussi terrorisé, faites tout votre possible pour adoucir la transition. Par exemple, essayez au moins de savoir quels professeurs votre enfant *pourrait* avoir.

À propos des enseignants : tous ceux avec qui je me suis entretenue m'ont dit que la plupart de leurs collègues travaillaient « à l'emporte-pièce », sans beaucoup de créativité et en n'appliquant qu'un type d'enseignement à tous leurs élèves. En effet, consciemment ou non, de nombreux professeurs ont tendance à ignorer les enfants les plus discrets et à confier les rôles de meneurs à ceux qui attirent leur attention. Il vous faut dénicher les enseignants qui font exception, ceux qui prennent en compte les besoins et les atouts de chacun de leurs élèves. Un professeur m'a suggéré de venir observer en classe les enseignants que mon enfant pourrait avoir l'année suivante. Vous pouvez dire au directeur : « Mon enfant a besoin de trouver un enseignant qui lui convienne particulièrement, aussi j'aimerais observer ceux qu'il pourrait avoir l'an prochain pour pouvoir suggérer celui qui s'accorderait le mieux avec lui. » Le directeur devrait accéder volontiers à votre demande. De plus, si l'enseignant actuel de votre enfant a été efficace, il est sans doute à même de proposer un collègue qui lui conviendra pour l'année suivante.

Quand vous avez fait votre choix, durant l'été, suggérez au directeur celui qui vous paraît le mieux convenir. Il ne peut évidemment pas satisfaire toutes les requêtes de ce genre qu'il reçoit, mais il a à cœur que votre enfant s'épanouisse. Il ne serait donc pas malvenu de lui adresser un courrier du type : « Mon fils Justin est un garçon qui travaille dur à l'école sans qu'il y ait besoin de le réprimander pour cela. En fait, il a même de mauvais résultats si on lui adresse beaucoup de reproches, aussi j'aimerais qu'il en soit tenu compte lorsque les classes seront attribuées. Il me semble que Mme Gentille s'accorderait bien avec lui. »

Vous pouvez aussi signaler par courrier que votre enfant a besoin d'être dans la même classe que son meilleur ami. Par exemple : « L'an dernier Betsy a éprouvé beaucoup de difficultés à se faire des amis à l'école et je pense que cela s'est ressenti sur son travail scolaire. Elle a cependant une bonne amie, XX, qui fréquente aussi votre école. Par cette lettre, je vous sollicite donc pour qu'elles soient placées dans la même classe, si cela est possible. »

Faites suivre de telles requêtes d'un appel téléphonique aimable pour vous assurer qu'elles ont bien été reçues et prises en compte.

Avant que l'école ne commence, allez-y avec votre enfant pour repérer sa salle de classe ainsi que les toilettes, la fontaine à eau et les bureaux. Expliquez-lui le rôle des adultes présents dans les locaux (le directeur, le sous-directeur, l'infirmière, etc.) et à qui il peut s'adresser selon la question. Si possible, présentez votre enfant à l'un d'eux, le plus approchable.

Ce que vous pouvez demander aux enseignants

Les professeurs, tout comme les directeurs, ont à cœur que votre enfant s'épanouisse. Ils ont toutefois beaucoup à faire et beaucoup ne s'intéressent pas aux questions liées au tempérament, ayant l'impression qu'ils ne peuvent ou ne doivent pas accorder de traitement particulier ni s'encombrer de questions purement psychologiques. C'est pourquoi, plus vous mentionnerez les objectifs du professeur (que votre enfant apprenne ce qui est au programme), plus il vous entendra.

Ceux avec qui j'ai parlé pensent que vous ne devriez pas hésiter à présenter au professeur de votre enfant les « Vingt conseils aux enseignants » qui figurent à la fin de cet ouvrage (ou à leur donner le livre lui-même), sauf si vous pensez que l'accueil ne serait pas positif. Les associations d'aide aux enfants présentant des troubles de l'apprentissage ou un TDA/TDAH fournissent des documentations de ce type au corps enseignant. Aussi, bien que la haute sensibilité ne soit pas un trouble, il vaut la peine d'attirer son attention sur cette question étant donné le grand potentiel de réussite et les points faibles de ces élèves.

Vous pouvez aussi vous rapprocher des camarades de classe de votre enfant et indiquer au professeur avec lesquels il s'entend bien. Vous pouvez même lui décrire le type de tâches qu'il réussit le mieux et celles qui lui posent problème. Néanmoins, ne demandez pas à ce qu'il soit dispensé de parler devant la classe ou de faire des exposés. Tous les EHS doivent surmonter au moins en partie cette peur pour être à même de partager leurs idées particulièrement réfléchies et créatives. Les études[101] montrent par ailleurs que les enseignants sous-estiment de manière récurrente l'intelligence des élèves discrets et ont tendance à les ignorer lors des différentes activités et discussions. Il ne faudrait pas que ce soit le cas de votre enfant. Vous pouvez malgré tout suggérer que les attentes en matière de participation en classe ne soient pas trop élevées jusqu'à la Toussaint par exemple, moment où votre enfant se sentira plus à l'aise en classe.

Si les rapports sont bons avec l'enseignant, vous pouvez aussi suggérer « d'accroître la confiance de tous les élèves qui, comme le mien, sont moins enclins à prendre la parole » en divisant la classe en petits groupes. Ils pourraient commencer par présenter leurs idées au sein de groupes de deux, puis trois, puis quatre, etc. Ou bien votre enfant pourrait réaliser un exposé commun avec un ami et ne pas être parmi les premiers ni les derniers à intervenir de manière à ce qu'il puisse voir comment faire, mais sans angoisser trop longtemps.

D'autres pistes pour que votre enfant se sente bien à l'école

Chez un EHS, de petites causes d'irritation, des changements imprévus ou de petites stimulations de dernière minute sont souvent ce qui fait la différence entre une bonne journée à l'école et une longue journée stressante. Faites ce qui est en votre pouvoir pour les anticiper et limiter ces charges supplémentaires.

1. ***Les trajets en bus peuvent s'avérer éprouvants.*** Peu surveillés, ils représentent une grande stimulation. Envisagez de conduire votre enfant, de faire du covoiturage ou de le laisser aller à pied de manière à débuter correctement la journée.

2. ***Avant une sortie scolaire, préparez-le à ce qu'il va vivre.*** Concentrez-vous sur ce qu'il appréciera, mais prévenez-le aussi des éventuels

désagréments et parlez de la manière dont il pourra les gérer. Veillez à ce qu'il ait suffisamment à manger et une tenue adéquate.

3. ***Limitez éventuellement les activités extrascolaires.*** De nombreux parents d'EHS m'en ont parlé. Ces enfants ont besoin de rentrer à la maison et d'être seuls après l'école. Quelle que soit l'activité extrascolaire choisie, le professeur, le moniteur ou l'entraîneur doit être compatible avec un EHS. Certains iront même jusqu'à choisir une activité en fonction des qualités de compréhension de l'adulte responsable.

4. ***Instaurez des jours « de récupération mentale »,*** autre suggestion de plusieurs parents. Il s'agit de journées où votre EHS peut rester à la maison, dormir tard, faire une sieste et se détendre. La seule règle est de faire ce qui vous semble le mieux pour votre enfant sur le long terme.

LES APPRENTISSAGES SCOLAIRES

Maintenant que nous avons abordé la manière de nouer des amitiés et de réduire les désagréments de la vie scolaire, intéressons-nous maintenant aux apprentissages eux-mêmes.

Si votre enfant est perfectionniste

Les EHS sont généralement de bons élèves – et même parfois trop bons. Il leur arrive de passer trop de temps à réviser ou à faire leurs devoirs, c'est-à-dire plus que ce qu'attendent leurs enseignants et plus que d'autres élèves qui ont aussi de bons résultats. Essayez d'en déterminer la cause avant de demander à votre enfant de lever le pied. A-t-il peur du professeur ? Est-il en concurrence avec un camarade ?

Peine-t-il à saisir le but des devoirs ? (Expliquez qu'il s'agit d'un simple entraînement.) Le travail est-il trop difficile ? Les consignes sont-elles floues ? Avez-vous trop mis l'accent sur les résultats et les bonnes notes ? (Réfléchissez à la manière dont vous accueillez un résultat moins bon. Une petite remarque déplaisante de votre part peut être ressentie comme un reproche majeur par votre EHS.) Ou bien a-t-il simplement plaisir à travailler ?

Avec un perfectionniste, discutez souvent de l'importance d'une vie bien équilibrée, de se ménager et de ne pas faire plus que nécessaire pour avoir une bonne note afin de garder du temps pour les autres choses de la vie. Insistez sur ces journées « de récupération mentale » en lui donnant l'occasion de constater que l'on peut rater quelque chose, faire quelque chose de manière imparfaite, et y survivre. D'autres conseils :

1. ***Avec un jeune enfant, passez un marché :*** « Si tu termines tes devoirs avant seize heures, nous aurons le temps de jouer à un jeu ensemble avant le dîner. »

2. ***Proposez de regarder ses devoirs,*** mais sans vous montrer vous-même perfectionniste à demander plus de corrections que ne le ferait le professeur ! Le fait que vous les lisiez réduit les craintes de votre enfant et sera l'occasion de lui dire : « Si c'était ma rédaction, je serais satisfait de la rendre comme elle est. » Ou : « Je pense que cela conviendra à ton professeur sans que tu aies besoin de recopier. » Si vous pouvez le dire sans mentir, commencez par un : « C'est excellent ! »

3. ***Aidez-le à définir des priorités.*** Il n'a souvent pas le temps de faire chaque point de ses devoirs à la perfection ou de répondre à toutes les questions d'un contrôle. Apprenez-lui à déterminer ce qui doit attirer

son attention en priorité, puis en deuxième lieu, puis en troisième lieu, et à accepter que les points moins prioritaires ne soient pas aussi bien traités, voire pas du tout. Il peut être encore plus difficile de laisser des devoirs imparfaits pour des raisons non scolaires, telles que dormir suffisamment, passer du temps en famille ou avec ses amis ou se maintenir en bonne forme physique. Savoir identifier ses priorités est une aptitude qui lui sera précieuse toute sa vie durant.

4. ***Déterminez combien de temps une tâche doit prendre*** et posez un minuteur pour le prévenir lorsque la moitié du temps a passé, puis les trois quarts, de façon qu'il s'habitue à ce qu'il y ait des limites à ce qu'il est possible de faire. Cela le préparera également pour ses futurs examens en temps imposé.

5. ***Racontez-lui cette histoire :*** je suis sortie diplômée avec mention de l'université de Californie à Berkeley, et lors du dîner d'intégration du club des meilleurs étudiants la parole a été donnée à celui qui avait eu la meilleure moyenne parmi les milliers que comptait notre promotion. Il a décrit avec force détails les quatre années qu'il a passées chaque soir à la bibliothèque, y compris les vendredis et les samedis, seul à étudier, mais aussi à voir les autres étudiants partir à leurs rendez-vous, au cinéma ou assister à des matchs. Il a marqué une pause, puis a dit qu'il était d'usage lors de tels discours de donner un conseil ou de transmettre une chose qu'il aurait apprise. « J'ai pris conscience que recevoir cette distinction a été la plus grosse erreur de ma vie. J'aurais retiré beaucoup plus de bénéfices si j'avais rejoint mes semblables. » Nous nous sommes tous levés pour l'applaudir, comprenant tout à fait ce qu'il voulait dire.

Surtout, parlez de vos propres expériences, de la manière dont vous-même acceptez les limites et les erreurs.

Les EHS qui ne sont pas du tout perfectionnistes

Certains EHS ne sont bien sûr absolument pas perfectionnistes, au moins au départ. Leurs talents ne sont pas d'ordre scolaire. L'école les ennuie, ou bien ils présentent un trouble de l'apprentissage ou des problèmes de vue ou d'audition non diagnostiqués. Il est important de faire faire un bilan à un enfant qui peine à l'école plutôt que de mettre cela sur le compte d'un défaut d'intelligence ou de motivation. Si l'on ôte les obstacles qui le distraient ou le perturbent, tout enfant est suffisamment intelligent et motivé pour apprendre – il n'a simplement pas toujours envie d'apprendre ce que les adultes pensent qu'il doit savoir.

L'obstacle que rencontrent la plupart des EHS réside dans le fait qu'ils ont connu quelques mauvaises expériences d'échecs sous la pression d'une hyperexcitation. Ils se sont protégés des critiques et de la honte qui les touchent si durement en donnant l'impression que cela leur est sans importance. J'ai vécu ce problème avec mon fils. Grâce à cette indifférence protectrice aux compliments comme aux critiques, ainsi qu'à une écriture négligée et un travail fait à la va-vite, il était considéré comme un élève en dessous de la moyenne, alors que j'étais convaincue qu'il ne l'était pas.

Ma solution a été de m'impliquer beaucoup pendant plusieurs années, à veiller que le moindre devoir rendu soit bien présenté, voire dactylographié par moi-même lorsque c'était possible (mais je ne faisais *pas* le devoir, il devait me l'apporter dans sa version finale). Il se préparait bien pour chaque contrôle. Pour chaque exposé oral, il présentait des illustrations intéressantes. Pour chaque projet artistique, il disposait de fournitures de qualité. Au bout du compte, mon fils a reçu des compliments pour son travail, et dès lors il a pris plaisir à bien faire. Ses nouveaux enseignants voyaient ses bonnes notes de l'année précédente et le considéraient comme un très bon élève avant même que l'année ne commence (il serait souhaitable que ce genre d'opinion biaisée n'ait pas lieu, mais elle existe malgré tout). Au collège, il a intégré un cursus pour élèves plus avancés, qui comptait davantage d'EHS, si bien qu'il s'est senti plus à l'aise.

Je suis consciente que certains parents ne peuvent pas accorder ce temps à leur enfant. Mais gardez à l'esprit qu'il s'agit d'un investissement comme un autre, et que comme vous avez déjà investi beaucoup en ayant un enfant, pourquoi ne pas lui consacrer plus de ressources pendant un temps s'il rencontre des difficultés à l'école ? Le gain est considérable.

Les EHS s'ennuient souvent en classe. Lorsqu'il était à l'école primaire, mon fils estimait que les réels apprentissages pouvaient être réalisés en une à deux heures par jour, et que le reste du temps était « de la garderie ». Il avait probablement raison. Il en a développé un certain dégoût et son attention a décliné.

Ce besoin d'activer leur aptitude à traiter les informations en profondeur leur est vital, mais difficile à satisfaire à l'école primaire à moins de proposer des classes adaptées ou de disposer d'enseignants un tant soit peu créatifs. Dessiner les trois caravelles de Christophe Colomb ne suffit pas pour un EHS. Il a aussi besoin de penser (comme s'il s'agissait d'un muscle que l'inactivité endolorit) à ce que pouvait être la vie sur ces navires, d'imaginer ce que cela faisait d'apercevoir la terre, de rencontrer des Indiens et comment cela a changé la vie des Espagnols, des Indiens et des Américains jusqu'à aujourd'hui encore. Vous pouvez bien sûr encourager vous-même cette réflexion approfondie et plus créative, mais cela requiert du temps et de l'attention.

Après le primaire, les solutions sont plus nombreuses. L'école de mon fils l'a autorisé à emprunter quelques livres pour l'été, à les étudier, puis à évaluer ses progrès en algèbre et en géométrie, pour son plus grand plaisir. L'équipe enseignante n'avait jamais fait cela, mais elle ne s'y est pas opposée. Certains parents choisissent de faire l'école à la maison ou d'opter pour une école privée compatible avec le mode de pensée de leur enfant.

Généralistes et spécialistes

Intellectuellement, les EHS appartiennent souvent à l'un des deux extrêmes : le généraliste, qui s'intéresse à *tout*, et le spécialiste, qui ne veut qu'écrire des poèmes ou observer les insectes. Les deux sont des signes de douance et aucunement des sujets d'inquiétude, mais vous pouvez tout de même restaurer un peu d'équilibre. À cet âge, le généraliste est souvent considéré comme un très bon élève, avec de bons résultats partout. Le problème survient plus tard, lorsqu'il doit choisir un domaine de prédilection.

Le spécialiste pose souvent problème aux éducateurs, nécessitant éventuellement que vous interveniez pour défendre ou au moins expliquer sa particularité : « Je sais qu'elle a du retard pour ses rédactions. Elle passe tant de temps à étudier les insectes ! » Dressez alors un portrait de votre entomologiste en herbe qui laisse entendre l'étendue de son talent.

Il est parfois possible d'attirer un spécialiste sur un autre terrain en faisant le lien entre le sujet « ennuyeux » et son domaine de prédilection : l'entomologiste à qui l'on demande d'écrire un poème pourra recourir à l'imagerie des insectes, le poète qui doit étudier les insectes enrichira ses textes de métaphores à propos des éphémères ou des demoiselles. Mais même si les spécialistes de cet âge n'excellent pas partout, ils sont peut-être en voie d'exceller dans leur domaine, il n'est donc pas interdit de leur faire plaisir. Certains parents iront jusqu'à trouver à leur enfant un mentor dans son domaine et laisser cette fleur s'épanouir.

SI VOTRE ENFANT SE FAIT EMBÊTER, VOIRE HARCELER

Votre enfant a maintenant au moins un bon ami, est capable d'apprécier et d'intégrer des groupes plus larges, a trouvé un bon équilibre sur le plan scolaire entre perfectionnisme et indifférence, intérêts spécialistes et généralistes. Voici venu l'un des moments les plus douloureux pour les parents d'un EHS : votre enfant rentre à la maison en pleurs parce qu'on l'a importuné, que l'on s'est méchamment moqué de lui ou qu'on l'a ostracisé. Gardez à l'esprit que les filles ont une manière bien à elles de se tourmenter les unes les autres, en trahissant des secrets, en faisant courir des rumeurs, en formant des groupes de trois avant d'en exclure une et de murmurer des choses en sa présence, etc.

Comme je l'ai évoqué au chapitre 8, ces tourments arrivent souvent aux EHS parce qu'ils sont un peu différents et qu'ils ressortent du lot, qu'ils ont des réactions plus fortes si bien que les fauteurs de troubles et leur public s'en trouvent davantage valorisés, et parce qu'ils sont moins susceptibles de se venger si bien qu'ils font des cibles plus faciles. Faire face à ces situations n'est jamais aisé, mais voici quelques idées.

1. ***Vérifiez si la situation est aussi grave qu'elle en a l'air,*** car tout ce que vous pourrez faire ou même suggérer risque d'empirer le problème

en attirant davantage l'attention sur votre enfant. Ne minimisez pas non plus le souci, mais demandez-vous s'il ne pourrait pas se résoudre de lui-même en un ou deux jours.

2. ***Découvrez ce qui s'est passé exactement*** et ce que votre enfant craint, ayant vu ce qui s'est passé pour d'autres. Vous saurez ainsi si vous devrez prévenir ou intervenir.

3. ***Parlez de cruauté et de méchanceté*** afin que votre enfant sache que c'est mal et que c'est lui qui a raison (si par vos questions prudentes vous êtes arrivé à cette conclusion). Il a besoin de votre entière compassion, de votre soutien et de votre recul. En même temps, vous pouvez précautionneusement faire allusion à ce qui doit se passer dans la tête du fauteur de troubles, si vous en avez une idée. Est-ce que cet enfant est en proie au stress, se fait-il tourmenter par d'autres, est-il perturbé par ses mauvaises notes, a-t-il peur d'avoir honte devant les autres ? Comprendre l'autre peut orienter votre enfant vers une solution.

4. ***Discutez de la manière de rendre la justice :*** à qui votre enfant (ou vous) doit aller se plaindre, comment et pourquoi. Une plainte doit être ferme et efficace ; simplement gémir, pleurer ou supporter risque de faire durer le problème.

5. ***Demandez à votre enfant de repérer comment les autres gèrent ces tourments et autres moqueries.*** Est-ce qu'ils les ignorent, s'éloignent, rient, répondent par des sarcasmes, rendent la pareille ? Essayez de jouer cette situation tous les deux pour trouver un moyen de la régler. Ayez toutefois conscience que votre EHS peut ne pas être capable de réagir comme un autre enfant le ferait sans difficulté. Souvenez-vous aussi que ce qu'un adulte ferait, par exemple essayer de raisonner un fauteur de troubles ou bien « tendre l'autre joue » risque de ne pas

fonctionner dans une cour de récréation et de faire paraître votre enfant encore plus en décalage.

6. ***Aidez-le à ne plus être une cible facile*** en l'habillant de manière appropriée et en refusant que l'on tolère la méchanceté. Des cours d'autodéfense (et non de gestes d'agression) tels que le judo permettent parfois de renforcer la confiance sur le plan verbal. Il sait ainsi que si une bagarre est inévitable, il sera à la hauteur.

7. ***Si un enfant particulier est en cause, essayez de les réunir tous les deux*** ou de les associer dans la même équipe, dans le même groupe social, pour un événement ou une tâche donnés. Vous trouverez un exemple plus bas.

8. ***Faites ce qui est en votre pouvoir pour que cela s'arrête.*** Une situation de harcèlement s'avère très néfaste, non seulement pour la victime, mais aussi pour les responsables et les témoins. Si travailler sur ce problème avec votre enfant ne le résout pas rapidement, parlez-en avec les professeurs, le directeur ou d'autres parents. Si la situation est grave, envisagez de retirer votre enfant de l'école pour le reste de l'année, ou bien cherchez un enseignant dans votre école ou une autre qui sache particulièrement bien y faire avec ces questions, qui surviennent dans toutes les classes, mais sont souvent ignorées. L'on s'accorde maintenant à penser qu'il incombe à l'ensemble des équipes éducatives d'instaurer un milieu proscrivant toute forme d'intimidation. Sachez malgré tout que la plupart des mauvais traitements ont lieu lorsqu'aucun professeur ne se trouve à proximité.

COMMENT MARILYN A GÉRÉ UN CAS DE RUDOIEMENT

Marilyn, la mère de Randall, a réussi à régler en douceur un cas de mauvais traitement en réunissant son fils et le fauteur de troubles présumé. Lors d'une manifestation scolaire, Jeff, un garçon plus âgé qu'il ne connaissait pas, a poussé Randall. Celui-ci a commencé à craindre ce garçon et à modifier ses itinéraires pour l'éviter. Quand sa mère le déposait à l'école, Randall refusait de descendre si le garçon se trouvait dans la voiture de devant. Si son équipe de foot devait affronter celle du garçon, Randall ne voulait pas jouer.

Marilyn s'est dit que Randall avait dû voir d'autres enfants se faire malmener et qu'il imaginait que le même sort, voire pire, lui serait réservé. Elle a donc décidé d'appeler la mère de Jeff et de discuter de la situation. Celle-ci a expliqué qu'elle était en plein divorce et que cela se ressentait sur le comportement de Jeff. Marilyn a organisé une sortie avec Jeff ainsi que deux frères, dont l'un était l'ami de Jeff et l'autre l'ami de Randall. Elle les a accompagnés tous les quatre pour s'assurer que tout se passait bien. Cela leur a permis de faire connaissance et de se comprendre l'un l'autre.

Marilyn les a fait se rencontrer à plusieurs reprises et, bien que Randall et Jeff, plus âgé, ne soient pas devenus des amis proches, ils ont ensuite choisi de jouer dans la même équipe de foot. Marilyn a terminé son récit en disant qu'être parent d'un EHS requiert beaucoup d'énergie et de réflexion. Elle s'y investit manifestement beaucoup.

Il s'agissait d'un cas léger de mauvais traitement, mais la situation aurait pu s'aggraver si Jeff ou d'autres avaient trouvé là l'occasion de profiter de la peur de Randall. En faisant sa connaissance, Jeff a mentalement changé Randall de catégorie, en l'intégrant dans son cercle et en le faisant passer d'inconnu à personne de connaissance, puis même coéquipier. Malheureusement, un être humain enclin à la méchanceté aura plus tendance à chercher la facilité en choisissant pour victime une personne extérieure à son cercle.

VOUS AVEZ PARCOURU TOUT CE CHEMIN

Un simple rappel de ce qu'a expliqué Marilyn, la mère de Randall : élever un EHS est une tâche difficile, mais des plus gratifiantes. J'ajouterais qu'elle vous permet aussi de grandir vous-même et de forger votre propre caractère. Vous aurez besoin de toute la maturité et de toute la force possibles pour affronter l'étape suivante, l'adolescence. Mais pas pour les raisons qu'invoqueront les parents d'enfants non sensibles.

METTEZ EN APPLICATION CE QUE VOUS VENEZ D'APPRENDRE

Comme vous l'avez fait à la fin du chapitre précédent, déterminez les domaines dans lesquels votre enfant a besoin de s'améliorer, cette fois à l'extérieur et non à la maison. Il peut s'agir d'une timidité face aux inconnus (adultes, enfants ou les deux), du fait de ne pas avoir beaucoup d'amis ou de passer trop ou pas assez de temps sur ses devoirs. Reprenez les étapes décrites à la fin du dernier chapitre :

Demandez à votre enfant s'il aimerait travailler l'un de ces aspects. Le cas échéant, mettez en place ensemble un programme avec un but à atteindre raisonnable, puis déterminez les étapes nécessaires pour y parvenir.

S'il s'agit d'un problème ancien, essayez de trouver tous les deux de nouvelles réponses créatives, qui feront que cela fonctionnera cette fois-ci. Par exemple, si votre enfant s'est inscrit à des cours collectifs de natation et ne sait toujours pas nager, une solution pourrait être de prendre des cours individuels avec un maître-nageur que vous serez allés voir ensemble, de façon qu'il puisse choisir une personne patiente et en qui il aura confiance. Essayez de ne pas recourir aux récompenses, à l'exception des gratifications souvenir qui rehaussent l'intérêt de quelque chose (par exemple, il pourra garder les pièces qu'il aura réussi à récupérer au fond de la piscine).

Votre enfant aimerait sans doute beaucoup être plus à l'aise lorsqu'il doit parler avec des adultes qu'il ne connaît pas. Pourquoi ne pas vous mettre d'accord sur un objectif : parler à un inconnu une fois par semaine, en votre présence. Plus tard, l'objectif passera à deux, trois ou quatre fois par semaine, puis une et ensuite deux personnes par jour.

Vous pouvez commencer par des appels téléphoniques de demande d'information. Puis, parler à une personne qui vient à la maison (en votre présence, bien sûr) en lui expliquant, par exemple, quelque chose à propos de la maison, que vous auriez répété à l'avance : « Notre maison a cinquante ans. Quel âge a la vôtre ? » Ou : « Notre appartement a l'air petit, mais il y a trois chambres. Il y en a combien chez vous ? »

Enfin, vous pouvez emmener votre enfant déjeuner avec un adulte qu'il ne connaît pas encore (à qui vous aurez préalablement demandé de répondre avec intérêt à toute question que poserait votre enfant). Une nouvelle fois, répétez à l'avance ce qu'il pourrait dire, comme une remarque polie sur le choix du plat de la personne : « J'aime bien les sushis (ou ce que la personne a commandé), moi aussi. » Suivi d'une question : « Et est-ce que vous aimez la cuisine italienne ? »

Chapitre 11

Adolescents et jeunes adultes sensibles

Une délicate mission : mettre à l'eau un navire paré à naviguer

Ce chapitre rappelle d'abord ce à quoi votre adolescent sensible sera confronté au moment où il approchera l'âge adulte. Nous nous intéresserons ensuite à des points précis : l'entente à la maison, aider votre adolescent au lycée sur le plan social et celui des apprentissages, les amours et la sexualité. Vient ensuite la véritable séparation, un moment particulier pour les EHS et leurs parents, puis la poursuite de votre relation durant les premières années de l'âge adulte.

EAUX PROFONDES EN VUE

Les années de transition entre l'enfance et l'âge adulte, de quatorze à dix-huit ans environ, demandent vraiment beaucoup à ces jeunes gens quels qu'ils soient. En l'espace de quatre ans, nous attendons d'eux qu'ils passent du stade d'enfant insouciant et innocent s'occupant avec des jouets à celui d'adulte capable de conduire une voiture, de gagner de l'argent et de maîtriser son budget, de gérer sa sexualité (et celle de ceux qui sont attirés par lui) et de faire face à la tentation des drogues et de l'alcool. S'ils deviennent baby-sitters ou moniteurs, ce ne sont maintenant plus eux les enfants, mais ceux qui en ont la garde.

En outre, ils doivent organiser et mener à bien les premières étapes de leur carrière ou de leurs études supérieures. Au lycée, ils côtoient un large panel de la société : des camarades bien élevés et d'autres dont les parents n'ont pas bien réussi leur travail. Ils n'auront sans doute plus jamais si peu le choix de leurs fréquentations. Dans un même temps, et en particulier dans notre culture, on leur demande de quitter le nid très tôt, pour « couper le cordon », « voler de leurs propres ailes ». Ils ne sont pas censés éprouver de chagrin à l'idée que leur enfance se termine, même si celui-ci doit bien être présent. Ils traversent tout cela tandis que leur corps vit lui aussi des changements significatifs et déroutants.

Ce lancement rapide est sans doute trop pour n'importe quel jeune, mais il représente une véritable gageure pour un EHS. S'il ne comprend pas ce qui le différencie des autres, il risque d'avoir l'impression que quelque chose ne va pas chez lui. Il croit qu'il ne parviendra pas à réussir dans tous ces domaines alors que les autres semblent y arriver. Même s'il porte en lui beaucoup de confiance et d'estime de soi, il mesure l'ampleur de la tâche, l'immensité de l'océan sur lequel il s'apprête à se lancer, le fait que toutes les amarres se détachent peu à peu et que la coque n'a encore jamais été testée. Le lancement est une étape radicale, effrayante et hautement excitante. Votre adolescent considère toutes les facettes de ce moment avec un profond sérieux et s'en trouve parfois submergé.

À moins que ce jeune hautement sensible ne se sente intimement compris, soutenu et libre de réaliser cette transition à un rythme plus mesuré, il est susceptible de trouver un moyen d'échapper à cette tâche qu'il perçoit, consciemment ou non, comme hors de sa portée. Il risque de tenter de résoudre le problème en le clôturant prématurément, par exemple par un mariage ou une grossesse précoces, un emploi sans perspective d'avenir ou une immersion dans la religion, ou bien il trouvera inconsciemment un moyen de s'en dispenser à cause d'une maladie physique ou mentale. Dans les cas extrêmes, certains mettent même fin à leurs jours.

La plupart des adolescents sensibles qui éprouvent des difficultés les expriment bien sûr de manière plus modérée. Ils rechignent par exemple à avoir des petits amis, se sentent fortement partagés au sujet des fêtes où ils se disent devoir aller mais qu'ils n'apprécient pas, ou sont en proie à une inquiétude tenace quant au type de profession ou d'études qu'ils seront susceptibles de réussir. En conséquence de cela, ils peuvent s'avérer préoccupés, irritables ou anxieux tout en affichant une façade de maturité et de prévenance. De leur côté, les parents, se souvenant de ces années comme d'une période merveilleuse de liberté et de divertissement (le temps effaçant les douleurs), s'attendent à ce que leur enfant s'amuse follement à courir les soirées et autres sorties sans s'imaginer combien cela est difficile pour leur adolescent sensible.

Mon objectif ici n'est pas de vous inquiéter, mais que vous preniez bien conscience de ce que traverse votre adolescent. Vous savez sans doute où se trouve actuellement votre enfant, mais savez-vous où il en est intérieurement ? Bien sûr, il n'apprécie pas toujours que vous lui posiez des questions ou que vous l'observiez. Il a besoin de son intimité. Mais si vous vous mettez à sa place et que vous essayez de repérer les signes d'anxiété ou de baisse de moral (l'irritabilité étant un indice notable), vous pourrez commencer à trouver des moyens de l'aider.

L'EHS, l'adolescent idéal

La bonne nouvelle au sujet des adolescents sensibles est toutefois très bonne – pour leurs parents et leurs communautés. Ils leur épargnent un grand nombre des problèmes que les autres adolescents posent. Lorsqu'ils prennent conscience de ce qui les attend, ils essaient généralement de devenir adultes aussi rapidement que possible, sautant presque cette période intermédiaire. Ils s'efforcent de se montrer prévenants à la maison et envers les autres. À l'école, cela peut les amener à prendre position contre les mauvais traitements et autres injustices dont ils sont témoins, y compris sur des questions politiques.

Pourvu qu'ils reçoivent un minimum d'informations sensées, ils se lancent rarement[102] sur des voies illégales, malsaines ou dangereuses, telles que l'alcool ou les drogues, les rapports à risque ou une conduite imprudente au volant. Ainsi, quand un adolescent sensible s'oriente malgré tout vers les drogues (de manière plus qu'expérimentale), c'est souvent le signe qu'il tente de surmonter une anxiété ou une dépression au moyen d'une sorte d'automédication. Les pratiques sexuelles à risque peuvent indiquer que la fille ou le garçon se trouve dans un tel état de stress qu'inconsciemment il trouve une solution émotionnelle en fusionnant avec une autre personne (ou avec un groupe ayant de telles pratiques) pour ne pas être confronté à des choix personnels. La prise de risques au volant et autres comportements dangereux constituent autant de moyens de flirter avec l'autodestruction, qui sont généralement pour les EHS des appels à l'aide. Mais, je le souligne une nouvelle fois, ces cas sont particulièrement rares chez ceux qui disposent d'un bon soutien.

Ce qui ressort à cet âge, ce sont souvent un talent et une profondeur croissants, si bien que la plupart de ces adolescents présentent des résultats bons à excellents sur les plans scolaire, artistique ou dans d'autres domaines où la sensibilité et une intense réflexion constituent des atouts. Ce sont peut-être des inventeurs, des scientifiques, des champions d'échecs ou des génies de l'informatique en herbe. Ils présentent peut-être une sensibilité esthétique ou une perspicacité dignes d'un adulte. Ils nouent souvent des amitiés particulièrement significatives et attentionnées. Leur vie intérieure florissante peut se traduire par une spiritualité naissante, un intérêt pour la psychologie ou la philosophie. Maintenant, ils travaillent souvent à surmonter eux-mêmes ces comportements qu'ils ressentent comme des limites, tels que la crainte, la timidité ou un manque d'expérience et d'esprit aventurier.

Le plus remarquable réside sans doute dans l'originalité de leur pensée. L'exemple suivant sera plus parlant que mes explications.

Le régulateur taxi sensible

River, dix-neuf ans, est selon ses propres termes « du genre observateur ». Il explique avoir été timide lorsqu'il était plus jeune, mais avoir surmonté « tout ça » quand il a décroché un emploi de régulateur dans une compagnie de taxis (un travail très exigeant, nécessitant de concilier les besoins urgents de chauffeurs qui ne mâchent pas leurs mots et ceux de clients stressés). Dans des situations telles qu'un nouvel emploi, il affirme : « J'observe pour voir ce qui est autorisé et ce qui ne l'est pas. On dépasse sa timidité en apprenant à ne rien faire de stupide. » En cas de difficulté, « on s'y colle et on passe à autre chose ». Un exemple d'autorégulation.

Du point de vue scolaire, River a peiné à supporter le stress de l'école publique. Il a suivi sa première année de lycée par correspondance, est retourné en classe l'année suivante avant de faire sa dernière année à distance. L'aspect social lui a-t-il manqué ? River a surtout aimé le sport lorsqu'il était à l'école et était plutôt bon, mais a arrêté en cinquième car il n'était plus à l'aise. Tout le monde jouait pour gagner, et s'ils ne gagnaient pas, l'entraîneur leur « passait un savon ». Il a maintenant un petit cercle d'amis proches qu'il a rencontrés par lui-même, si bien que cela ne l'a pas dérangé de ne pas fréquenter le lycée.

Il a fait la connaissance de ses amis en intégrant un groupe d'amateurs de jeux de rôle dans un parc. C'est du « grandeur nature » – on joue les personnages qui nous sont attribués. Les autres participants sont surtout des « geeks », mais il a aussi trouvé des personnes avec qui il a « accroché ».

Du point de vue social, il se dit très diplomate, tout en étant très sélectif quant aux gens avec qui il passe du temps. « Avec les femmes, affirme-t-il, je suis prudent – nous ne sommes généralement pas compatibles. » Mais s'il est intéressé, « cela se passe bien. »

Son plus gros problème, estime-t-il, réside dans sa sensibilité aux gens qui l'entourent. Quand quelqu'un a besoin d'aide (par exemple, un client qui a besoin d'un taxi immédiatement, le grand souci de son travail), il se sent tenu de réagir aussitôt, en se laissant souvent guider par son intuition. « Elle m'oriente, que je le veuille ou non. » L'on s'imagine que cette personne hautement sensible n'emprunte pas les sentiers battus, contrairement à beaucoup d'adolescents. Il réfléchit par lui-même.

Cet enfant est-il sensible ?

River est régulateur dans une compagnie de taxis, aime les jeux de rôle et, au chapitre 1, j'ai mentionné le fait qu'il a demandé à sa mère d'héberger un sans-abri – autant de défis parfois risqués. Pourtant River comme ses deux parents s'accordent sur le fait qu'il est hautement sensible. Il en va de même de Janet, dix-neuf ans, qui vient d'entrer à l'université Columbia. Elle adore New York. Elle adore aussi jouer au football américain. Elle a commencé en quatrième, en se disant qu' « une fille est capable de tout faire ». Je connais aussi des adolescents sensibles qui ont traversé le pays à vélo, font du deltaplane, ont traversé à la nage les deux kilomètres séparant l'île d'Alcatraz de la baie de San Francisco et ont visité l'Inde seuls. Même s'ils n'accomplissent pas d'exploits majeurs, un grand nombre des adolescents avec lesquels je me suis entretenue aiment assister à de grands concerts ou événements sportifs, se mêler à la foule, passer par les quartiers sombres, attirer les regards par leurs tenues originales ou faire deux choses en même temps, comme parler au téléphone tout en cuisinant – des plaisirs dont la plupart des adultes sensibles se passent volontiers.

Ces jeunes sont-ils vraiment des EHS ? Assurément. (Bien sûr, certains EHS n'aiment pas ce genre de choses et un grand nombre de jeunes non sensibles les apprécient.) Toutefois, l'adolescence est la période où les EHS sont le plus enclins à essayer de nouvelles choses et sont le moins dérangés par la surstimulation. Toutes les études montrent que ce sont les jeunes enfants et les personnes plus âgées qui sont les plus sensibles dans tous les sens du terme. Ce trait de tempérament semble le moins marqué à l'époque de l'adolescence et au début de l'âge adulte. La meilleure preuve de cette sensibilité atténuée : même les adolescents les plus sensibles aiment généralement écouter la musique fort, même en apprenant leurs leçons. Soyez-en sûr, leurs goûts et leurs habitudes musicales auront changé passé la trentaine.

C'est aussi l'époque où ils se montrent le plus audacieux, voire héroïques, rejoignent des associations d'aide aux démunis, s'installent dans une grande ville ou démarrent leur entreprise. Vous les avez peut-être vus partir en terre inconnue à la recherche de trésors artistiques, historiques, ou de leurs racines, avec pour seuls bagages un sac à dos, un guide des auberges de jeunesse et un carnet pour écrire des poèmes et esquisser des scènes de rue. C'est une période d'une immense importance pour un EHS, l'occasion d'apprendre beaucoup sur le monde.

Cette diminution de la sensibilité et de la prudence résulte sûrement de plusieurs causes. Un afflux d'hormones et l'avancée en maturité du cerveau accroissent l'audace, la confiance et l'envie de tester ces nouvelles capacités. C'est une soif d'être présent, là, comme ce jour où vous avez franchi l'entrée de Disneyland ou d'un grand musée. Ils manquent d'expérience – ils ne savent pas encore à quel point le sol est dur et froid quand on dort par terre toute une nuit. Et peut-être la nature donne-t-elle aussi un petit coup de pouce hormonal à cet âge, car les mammifères doivent se détacher un peu de leurs parents pour laisser la place à de nouveaux petits. Enfin, les EHS en particulier sont susceptibles de relever des défis difficiles ou risqués pour montrer qu'ils ne sont pas différents des autres, qu'ils ne sont pas ce qu'ils savent secrètement être et qu'ils pensent être un défaut.

Quelques idées à garder à l'esprit avec votre adolescent sensible

La première règle lorsque vous conversez avec un adolescent consiste à déterminer si vous parlez à sa version adulte ou à sa version enfant. Il est vrai qu'il a hâte d'être adulte et d'être traité en tant que tel – c'est même l'objectif. D'autant plus qu'il pense et agit souvent avec une maturité remarquable. Mais à d'autres moments, il régresse : il se comporte comme un enfant et souhaite inconsciemment que vous le traitiez ainsi. Vous savez comment vous y prendre avec un adulte ou avec un enfant ; la difficulté consiste à deviner auquel vous vous adressez à ce moment précis.

Ce qui est aussi susceptible de poser problème, c'est que dès que vous répondez à celui qui s'est présenté à vous, il peut tout à fait devenir autre. L'adulte se trouve gêné d'être retombé en enfance, si bien que l'enfant à qui vous parliez grandit soudainement et perçoit votre aide comme une insulte. Ou bien l'enfant ne se sent soudain pas prêt à mûrir et à être séparé, et alors l'adulte à qui vous pensiez vous adresser a de nouveau besoin de votre aide et pense même qu'elle lui est due. Ce côté imprévisible n'est pas sa faute. Une telle transition ne se fait pas en un clin d'œil.

En outre, vous avez sûrement remarqué que vous ne vous adressez pas à un adulte comme un autre. Ce jeune adulte est à la fois très inexpérimenté et fait montre d'une confiance exagérée, voire parfois d'une certaine arrogance. Celle-ci provient du fait que, vers dix ou douze ans, le cerveau de l'enfant connaît une dernière période de croissance permettant le plein déploiement de toutes ses capacités de raisonnement – ce que le psychologue suisse Jean Piaget appelle les « opérations formelles ». (Bien que tous les enfants aient la capacité de réaliser des opérations formelles, celle-ci ne se développe pas toujours, notamment chez les enfants privés d'éducation.) Il est soudain capable de raisonner de façon systématique, d'appliquer mentalement des principes abstraits et d'imaginer tout un panel de conséquences, ou encore de tester ses hypothèses et de considérer la « vérité objective » (à son âge, il est convaincu de son existence). À l'école, il s'entraîne en permanence à la mettre en pratique et se voit normalement complimenter pour ce nouveau talent. Nouvelle, cette capacité de raisonnement semble être un outil merveilleux, en particulier pour un EHS : déjà capable de réflexion profonde, il s'en sert très bien. Il a l'impression de pouvoir régler tous les problèmes du monde et veut savoir pourquoi les générations précédentes ont laissé un tel chaos.

C'est l'âge où il faut vous armer d'une patience à toute épreuve tout en insistant sur un minimum de respect. Respect, honnêteté, gentillesse : votre EHS n'en sera probablement pas avare, moyennant seulement un petit rappel de temps à autre. À ce stade, votre travail consiste à apporter les finitions et la touche finale. Cependant, ces derniers détails, à l'instar des bougies d'une voiture, risquent de poser de gros problèmes si vous les oubliez. Même les adolescents sensibles sont capables de refuser d'accomplir les tâches qui leur ont été attribuées et sur lesquelles ils étaient d'accord – par exemple, accepter des missions plus contraignantes d'adulte, comme sortir les poubelles. Ils résistent avec une telle combinaison d'étourderie passive et agressive, de chantage émotionnel (« je n'en peux plus ») et de bons arguments qu'il peut sembler bien plus facile de laver vous-même la voiture ou la vaisselle.

Mais vous ne pouvez pas renoncer maintenant. Vous le devez à la société et au premier colocataire de votre enfant, sans parler de son futur conjoint. Insistez sur le fait de respecter ses engagements, sur un certain nombre de bonnes manières et une attitude tolérante (la bienséance de base), notamment envers les personnes aussi « nulles » que vous – car il a soudain découvert que vous étiez inexplicablement stupide et ringard. Vous devez persévérer tandis que votre adolescent doit de son côté continuer de s'opposer. Il en résultera ce que la nature a prévu : ainsi, ni l'un ni l'autre n'éprouverez autant de regret que vous ne le pensiez lorsque vous vous séparerez.

Ce que vous pouvez faire

Quand bien même votre adolescent vous semblera solide, brillant et confiant, continuez de suivre ces principes d'ordre général :

1. ***Veillez à ce qu'il vous parle, ou au moins à un autre adulte*** tel qu'un psychologue scolaire ou libéral, un proche bien disposé et impliqué, une personne de conseil, un entraîneur ou un ami de la famille qui s'intéresse à lui (essayez de savoir si cet adulte comprend ce qu'est une personne hautement sensible). Vous ou cette autre personne devez apporter la bienveillance, les conseils et le soutien habituels, mais aussi un recul qui tienne compte de son tempérament. Votre enfant a besoin de percevoir les bénéfices à long terme de cette capacité exceptionnelle d'observation qu'il possède, de sa perspicacité et de son originalité. Il doit aussi comprendre comment ajuster son style de vie en fonction de sa sensibilité – par exemple, s'accorder davantage de moments de repos, réduire les stimulations, faire attention à son niveau d'excitation et, pour le moment, accepter qu'une personne sensible ait besoin de plus de temps pour s'adapter à l'âge adulte.

2. ***Continuez d'évoquer avec lui la manière de gérer la surstimulation.*** Que cela ne soit pas sous la forme d'avertissements ou de conseils, qui ne feraient qu'insulter l'adulte intrépide qui se cache dans votre EHS. Limitez-vous à des observations. De plus, les messages que l'on adresse à un adolescent doivent rester brefs – quelques mots alors qu'il grimpe l'escalier ou descend de voiture. Cela peut aussi aider de vous montrer un peu ironique ou gentiment et affectueusement sarcastique. « Vu ton expression quand j'ai parlé de pilule, j'imagine que le grand sujet de la sexualité te taraude. Effectivement, cette année tu as passé ton permis, tu es entrée à l'université et tu as trouvé ton premier petit boulot. Comme tu n'as plus rien sur le feu, pourquoi ne pas t'attaquer maintenant à percer les mystères de l'amour ? »

3. ***Soyez généreux en preuves d'amour et n'hésitez pas à complimenter ses réussites.*** Maintenant que vous passez moins de temps ensemble, c'est le moyen de montrer de façon brève votre soutien. « Je t'aime. » « Que tu es belle. » « Au fait, ta note en algèbre est excellente. »

4. ***Encouragez son penchant pour la réflexion.*** Demandez-lui souvent son opinion, notamment sur des questions délicates, morales ou de politique mondiale. Vous et lui serez surpris de voir toute la sagesse qui en ressort. Et plutôt que d'insulter son intelligence en lui disant simplement de « dire non » aux drogues, à l'alcool ou au tabac, demandez-lui de se renseigner sur leurs effets sur l'organisme, en détail. (Quelques données répugnantes qui ne manqueront pas de l'interpeller : saviez-vous que si un fumeur se coupe un doigt, les médecins n'essaieront pas de le lui recoudre car ses vaisseaux seront en trop mauvais état ? Et lorsque le foie digère l'alcool, celui-ci devient toxique.) N'hésitez pas à demander à votre médecin s'il peut l'orienter dans ses recherches. Et plutôt que de simplement dire qu'il devrait attendre encore un an avant de passer son permis, faites-le chercher les statistiques des accidents provoqués par les jeunes conducteurs ainsi que le surcoût d'assurance.

5. ***Exprimez votre confiance plutôt que votre inquiétude ou vos doutes.*** Aussi souvent que possible, employez les phrases que je préfère pour cet âge : « J'ai confiance, tu feras ce qu'il faut » et « Réfléchis-y, puis fais ce qui te semble bien ». Si vous voulez ajouter un élément de prudence, essayez : « Je suis sûre que tu y as réfléchi, mais je me demande comment tu n'auras pas froid sous la tente. »

Vous ne serez peut-être pas aussi tranquille que vous n'en aurez l'air, mais comment parler autrement à un jeune adulte fier et réfléchi et comment pensez-vous que quelqu'un qui croit tout savoir puisse apprendre ? Exprimer des doutes lorsque cela n'est pas nécessaire est une insulte à sa capacité de jugement ainsi qu'à son indépendance. Cela ne vous mènera à rien. De plus, votre confiance est plutôt bien placée dans la mesure où les EHS, par nature, regardent où ils mettent les pieds.

6. ***Acceptez son besoin de prendre de la distance par rapport à vous.*** Ironiquement, plus vous étiez proches jusqu'à maintenant, plus il aura besoin de s'éloigner (en particulier les filles de leur mère). Vous retrouverez de longues discussions intimes, mais seulement quand il sentira qu'il pourra le faire sans perdre son identité d'adulte. Il y a aura certainement davantage de moments où vous vous sentirez complètement rejeté, comme si vous le répugniez. « Où est passée ma petite fille si affectueuse ? »

En réalité, il a besoin de se détacher, et cela lui est d'autant plus difficile que le lien était fort. Vous connaissez si bien votre enfant. Un mot vous suffit pour comprendre ce qui se passe, au ton de sa voix. Il passe en revue tous ses souvenirs de votre amour, de vos bons moments et surtout de votre soutien. Pourtant, il va bientôt devoir laisser tout cela derrière lui et partir avec le sentiment de ne plus faire qu'un avec vous, d'avoir un soi à lui désirant être davantage que votre enfant. Pour cela, il a besoin de posséder un monde intérieur intime où ce soi pourra terminer de se développer et découvrir son but, à l'écart de votre puissante influence.

7. ***Ne doutez jamais de votre importance ni de votre pouvoir.*** Avec un EHS notamment, votre opinion conserve son importance, de même que votre soutien. Mes recherches et d'autres études ont montré que le rôle du père est particulièrement essentiel lors de l'entrée des filles et des garçons dans le monde adulte. Même si votre EHS semble ne pas entendre vos idées, vous les verrez probablement bientôt mises en application.

S'ENTENDRE À LA MAISON

Après avoir abordé certains problèmes généraux auxquels votre enfant sera confronté durant ces années, la manière dont vous pouvez l'aider et quelques points essentiels pour communiquer avec un adolescent sensible, voyons comment réussir à cohabiter à la maison à cet âge.

De l'intimité pour préparer à quitter le foyer

Un adolescent sensible a véritablement besoin d'intimité, d'avoir sa chambre ou au moins une zone cloisonnée à lui où il peut se détendre et réfléchir à sa vie. Dans l'idéal, ce sera aussi pour lui sa première expérience de contrôle total d'un espace, qu'il décorera (ou non) comme il veut. Cependant, votre enfant n'étant pas encore tout à fait adulte, vous avez le droit de fixer certaines règles, telles que la fréquence du ménage et qui s'en charge. Mettez-vous d'accord sur la possibilité ou non d'y apporter à manger, et sur le fait qu'il ne s'y passe rien qui contrevienne aux règles de la maison ou à la loi, comme fumer, boire ou se droguer. S'il les enfreint, une conséquence raisonnable pourra être que la porte devra rester ouverte pendant un certain temps (un parent que je connais a même retiré complètement la porte, ce qui va peut-être un peu loin).

Expliquez-lui qu'à cet âge, l'usage privé de sa chambre est un privilège qui s'acquiert par la confiance. Ce qui s'y passe ne devrait pas être pour vous un sujet d'inquiétude. Tout le monde doit demander la permission avant d'entrer dans sa chambre. Personne ne doit fouiller dans ses tiroirs sans avoir une raison extrêmement bonne. En retour, vous pouvez imposer une règle supplémentaire selon laquelle, lorsque vous frappez, « Qui c'est ? » est la seule réponse autorisée. Si c'est vous, il doit poursuivre par un « Entre » ou « Juste une minute » et non par un « Je suis occupé ». Vous frappez par politesse, non pour obtenir une permission.

En revanche, lorsqu'un enfant demande à entrer dans votre chambre, faites-lui comprendre qu'ici l'accès n'est pas automatique – il s'agit réellement de demander l'autorisation d'entrer. Effectivement, les parents ont des privilèges que leurs enfants n'ont pas – jusqu'à ce qu'ils quittent la maison. En plus d'être juste à votre égard, cette manière de faire donne à votre EHS une raison de plus d'avoir hâte d'atteindre l'âge adulte. (Pour un EHS, les raisons d'avoir envie de grandir ne paraissent pas forcément nombreuses.) Vous soulignez également une réalité : gagner sa vie est la condition de l'indépendance et des privilèges. Un grand nombre d'EHS préféreraient retarder autant que possible cette indépendance financière qui leur semble si difficile. Mais c'est une leçon qui vaut pour tout le monde : si l'on accepte l'aide de quelqu'un, l'on finit généralement par devoir accepter le fait que cette personne s'occupe de nos affaires. Il n'y a pas de repas gratuits pour les adultes ; « heureux celui qui se débrouille. »

Donnez-lui toutes les responsabilités possibles

Normalement, vous avez déjà commencé à mettre en place ce que j'ai évoqué dans le chapitre précédent, c'est-à-dire confier à votre EHS la responsabilité d'autant d'aspects de sa vie que possible : alimentation, habillement, heure du coucher et à présent planning des activités et des devoirs.

Carin, qui apprécie une maison calme comme décrit au chapitre 4, avait déjà adopté cette approche. Avec ses deux adolescents : « S'ils ne s'occupent pas de quelque chose, je le leur signale une fois. Ensuite, je les laisse gérer les conséquences. » Au final, elle a peu de choses à leur reprocher, ce sont des « ados faciles ».

Cette méthode est non seulement une preuve de respect, mais vous lui fournissez aussi l'occasion d'apprendre les conséquences du manque d'attention, qui s'avère pénible à l'âge adulte. Un porte-monnaie mal rangé peut être volé, une paire de lunettes qu'on laisse traîner risque d'être cassée. Il lui restera moins de choses de ce genre à apprendre lorsqu'il sera seul.

Une responsabilité, c'est également une aptitude que l'on a apprise et que l'on met en pratique, ce qui peut être une grande source de satisfaction. Apprenez-lui à trier son linge, à repasser une chemise, recoudre un bouton ou réparer un trou, repriser une chaussette (ou savoir quand ce n'est plus faisable). Apprenez-lui aussi à cuisiner ! Cela nous plaisait beaucoup : tous les mercredis, l'un de nous trois préparait un repas de chef à partir de recettes que nous n'avions jamais essayées, que nous mettions de côté ou imaginions. Lorsque c'était le tour de mon fils, nous avions droit à d'étranges mariages très caloriques (gnocchis aux piments, accompagnés de boulettes de pain frit et d'oignons caramélisés). Il est maintenant très bon cuisinier.

Premier emploi, première voiture

Si votre enfant le peut, encouragez-le à trouver un petit emploi parallèlement à ses cours au lycée*. Il peut commencer par travailler pour vous ou un ami de la famille, mais n'hésitez pas à l'inciter rapidement à trouver un poste qui implique des démarches administratives, une

* Les *jobs* ou « petits boulots » sont beaucoup plus répandus aux États-Unis, du fait notamment de l'absence d'âge légal minimum pour travailler. [NdT]

pointeuse, etc. Il se confrontera à la réalité et découvrira qu'il est capable de gagner sa vie et de se débrouiller.

Outre le travail, c'est le moment de passer son permis de conduire et d'avoir une voiture. Ce sont de très grands pas pour un EHS, aussi est-il crucial d'attendre le bon moment. Mon fils n'a décroché son premier emploi qu'un an après son entrée à l'université et a appris à conduire plus tard encore, si bien que je ne suis pas partisane de précipiter les choses. Veillez toutefois à ce qu'il s'y consacre dès qu'il s'en sentira capable.

SURVIVRE AU LYCÉE

Depuis le collège, votre enfant a découvert le système des cours changeant toutes les heures, les journées enchaînant cinq ou six cours et autant de professeurs. Simple expérience : rendez-vous dans l'établissement de votre enfant au moment de l'interclasse. Écoutez le brouhaha ! C'est ce à quoi votre enfant est confronté, sans parler de l'environnement physique et social qui change à chaque heure, de même que les exigences de chaque enseignant. L'avantage, n'hésitez pas à le souligner, est que s'il n'apprécie pas beaucoup un cours, il ne dure pas longtemps. Il a aussi la *possibilité* de s'échapper : vous pouvez lui permettre de manquer quelques jours et il existe des endroits plus tranquilles comme la bibliothèque, une salle inoccupée, l'ombre d'un arbre. Cependant, survivre au lycée nécessite parfois des mesures créatives, voire hors du commun.

Deux histoires

Catherine, élève de première, est une EHS typique : elle s'exprime avec aisance, elle est mûre, extravertie mais vite fatiguée par les activités sociales, pleure facilement, n'aime pas le bruit et est extrêmement sensible aux besoins et aux sentiments d'autrui. Très consciencieuse et éveillée, « plus mûre que les enfants de son âge », elle a intégré un cursus pour enfants surdoués en CP. Elle avait toutefois plus de difficultés en mathématiques (l'anxiété et la surexcitation ont tendance à interférer avec les performances dans cette discipline), si bien que l'année suivante on lui a dit qu'elle ne pourrait plus suivre à cause de ses résultats en maths.

Sa mère l'a retirée de ce cursus, mais arrivée au lycée, Catherine a été de nouveau intégrée dans une filière de ce genre, en raison de sa sensibilité et de son intelligence. Il s'agissait cette fois d'un programme international destiné à offrir aux élèves américains un enseignement comparable à celui des Européens (dont le socle général est meilleur au lycée, mais qui doivent ensuite se spécialiser plus rapidement). Ce programme nécessitait qu'elle suive sept cours de niveau supérieur, sans vacances même entre chaque semestre.

Catherine suivait bien, mais se sentait souvent épuisée et pleurait souvent. Elle a donc décidé d'arrêter ce cursus en dernière année, après tout le travail qu'elle avait fourni. Comme elle l'explique : « Je veux être la meilleure en classe et aussi irréprochable à la maison, quel temps me reste-t-il pour moi ? » Il arrive que le meilleur moyen d'avancer consiste à s'arrêter, faire demi-tour, revenir sur ses pas et trouver un autre chemin.

Janet est une EHS du même type : relativement extravertie, mais n'ayant que quelques véritables amis, appréciant passer du temps seule et, elle aussi, « plus mûre que les enfants de son âge ». À l'instar de Catherine, sa sensibilité l'a favorisée sur le plan scolaire, si bien qu'en troisième elle a été orientée dans une filière lui permettant d'intégrer plus facilement les meilleures universités. Par ailleurs, alors qu'elle était en quatrième, sa mère a déclaré un cancer du sein.

Chaque année passée au lycée est devenue plus difficile que la précédente pour Janet. Sur le plan scolaire, tout se passait bien. Mais elle participait à de plus en plus d'activités extrascolaires (un point que les universités apprécient également*). Elle excellait en tout, aimait tout, mais « n'avait pas le temps de respirer ». Contrairement à Catherine, Janet n'a pas quitté son cursus spécial, mais en première elle a commencé à se renfermer. Elle regardait régulièrement des photos d'elle petite, en rêvant de cette époque bénie et en se demandant si elle avait sa place dans ce monde. Elle ne voulait pas en parler, si bien que sa mère l'a incitée à s'exprimer à l'écrit.

En terminale, sa mère a reçu un appel de la conseillère d'orientation qu'un ami était allé voir parce qu'il s'inquiétait pour Janet. La pression associée au souci qu'elle se faisait pour sa mère avaient fini par peser sur ses nerfs. La bonne idée de son ami ainsi que la réaction rapide de la conseillère ont permis à Janet de débuter une psychothérapie et de prendre des antidépresseurs, qui ont aussitôt soulagé sa dépression. Elle est entrée à l'université (c'est elle qui est à Columbia) et est toujours sous traitement. Elle est déterminée à gérer sa sensibilité à *sa* manière.

* Aux États-Unis, l'entrée à l'université fait l'objet d'une sélection sur différents critères : résultats au test d'entrée, mais aussi résultats durant les quatre années que dure le lycée, options suivies, activités extrascolaires, engagements divers, etc. Ce fonctionnement génère une pression qui se fait sentir dès le début du lycée sur les élèves, notamment pour intégrer les universités les plus cotées. [NdT]

Aider le lycéen sur le plan scolaire

Nous aborderons dans un second lieu l'aspect important que constitue la vie sociale. Intéressons-nous ici aux apprentissages scolaires. Faites en sorte que votre enfant se rapproche des meilleurs professeurs qui soient, *pour lui* : ceux qui enseignent les matières ou qui s'occupent des activités qu'il aime (théâtre, art, défis scientifiques, éloquence, etc.) ainsi que ceux qui l'apprécient véritablement. Il est probable que certains de ces enseignants soient eux-mêmes hautement sensibles. Leur classe sera son refuge et leurs encouragements ce qui le motivera plus que toute autre chose. (Je pense que les enseignants, dans leur ensemble, sont les personnes les plus importantes au monde.)

À propos des devoirs : restez à son entière disposition pour apporter tout type d'aide et soyez présent les premières années pour veiller à ce que les devoirs soient faits correctement et remis à temps. Abandonnez toutefois cette responsabilité dès que possible. Un EHS doit prêter attention à ces détails, en demandant si nécessaire, plutôt que de faire confiance à son intuition, souvent juste, mais parfois fausse, de ce qu'il croit qu'on attend de lui. Votre but est que votre enfant devienne indépendant et trouve lui-même sa motivation, de sorte qu'il fasse ses devoirs parce que cela participe à ses objectifs sur le long terme et non parce que quelqu'un le presse de les faire.

En réalité, à cet âge, la plupart des conflits, voire tous, sont intérieurs. Il veut faire ses devoirs, mais n'en a pas envie. Il veut se montrer serviable, mais d'un autre côté non. Vous pouvez l'aider à clarifier les raisons pour lesquelles il fait ou non les choses – dans le cas du travail personnel, la fatigue, l'ennui ou d'autres intérêts rivalisent avec les conséquences sur le long terme de ne pas le faire. N'hésitez pas à souligner les effets ultérieurs (il s'agit généralement du point de vue de l'adulte), mais sans ignorer non plus les autres arguments.

Aller ou non à l'université, une question qui se pose tôt au lycée

S'il vous faut confier le plus tôt possible ses responsabilités à votre enfant, c'est que bientôt vous ne serez plus à ses côtés pour le guider. L'objectif est qu'il soit consciencieux et qu'il réussisse ses études ou dans le cadre de son métier, où il se fixera lui-même ses priorités. Le temps que votre jeune adulte apprenne à le faire, il commettra sûrement des erreurs. Il est préférable qu'il les fasse à la maison que seul loin de vous.

Malheureusement, les critères d'entrée dans les universités américaines ne laissent pas la place à beaucoup d'erreurs. Dès le lycée, toutes les notes comptent. N'oubliez donc pas de continuer d'aimer votre enfant en dépit des coûteuses erreurs qu'il pourrait commettre, telles qu'oublier de rendre une dissertation ou choisir de ne pas réaliser certains projets. Plus vous l'aiderez à anticiper son avenir, mieux cela sera pour lui.

Durant la première année de lycée de mon fils, nous nous sommes assis ensemble et je lui ai expliqué ceci : « Je sais à quel point tu détestes faire la plupart du travail personnel que l'on te donne. Tu n'en vois pas l'utilité et tu as beaucoup d'autres intérêts et d'autres talents. Mais passons un marché : nous allons t'aider à aller à l'université, mais financièrement nous ne pouvons pas payer l'ensemble de tes études supérieures dans un établissement réputé. Il faudra que tu décroches une bourse au mérite, et elles ne sont offertes qu'aux meilleurs élèves. Toutes les notes que tu obtiendras à partir de maintenant compteront. Tout ce que tu dois apprendre à présent sera au programme des examens d'entrée à l'université. Nous allons t'aider de toutes les manières possibles – dactylographier tes devoirs, t'emmener à la bibliothèque et t'aider à trouver de la documentation, te faire suivre les éventuels cours de soutien dont tu aurais besoin, te défendre si tu as des problèmes avec tes enseignants. Mais réussir ou non à entrer à l'université, cela dépend de toi. Nous n'allons pas te pousser davantage à propos des devoirs. Nous te le rappellerons, mais seulement une fois. »

Ensuite, je lui ai exposé les conséquences s'il n'allait pas à l'université (elles sont plus parlantes encore pour les personnes sensibles, qui ont besoin de tous les diplômes possibles pour que leurs perceptions les plus profondes soient respectées). « Tu ne trouveras sûrement qu'un travail ennuyeux, avec un patron qui ne te laissera pas beaucoup d'indépendance. Tu vivras toute ta vie dans un appartement en location, ne pourras pas t'acheter de voiture neuve ni partir souvent en vacances, ou bien tu devras travailler beaucoup plus d'heures et il te restera peu de temps pour toi. » Puis, j'ai décrit la vie que l'on peut avoir avec un diplôme universitaire, et même celle avec un diplôme d'un établissement réputé, avant d'ajouter : « Si tu décides d'aller à l'université plus tard, par toi-même, ce ne sera pas facile de gagner ta vie tout en faisant des études. »

J'ai souligné le fait que nous l'aimerions quel que soit son choix, mais que nous tenions à ce qu'il soit conscient des conséquences de ce qu'il décidait de faire durant les années que durerait le lycée.

Je reconnais que ces paroles étaient dures pour un EHS, mais s'il était assez indépendant pour refuser de faire le moindre travail personnel (ce qui était le cas), il l'était assez pour entendre une description réaliste de ce qui est agréable et de ce qui ne l'est pas quand on a quarante ans.

Il existe des conseillers pouvant aider les lycéens à trouver l'université qui leur correspondrait. Ce peut être l'un d'eux qui adresse cet avertissement à votre enfant. « Voilà les faits. À toi maintenant de décider. » C'est simplement ce que la plupart des EHS ont besoin d'entendre, ils méritent qu'on le leur dise. Sachez que même si les EHS réfléchissent sans cesse aux conséquences, ils ne les *connaissent* pas forcément tant qu'on ne les leur a pas exposées clairement.

Fréquenter les meilleures universités, il n'y a pas que ça dans la vie

Malgré tout, je ne veux pas dire que tous les EHS doivent être incités à aller à l'université. Les explications que j'ai adressées à mon fils ne sont qu'un exemple permettant de vous montrer comment donner à un adolescent plus de responsabilités quant à son avenir. De nombreux EHS, évidemment, ne feront pas d'études supérieures. Cela ne fait simplement pas partie de leur parcours de vie. Et ceux qui iront ne le feront peut-être pas tout de suite, le temps de trouver leur voie. D'ailleurs, prendre une année ou plus avant de poursuivre ses études* n'est pas une mauvaise idée, bien que la plupart des enfants préfèrent suivre leurs pairs.

Ces décisions se prenant souvent au cours du lycée, si votre adolescent envisage l'université, je conseillerais fortement de vous orienter vers le privé, notamment un petit établissement, où le personnel et le corps enseignant remarquent davantage les élèves qui peinent sur le plan scolaire, social ou émotionnel, avant qu'il ne soit trop tard pour les aider. S'il doit aller dans une grande université, préférez-en une qui soit proche. La transition sera déjà suffisamment complexe à gérer sans ajouter aussi le changement de région, avec de réelles différences culturelles et climatiques. Essayez de faire en sorte qu'il partage sa chambre avec un camarade du lycée, car le panel de personnalités et de profils mentaux peut faire de la loterie de l'attribution des chambres un aléa trop difficile à supporter pour un EHS.

---

* Certaines universités américaines encouragent même les étudiants à prendre une année sabbatique, ou *gap year*, avant de débuter leurs études supérieures : cette année est généralement consacrée au bénévolat, à des stages, des études à l'étranger… [NdT]

LA VIE SOCIALE

L'adolescence est une grande période de socialisation. C'est la raison pour laquelle il existe un si grand nombre de clubs, d'équipes, de colonies de vacances, de groupes et d'orchestres, de journaux du lycée, etc. Soyez conscient de la stimulation qu'ils représentent pour votre EHS, qui auparavant était sans doute habitué à n'utiliser qu'une salle de classe, à n'avoir que quelques amis du voisinage et à rester à la maison avec vous.

Comment « beaucoup » devient « trop »

Les personnes hautement sensibles doivent trouver un bon équilibre entre trop d'activités extérieures et trop peu. Tant que votre enfant est encore à la maison, vous pouvez l'y aider. Il ressentira une immense pression à cet âge de faire autant de choses que les autres, mais il l'aura aussi au travail quand il sera adulte, ainsi que dans les autres domaines de sa vie.

De nombreux parents m'ont dit avoir eux-mêmes limité les activités de leur EHS, ce qui semble judicieux de prime abord. Toutefois, il faut que votre enfant voie par lui-même l'importance de se ménager, ce qui souvent ne se fait pas sans quelques déconvenues. Ce besoin de poser des limites et de les enseigner s'applique aussi au désir des EHS d'aider les autres. Qu'il s'agisse d'un ami en détresse ou d'une association caritative, votre EHS doit apprendre jusqu'à quel point il peut supporter les problèmes d'autrui avant qu'ils ne deviennent trop lourds pour lui-même. Il doit comprendre ce qui relève de sa responsabilité et ce qui n'en dépend pas. N'hésitez pas à discuter des différentes conséquences possibles s'il aide d'une certaine manière, d'une autre ou pas du tout. Ensuite, il prendra sa décision.

Gérer les blessures

Très conscients de leur image, les adolescents se vexent facilement. De nombreux spécialistes évoquent un type particulier de timidité débutant à l'adolescence, durant cette période hautement sociale où les jeunes gens changent énormément tant sur le plan physique que mental, et où ils ne cessent de se comparer entre eux ainsi qu'avec les adultes. Les EHS sont par nature encore plus conscients de leurs défauts et du regard des autres. Ils ont peut-être atteint ou au moins réussissent-ils à feindre une maturité qui leur donne l'impression d'être un peu au-dessus des passions et des coutumes adolescentes. Ils restent malgré tout vulnérables.

Qu'est-ce qui peut les aider ? Des centres d'intérêt et des amis en dehors du lycée sont souvent ce qui les sauve – par exemple des passe-temps, un petit boulot, des animaux de compagnie, la nature ainsi que des amis partageant leurs goûts. Une famille proche et aimante s'avère aussi très précieuse. Si vous avez un lieu de culte, ce peut également être un endroit bénéfique pour votre EHS. Pour résumer, il a besoin d'autres univers où diluer les expériences douloureuses auxquelles il est confronté au lycée et où prendre du recul par rapport à elles.

Heureusement, à mesure que les années lycée passent, la vie sociale tend à s'améliorer. Souvent, les différences et le fait d'être unique se transforment alors en atouts. À tout le moins, les « excentriques » et les « intellos » ont tendance à se trouver les uns les autres et à vivre ensemble leur subculture particulière. Ils se retrouvent en cours d'art ou de théâtre, en salle informatique, au sein de la rédaction du journal du lycée ou bien en littérature, en sciences sociales ou en sciences où leurs enseignants peuvent engager avec eux des conversations à leur niveau, ou encore les faire participer à des compétitions de type tournois scientifiques où ils pourront enfin révéler tous leurs talents. Ils commencent à briller d'une façon qui leur est propre et à s'attirer un respect nouveau. Renseignez-vous sur les opportunités qui pourraient intéresser votre EHS dans son lycée.

Mon fils et ses amis « différents » ont lancé dans leur lycée un journal alternatif intitulé *L'Ombre d'un canard enchaîné* (en référence au journal satirique). La publication a bien sûr été rapidement interdite, ce qui a rendu mon fils et ses acolytes plus intéressants encore aux yeux de leurs camarades, qui se le procurèrent alors sur le trottoir en face du lycée, hors de l'enceinte de l'établissement. À l'université, il a brièvement publié *Ce Cher Ami*, où tout article était permis à condition qu'il choque (et qu'il soit bien sûr plein d'esprit). Au début de l'âge adulte, ce regard véritablement différent que jette l'EHS sur le monde, associé à un élan nouveau d'audace et de confiance, peut faire de sa sensibilité l'atout social qu'elle est. Vous et lui devez simplement vous préparer à cette grande libération des entraves des années passées.

Vie sociale et sexualité – l'un ne va pas sans l'autre

Il est impossible de parler correctement de la vie sociale à cet âge sans tenir compte du fait que chaque fois que des adolescents se rencontrent, ces réalités de leur vie surgissent : ils ont débuté leur puberté, l'existence de deux sexes différents a pris une grande importance, leur corps éveille leur attention comme jamais il ne l'a fait, et la sexualité est toujours une possibilité ou au moins un fantasme aigu, pleinement ou à demi conscient. Soudain, les garçons et les filles s'essaient à être des hommes et des femmes. Au lieu de jouer séparément ou en groupes, ils sortent ensemble, ou pensent qu'ils sont censés le faire. Ce sujet est une préoccupation permanente. Les flirts alimentent les conversations. Les papotages et les discussions près des casiers permettent d'apprendre comment font les autres.

Les adolescents hautement sensibles vivent dans ce monde, que cela leur plaise ou non, et sont souvent plongés dans une ambivalence extrême. Ils ressentent l'énergie sexuelle qui couve en eux et ont envie de faire ce qui est normal, attendu, et leur permettra de se faire accepter. Mais dès le premier jeu de la bouteille ou de strip-poker, ils prennent conscience que ces contacts et cette sexualité désinvoltes ne sont pas pour eux. C'est trop effrayant, excitant, écrasant, à moins que l'autre ne soit une personne qu'ils connaissent bien, en qui ils aient confiance et qui soit mûre – une situation qui n'est généralement pas celle des flirts ou des jeux sexuels qui s'improvisent lors des fêtes.

Pour ma part, je me souviens du jour et de l'heure exacts où j'ai su que je ne saurais pas gérer cet esprit ludico-sexuel que l'on attendait de moi : c'était lors d'une sorte du jeu du bisou en cinquième. Ma solution, que j'ai vu d'autres adolescents sensibles adopter, a été de trouver un garçon et de rester plusieurs années avec lui (de treize à vingt-quatre ans). Ainsi, j'ai pu échapper complètement à ce système de flirts. Personne ne pouvait dire que je n'étais pas populaire parce que je ne participais même pas à la compétition. J'ai pu découvrir la sexualité de manière progressive, car nous étions tous les deux assez sensibles et réservés à ce sujet. Ma mère a désespérément tenté de nous séparer pour que je puisse vivre une adolescence « normale » ponctuée de rendez-vous, de fêtes et de nombreux petits copains différents. Cela ne m'intéressait pas le moins du monde.

Les adolescents sensibles doivent aussi apprendre à vivre avec un nouveau type de jugement porté sur eux. Ont-ils le bon style, une silhouette convenable ? Ils peuvent se montrer particulièrement durs envers eux-mêmes, certains que leur différence se lit sur leur visage, ou que les autres remarquent cette infime imperfection avec la même acuité qu'eux-mêmes ont pour ce type de détails.

Ils sont aussi perturbés par le fait que les flirts peuvent en un clin d'œil transformer de bons amis en rivaux, voire en traitres. Commérages et infidélités les choquent, de même que les mensonges dont les autres ne semblent pas faire grand cas. Ils se demandent pourquoi ils ne sont pas plus endurcis et plus aptes à donner ou à encaisser les piques comme si de rien n'était.

Une adulte sensible m'a raconté qu'au lycée elle se faisait harceler presque quotidiennement par un groupe de filles plus âgées parce qu'elle avait attiré l'attention d'un garçon de leur âge qu'elles considéraient comme faisant partie de « leur territoire ». La jeune fille avait eu l'impression de ne pas pouvoir s'en plaindre à quiconque et a dû supporter cette situation durant plusieurs années. Dix ans après, elle a revu l'une des filles dans un musée et une nouvelle vague d'impuissance et de peur s'est emparée d'elle, comme à l'époque, comme si tout cela avait eu lieu la veille. Ces expériences laissent effectivement des marques.

Que pouvez-vous faire en tant que parent ? Aidez votre enfant à avoir confiance dans d'autres choses que l'attrait physique afin de diluer le problème. Ce peut être l'écriture, l'art, l'informatique, les sciences, un petit boulot intéressant ou du bénévolat, ou encore un sport individuel (pour éviter que cette compétition ne se reproduise entre les membres de l'équipe). Vous pouvez aussi l'inciter à trouver des personnes partageant ses goûts et à fréquenter des camarades de l'autre sexe hors contexte de flirt plutôt que de subir la pression et l'ambiance sexualisée des fêtes et autres soirées.

En ce qui concerne l'activité sexuelle elle-même, encouragez votre adolescent à aller à son rythme. Dites-lui qu'il peut se fixer des limites différentes de celles des autres. Il peut résister à la pression, ou au moins un peu plus que les autres ne semblent le faire. Il ne s'agit pas d'être prude, même s'il peut craindre qu'on le considère ainsi. Ce n'est même pas forcément une question de moralité, mais seulement d'être à l'aise, d'écouter ce qu'il sait intuitivement lui convenir. Il est normal de se sentir intimidé, dépassé, apeuré à l'idée d'avoir un rapport ou toute autre activité sexuelle. Cela n'est pas un problème de ne pas s'y lancer.

Certains adultes sensibles m'ont expliqué avoir pris une autre voie à cet âge. Pour se faire accepter et dissimuler leur réticence, ils ont eu des expériences sexuelles dès qu'ils l'ont pu, pour se débarrasser du sujet. Tous ceux à qui j'ai parlé m'ont dit l'avoir regretté ensuite, que c'était justement la chose à ne pas faire pour une personne hautement sensible. Malgré tout, ils ne considèrent pas que les dégâts soient irréparables ; on apprend parfois les choses par la manière forte.

Votre EHS peut être très conscient du sujet, mais mal informé. Il peut se sentir embarrassé à l'idée d'en parler, surtout si vous êtes mal à l'aise. Vous ou une autre personne devez donc amener le sujet, et parler de tout. Si c'est vous, n'hésitez pas à évoquer vos valeurs et ce que vous avez appris de vos erreurs.

Un EHS pensera sans doute beaucoup aux conséquences des rapports non protégés, mais il est possible qu'il n'en sache pas grand-chose ni la manière de les prévenir, à moins que vous ne le lui ayez expliqué clairement. Les maladies sexuellement transmissibles et les grossesses non désirées ont de telles répercussions que vous ne pouvez pas simplement vous dire qu'il doit être au courant. Par exemple, décrivez-lui très clairement ce que serait sa vie si il ou elle décidait d'être parent alors qu'il n'est encore qu'un adolescent (même consciencieux). Évoquez les côtés positifs et négatifs. Apportez des informations plutôt que de faire un sermon. Éclairez-le sur les maladies sexuellement transmissibles et assurez-vous qu'il comprenne qu'il n'existe toujours aucun traitement contre le SIDA.

Si votre EHS a peu de vie sociale

Concernant la vie sociale, la difficulté peut être de faire s'ouvrir davantage votre EHS au monde et aux autres. S'il a au moins un bon ami et qu'il sort de la maison, pas d'inquiétude. Peut-être a-t-il trouvé un moyen détourné d'échapper à l'angoisse sociale des adolescents.

En revanche, les choses se compliquent maintenant que le monde vient aux adolescents *via* Internet. Les garçons sensibles en particulier semblent enclins à s'installer dans une vie sociale et intellectuelle centrée autour de ce qui confine à une réalité virtuelle. Quelle solution idéale (en apparence) ! Le savoir et les gens sont à portée de doigts, sans la stimulation excessive du monde agité et bruyant qui se trouve à l'extérieur de la chambre.

Internet est génial ; impossible de se préparer au monde d'aujourd'hui sans le maîtriser. S'y connaître en informatique s'avère aussi un atout indéniable. Pourtant, seul un idiot (n'hésitez pas à me citer, mais je ne suis pas sûre que cela vous aidera) pourrait penser qu'il peut remplacer une véritable présence pour ce qui est des apprentissages et des relations. Toutes les nuances émotionnelles sont perdues et la réduction des stimulations donne l'impression erronée que la communication humaine est facile. Prendre la parole en classe, parler à une personne réelle et attirante du sexe opposé ou faire valoir ses principes moraux face à un grand nombre de personnes sont autre chose. C'est dans ce monde extérieur agité et bruyant que se forge le caractère.

Exposez à votre enfant quelles peuvent être les conséquences s'il entre dans le monde adulte sans avoir suffisamment d'expérience sociale et pratique, cela devrait suffire. S'il reconnaît souffrir d'une addiction (il est préférable que ce ne soit pas vous qui prononciez ce terme en premier), décidez ensemble de mesures à mettre en œuvre pour la pallier. Vous serez surpris de voir toute la peur que cache sa résistance et combien les premiers pas seront petits. S'il a un ami proche avec qui il peut tenter cette entreprise, la différence sera énorme.

Sachez qu'une attitude autoritaire, telle que confisquer l'ordinateur, a toutes les chances de s'avérer improductive. Il y aura accès dans de nombreux autres endroits ailleurs qu'à la maison, ou bien il quittera tout simplement la maison pour se réfugier dans quelque studio. Incitez-le à décrocher par la séduction, par la raison et la patience, mais pas en l'y contraignant. Il faut que l'objectif soit commun à tous les deux.

Votre but est que votre enfant ait des activités et des amis en nombre raisonnable, mais ne vous attendez pas à ce que ces activités et ces amis soient celles qu'a un adolescent « moyen ». Votre EHS préférera peut-être les jeux de rôle au parc avec des copains « geeks », à l'instar de River, s'initier à la photographie avec un professionnel qui a la cinquantaine ou faire de l'escalade avec des gens plus solitaires taillés pour la vie en extérieur. N'oubliez pas notre devise : « Pour avoir un enfant exceptionnel, vous devez être disposé à avoir un enfant exceptionnel. »

LA VIE INTÉRIEURE

Certains adolescents sensibles ont moins de vie sociale parce que leur vie intérieure est très active. Il faut trouver un équilibre entre l'extérieur et l'intérieur – toutes les traditions centrées sur l'intériorité le confirment. Toutefois, cet intérêt est on ne peut plus normal, notamment chez les personnes sensibles.

Un grand nombre d'EHS vivent, dès l'enfance, des expériences contemplatives ou mystiques. Même sans éducation religieuse, ils ont parfois déjà prié, rencontré des anges, entendu des voix et fait l'expérience de la transcendance – ne vous inquiétez pas, ils sont tout à faits normaux et sains d'esprit. D'autres prennent conscience de cet aspect de la vie à l'entrée dans l'âge adulte et, même s'ils n'ont pas été exposés auparavant aux idées religieuses, aux pratiques spirituelles ni au langage de l'expérience mystique, ils s'y lancent avec tout leur cœur.

Je n'ai pas connaissance d'indices permettant de prédire qui s'immergera soudainement dans la religion ou se convertira. Il ne s'agit pas non plus forcément d'une décision définitive et tragique, bien que cela puisse être un choc pour les parents. La meilleure manière d'éviter qu'il ne se trouve attiré par des inepties ou simplement la nouveauté consiste probablement à avoir des discussions ouvertes avec lui et à les lui présenter. Religions, rituels, prêcheurs et idées inconnues paraissent plus « sacrés » et divinement attirants. Devant un tel « buffet garni » de religions, il vaut la peine de parler de la valeur nutritionnelle des différents plats. Quelques informations objectives (c'est-à-dire sans grands préjugés) à propos des diverses religions pourra s'avérer utile, avec peut-être comme fil conducteur l'idée qu'il existe plusieurs chemins menant vers un même but, mais que celui avec lequel vous avez grandi a l'avantage d'avoir des racines profondes dans votre esprit. Restez toutefois *ouvert* et montrez votre intérêt de sorte que votre EHS n'hésite pas à vous faire part de ses expériences et de ses idées.

Quelle que soit la manière dont votre enfant exprime cet aspect de sa sensibilité, il me semble qu'il s'agit là de l'une de ses plus belles facettes. Et une fois épanouie, elle constitue alors l'une des contributions au monde les plus précieuses.

LE DÉPART VERS L'ÂGE ADULTE

Le changement le plus difficile dans une vie est sans doute le moment où l'on quitte la maison pour fonder son propre foyer. Cette étape se révèle plus dure encore pour les EHS : nous avons parlé tout au long de ce livre de l'épreuve que représente pour eux le moindre changement. Ne soyez donc pas surpris si votre adolescent étale son départ ou bien remplace ce grand événement tant redouté par plusieurs départs.

La première expérience de départ de la maison peut avoir lieu juste après le lycée ou se trouve parfois repoussée après l'université. L'entrée à l'université peut s'apparenter à une rupture majeure – ce qu'elle est effectivement du point de vue psychologique puisque votre enfant y sera seul. Quelle que soit la façon dont vous les y préparez, de nombreux EHS abandonneront l'université parce qu'ils s'y sentent submergés. Faites votre possible pour remettre cette reculade dans son contexte afin qu'elle ne soit pas une source de honte, mais au contraire une sage décision au vu de ce à quoi il a été confronté. Laissez-le revenir à la maison ou dans votre commune et s'inscrire dans un établissement local, même pour certains cours seulement au sein d'une formation courte. Incitez-le à travailler, même à temps partiel. Le fait de devoir gagner sa vie est une expérience qui a conduit un certain nombre de jeunes adultes sensibles à retourner sur les bancs de l'université ou même de grandes écoles. Ayant d'abord appris à se gérer financièrement, il sera d'autant plus préparé à l'université.

Il ressort des études et des observations de tout un chacun que les personnes hautement sensibles se stabilisent plus tard que les non-sensibles. Elles trouvent un métier plus tard et si les jeunes femmes sensibles se marient plus tôt que les non-sensibles (heureusement cette tendance s'atténue), elles ne trouvent souvent un partenaire véritablement approprié que plus tard, après un divorce[103].

De nombreux facteurs expliquent ces « retards ». Ces jeunes sensibles sont encore en train de construire leur confiance en eux, en tant que minorité dans un monde favorisant sa part majoritaire de non-sensibles. Ils commettent des erreurs en adoptant les choix de personnes non sensibles, doivent alors faire demi-tour et retenter leur chance. Enfin, ils évitent de s'engager parce qu'ils réfléchissent de manière plus approfondie aux autres alternatives possibles et voient mieux les conséquences d'une décision impulsive.

Que pouvez-vous faire ? Écouter. Écouter encore.

Lorsque votre jeune adulte sensible vous demande votre avis

Quand votre EHS vous demandera ce que vous pensez de ses projets d'indépendance, ce qu'il fera très certainement, votre tâche, comme toujours, consistera à trouver le juste milieu entre surprotection et encouragements à s'exposer à davantage de stimulations et de risques.

Pour aider quelqu'un à prendre une décision, je préfère me concentrer sur le processus : l'aider à identifier l'ensemble des problèmes et des sentiments liés plutôt que de dire ce qu'il devrait faire. Votre objectif consiste donc non seulement à ce qu'il prenne la bonne décision, mais à veiller également à ce qu'il apprenne à prendre lui-même les futures décisions qui changeront sa vie. Vous lui enseignez le fait qu'un choix avisé nécessite de rassembler toutes les informations disponibles et de demander à des gens susceptibles d'avoir plus d'expérience sur le sujet en question, de laisser mûrir toutes ces données, de peser chacune des décisions possibles pour voir comment il vivrait avec, puis d'aller de l'avant sans trop regarder derrière lui.

Maintenant que nous avons souligné votre objectivité, il faut admettre que parfois vous puissiez avoir l'impression que votre enfant en fait trop, ou pas assez. Abordons ces points l'un après l'autre.

Modérer des projets qui vous semblent trop audacieux

Tout d'abord, que faire si vous sentez qu'il faille limiter l'ampleur des projets de votre enfant ? Il vous présente une idée : il postule à un emploi, le premier de sa carrière, à plus d'un millier de kilomètres de chez vous. Il travaillera dans un milieu très compétitif, avec beaucoup de pression et, étant donné ses précédentes réactions lorsqu'il s'est éloigné de son territoire, vous vous dites qu'il vise trop haut. Cependant, vous n'avez pas envie de lui mettre des bâtons dans les roues. Que faire ?

1. *Posez des questions* pour savoir s'il a pensé à la manière dont il gérera la situation. Vous serez surpris de voir combien il y a réfléchi. Si vous percevez des lacunes majeures dans sa réflexion, demandez-lui gentiment s'il a pensé à ces points.

2. *Pesez ensemble les avantages et les inconvénients,* mais de son point de vue – vous changerez peut-être d'avis.

3. *Suggérez d'atteindre le même but* via *des étapes moins conséquentes.* Par exemple, postuler à un emploi similaire, mais plus proche de la maison ou bien proposer qu'il habite au départ chez un ami ou un proche vivant dans la région. Mais une nouvelle fois, faites en sorte qu'il ne s'agisse que de vagues possibilités de façon qu'elles deviennent ses idées et non les vôtres.

4. *Parlez de vos préoccupations comme étant les vôtres.* « J'ai peur que tu ne sois pas heureux dans un milieu si différent. » « Tu me manquerais si tu étais si loin de la maison et je crois que nous te manquerions aussi. »

5. *S'il est déterminé à poursuivre sur son idée, parlez de la façon dont il le prendrait si cela ne fonctionnait pas.* Cela n'est souvent pas très grave. Vous accepterez mieux les risques tous les deux s'il existe un moyen de s'en sortir élégamment. Mettez au clair les conséquences pratiques et psychologiques.

Donner plus d'ambition à des projets qui vous semblent trop prudents

Que faire si votre fils envisage de rester indéfiniment chez vous et que cela ne vous semble pas judicieux ? Aider un jeune adulte à quitter le nid s'avère extrêmement délicat. Vous n'avez pas envie qu'il se sente rejeté. Toutes vos paroles doivent aller dans le sens de ce qui semble le mieux pour lui, et non de votre propre envie qu'il parte ou qu'il se comporte comme les jeunes de son âge.

Qu'est-ce qui est le mieux ? Le début de l'âge adulte est une période d'expérimentations et d'aventures ; l'on passe par des erreurs avant de se stabiliser. C'est une époque que l'on ne regrette pas, ou qui au contraire peut laisser d'amers regrets si l'on ne se lance pas. Les EHS sont capables de comprendre les conséquences sur le long terme si vous les leur soulignez.

En revanche, si votre enfant se consacre à une vie intérieure d'étude ou d'expression personnelle, ou n'explore que le monde à proximité de chez vous, qui êtes-vous pour lui dire de faire autrement ? Essayez d'adopter son point de vue et de vous dire qu'il existe de nombreuses manières différentes d'aborder ce monde.

1. ***Soyez d'abord sûr que votre jeune adulte ait besoin qu'on le pousse.*** S'il envisage de partir à un moment ou à un autre, la question est dans combien de temps et pas s'il partira ou non. Accordez-lui ce délai. Les EHS ont besoin de davantage de temps pour effectuer cette transition. Prenez en compte ce qu'il fait : s'il s'oriente vers le métier de violoncelliste professionnel, est-il également nécessaire qu'il sillonne le monde et qu'il enchaîne les conquêtes ? Pour un EHS, les aventures intérieures comptent autant que les expériences extérieures.

2. ***Cherchez-lui une personne de bon conseil.*** Si vous pensez qu'il souffre de problèmes émotionnels, il peut s'agir d'un thérapeute. Ou bien de tout adulte qui ait une personnalité ou un tempérament similaires. Le mentor est une personne qui aide un jeune à se lancer dans l'âge adulte, un rôle qui peut être difficile pour les parents pour la simple raison qu'ils symbolisent le foyer et l'enfance. Expliquez à cet adulte le problème tel que vous le voyez, puis laissez-les y travailler ensemble.

3. ***Envisagez une initiation.*** Les cultures traditionnelles comportaient des rites de passage. L'on y entrait A et l'on en sortait B – ici, devenu adulte. Bar et bat mitzvahs remplissent encore cette fonction. Les remises de diplômes vont dans ce sens à un certain égard, mais ces

rituels demeurent volontairement rationnels et non religieux, sans « espace rituel » ni longue préparation. Dans certaines régions des États-Unis, l'on peut trouver des personnes ou des associations qui proposent de telles initiations empruntant aux rites amérindiens comme la « quête de vision » lors de laquelle les garçons deviennent hommes ou la « voie de la bénédiction » navajo par laquelle les filles deviennent femmes.

Les jeunes adultes imaginent parfois eux-mêmes leur initiation : un voyage façon routard ou l'apprentissage d'une compétence délicate hors du commun. N'hésitez pas à encourager de tels rites informels. Si votre fille ne semble pas prête à quitter la maison, mais a envie d'entreprendre un long voyage, seule dans un pays étranger, allez dans son sens. Elle travaille elle-même à opérer cette transition. Elle cherche quelque chose qui soit suffisamment enthousiasmant pour sortir de votre giron et tente de booster son « système action ». Être adulte, ce n'est pas seulement vivre seul et avoir un travail – il est préférable que ce soit davantage que cela si vous devez l'encourager dans cette direction.

4. ***Abordez gentiment le sujet pour voir s'il préoccupe aussi votre enfant :*** craint-il de ne jamais quitter la maison ou bien est-ce que cela ne lui semble pas un souci ? Ce sont deux problèmes différents. S'il s'agit d'une peur, efforcez-vous de réduire la honte et la surexcitation, qui ne font que l'aggraver, et ensemble mettez en place une stratégie par étapes (voir ci-dessous).

S'il n'a tout simplement pas envie de partir, mais que vous voulez qu'il vole de ses propres ailes, évoquez la manière dont cela peut influer sur sa vie dans cinq, dix ou vingt ans. En dernier recours, expliquez-lui votre propre opinion sur cette question si vous ne souhaitez plus qu'il vive avec vous. Faites en sorte que ces sentiments ne soient pas dirigés contre lui précisément, mais expliquez que vous avez besoin de vivre cette étape de votre vie sans enfants, ou avec moins d'enfants (ou quelque bonne raison que vous ayez). Sachez que si vous soulevez des considérations économiques ou le travail supplémentaire qu'il vous occasionne, il risque de simplement proposer de payer sa part. Toutefois, si c'est ce dont vous avez besoin pour faciliter la cohabitation, n'hésitez pas à parler d'argent et passez un accord.

5. ***Mettez en place une stratégie progressive.*** Où habitera votre jeune adulte ? Comment gagnera-t-il sa vie ? Comment se sentira-t-il, seul ? Encouragez-le à travailler sur ces points l'un après l'autre ou un peu sur chacun. Il n'a pas à les régler tous d'un coup. Il peut commencer par habiter juste en bas de votre rue, emménager chez un ami ou entreprendre un grand voyage. Quant à l'indépendance financière, il peut l'obtenir en prenant d'abord un emploi à temps partiel, avec une aide ponctuelle de votre part pour le loyer en cas de besoin. L'indépendance émotionnelle vient avec les deux autres, mais vous restez disponible toute votre vie pour le soutenir. « Avoir son chez-soi » ne veut pas dire se priver de famille et d'amis.

ENFIN, ŒUVREZ À VOTRE PROPRE DÉVELOPPEMENT

Pour terminer, je laisse la parole à une personne que je respectais profondément et qui m'a donné ce conseil à la naissance de mon fils. Tout mon travail à présent, m'a-t-elle confié, consiste à poursuivre ce processus : laisser mon enfant s'en aller en l'aidant à se séparer de moi – un processus qui a démarré quand il est sorti de mon corps.

« C'est cette tâche que la plupart des parents ne parviennent pas à maîtriser. Ils traitent leurs enfants comme autant de prolongements d'eux-mêmes. À chaque âge, ils pensent que leurs enfants sont plus jeunes, plus faibles, plus dépendants et plus semblables à eux-mêmes qu'ils ne le sont en réalité. Cela déplaît aux enfants, si bien qu'au lieu d'obtenir l'intense proximité qu'ils recherchaient, les parents créent une distance plus grande encore. »

Mon amie voulait dire que tout parent doit apprendre à gérer le fait que son enfant change. Je crois que les parents d'EHS doivent particulièrement veiller à montrer l'exemple en gérant le changement de manière souple, afin que leurs enfants puissent les imiter et ne souffrent pas des effets subtilement handicapants d'une immaturité installée. Les personnes hautement sensibles sont nombreuses à conserver une sorte de puérilité parce qu'elles abhorrent le changement qu'implique le fait de grandir. Tout changement comporte une perte et toute perte est synonyme de chagrin. Si les changements sont volontaires (beaucoup semblent l'être même s'ils ne le sont pas), se pose aussi alors le problème des risques. Pourquoi prendre des risques ? Les personnes sensibles ne les apprécient pas. Les parents non plus. Nous ne voulons pas perdre quoi que ce soit et ne voulons pas courir le risque que quelque chose arrive à notre bébé. Pourtant, c'est nous qui devons apprendre à nos enfants à grandir, à s'épanouir et même à vieillir.

Permettre cela ne veut pas dire pour autant se déconnecter, ne plus aimer ni refuser d'être aimé en retour. Au contraire, l'amour et le lien véritable n'existent que si l'on est deux, et non pas un. Un enfant, par nature, ne peut pas vous aimer si vous ne le laissez pas devenir lui-même.

Quand il aura autour de trente ans, il sera devenu un adulte et un ami. Conservez les limites et le comportement que vous auriez avec n'importe quel ami. Vous vous souvenez – comme si c'était hier – de lui tout bébé, puis bambin pendu à vos jupes et enfant câlin, mais sachez que votre jeune adulte n'en a pas de souvenir aussi clair. Si vous voulez que vos liens demeurent forts à présent, il faut que vous ayez des intérêts communs. Tenez-vous au courant de sa carrière et autres activités. Et, bien sûr, soyez proche de vos adorables petits-enfants et aimez-les. Si certains d'entre eux sont hautement sensibles, vous saurez quoi faire.

Pour connaître les dernières études relatives aux adultes et aux enfants hautement sensibles, demandez notre lettre d'information *Comfort Zone* (en anglais) en écrivant à P. O. Box 460564, San Francisco, CA 94145-0564, États-Unis, ou bien consultez le site www.hsperson.com.

VINGT CONSEILS AUX ENSEIGNANTS

1. ***Sachez que chaque classe présente un large panel de tempéraments dépendant de facteurs biologiques, et que 15 à 20 % sont des enfants hautement sensibles (EHS).*** Comme l'explique cet ouvrage, un EHS possède de naissance un système nerveux qui fait qu'il va préférer observer toutes les subtilités d'une situation donnée et traiter en profondeur toutes ces informations avant d'agir. En conséquence, cet enfant a tendance à être très réfléchi, intuitif et créatif (il ressent intimement comment les choses en sont arrivées à être ce qu'elles sont et ce qui pourrait s'ensuivre) ; consciencieux et soucieux de justice ainsi que des sentiments d'autrui ; conscient des changements subtils, des détails, de « la petite chose qui manque ». Ce trait de tempérament fait qu'il se sent aussi plus facilement submergé ou blessé, tant sur le plan physique qu'émotionnel ; il met plus de temps pour s'ouvrir et s'intégrer ; il peut être silencieux et réticent à parler en classe. N'interprétez pas mal le fait qu'il reste en retrait : c'est plutôt pour vous l'occasion de développer des dons inhabituels.

2. ***Tenez-vous informé des études consacrées aux différences de tempéraments et à leurs effets sur les modes d'apprentissage.*** Concernant les EHS, aidez les parents et vos collègues à comprendre qu'il s'agit d'une variation comportementale d'origine génétique non modifiable, parfaitement normale (on dénombre le même pourcentage d'individus présentant cette caractéristique au sein de quasiment toutes les espèces). Ce trait comporte des avantages et des inconvénients selon la situation.

3. ***Collaborez avec les parents de votre EHS.*** Ils sont souvent à même de proposer des idées et des stratégies utiles pour travailler avec leur enfant. Ils ont aussi besoin que vous les rassuriez. Ils voient à la maison un enfant brillant, capable et ouvert et craignent que vous ayez une autre vision de lui à l'école.

4. ***Si vous rencontrez des difficultés avec cet élève, rapprochez-vous de ses enseignants précédents*** pour voir quelles stratégies ont fonctionné par le passé. Ne partez pas sur le principe que l'enfant cherche à provoquer ou qu'il soit perturbé s'il ne répond pas comme vous l'attendiez. Avec ces enfants, tout repose sur une bonne compatibilité entre leur tempérament et leur environnement. Avec l'âge, ils s'adapteront à leur milieu, mais pour le moment ils ont besoin que ce soit leur environnement qui soit adapté à eux.

5. ***Faites preuve de créativité avec un EHS, car lui n'en manque pas.*** Choisissez-lui des activités liées aux arts visuels ou du spectacle ; proposez des exercices d'écriture créative ou des problèmes pointus. Sélectionnez des textes abordant des problèmes moraux complexes ou polémiques. Comme ces enfants ont souvent une grande maturité d'esprit, laissez-les rester avec vous pendant les pauses, vous aider à ranger ou à préparer la classe. Souvent proches de la nature, ils

s'épanouiront sur des projets liés aux plantes, au jardinage ou aux animaux. Sensibles aux intentions d'autrui et à la communication non verbale, ils se révèlent souvent de bons choix pour aider les élèves qui ne parlent pas la langue couramment.

6. ***Surveillez son niveau d'excitation.*** Chaque personne se sent mieux et apprend mieux lorsque son niveau de mobilisation est optimal – quand il n'est ni sur- ni sous-suscité. Un EHS est plus facilement surstimulé que les autres enfants et a besoin de davantage de calme autour de lui ainsi que de plus de temps de repos pour analyser ses expériences. Ce point influe sur l'ensemble de ses efforts scolaires. Étant donné que récupérer après un moment de surexcitation prend au moins une vingtaine de minutes, il s'avère souvent préférable d'éviter carrément tout épisode de surexcitation. De plus, une fois qu'il aura associé l'école avec un état aigu ou chronique de surexcitation, l'élève redoutera d'y aller et entrera dans cet état à la seule pensée de s'y rendre.

7. ***Trouvez un juste équilibre entre incitation et protection.*** Des études ont montré que chez un EHS qui se sent en sécurité, des situations de mobilisation en quantité modérée en début d'année diminuent le risque qu'une même situation ne crée un état de surexcitation plus tard dans l'année. Toutefois, un EHS déjà très stressé vivra mal d'être poussé ainsi. Essayez de sentir à quel moment il est possible de le pousser et quand il vaut mieux vous abstenir. Évitez cependant d'exempter totalement l'élève de ce qui lui pose difficulté (par exemple, faire une présentation à l'oral ou envoyer le ballon). Cela ne ferait que lui ôter tout espoir et le convaincre qu'il a un défaut. Attendez le bon moment pour lui demander de se présenter devant les autres ; préparez-le par étapes (il fera sa présentation devant un autre élève, puis quelques autres avant de passer devant toute la classe, etc.) ou trouvez une solution équivalente (servir au volley-ball peut être plus facile qu'au

base-ball). Veillez à ce qu'il réussisse suffisamment chaque étape et félicitez-le assez pour qu'il ait envie de passer à la suivante.

8. ***Organisez-vous pour éviter les épisodes de surexcitation non nécessaires dans la classe.*** Par exemple, avec de jeunes enfants, passez à des activités plus calmes, emmenez la classe se promener ou laissez le choix à chacun en encourageant les EHS à préférer quelque chose de calme. Aux plus grands, confiez de plus en plus la responsabilité de trouver des façons de s'apaiser seuls et de gérer leur manière d'exprimer leurs réactions. Par exemple, mettez-vous d'accord à l'avance sur le fait que pour prévenir la surexcitation, il pourra s'isoler au calme dans le « coin lecture » (essayez d'en aménager un, délimité par des étagères basses) ou bien sortir quelques minutes respirer, boire un verre d'eau ou rester dans le couloir. S'il a du mal à vous poser des questions devant toute la classe, donnez-lui une carte qu'il posera sur sa table quand il aura besoin d'aide. Ne le réprimandez pas s'il a besoin que vous lui répétiez les consignes en privé.

9. ***Laissez les EHS s'intégrer à leur propre rythme.*** En maternelle ou bien en début de collège, cela peut leur prendre des semaines, des mois, voire une année pour s'ajuster à leur nouvel environnement. Surtout s'ils sont petits, s'ils refusent de se joindre aux autres, laissez-les prendre leur temps. Ils ont peut-être simplement besoin d'une période d'observation. N'y prêtez pas trop attention, cela ne ferait que ralentir le processus, et ne qualifiez pas ce comportement de timide ou de craintif. La prudence ne mène pas à la peur tant que cette prudence ne se trouve pas justifiée. Rappelez-vous que les EHS sont conservateurs ; ils n'aiment pas prendre de risques tant qu'ils ne se sentent pas en sécurité et à leurs yeux une journée d'école semble être une succession de risques.

10. ***Pour inciter un élève sensible à participer en classe, faites en sorte qu'il soit détendu et que le niveau d'excitation soit faible.*** Incitez un plus grand à parler devant la classe en le faisant d'abord lire à voix haute s'il lit bien, ou bien par groupes de deux. Faites en sorte que les silences ne soient pas gênants. Félicitez-le pour ce qu'il dit sans commenter sur les difficultés qu'il a pu éprouver. Soyez assuré que lorsqu'il se sentira en sécurité, il aura beaucoup à partager. Ces enfants deviennent même souvent les élèves les plus bavards, les plus créatifs et les plus vivants.

11. ***Soyez conscient que parfois votre attention, même si vous ne voulez que l'aider, ne fait qu'augmenter sa surstimulation.*** Par exemple, il peut être préférable de ne pas le regarder lorsque vous vous adressez à lui. Lorsqu'il doit réaliser une présentation, ne le mettez pas en difficulté avec une quantité de questions. Partagez plutôt vos propres expériences (le nom de votre chien à vous, votre propre voyage à la mer) et laissez-le répondre. Lors des discussions en classe, invitez-le à participer en lui laissant un moment pour s'exprimer ; s'il ne dit rien, continuez comme si de rien n'était ou bien proposez une réponse possible, comme « Tu pensais peut-être à... » ou « Est-ce qu'on peut dire que tu pensais que... ».

12. ***Découpez les tâches en petites étapes.*** Avec un EHS, cela vous fera gagner du temps sur le long terme. S'il commence à s'inquiéter, revenez en arrière et trouvez une mission plus simple et plus facile. Par exemple, pour préparer un jeune EHS à rentrer chez lui (un moment de transition notable lorsqu'il est déjà fatigué), il est possible de scinder cette tâche en plusieurs parties. Ne lui demandez pas « de se préparer à partir », mais plutôt « d'aller chercher son manteau au vestiaire ».

13. ***Adaptez vos modes d'évaluation en fonction des tempéraments,*** si cela est possible, au moins au début. Lors des contrôles ou des récitations

en classe, faites en sorte qu'il reste détendu pour voir ses véritables capacités. Il a par nature davantage d'informations à traiter dans chaque situation, et cela prend du temps. De même que récupérer ces informations. Les données complexes analysées en profondeur s'avèrent difficiles, voire impossibles à remobiliser dans un état de grande excitation. La pression d'un temps imparti ou une attention trop grande portée à l'élève augmentent cette excitation. Surtout au début, offrez-lui différentes manières de restituer ses connaissances (arts visuels, présentations orales, écriture créative, rédaction, etc.). Commencez par ce qui lui est le plus facile, puis passez à des quiz pour lesquels il aura été bien préparé, à des évaluations sans délai imposé et enfin dans un temps imparti. Entraînez-le progressivement à supporter des évaluations en situations plus excitantes en veillant à ce que chaque étape soit la plus fructueuse possible.

14. ***Prévenez-le bien à l'avance en cas de changements dans les habitudes de classe ou à l'approche d'une sortie ou d'un événement particuliers.*** Il s'adaptera ainsi plus facilement au lieu de poser problème.

15. ***Repérez les comportements indésirables qui peuvent être dus à une surstimulation temporaire ou chronique.*** Lorsqu'ils sont surexcités, certains EHS s'effacent ou paraissent distraits, moroses, étourdis, démotivés, anxieux, déprimés ou timides ; d'autres sont en proie à des émotions excessives, pleurent ou deviennent irritables ; certains se montrent hyperactifs ou déconcentrés comme s'ils présentaient un TDAH, voire assez agressifs. Mais dans chaque cas, tout redevient normal lorsque la stimulation diminue. Pour faire cesser un tel comportement, dites à l'enfant ce qui en est la cause, en lui disant par exemple : « Tu dois te sentir dépassé, là. » Suggérez diverses façons de gérer cette surexcitation, comme : « Tu pourrais peut-être aller un peu au calme dans le coin lecture. » Puis, éventuellement plus tard, suggérez ce qu'il

pourrait faire la prochaine fois : « Quand tu te sens submergé, dis-le moi avant d'être aussi contrarié. »

16. ***Jamais de punitions sévères avec un EHS.*** Ces enfants ont tendance à être très respectueux des règles et n'ont généralement besoin que de rappels, en douceur et en privé. Le seul fait de savoir qu'ils ont commis une erreur fait fondre certains en larmes. S'ils sont réprimandés, punis ou mis en difficulté, ils risquent de se rappeler cette détresse et de l'associer à vous ainsi qu'au sujet en question, mais ne garderont que peu de souvenirs de l'information que vous souhaitiez qu'ils retiennent.

17. ***Observez l'environnement de la classe du point de vue d'un EHS.*** Si la salle est bondée, bruyante, chaude, froide, étouffante, poussiéreuse, avec un éclairage éblouissant ou encombrée, tout cela aura davantage d'impact sur un EHS. Apportez les améliorations possibles : cet élève vous prévient de ce qui affecte aussi ses camarades à des degrés divers.

18. ***Aidez-le à résoudre ses éventuels problèmes de socialisation.*** Laissez-lui le temps de les régler par lui-même, mais si un enfant semble en souffrir pendant plusieurs jours ou qu'il reste en permanence en retrait, isolé, rejeté, moqué ou harcelé, intervenez tout en prévenant parents et psychologue. Un EHS peut mettre plus de temps à se faire des amis et a parfois besoin qu'on l'y aide (voir le conseil suivant). Il arrive également que ses camarades interprètent mal son comportement : les pleurs sont parfois considérés comme une faiblesse, le besoin d'espace personnel comme de l'ergotage, les moments où la frustration l'accable comme des crises de colère déraisonnables. Comme il se vexe facilement, il est une proie facile pour ce qui touche aux moqueries ou aux mauvais traitements. Les dernières recherches sur ces situations de rejet, harcèlement et autres intimidations montrent qu'il incombe aux adultes de créer une atmosphère dans laquelle

ces attitudes (tourner les différences en ridicule, montrer davantage d'agressivité envers les enfants les moins agressifs) laisseraient place au respect et à l'acceptation de chacun. Rappelez sans cesse que les gens existent simplement en différents « parfums » et que ceux-ci n'ont pas à être automatiquement considérés comme des faiblesses ou au contraire comme des passeports pour la célébrité.

19. ***Aidez-le à se faire de bons amis.*** Ces enfants s'épanouissent dans une relation à deux et n'ont généralement besoin pour se sentir bien sur le plan social et émotionnel que d'un seul bon ami, un ami unique, mais essentiel. Essayez de faire en sorte que son meilleur ami de l'année passée ou de son quartier soit dans sa classe. Placez les EHS côte à côte et confiez-leur des tâches à réaliser ensemble afin qu'ils apprennent à se connaître.

20. ***La présence d'un adulte qui les conseille et qui reconnaît leurs capacités parfois exceptionnelles s'avère très profitable aux grands EHS.*** Ils présentent souvent assez tôt une maturité d'adulte dans un ou plusieurs domaines, ce qui booste notablement leur estime de soi. De plus, ils se sentent souvent si inspirés (par la beauté, le besoin de justice sociale, leurs expériences spirituelles ou simplement leurs émotions profondes) qu'ils en souffrent s'ils ne parviennent pas à trouver de possibilité de s'exprimer. Encouragez-les à essayer différents modes d'expression jusqu'à ce qu'ils trouvent ceux qui leur conviennent (poésie, danse, arts visuels, théâtre, art oratoire, écriture – sans oublier la participation au journal de l'école ou le fait d'en créer un s'il n'en existe pas encore).

REMERCIEMENTS

Ce livre n'aurait pas vu le jour sans ces personnes :

Les généreux parents, enseignants et enfants qui m'ont autorisée à les interroger ou qui ont répondu à mes questionnaires, et qui ont apporté un grand nombre de nouveaux éclairages auxquels je n'aurais jamais pensé.

Mon énergique éditrice Ann Campbell ainsi que mon cher agent Betsy Amster.

Jan Kristal, psychologue spécialiste du tempérament, amie et consultante.

Et une nouvelle fois mon mari, Art, si joyeux, protecteur et patient avec sa famille sensible, ainsi que mon fils, qui m'a lui-même enseigné une grande partie de ce que j'explique dans ce livre.

Sur le site d'Elaine Aron, www.hsperson.com,
vous trouverez davantage de ressources destinées
aux parents d'enfants hautement sensibles.

NOTES

Le sujet de la haute sensibilité en général chez l'adulte, tel que traité dans ce livre, se fonde sur les amples recherches relatées dans les cinq ouvrages et articles ci-dessous. Les notes qui suivent concernent des études consacrées aux enfants hautement sensibles, aux enfants en général ou à des découvertes relatives aux adultes sensibles non citées dans ces cinq sources. Lorsque je me réfère à d'autres recherches, les miennes y compris, celles-ci sont mentionnées dans l'un de ces cinq titres :

• E. N. Aron, *Hypersensibles : mieux se comprendre pour s'accepter*, trad. Marie-Lucie Constant, Marabout, 2017.

• E. N. Aron, *The Highly Sensitive Person in Love*, New York, Broadway, 2000.

• E. N. Aron et A. Aron, « Sensory-Processing Sensitivity and Its Relation to Introversion and Emotionality », *Journal of Personality and Social Psychology* 73, 1997, p. 345-368.

• E. N. Aron, « High Sensitivity as One Source of Fearfulness and Shyness : Preliminary Research and Clinical Implications », *in Extreme Fear, Shyness, and Social Phobia : Origins, Biological Mechanisms, and Clinical Outcomes*, sous la dir. de L. A. Schmidt et J. Schulkin, New York, Oxford University Press, 2000, p. 251-272.

• E. N. Aron, « Counseling the Highly Sensitive Person », *Counseling and Human Development* 28, 1996, p. 1-7.

NOTES DE L'AUTEURE

1. Pour un résumé approfondi des recherches jusqu'à 2011, voir E. Aron, A. Aron et J. Jagiellowicz, « Sensory Processing Sensitivity : A Review in the Light of the Evolution of Biological Responsivity », *Personality and Social Psychology Review* 16, 2012, p. 262-282. Les nouvelles études seront répertoriées à mesure de leur publication sur www.hsperson.com.
2. E. Aron, *Psychotherapy and the Highly Sensitive Person : Improving Outcomes for That Minority of People Who Are the Majority of Clients,* New York, Routledge, 2010.
3. J. Jagiellowicz, X. Xu, A. Aron, E. Aron, G. Cao, T. Feng et X. Weng, « Sensory Processing Sensitivity and Neural Responses to Changes in Visual Scenes », *Social Cognitive and Affective Neuroscience* 6, 2011, p. 38-47.
4. A. Aron, S. Ketay, T. Hedden, E. Aron, H. R. Markus et J. D. E. Gabrieli, « Temperament Trait of Sensory Processing Sensitivity Moderates Cultural Differences in Neural Response », *Social Cognitive and Affective Neuroscience* 5, 2010, p. 219-226.
5. B. Acevedo, E. N. Aron, A. Aron, M. D. Sangster, N. Collins et L. L. Brown. « The Highly Sensitive Brain : An fMRI Study of Sensory Processing Sensitivity and Response to Others' Emotions », *Brain and Behavior* 4, 2014, p. 580-594.
6. A. D. Craig, « How Do You Feel — Now ? The Anterior Insula and Human Awareness », *Nature Reviews Neuroscience* 10, 2009, p. 59-70.
7. F. Gerstenberg, « Sensory-Processing Sensitivity Predicts Performance on a Visual Search Task Followed by an Increase in Perceived Stress », *Personality and Individual Differences* 53, 2012, p. 496-500.
8. T. D. Wachs, « Relation of Maternal Personality to Perceptions of Environmental Chaos in the Home », *Journal of Environmental Psychology* 34, 2013, p. 1-9.
9. F. R. Baumeister, D. K. Vohs, N. C. DeWall et L. Zhang, « How Emotion Shapes Behavior : Feedback, Anticipation, and Reflection, Rather

Than Direct Causation », *Personality and Social Psychology Review* 11, n° 2, 2007, p. 167-203.
10. J. Jagiellowicz, « The Relationship Between the Temperament Trait of Sensory Processing Sensitivity and Emotional Reactivity », thèse de doctorat, Stony Brook University, 2012. (accessible sur http://dspace.sunyconnect.suny.edu/bitstream/handle/1951/59701/Jagiellowicz_grad.sunysb_0771E_10998.pdf?sequence=1.)
11. Pour plus d'informations sur les neurones miroirs, voir M. Iacoboni, *Mirroring People : The New Science of How We Connect with Others*, New York, Farrar, Straus and Giroux, 2008.
12. E. Aron, A. Aron et K. Davies, « Adult Shyness : The Interaction of Temperamental Sensitivity and a Negative Childhood Environment », *Personality and Social Psychology Bulletin* 31, 2005, p. 181-197.
13. B. J. Ellis et W. T. Boyce, « Biological Sensitivity to Context », *Current Directions in Psychological Science* 17, 2008, p. 183-187.
14. Par exemple, J. Belsky et M. Pluess, « Beyond Diathesis Stress : Differential Susceptibility to Environmental Influences », *Psychological Bulletin* 135, n° 6, 2009, p. 885-908.
15. M. Pluess et J. Belsky, « Vantage Sensitivity: Individual Differences in Response to Positive Experiences », *Psychological Bulletin* 139, n° 4, 2013, p. 901-916.
16. *Ibid.*
17. S. J. Suomi, « Genetic and Maternal Contributions to Individual Differences in Rhesus Monkey Biobehavioral Development », *in Psychobiological Aspects of Behavioral Development*, sous la dir. de N. Krasnogor, E. M. Blass, M. A. Hofer et W. P. Swothervon, New York, Academic Press, 1987, p. 397-419. Également S. J. Suomi, « Up-tight and Laid-back Monkeys : Individual Differences in the Response to Social Challenges », *in Plasticity of Development*, sous la dir. de S. Brauth, W. Hall et R. Dooling, Cambridge (Mass.), MIT Press, 1991, p. 27-56. Et aussi S. J. Suomi, « Early

Determinants of Behaviour : Evidence from Primate Studies », *British Medical Bulletin* 53, 1997, p. 170-184.
18. Voir Pluess et Belsky, « Vantage Sensitivity » ; concernant les mêmes découvertes chez les singes, voir H. P. Jedema, P. J. Gianaros, P. J. Greer, D. D. Kerr, S. Liu, J. D. Higley *et al.*, « Cognitive Impact of Genetic Variation of the Serotonin Transporter in Primates Is Associated with Differences in Brain Morphology Rather Than Serotonin Neurotransmission », *Molecular Psychiatry* 15, 2009, p. 512-522.
19. C. Licht, E. L. Mortensen et G. M. Knudsen, « Association Between Sensory Processing Sensitivity and the Serotonin Transporter Polymorphism 5-HTTLPR Short/Short Genotype », *Biological Psychiatry* 69, 2011, supplément pour le Society of Biological Psychiatry Convention and Annual Meeting, résumé 510.
20. C. Chen *et al.*, « Contributions of Dopamine-Related Genes and Environmental Factors to Highly Sensitive Personality: A Multi-Step Neuronal System-Level Approach », *PLoS ONE* 6, 2011, e21636.
21. M. Wolf, S. Van Doorn et F. J. Weissing, « Evolutionary Emergence of Responsive and Unresponsive Personalities », *PNAS* 105, n° 41, 2008, 15825.
22. *Ibid.*
23. F. Borries, « Do the 'Highly Sensitive' Exist ? A Taxometric Investigation of the Personal Construct of Sensory-Processing Sensitivity », thèse de doctorat, université de Bielefeld, Allemagne, 2012.

CHAPITRE 1

24. J. Kagan, *La Part de l'inné : tempérament et nature humaine*, trad. J.-L. Fidel, Bayard, 2000.
25. Par exemple, J. Strelau, « The Concepts of Arousal and Arousability as Used in Temperament Studies », *in Temperament : Individual Differences,*

sous la dir. de J. Bates et T. Wachs, Washington, D. C., American Psychological Association, 1994, p. 117-141.
26. J. J. Renger, W.-D. Yao, M. B. Sokolowski et C.-F. Wu, « Neuronal Polymorphism among Natural Alleles of a cGMP-Dependent Kinase Gene, foraging, in Drosophila », *Journal of Neuroscience* 19, 1999, RC28, p. 1-8 ; K. A. Osborne *et al.*, « Natural Behavior Polymorphism Due to a cGMP Dependent Protein Kinase of Drosophila », *Science* 277, 8 août 1997, p. 834-836.
27. M. Mead, *Sex and Temperament in Three Primitive Societies*, New York, Morrow, 1935, p. 284. [*Mœurs et sexualité en Océanie*, trad. G. Chevassus, Presses-pocket, 1982.]
28. R. Plomin, « The Role of Inheritance in Behavior », *Science* 248, 1990, p. 183-188.
29. J. Kristal, *The Temperament Perspective: Working with Children's Behavioral Styles*, Baltimore, Brookes, 2005.
30. M. van Ameringen, C. Mancini et J. M. Oakman, « The Relationship of Behavioral Inhibition and Shyness to Anxiety Disorder », *Journal of Nervous and Mental Disease* 186, 1998, p. 425-431.
31. J. Kagan, N. Snidman, M. Zentner et E. Peterson, « Infant Temperament and Anxious Symptoms in School-Age Children », *Development and Psychopathology* 11, 1999, p. 222.
32. M. Prior, D. Smart, A. Sanson et F. Oberklaid, « Does Shy-Inhibited Temperament in Childhood Lead to Anxiety Problems in Adolescents ? », Journal of the American Academy of Child and Adolescent Psychiatry 39, 2000, p. 461.
33. J. Biederman *et al.*, « Psychiatric Correlates of Behavioral Inhibition in Young Children of Parents With and Without Psychiatric Disorders », *Archives of General Psychiatry* 47, 1990, p. 21-26.
34. W. T. Boyce *et al.*, « Psychobiologic Reactivity to Stress and Childhood Respiratory Illnesses: Results of Two Prospective Studies », *Psychosomatic Medicine* 57, 1995, p. 411-422 ; L. Gannon, J. Banks et D. Shelton, « The

Mediating Effects of Psychophysiological Reactivity and Recovery on the Relationship Between Environmental Stress and Illness », *Journal of Psychosomatic Research* 33, 1989, p. 165-175.

CHAPITRE 2

35. Par exemple, J. Belsky, K.-H. Hsieh, K. Crnic, « Mothering, Fathering, and Infant Negativity as Antecedents of Boys' Externalizing Problems and Inhibition at Age 3 Years : Differential Susceptibility to Reading Experience ? », *Development and Psychopathology* 10, 1998, p. 301-319.
36. S. J. Suomi, « Genetic and Maternal Contributions to Individual Differences in Rhesus Monkey Biobehavioral Development », *in Perinatal Behavioral Development : A Psychobiological Perspective*, sous la dir. de N. Krasnegor, E. Blass, M. Hofer et W. Smotherman, San Diego (Cal.), Academic Press, 1987, p. 397-419.
37. M. R. Gunnar, « Psychoendocrine Studies of Temperament and Stress in Early Childhood: Expanding Current Models », *in Temperament : Individual Differences at the Interface of Biology and Behavior*, sous la dir. de J. E. Bates et T. D. Wachs, Washington, D.C, American Psychological Association, 1994, p. 175-198.
38. M. Nachmias, M. Gunnar, S. Mangelsdorf, R. Hornik Parritz et K. Buss, « Behavioral Inhibition and Stress Reactivity : The Moderating Role of Attachment Security », *Child Development* 67, 1996, p. 508-522.
39. *Ibid.*
40. *Ibid.*, p. 519.
41. J. M. Braungart, R. Plomin, J. C. De-Fries et D. W. Fulker, « Genetic Influence on Tester-Rated Infant Temperament as Assessed by Bayley's Infant Behavior Record : Nonadoptive and Adoptive Siblings and Twins », *Developmental Psychology* 28, 1992, p. 40-47.

42. L. B. Sherber et S. C. McDevitt, « Temperament-Focused Parent Training », *in Handbook of Parent Training: Parents as Co-Therapists for Children's Behavior Problems*, 2e éd., sous la dir. de J. M. Briesmeister et C. E. Schaefer, New York, John Wiley & Sons, 1998, p. 301-319 ; J. R. Cameron, R. Hansen et D. Rosen, « Preventing Behavioral Problems in Infancy Through Temperament Assessment and Parental Support Programs », *in Clinical and Educational Applications of Temperament Research*, Lisse, Pays-Bas, W. Swets and Zeitinger, 1989, p. 155-165.
43. X. Chen, K. Rubin et Y. Sun, « Social Reputation and Peer Relationships in Chinese and Canadian Children : A Cross-Cultural Study », *Child Development* 63, 1992, p. 1336-1343.
44. S. T. Fiske, « Stereotyping, Prejudice, and Discrimination », *in Handbook of Social Psychology*, 4e éd., sous la dir. de D. T. Gilbert, S. T. Fiske et G. Lindzey, New York, McGraw-Hill, 1998, p. 357-411.
45. R. A. Hinde, « Temperament as an Intervening Variable », *in Temperament in Childhood*, sous la dir. de G. A. Kohnstamm, J. E. Bates et M. K. Rothbart, New York, John Wiley & Sons, 1989, p. 27-33.

CHAPITRE 3

46. M. Ross et F. Sicoly, « Ego-Centric Biases in Availability and Attribution », *Journal of Personality and Social Psychology* 37, 1979, p. 322-336.

CHAPITRE 5

47. S. E. Taylor et J. D. Brown, « Illusion and Well-Being : Some Social Psychological Contributions to a Theory of Mental Health », *Psychological Bulletin* 103, 1988, p. 193-210.

48. C. J. Showers, « Compartmentalization of Positive and Negative Self-Knowledge : Keeping the Bad Apples Out of the Bunch », *Journal of Personality and Social Psychology* 62, 1992, p. 1036-1049.
49. S. Kitayama, H. R. Markus et H. Hisaya, « Culture, Self, and Emotion », *in Self-Conscious Emotions: The Psychology of Shame, Guilt, Embarrassment, and Pride*, sous la dir. de J. P. Tangney et K. W. Fischer, New York, Guilford, 1995, p. 439-464.
50. J. P. Tangney, « Shame and Guilt in Interpersonal Relationships », *in* Tangney et Fischer, *Self-Conscious Emotions*, p. 114-139.
51. T. J. Gerguson et H. Stegge, « Emotional States and Traits in Children : The Case of Guilt and Shame », *Ibid.*
52. Par exemple, G. Kochanska, « Mutually Responsive Orientation Between Mothers and Their Young Children : Implications for Early Socialization », *Child Development* 68, 1997, p. 94-112.
53. M. L. Hoffman, « Affective and Cognitive Processes in Moral Internalization », *in Social Cognition and Social Development : A Sociocultural Perspective*, sous la dir. de E. T. Higgins, D. Ruble et W. Hartrup, New York, Cambridge University Press, 1983, p. 236-274.
54. G. Kochanska et R. A. Thompson, « The Emergence and Development of Conscience in Toddlerhood and Early Childhood », *in Handbook of Parenting and the Transmission of Values*, sous la dir. de J. E. Grusec et L. Kuczynski, New York, Wiley, 1998, p. 53-77.
55. S. I. Greenspan avec J. Salmon, *Enfant difficile, enfant prometteur*, trad. B. Arman, J.-C. Lattès, 1996.

CHAPITRE 6

56. U. A. Hunziker et R. G. Barr, « Increased Carrying Reduces Infant Crying: A Randomized Controlled Trial », *Pediatrics* 77, 1986, p. 641-648.

57. A. Solter, *Peurs et colères des enfants et des bébés*, trad. S. Mouton Di Giovanni, Jouvence, 2015.
58. T. Hogg, *Les Secrets d'une charmeuse de bébés*, trad. V. Mikhalkov, Robert Laffont, 2002.
59. W. B. Carey avec M. M. Jablow, *Understanding Your Child's Temperament*, New York, MacMillan, 1997.
60. W. B. Carey et S. C. McDevitt, *Coping with Children's Temperaments*, New York, Basic Books, 1995.
61. M. Papousek et N. von Hofacker, « Persistent Crying in Early Infancy : A Non-Trivial Condition of Risk for the Developing Mother-Infant Dyad », *Child : Care, Health and Development* 24, 1998, p. 395-424.
62. T. Lewis, F. Amini et R. Lannon, *A General Theory of Love*, New York, Random House, 2000.
63. S. Epstein, « Integration of the Cognitive and Psychodynamic Unconscious », *American Psychologist* 49, 1994, p. 709-724.
64. *Ibid.*
65. *Ibid.*
66. D. J. Siegel, *The Developing Mind: Toward a Neurobiology of Interpersonal Experience*, New York, Guilford Press, 1999.
67. Par exemple, N. A. Fox, H. A. Henderson, K. H. Rubin, S. D. Calkins et L. A. Schmidt, « Continuity and Discontinuity of Behavioral Inhibition and Exuberance : Psychophysiological and Behavioral Influences Across the First Four Years of Life », *Child Development* 72, 2001, p. 1-21.
68. D. N. Stern, *Le Monde interpersonnel du nourrisson*, trad. A. Lazartigues et D. Pérard, Presses universitaires de France, 1989.
69. C. Super et S. Harkness, « Cortisol and Culture : Preliminary Findings on Environmental Mediation of Reactivity During Infancy », sujet présenté lors de l'Occasional Temperament Conference, Westbrook, Connecticut, septembre 2000.
70. *Ibid.*
71. *Ibid.*, p. 195.

72. M. R. Gunnar, L. Hertsgaard, M. Larson et J. Rigatuso, « Cortisol and Behavioral Responses to Repeated Stressors in the Human Newborn », *Developmental Psychobiology* 24, 1992, p. 487-505.
73. W. B. Carey, « Night Waking and Temperament in Infancy », *Behavioral Pediatrics* 84, 1974, p. 756-758.
74. S. Mangelsdorf, M. Gunnar, R. Kestenbaum, S. Lang et D. Andreas, « Infant Proneness-to-Distress Temperament, Maternal Personality, and Mother-Infant Attachment : Associations in Goodness of Fit », *in Annual Progress in Child Psychiatry and Child Development*, sous la dir. de S. Chess et M. E. Hertzig, New York, Brunner/Mazel, 1991, p. 312-329.
75. *Ibid.*
76. Stern, *Le Monde interpersonnel du nourrisson.*
77. *Ibid*, p. 148.
78. *Ibid*, p. 151-152.
79. Siegel, *The Developing Mind.*
80. R. K. Rothbart, S. A. Ahadi et K. L. Hershey, « Temperament and Social Behavior in Childhood », *Merrill-Palmer Quarterly* 40, 1994, p. 21-39.

CHAPITRE 7

81. J. R. Cameron, « Parental Treatment, Children's Temperament, and the Risk of Childhood Behavioral Problems : 1. Relationships Between Parental Characteristics and Changes in Children's Temperament Over Time », *American Journal of Orthopsychiatry* 47, 1977, p. 568-576.
82. A. Kowal et D. Pritchard, « Psychological Characteristics of Children Who Suffer from Headache: A Research Note », *Journal of Child Psychology and Psychiatry* 31, 1990, p. 637-649.
83. L. W. Lee, *The Role of Temperament in Pediatric Pain Response*, thèse de doctorat, université de l'Illinois à Chicago, 1993.

84. D. K. Carson, J. R. Council et J. E. Gravley, « Temperament and Family Characteristics as Predictors of Children's Reactions to Hospitalization », *Journal of Developmental and Behavioral Pediatrics* 12, 1991, p. 141-147 ; S. G. McClowry, « The Relationship of Temperament to the Pre- and Post- Behavioral Responses of Hospitalized School-Age Children », *Nursing Research* 39, 1990, p. 30-35.
85. I. R. Bell, « Allergens, Physical Irritants, Depression, and Shyness », *Journal of Applied Developmental Psychology* 13, 1992, p. 125-133.
86. W. T. Boyce *et al.*, « Psychobiologic Reactivity to Stress and Childhood Respiratory Illnesses: Results of Two Prospective Studies », *Psychosomatic Medicine* 57, 1995, p. 411-422 ; L. Gannon, J. Banks et D. Shelton, « The Mediating Effects of Psychophysiological Reactivity and Recovery on the Relationship Between Environmental Stress and Illness », *Journal of Psychosomatic Research* 33, 1989, p. 165-175.

CHAPITRE 8

87. Par exemple, J. B. Asendorpf, « Beyond Temperament : A Two-Factorial Coping Model of the Development of Inhibition During Childhood », *in Social Withdrawal, Inhibition, and Shyness in Childhood*, sous la dir. de. K. H. Rubin et J. B. Asendorpf, Hillsdale (N.J.), Lawrence Erlbaum, 1993, p. 265-289.
88. S. I. Greenspan avec J. Salmon, *Enfant difficile, enfant prometteur*, trad. B. Arman, J.-C. Lattès, 1996.
89. J. B. Rosen et J. Schulkin, « From Normal Fear to Pathological Anxiety », *Psychological Review* 105, 1998, p. 325-350.
90. M. Nachmias, M. Gunnar, S. Mangelsdorf, R. Hornik Parritz et K. Buss, « Behavioral Inhibition and Stress Reactivity : The Moderating Role of Attachment Security », *Child Development* 67, 1996, p. 508-522.

91. K. Burgess et K. Rubin, « Behavioral and Emotional Consequences of Toddlers' Inhibited Temperament and Parenting », sujet présenté lors d'une réunion de la Society for Research in Child Development, Albuquerque, Nouveau-Mexique, avril 1999.
92. M. A. Evans, « Control and Paradox in Teacher Conversations with Shy Children », *Canadian Journal of Behavioral Science* 24, 1992, p. 502-516.
93. A. C. Dettling, S. W. Parker, S. Lane, A. Sebanc et M. R. Gunnar, « Quality of Care and Temperament Determine Changes in Cortisol Concentrations Over the Day for Young Children in Childcare », *Psychoneuroendocrinology* 25, 2000, p. 819-836.

CHAPITRE 9

94. M. S. Kurcinka, *Kids, Parents, and Power Struggles*, New York, HarperCollins, 2000, p. 232.
95. Par exemple, D. Liu *et al.*, « Maternal Care, Hippocampal Glucocorticoid Receptors, and Hypothalamic-Pituitary-Adrenal Responses to Stress », *Science* 277, 1997, p. 1659-1661.

CHAPITRE 10

96. S. Harkness, C. Super, M. Blom, B. Muller et B. Moscardino, « The Cultural Meanings of Temperament Dimensions : Findings from the International Study of Parents, Children, and Schools », sujet présenté lors de l'Occasional Temperament Conference, Westbrook, Connecticut, septembre 2000.
97. K. Fordham et J. Stevenson-Hinde, « Shyness, Friendship Quality, and Adjustment During Middle Childhood », *Journal of Child Psychology and Psychiatry* 40, 1999, p. 757-768.

98. *Ibid.*
99. H. H. Goldsmith, N. Aksan, M. Essex, N. A. Smider et D. L. Vandell, « Temperament and Socioemotional Adjustment in Kindergarten : A Multi-Informant Perspective », *in Temperament in Context*, sous la dir. de T. D. Wachs et G. A. Kohnstamm, Mahwah (N. J.), Lawrence Erlbaum, 2001, p. 103-138.
100. N. Fox, A. Sobel, S. Calkins et P. Cole, « Inhibited Children Talk About Themselves: Self-Reflection on Personality Development and Change in 7-Year-Olds », *in Emotional Development in Atypical Children*, sous la dir. de M. Lewis et M. S. Sullivan, Mahwah (N. J.), Lawrence Erlbaum, 1996, p. 131-145.
101. R. P. Martin et J. Holbrook, « Relationship of Temperament Characteristics to the Academic Achievement of First-Grade Children », *Journal of Psychoeducational Assessment* 3, 1985, p. 131-140.

CHAPITRE 11

102. Par exemple, A. Caspi *et al.*, « Personality Differences Predict Health-Risk Behaviors : Evidence from a Longitudinal Study », *Journal of Personality and Social Psychology* 73, 1997, p. 1052-1063.
103. A. Caspi, D. Bem et G. Elder, « Continuities and Consequences of Interactional Styles Across the Life Course », *Journal of Personality* 57, 1989, p. 390-392.

TABLE DES MATIÈRES

Sommaire 7

Préface 9

Note de l'auteure, 2015 13

Introduction 33

PREMIÈRE PARTIE
Portrait de l'enfant hautement sensible 41

Chapitre 1
La sensibilité 43

Le mode d'emploi de votre enfant 45
« Découvrir » la haute sensibilité 46
Qu'est-ce que la haute sensibilité ? 48
Votre enfant est-il hautement sensible ? 57
L'atout que votre EHS représente pour l'espèce humaine 60
Pourquoi les ehs présentent-ils des profils si variables ? 62

Le cas d'Emilio.......65
S'affranchir des idées fausses.......72
Vous ne savez toujours pas si votre enfant est un EHS ?.......76
Un dernier mot : les EHS sont destinés au succès
et au bonheur.......82

Chapitre 2

Attachez vos ceintures.......93
Avec un EHS, votre rôle s'avère plus déterminant encore.......96
La compatibilité – chaque enfant a une famille différente,
jouit d'une compatibilité différente.......98
EHS difficiles et EHS faciles.......103
Les six problèmes les plus courants.......106
1. La conscience des subtilités.......106
2. Le fait d'être facilement surstimulé ou surexcité.......108
3. Des réactions intérieures profondes.......112
4. La conscience des sentiments d'autrui.......116
5. La prudence avant d'affronter une nouvelle situation
potentiellement dangereuse.......120
6. La différence attire l'attention.......124
Les joies que seuls les parents d'EHS connaissent.......128

Chapitre 3

Si vous, parent, n'êtes pas hautement sensible.......131
La haute sensibilité et vous, maman et papa.......132
Remarque à l'attention des pères.......132
Haute sensibilité et recherche de la nouveauté.......133
Quand vous et votre enfant présentez des tempéraments
tout à fait différents.......135
Dernières remarques.......156

Chapitre 4

Si vous et votre enfant êtes tous deux hautement sensibles 159

Les bénéfices que les personnes sensibles en particulier retirent de leur rôle de parent 162

Première priorité : votre propre stabilité 163

Quand vous et votre enfant êtes tous deux hautement sensibles 162

Quid du reste de la famille ? 176

Un dernier mot 188

Chapitre 5

Quatre clés pour élever un enfant sensible heureux 189

La première clé : l'estime de soi 190

La seconde clé : réduire la honte 199

La troisième clé : une discipline avisée 205

La quatrième clé – comment parler de la sensibilité 226

Des frontières saines : une autre manière de considérer ces quatre clés pour faire grandir votre ehs dans de bonnes conditions 234

DEUXIÈME PARTIE

Du nourrisson au jeune adulte 239

Chapitre 6

Prendre un bon départ 241

Le nouveau-né – comment reconnaître un bébé sensible 241

De deux à six mois – comment être réceptif sans surstimuler 253

De six mois à un an – attachement, syntonie et autorégulation 261

La syntonie 267

Un dernier mot 272

Chapitre 7

L'enfant de moins de cinq ans à la maison 275

Faire face au changement 276

Gérer la surstimulation 283

Gérer les émotions intenses 285

Les enfants d'un et deux ans 293

Gérer les problèmes quotidiens 299

Les problèmes moins récurrents 306

Un dernier mot à propos des EHS de cet âge 311

Chapitre 8

L'enfant de moins de cinq ans à l'extérieur 313

Les différences entre la peur de la nouveauté, la peur des inconnus, la timidité et le fait de jouer seul 314

La nature de la peur face à des situations nouvelles et comment la prevenir 315

Surtout, appuyez-vous sur sa nouvelle capacité à parler 323

La peur ou l'hésitation avec d'autres enfants ou avec des adultes 326

Trouver un jardin d'enfants, une garderie ou une école bienveillants envers les EHS 334

Lorsque votre enfant est confronté à quelque chose qui mérite d'avoir peur 338

Un dernier mot 341

Chapitre 9

L'enfant de plus de cinq ans à la maison 343

L'âge scolaire – un déploiement de talents 344

Votre ehs d'âge scolaire à la maison 346

Réduire le stress à la maison 357

Réduire le stress sur le long terme 361
Élever un ehs difficile 364

Chapitre 10

L'enfant de plus de cinq ans à l'extérieur 373
Ce à quoi un ehs est confronté à l'école 375
La classe, le reflet du tempérament idéal d'une culture 377
Vie sociale et timidité 379
Ce que les enfants timides disent de l'aide de leurs parents 382
Faire en sorte que la vie à l'école se passe bien 394
Les apprentissages scolaires 398
Si votre enfant se fait embêter, voire harceler 404
Comment marilyn a géré un cas de rudoiement 407
Vous avez parcouru tout ce chemin 408

Chapitre 11

Adolescents et jeunes adultes sensibles 411
Eaux profondes en vue 411
S'entendre à la maison 424
Survivre au lycée 427
La vie sociale 434
La vie intérieure 441
Le départ vers l'âge adulte 443
Enfin, œuvrez à votre propre développement 449

Vingt conseils aux enseignants 453

Remerciements 461

Notes 462

Achevé d'imprimer en janvier 2019
sur les presses de la Nouvelle Imprimerie Laballery
58500 Clamecy
Dépôt légal : février 2019
N° d'impression : 812143

Imprimé en France

La **N**ouvelle **I**mprimerie **L**aballery est titulaire de la marque Imprim'Vert®